21世纪应用技能型精品规划教材 · 财经系列

管理学实训教程

Management Training Tutorial

刘盈丰/主　编
金　明/副主编

上海财经大学出版社

图书在版编目(CIP)数据

管理学实训教程/刘盈丰主编．—上海：上海财经大学出版社，2017.7
(21世纪应用技能型精品规划教材)
ISBN 978-7-5642-2764-7/F·2764

Ⅰ.①管… Ⅱ.①刘… Ⅲ.①管理学-高等学校-教材 Ⅳ.①C93

中国版本图书馆CIP数据核字(2017)第143120号

□ 策划编辑 汝 涛
□ 责任编辑 石兴凤
□ 书籍设计 杨雪婷

GUANLIXUE SHIXUN JIAOCHENG
管 理 学 实 训 教 程

刘盈丰 主 编
金 明 副主编

上海财经大学出版社出版发行
(上海市中山北一路369号 邮编200083)
网 址：http://www.sufep.com
电子邮箱：webmaster @ sufep.com
全国新华书店经销
上海同济印刷厂有限公司印刷
上海叶大印务发展有限公司装订
2017年7月第1版 2017年7月第1次印刷

787mm×1092mm 1/16 21.75印张 556千字
印数：0 001－3 000 定价：46.00元

前　言

大学生在学习时有五大特点：乐于通过实践学习，喜欢真实案例，结合其他学科知识学习，通过与原有知识的比较来学习，喜欢参与及互动。并且，我们在长期的教学研究工作中也发现学习的多样化是增添学习乐趣的重要方式。

管理学是商务类各专业均需开设的一门基础课程。由于抽象的管理理论和复杂的管理现实之间存在距离，从实践的角度来验证理论并非易事。我们结合大学生的以上学习特点，编写了本书。本书是一本为应用型本科院校及高职院校专门设计的实训教材。它以管理的四大职能为主线，以知识学习项目为基础，运用实训学习项目将知识点转化为管理实践技能，通过管理故事演讲、案例分析、管理实战任务、管理游戏、辩论赛、角色模拟、能力评测等多种实训教学形式，使学员能够在"玩中学"和"学中玩"，从而在潜移默化中培育管理素养，形成管理思维，掌握管理知识和技能。有的模块有一定的情节，有的模块有竞赛因素，形式生动活泼，内容丰富多样，具有娱乐性和趣味性，它要求学生积极地、有创造性地参与。因此，本书能较大限度地调动学生的学习积极性，培养其对课程的浓厚兴趣，全面促进学生学习。

本书中的实训项目有的来自实践的提升，有的来自经验的改良，有的是中外培训互动或游戏中的精华小结，具有一定的实操性、典型性和代表性。

本书每篇内容都包含互动环节，贯穿在管理故事演讲、案例分析、管理实战任务、管理游戏、辩论赛、角色模拟、能力评测等模块中，从管理的各职能角度锻炼学生的职业能力。

本书各模块所发挥的作用如下：

管理故事演讲：锻炼学生的公众演讲能力。

案例分析：锻炼学生的管理事务分析能力。

管理实战任务：锻炼学生处理各类实际管理问题的能力。

管理游戏：锻炼学生的各类职业能力。

辩论赛：锻炼学生的灵活应变能力及口才。

角色模拟：锻炼学生处理实际管理问题的能力。

能力评测：让学生了解自己的管理能力状况，并有针对性地培训改进。

本书由苏州高博软件技术职业学院刘盈丰及金明编写，刘盈丰担任主编，金明担任副主编，具体分工如下：刘盈丰编写第一篇、第二篇、第三篇、第五篇、第六篇，金明编写第四篇、第七篇。

本书在编写过程中，由于水平有限，不足之处在所难免，敬请各位批评指正。

编　者

2017 年 6 月

目录

第三篇　决策与计划

第四篇　组　织

第五篇 领 导

第六篇 控 制

第七篇　创　新

第一篇
管理概论

通过对本篇各模块的实训，使学生深入理解基础的管理知识及观点，掌握基础的管理原则和技巧，形成基础的管理思维及能力。

单元一　管理系统思维与能力

模块一　管理故事演讲

实训项目一：中断演讲的百事可乐总裁

【实训目标】

领悟成功的领导者与诚信之间的关系。

【实训内容与要求】

百事可乐的总裁卡尔·威勒欧普到科罗拉多大学演讲的时候，有一个名叫杰夫的商人通过演讲会的主办者约卡尔见面谈一谈。卡尔答应了，杰夫就在大学礼堂的外面坐等。

卡尔兴致勃勃地为大学生们演讲，讲他的创业史，讲商业成功必须遵循的原则，不知不觉时间已超过了与杰夫约定的见面时间。

卡尔正继续兴致勃勃地演讲时，发现一个人从礼堂外推门而入，径直朝台上走来，一言不发，放下一张名片后转身离去。卡尔拿起名片一看，背面写着："您和杰夫在下午两点半有约在先。"卡尔猛然省悟。一边是需要他说服并且灌输百事可乐思想的大学生们，他们是企业发展的动力，而另一边只是一个名不见经传向他请教的商人……结果卡尔毫不犹豫地对大学生们说："谢谢大家来听我的演讲，本来我还想和大家继续探讨一些问题的，但我有一个约会，不能失约，所以请大家原谅，并祝大家好运！"

在雷鸣般的掌声中，卡尔快步走出礼堂。卡尔在外面找到了正在等他的杰夫，向他致歉后，便又滔滔不绝地告诉了杰夫他所想要知道的一切。原定 15 分钟时间，结果他们却一直交谈了 30 分钟。后来，杰夫成了一名成功的商人。他把这一段经历告诉了他的朋友，大家都对百事可乐产生了信任并决定经销和宣传百事可乐。

★ 故事的哲理

经商和做人的成功秘诀中最不能缺少两个字——诚信。然而，我们却存在特别是有所成就带来的优越感以及过分的"功利主义"情结。

【成果与检测】

请学生结合主持人演讲的管理故事进行思考、讨论，并分组推举代表发言。根据学生的参与程度以及得出的结论或观点评定活动的成效，并评定成绩。

实训项目二：艾森豪威尔写致歉书

【实训目标】

领悟心态和细节决定成败的管理原则。

【实训内容与要求】

1944 年 6 月 6 日，在第二次世界大战中，美英盟军在法国诺曼底登陆成功。

在长达一年的备战中，艾森豪威尔将军做出了无数细致入微的谋划：

——为了成功，艾森豪威尔将军把诺曼底这个“不可能”的地点变成了“可能”的地点。诺曼底是一处险滩，不是一个港口。登陆部队的物资无法及时得到供应。但盟军创造了一个奇迹：用半年的时间，秘密建造了一个人工港。这个人工港的修建，几乎超出了当时英国全部的工业能力，但盟军竭尽全力地完成了这一工程，保证了 92 万士兵、17 万部车辆及大量的物资装备成功登陆。

希特勒在获得了盟军修建人工港的情报时，认为是假情报，因为这“根本不可能”。

——为了成功，艾森豪威尔将军把 6 月 6 日这个“不可能”的时间变成了“可能”的时间。能满足陆、海、空三军同时登陆条件的时刻，在 1944 年 6 月只有两组日期：6 月 5 日至 6 月 7 日、6 月 18 日至 6 月 20 日。美英盟军和希特勒都知道 6 月 5 日前后有连续的暴风雨，但美英盟军最高司令部请英国的权威气象专家在 6 月 4 日晚上 21:30 又做出了更准确、细致的预报：在 6 月 5 日后，会有一段持续 12 小时的好天气，随后又是狂风暴雨。盟军最后下令，6 月 6 日凌晨 2:00，先遣部队登陆。

因为希特勒认为这个时间“根本不可能”，所以，当先遣部队登陆成功时，他自己还在睡觉。

——为了成功，艾森豪威尔将军还制订了细致到令人难以置信的备战计划。首批空降部队由几个国家的士兵组成，语言不通，又在夜间。为了解决敌我识别的难题，艾森豪威尔将军给空降部队的官兵每人配发一只“蟋蟀”玩具，用手一捏，就会发出声音，一声“咔吧”作为询问，两声“咔吧”作为回答。小玩具解决了大问题。

这场艺术般的经典战役为人称道之处数不胜数，但真正令人震惊的是一个打动人心的细节：在诺曼底登陆战役打响的前一天晚上，美英盟军最高司令艾森豪威尔将军写了一份战役万一失败给全国人民的致歉书。他写道：“士兵们恪尽职守、英勇无畏，战役失败的所有责任由我一人承担。”

就这样，正是本着“所有责任由我一人承担”的心态，艾森豪威尔将军竭尽全力把每一个细节谋划到位，在“不可能”的时间、“不可能”的地点，靠一个个充分预算的细节，盟军取得了一场似乎“不可能”的胜利。

★ 故事的哲理

心态决定成败；细节决定成败。有了这种“所有责任由我一人承担”而不留退路的心态，有了细致、精心的准备，成功或许只有咫尺之遥。

【成果与检测】

请学生结合主持人演讲的管理故事进行思考、讨论，并分组推举代表发言。根据学生的参与程度以及得出的结论或观点评定活动的成效，并评定成绩。

模块二　案例分析

★ 实训项目一：一次重大的人事任免

【实训目标】

领悟管理者的基本素质和管理技能。

【实训内容与要求】

某钢铁公司领导班子会议正在研究一项重大的人事任免议案。总经理提议免去公司所属的、有2 000名职工的主力厂——炼钢一厂厂长姚成的职务，改任公司副总工程师，主抓公司的节能降耗工作；提名炼钢二厂党委书记林征为炼钢一厂厂长。姚、林两人都是公司的老同志，大家对他们的情况可以说是了如指掌。

姚成，男，48 岁，中共党员，高级工程师。20 世纪 60 年代从某冶金学校毕业后分配到炼钢厂工作，一直搞设备管理和节能技术工作，曾参与和主持了几项较大的节能技术改进工作，成绩卓著，在公司内引起较大反响。1983 年晋升为工程师，先被任命为炼钢一厂副总工程师，后又任生产副厂长，1986 年至今任厂长。去年被聘为高级工程师。该同志属技术专家型领导，对炼钢厂的生产情况极为熟悉，上任后对促使炼钢一厂能源消耗指标的降低起了巨大的推动作用。他工作勤勤恳恳，炼钢转炉的每次大修理都亲临督阵，有时半夜入厂抽查夜班工人的劳动纪律，白天花很多时间到生产现场巡视，看到工人工作时间闲聊或乱扔烟头总是当面提出批评，事后通知违纪人所在部门按规定扣发奖金。但群众普遍反映，姚厂长一贯不苟言笑，从未和他们谈过工作以外的任何事情，更不用说和下属开玩笑了。他到哪个科室谈工作，一进办公室，大家的神情便都严肃起来，犹如“一鸟入林，百鸟压音”，大家都不愿和他接近。他对自己特别在行的业务，有时甚至不事先征求该厂总工程师的意见，直接找下属布置工作，总工程师对此已习以为常。姚厂长手下有几位很能干的“大将”，却都没有发挥多大作用。据他们私下说，在姚厂长手下工作，从来没受到激励，特别是当他们个人生活有困难需要厂里帮助时，姚厂长一般不予过问。用工人的话说是“缺少人情味”。久而久之，姚厂长手下的骨干都没有了积极性，只是推推动动，维持现有局面而已。

林征，男，50 岁，中共党员，高中毕业，在基层工作多年，任车间党支部书记。该同志头脑灵活、点子多，宣传、鼓动能力强，具有较突出的工作协调能力。1984 年出任炼钢二厂厂办主任，1986 年调任公司行政处副处长，主抓生活服务，局面很快被打开。1988 年炼钢二厂党委书记离休，林征又回到炼钢二厂任党委书记。林征擅长做人的思想工作，善于激励部下，据说对行为科学很有研究。他对属下非常关心，下属遇到什么难处都愿意和他说，只要是厂里该办的，他总是很痛快地给予解决。民主作风好，工作也讲究方式和方法，该他做主的事从不推三阻四。由于他会团结人、工作能力强，因此在群众中享有一定的威望。他的不足之处是学历较低，工作性质几经变化，没有什么专业技术职称（有人说他是“万金油”），对工程技术理论知之不多，也没有独立指挥生产的经历。

姚、林二人的任免事关炼钢一厂的全局工作，这怎么能不引起公司领导们的关注？公司领导们在心里反复掂量着对公司总经理这一重大人事变动提议应如何表态。

★ 问题：

1. 请用本章关于管理素质的理论，分析两任厂长的基本素质和管理技能。
2. 你认为这两位厂长谁更能胜任？理由何在？

【成果与检测】

根据小组成绩、班级讨论、书面报告等综合评定。

实训项目二:CZ管理学院

【实训目标】

领悟管理者的素质,了解管理理论与管理实践的差别。

【实训内容与要求】

晚上七点多钟,王维书教授拖着疲惫不堪的身体回到了位于校园东北角的家中。每次回到家中,回想自己一天无谓的奔波,他就开始怀疑3年前他是否做出了一项错误的决策。

王维书教授是我国一位著名的管理学教授。3年前,在学校领导征求他是否愿意当管理学院的院长时,他同意了。当时他有两种想法:第一,学校现在实行的是院长负责制,院长有一定的权力,他可以为管理学院的发展起到比一个名教授要大一些的作用。第二,他教了近二十年的管理课程,希望把自己在课堂上教的东西用到实践中,并让学生知道,管理方面的知识用到实践中可以带来很大的效果。

CZ管理学院有100多位教师,在有4 000多位教师的大学中,属于一个小部门。但由于我国实行市场经济,使得管理学科突然热了起来,CZ管理学院的地位在学校也迅速上升。王维书教授担任院长3年来,管理学院取得了一些成绩,也出现了一些问题。有些令人啼笑皆非的是,王院长当初想抓的事情,如学科建设和上学术水平起色不大,而王院长当初并没有十分在意的事情,如创收却取得了令人惊讶的成功,如下表所示。

王院长近3年来的主要政绩

年　份	1994	1995	1996
创收(万元)	60	81	195
人均工资外收入(元)	5 500	6 000	9 500
论文数(篇)	121	138	150
出版书籍数(本)	5	7	8
科研收入(万元)	40	50	90
其中:纵向课题(万元)	20	18	12
本院学生在全校的成绩排名	12	11	12

王院长知道,有些成绩不是因为自己领导有方,而是大环境造成的,如最近几年"在职研究生热"使管理学院应接不暇,创收大幅度地增加。另外,有些成绩或问题是用数据反映不出来的。例如,尽管老师的收入增加较多,但总也赶不上沿海地区。最近3年,管理学院就没有引进非常有潜力的年轻教师,相反,有两个是王院长特别看重的年轻教师竟然不辞而别,理由是不好意思拒绝王院长的挽留。

平心而论,王院长这几年是一心扑在领导工作岗位上。3年来,他只发表了两篇以他为第一作者的文章,而这两篇文章都是他在当院长之前写的。对于课题他仍在接,但主要是课题组的老师和研究生在做,难得一个月听他们汇报一次,以至于对他们现在研究的细节已提不出有价值的意见。王院长一年大约有1/3的时间在外出差,有1/3的天数不能睡午觉(午觉是王院长几十年熬夜养成的习惯),每天的工作时间都在10～14个小时。以今天为例,早晨7:50出门,参加学校举行的迎接教委教学大检查的会议,11:00散会后,又与管教学的副院长一起布置本院的教学检查工作。教学检查影响到学校的名声,谁也不敢怠慢。中午与一个回国探亲的教授一起吃饭，讨论与教授所在的学校进行合作研究的可能性。下午2点多钟开始参加本院今年高级职称的初评，由于最近几年科研创收较好，教师出书、发表文章的数量增加，使得达到职称晋升条件的人增多，然而僧多粥少，谁上都会引起众多人的不满。会议开了5个多小时，争论很激烈，最后勉强通过初评方案。

“铃”，电话铃响了，是王院长课题组的张老师打来的电话，问今天下午初评的结果。王院长让他安心休息，明天看公榜。

“铃”，这次是门铃响了，开门进来的是陈老师和她在计算机系工作的丈夫刘老师。陈老师四十多岁了，工作很勤奋，为人也很好。最近两年，她用丈夫的科研经费出了一本书和几篇质量一般的文章，是今天初评争议最大的一位教师，虽然上了副高的名单，但排在最后一名。作为一个年长的学者，王维书希望她上，因为他知道，对陈老师这样的人，其他什么都不重要，职称是最重要的。但是作为院长的他，又觉得不能上她，上她，就要压一压比她有才和更年轻的人，年轻人就更留不住了。王院长只有默默地听她和她丈夫申诉了1个多小时，对她表示同情，告诉她一切都没有最后确定。

送走他们，已是晚上9点多钟。王院长开始问自己，今天做的事情都是一个院长应做的吗？刚担任院长时，王院长采取了一些有效的管理方法，如分权原则、激励原则、例外管理原则、人事考核等。但天长日久，这些原则似乎没有什么用处。例如，到家里上访问题，王院长希望公私分开，有问题到管理学院谈，不要在家里谈，所以当教师打电话来问自己忙不忙时，王院长回答说“自己现在很忙”，让他们明天到学院谈。后来教师干脆不打电话而是直接来，王院长总不能把这些非常要面子的教师拒在门外不让进来吧。

时间已经不早了，王院长看了看自己明天的工作安排，上午有四节研究生的课(其中两节是补出差落下的课)，下午要参加三个硕士研究生的答辩。上午的课不要紧，已讲了这么多年，不备课也行，就怕学生消化不了。对了，下午三个研究生答辩的论文还没有看呢。王院长从桌上一大堆尚未处理的文件中找到了这三篇论文，本来他不愿参加研究生答辩的，但这些要答辩的学生坚持要他参加，他不好拒绝，因为这些学生都是在职学生，有些是公司的老总，将来说不定对管理学院有帮助。

不知什么时间妻子送来的茶水已经凉了。王院长换了一杯热茶，看来，今天晚上1点钟之前又睡不了觉，得靠这杯茶支撑自己把这三篇各两万多字的论文看完。

★ 问题：

1. 王院长是否是一个好人？依据是什么？
2. 王院长是否是一个好的管理者？依据是什么？
3. 讨论管理理论与管理实践的差别。
4. 讨论大学管理与企业管理的异同。

【成果与检测】

根据小组成绩、班级讨论、书面报告等综合评定。

模块三　管理实战任务

实训项目一：到企业参观

【实训目标】

与企业家交流并了解管理的重要性。

【实训内容与要求】

通过到企业参观使学生了解真实的企业，即企业的组成部分和企业中的管理岗位。通过与企业家真诚交流，使学生对管理的概念和重要性有大概的了解，对企业家应具有的素质和人格魅力有初步的认识，知道管理学在社会生产实践中的大量应用。

学生提出的主要问题具体如下：

(1)你是如何管理你的企业的？

(2)你在管理中遇到的主要困难有哪些？

(3)什么是最重要的管理学知识？

(4)你的企业最需要哪种类型的人才？

以直接对话的形式进行采访、录制，并把录像保存起来。

【成果与检测】

针对不同的企业家，组织大家讨论并写下各自的感想，然后根据每位同学在对话中的表现和课后的书面材料进行评估。

实训项目二：调查与访问

【实训目标】

1. 让学生结合实际，加深对管理系统的感性认识与理解；

2. 初步培养认知能力与自觉养成现代管理者应具备的素质。

【实训内容与要求】

1. 由学生自愿组成小组，每组6～8人。利用课余时间，选择1个或2个中小企业进行调查与访问。

2. 在调查与访问之前，每组需根据所学的课程知识经过讨论制定调查与访问的提纲，包括调研的主要问题与具体安排，具体如下：

(1)该企业管理系统的构成状况。

(2)对管理者进行分类，并重点访问一位管理者，向他了解他的职位、工作职能、胜任该职务所必需的管理技能，以及所采用的管理方法等情况。

(3)对其管理对象的调查与分析。

(4)该企业的一般环境与任务环境是什么？

(5)该企业中有哪些你感兴趣的管理机制？并作简要分析。

【成果与检测】

1. 每人写出一份简要的调查与访问报告；

2. 调查与访问结束后，组织一次课堂交流与讨论；

3. 以小组为单位，分别由组长和每个成员根据各成员在调研与讨论中的表现进行评估打分；

4. 再由教师根据各成员的调研报告与在讨论中的表现分别评估打分；

5. 将上述诸项评估得分综合为本次实践成绩。

模块四 管理游戏

实训项目一：讲不出就“打”

【实训目标】

促进成员彼此认识；增进团体活泼的气氛。

【实训内容与要求】

➤ 游戏程序

1. 选一位执棒（用报纸或杂志卷成的一支棒）者站在圈内，由他所面对的人开始叫出一个人名，执棒者马上跑到那位被叫的人面前，此时如果他无法马上叫出另一个人的姓名，则执棒者可用棒打他；如果他能叫出另一位的姓名，则执棒者再跑到被叫的人面前，如果被叫的人无法马上叫出另外一个人名，则照样被棒打，如此连续下去。

2. 可挑出 3 至 5 人轮流任执棒者。

➤ 游戏准备

准备制作棒的报纸或购买塑料制品的棒。

【成果与检测】

根据学生的参与程度以及表现看游戏的效果，并评定成绩。

实训项目二：“飞船”竞赛

【实训目标】

理解管理的四大职能。

【实训内容与要求】

道具：（每组）一只生鸡蛋、四个纸杯、一双筷子、长短吸管各两根、两只气球、几根皮筋、几张彩纸、几支彩笔、一把剪刀、一瓶胶水。

时间：90 分钟。

➤ 程序

1. 根据提供的道具制作“飞船”和标志“飞船”着陆地点的旗帜。

2. 制作完成后，去空地发射“飞船”。

3. 每组发射“飞船”，并将旗帜插在“飞船”着陆的地点。

➤ 规则

1. 只能用给定的道具制作“飞船”。

2. 不能与团队之外的任何人交流“飞船”制作计划。

➤ 教师任务

1. 在前一次课上宣布活动的任务、道具及进行分组。

2. 指定准备活动道具的负责人。

3. 活动开始，宣布活动程序、规则及时间。

4. 控制整个活动场面，回答学生的提问，监督是否有违反规则的现象。

5. 组织同学们发射“飞船”。

6. 下次上课时，首先，组织讨论该活动是如何体现管理的四大职能的；其次，小组代表发言；再次，教师总结；最后，颁奖。

【成果与检测】

“飞船”航行最远且鸡蛋不破的小组获胜，评选出最具创意的旗帜。根据学生的参与程度以及表现看游戏的效果，并评定成绩。

★ 实训项目三：寻找共同点和不同点

【实训目标】

培训学生分析与团队其他成员的异同点，提高沟通效率。

【实训内容与要求】

事先把表格发给大家，每人一份。

要求每个人从其他至少两个人身上找出与自己的一个共同之处（如在上海长大）和一个不同之处（一个爱足球，一个爱篮球）。

寻找共同点和不同点

姓名____________

姓　名	共同点	不同点
1. ________	____________	____________
2. ________	____________	____________
3. ________	____________	____________
4. ________	____________	____________
5. ________	____________	____________
6. ________	____________	____________
7. ________	____________	____________
8. ________	____________	____________
9. ________	____________	____________

【成果与检测】

根据学生的参与程度以及表现看游戏的效果，并评定成绩。

模块五　辩论赛

实训项目:认识身体结构

【实训目标】

让学生理解不同层次的管理者、员工在企业中的作用。

【实训内容与要求】

1. 首先让学员观察人的身体图(见下图)。

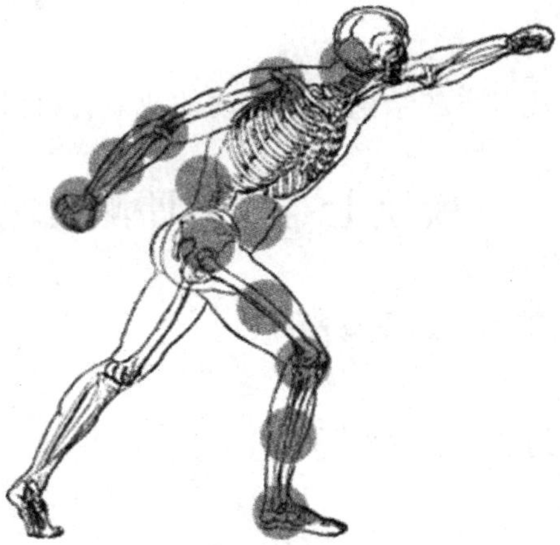

2. 请大家辩论人的身体的结构框架。
3. 辩论人的身体框架中的主要部分是如何协调、共同参与进行活动的。

➢ 注意事项

辩论中抓住人的头脑、腰腹、四肢等关键环节;头脑象征企业中的高层,腰腹象征企业中的中层,四肢象征企业中的基层员工。

【成果与检测】

根据学生的参与程度以及得出的结论评定活动的成效,并评定成绩。

模块六　角色模拟

实训项目:看不见与说不清

【实训目标】

了解公司不同的角色的情境,认识管理中的要素。

【实训内容与要求】

➢ 游戏程序

1. 三名学员扮演工人,被蒙住双眼,一起带到一个陌生的地方。
2. 两名学员扮演经理。

3. 一名学员扮演总裁。

➤ 游戏规则

工人可以讲话，但什么也看不见；经理可以看，可以行动，但不能讲话；总裁能看，能讲话，也能指挥行动，却被许多无关紧要的琐事缠住，无法脱身(他要在规定时间内做许多与目标不相关的事)。所有的角色需要共同努力，才能完成游戏的最终目标——把工人转移到安全的地方去。

➤ 游戏准备

不同角色的说明书以及任务说明书。

➤ 注意事项

任务说明书可以由培训师根据情况设计，关键是游戏中总裁要有许多琐事缠身。

【成果与检测】

根据学生的参与程度以及得出的结论评定活动的成效，并评定成绩。

模块七 能力评测

实训项目：你能正确评估下属的工作吗？

【实训目标】

测试正确评估下属工作的能力。

【实训内容与要求】

请在每一题的三个选项中，选择你认可的一项。每题 5 分。

1. 开展评估的主要目的是什么？(　　)

A. 激励员工努力工作，更上一层楼

B. 促使员工反思自己以往的表现

C. 暴露员工的缺点与不足

2. 怎样安排与下属进行绩效面谈？(　　)

A. 先批评缺点，再表扬优点

B. 开始和结束时都谈优点，中间穿插缺点

C. 首先肯定优点，然后指出不足

3. 对员工的评估应该以什么为基础？(　　)

A. 严格地讲以实际成果为准

B. 以他的知识水平、工作能力和工作态度为主，以短期效益为辅

C. 综合考虑他的能力和实际效益

4. 你为部下鉴定时最重视的资料是什么？(　　)

A. 他的实际表现

B. 他的出勤记录与绩效水平

C. 他以往的总结与鉴定

5. 员工的评估工作应在何时进行？(　　)

A. 在其表现下降时

B. 在本人提出要求时

C. 定期进行，例如每年一次

6. 评估工作结束，你是否(　　)？

A. 让员工阅读鉴定并征求他们的意见

B. 不让员工阅读鉴定，但征求他们的意见

C. 既不让员工阅读鉴定，也不征求他们的意见

7. 你在指出下属的不足之后，是否(　　)？

A. 为他指出克服缺点的方法

B. 警告他这些缺点对他今后加薪、升职的影响

C. 与他共同探讨今后的努力方向

8. 如果员工谈话时情绪激动，你是否(　　)？

A. 耐心听他发表意见，暂不中断

B. 谴责他不能控制自己的情绪

C. 尽快结束谈话，让他恢复平静

9. 如果某位下属的表现明显下降，与以往相比较差距甚大，你是否(　　)？

A. 悄悄记下他的过失，以便在下次总结鉴定时提出来

B. 与他开诚布公地交换意见，找出其退步的原因，共同制订改进方案

C. 熟视无睹，期望他会自觉醒悟

10. 你在什么场合宣布有关提薪事宜？(　　)

A. 在述职谈话时

B. 在关于工资的特别谈话中

C. 写信通知

【成果与检测】

80～100 分，你深知绩效评估的策略与方法，能够公正地评估下属的成绩与不足，让人心悦诚服；50～75 分，你真诚求实，只要再稍注意些方式、方法，便能使评估让下属更满意，建议你参加一个现代管理培训班，更新、补充管理技巧；20～45 分，你有多处不足，必须立即改进，以免再犯错误；0～15 分，技能水平有待提高。

单元二　自我管理认知思维与能力

模块一　管理故事演讲

实训项目：被脚踩过的 20 美元

【实训目标】

领悟我们的价值在于我们本身的道理。

【实训内容与要求】

在一次讨论会上，一位著名的演说家没讲一句开场白，手里却高举一张 20 美元的钞票。

面对会议室里的 200 个人，他问："谁要这 20 美元？"一只只手举了起来。他接着说："我打算把这 20 美元送给你们当中的一位，但在这之前，请准许我做一件事。"他一边说一边将钞票揉成一团，然后问："谁还要？"这时仍有人举手。

他又说："那么，假如我这样做又会怎么样呢？"他把钞票扔到地上，又踩上一脚，并且用脚碾它。然后他拾起钞票，此时钞票已变得又脏又皱。

"现在谁还要？"还是有人举手。

"朋友们，你们已经上了一堂很有意义的课。无论我如何对待那张钞票，你们还是都想要它，因为它并没有贬值，依旧值 20 美元。"

★ 故事的哲理

人生路上，我们有时会被错误和逆境所击倒，觉得自己似乎一文不值。但无论发生什么或将要发生什么，我们永远不会丧失价值。生命的价值并不取决于我们外在的光环和结交的人物，而是取决于我们本身。

【成果与检测】

请学生结合主持人演讲的管理故事进行思考、讨论，并分组推举代表发言。根据学生的参与程度以及得出的结论或观点评定活动的成效，并评定成绩。

模块二　案例分析

实训项目：升任公司总裁后的思考

【实训目标】

1. 增强对不同管理层的素质与技能要求的感性认识；
2. 加强自身素质与技能的训练和培养。

【实训内容与要求】

郭宁最近被所在的生产机电产品的公司聘为总裁。在准备接任此职位的前一天晚上，他浮想联翩，回忆起他在该公司工作20多年的情况。

他在大学时学的是工业管理，大学毕业后就到该公司工作，最初担任液压装配单位的助理监督。他当时感到真不知道如何工作，每天都手忙脚乱，因为他对液压装配所知甚少，在管理工作上也没有实际经验。可是他非常认真好学，一方面，仔细参阅该单位所订的工作手册，并努力学习有关的技术知识；另一方面，监督长也主动指点，使他渐渐摆脱了困境、胜任了工作。经过半年多时间的努力，他已有能力独担液压装配的监督长工作。可是，当时公司没有提升他为监督长，而是直接提升他为装配部经理，负责包括液压装配在内的四个装配单位的领导工作。

他在当助理监督时，主要关心的是每日的作业管理，技术性很强。而当他担任装配部经理时，他发现自己不能只关心当天的装配工作状况，还得做出此后数周乃至数月的规划，完成许多的报告和参加许多的会议，根本没有多少时间去从事他过去喜欢的技术工作。当上装配部经理不久，他就发现原有的装配工作手册已基本过时，因为公司已安装了许多新的设备，引入了一些新的技术，这令他花了整整一年时间去修订工作手册，使之切合实际。在修订手册的过程中，他发现要让装配工作与整个公司的生产作业协调起来是需要很多讲究的。他还主动到几个工厂去访问，学到了许多新的工作方法，并把这些放入修订的工作手册中。由于该公司的生产工艺频繁发生变化，因而工作手册也不得不经常修订，郭宁对此都完成得很出色。几年后，他不但自己学会了这些工作，而且还学会如何把这些工作交给助手去做，教他们如何做好，这样就可以腾出更多的时间用于规划工作和帮助他的下属工作得更好，以及花更多的时间去参加会议、批阅报告和向上级汇报工作。

在他担任装配部经理6年之后，正好该公司负责规划工作的副总裁辞职应聘于其他公司，郭宁便主动申请担任此一职务。在同另外5名竞争者较量之后，郭宁被正式提升为规划工作副总裁。他自信拥有担任此新职位的能力，但由于此高级职务工作具有复杂性，仍使他在刚接任时碰到了不少麻烦。例如，他感到很难预测1年之后的产品需求情况。可是一个新工厂的开工，乃至一个新产品的投入生产，一般都需要在数年前做出准备。而且，在新的岗位上他还要不断地协调市场营销、财务、人事、生产等部门之间的工作，这些他过去都不熟悉。他在新的岗位上越来越感到：越是职位上升，越难以仅仅按标准的工作程序去进行工作。但是，他还是渐渐地适应了，做出了成绩，以后又被提升为负责生产工作的副总裁，而这一职位通常是由该公司资历最深的、辈分最高的副总裁担任的。现在，郭宁又被提升为总裁。他知道，一个人当上公司最高主管之时，应该自信自己有处理可能出现的任何情况的才能，但他也明白自己尚未达到这样的水平。因此，他不禁想到自己明天就要上任了，今后数月的情况会是怎样，不免为此而担忧。

★ 问题：

1. 郭宁担任助理监督、装配部经理、规划工作副总裁和总裁这四个职务，其管理职责各有何不同？能概括其变化的趋势吗？请结合基层、中层、高层管理者的职能进行分析。

2. 你认为郭宁要成功地胜任公司总裁的工作，哪些管理技能是最重要的？你觉得他具有这些技能吗？试加以分析。

3. 如果你是郭宁，你认为当上公司总裁后自己应该补上哪些欠缺才能使公司取得更好的绩效？

【成果与检测】

根据小组成绩、班级讨论、书面报告等综合评定。

模块三 管理实战任务

实训项目:组建模拟公司

【实训目标】

1. 培养初步运用管理系统的思想建立现代组织的能力;

2. 培养分析、归纳与演讲的能力。

【实训内容与要求】

根据所学知识及对实际企业的调查与访问所获得的信息资料,组建模拟公司。

1. 以自愿为原则,6～8 人为一组,组建"××大学生模拟公司",自定公司名称;

2. 进行总经理竞聘,每个人以"我要做一个什么样的管理者"为题,发表竞聘演讲(要有发言提纲)。

【成果与检测】

1. 投票选出公司总经理,完成模拟公司的初步组建;

2. 班级组织一次交流,每个公司推荐两名成员发表竞聘演讲;

3. 由教师与学生对各公司的组建情况(含竞聘提纲)进行评估打分。

模块四 管理游戏

实训项目一:打破坚冰

【实训目标】

活跃气氛,使刚建立的团队内还不熟悉的成员熟悉起来;培养团队的协调能力。

【实训内容与要求】

➤ 游戏程序

1. 教员让所有成员自动按出生月日的先后顺序排队,生日靠近 1 月 1 日的排在左边,生日靠近 12 月 31 日的排在右边。

2. 在排好队后,教员让组员作自我介绍,内容包括出生月日、姓名及其他信息。

3. 假如后续的活动需要分组,就可以把队伍分段,生日靠近的组员被分在一个组;或者通过报数来分组,同一个数字的组员分在一组。

【成果与检测】

根据学生的参与程度以及表现看游戏的效果,并评定成绩。

实训项目二:成双成对

【实训目标】

通过运动,增强学员之间的熟悉感;认识结成伙伴的意义。

【实训内容与要求】

➢ 游戏程序

1. 游戏协助者鼓励学员一起有节奏地鼓掌，一起喊出“成双成对”。一旦喊出“成双成对”，所有学员要找一位伙伴。

2. 游戏协助者随意喊出，如：手指对手指、手肘对手肘、背对背、手掌对手掌、眼睛对眼睛等，学员需与伙伴共同完成。

3. 当游戏协助者再喊出“成双成对”时，学员必须另觅一位新的伙伴。此时，游戏协助者再随意喊出耳朵对耳朵、脚板对脚板等。

4. 调换伙伴数次后，游戏协助者可因时间及气氛在学员都找到伙伴后停止游戏。

➢ 注意事项

人数要成偶数；大家要先熟悉鼓掌的节奏。

【成果与检测】

根据学生的参与程度以及表现看游戏的效果，并评定成绩。

★ 实训项目三：比比谁高

【实训目标】

考查学生的创新素质。

【实训内容与要求】

道具：每组两副扑克牌、一盒回形针。

时间：25 分钟。

➢ 程序

1. 把同学们分为 6 人一组，给每组发放两副扑克牌和一盒回形针。

2. 讲解活动内容：每组利用手中的道具做一个物体，尽量使物体做得又高又稳固。

3. 教师测量物体的高度。

➢ 规则

1. 每组只能用所给的道具做一个物体。

2. 教师在测量前要先用力拍一下桌子。

➢ 教师任务

1. 教师准备道具，扑克牌可让各小组协助准备。

2. 控制整个活动过程。

【成果与检测】

不违反规则，以做得最高、最稳、最快的小组获胜。根据学生的参与程度以及表现看游戏的效果，并评定成绩。

★ 实训项目四：冬天里的一把火

【实训目标】

考查学生的自我认知能力。

【实训内容与要求】

材料：一个网球或海绵球。

与会人员围成一圈，把球扔给一个人，请接球的人讲一些关于自己的不同寻常的事，然后再把球扔给另一个人。如：

(1)在他们的生活中发生的异乎寻常的三件事；

(2)他们拥有的特殊才能或爱好；

(3)他们承担过的最重要的两项工作；

(4)在这个世界上，他们最崇敬(或最鄙视)的人；

(5)能够最准确地描述他们的个性与感受到的一种色彩和一种动物。

【成果与检测】

根据学生的参与程度以及表现看游戏的效果，并评定成绩。

★ 实训项目五：登上台阶

【实训目标】

培训学生的职业规划技巧。

【实训内容与要求】

1. 每人写出自己人生职业发展中最关注的五项内容，如收入、兴趣等。
2. 将最重要的问题排在最上面，然后按重要性由大到小往下排列。
3. 以5～8人为一小组，讨论最后的结果。

➤ 讨论

1. 大家对主题次序排列有分歧吗？
2. 这个分歧你们是怎样解决的？最后能得出一个一致的主题排列吗？

【成果与检测】

根据学生的参与程度以及得出的结论或观点评定活动的成效，并评定成绩。

模块五　辩论赛

★ 实训项目一：合作与竞争

【实训目标】

让学生体会合作与竞争的内涵。

【实训内容与要求】

正方观点：合作比竞争更能使文明进步

反方观点：竞争比合作更能使文明进步

【成果与检测】

老师依据本背景设定对立的论题组织辩论赛，根据分组辩论成绩、班级讨论、书面报告等综合评定。

实训项目二:金钱追求与道德追求

【实训目标】

让学生思考金钱追求与道德追求的关系。

【实训内容与要求】

正方观点:金钱追求与道德追求可以统一

反方观点:金钱追求与道德追求不能统一

【成果与检测】

老师依据本背景设定对立的论题组织辩论赛,根据分组辩论成绩、班级讨论、书面报告等综合评定。

模块六　角色模拟

实训项目:大转移

【实训目标】

在游戏中体会公司不同层次人员所承担的责任以及公司内不同角色的员工应该抱有什么样的工作心态。

【实训内容与要求】

➤ 游戏程序

1. 将所有成员分成4组。

2. 一组成员扮演"健康人岛"上的居民。他们都是健康人。

3. 一组成员扮演"瞎子岛"上的居民。他们是瞎子,能说但看不到。

4. 一组成员扮演"哑巴岛"上的居民。他们是哑巴,能看但不能说。

5. 一组成员扮演人造渡船。

6. 角色扮演分配之后,接下来全体成员的目标是要将不健康的人转移到"健康人岛"上。

7. 讨论:游戏一开始各小组应怎样进行;这种情形为什么这样发生;给我们的企业经营管理带来什么样的重要启示。

➤ 游戏准备

准备蒙眼睛的布及布置岛屿分布的纸张、器材等;不同岛上的居民的角色说明书、任务说明书等。

➤ 注意事项

对于所有角色说明书、任务说明书,培训师不作公开宣布。至于游戏如何开展,完全让学员自己做决定,培训师只告诉完成游戏的标准是所有的非健康人都被转移至"健康人岛"。

附:参考角色说明书及任务说明书

小组1　"健康人岛"居民

你们小组在轮船失事后,漂流到"健康人岛"。你们必须完成以下两项工作任务:

任务一:在你们岛上发现有三个"土著人"陷入"沼泽地",你们的任务是用"小竹排"安全地把三个"土著人"救出"沼泽地",到达"干草地"。

▶ 游戏规则

1. 你们小组三人扮演“土著人”，三人扮演“营救人”，营救人与其中一个“土著人”会驾驶“小竹排”；

2. 由于语言不通，“土著人”怀有敌意，因此不论在“沼泽地”、“小竹排”和“干草地”任何一处，如果“土著人”多于“营救人”，“营救人”就会被伤害；

3. “小竹排”一次最多只可以载两人(见下图)。

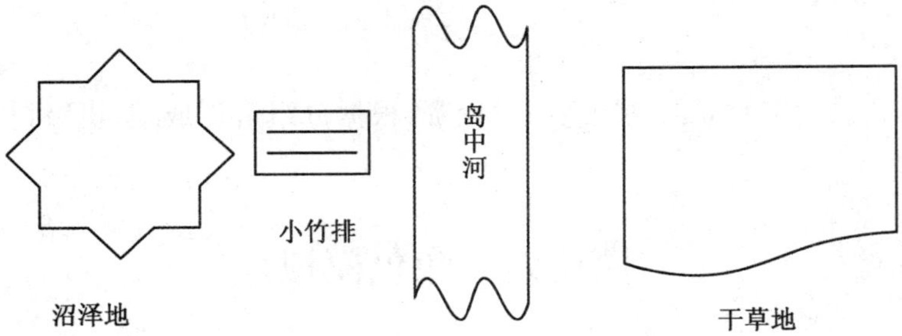

任务二：将“聋哑人岛”与“瞎子岛”上的团队人员根据游戏规则引渡到“健康人岛”上来。

小组 2 “哑巴岛”居民

你们小组在轮船失事后，漂流到“哑巴岛”。在你们岛上的小组人员因漂流疲劳，全体人员暂时“失声”，不能讲话。你们有两项任务：

任务一：用三张报纸做两艘“救生船”。“救生船”要营救伤员，所以需要有较好的避震性能。检查的方法是在“救生船”中放一个鸡蛋，从 1.5 米处自由坠落，以鸡蛋不破为成功。

任务二：指导“瞎子岛”的人员完成任务后，通过“人造渡船”将其引渡到“哑巴岛”，最后与你们岛上的人一起到达“健康人岛”。

小组 3 “瞎子岛”居民

你们小组在轮船失事后，漂流到“瞎子岛”。在你们岛上的小组人员因海水刺激，全体人员暂时“失明”，不能看见任何事物。你们的任务是：

1. 每个人在岛上寻找一个可以治疗复明的“仙人球”(本任务由培训师告之)。

2. 你们每个人必须亲自把手中的小球抛进纸盒里，才可以“复明”，搭乘“人造渡船”离开“瞎子岛”。

小组 4 “人造渡船”

你们小组在本游戏中的任务是：用人体搭建“人造渡船”，运送三个岛屿的人员，到达求生的目的地。

在完成任务的过程中必须遵守如下规则：

1. 不能登上“岛屿”；

2. 不能说话，在内部可以用其他方式沟通，不能与外部沟通；

3. 一旦“人造渡船”搭成后，每个成员脚不能移动；

4. 你们全体成员可以搭建一艘“渡船”，也可以搭建两艘“渡船”。

【成果与检测】

根据学生的参与程度以及得出的结论评定活动的成效，并评定成绩。

模块七　能力评测

实训项目一：管理动机强烈程度自我评估练习

【实训目标】

测试管理动机强度。

【实训内容与要求】

你在一个大型组织中从事管理的动机有多强？（课上完成）

要求：每一个问题，在最能反映你的动机强烈程度的数字上画圈，然后加总你的分数。

1. 我希望与我的上级建立积极的关系。
2. 我希望与我具有同等地位的人在游戏中和体育中比赛。
3. 我希望与我具有同等地位的人在与工作有关的活动中竞争。
4. 我希望以主动和果断的方式行事。
5. 我希望吩咐别人做什么和用法令对别人施加影响。
6. 我希望在群体中以独特的和引人注目的方式出人头地。
7. 我希望完成通常与工作有关的例行职责。

弱　1　2　3　4　5　6　7　强

【成果与检测】

你的得分将落在 7～149 分的区间内。评分标准为：7～121 分：较弱的管理动机；122～134 分：中等管理动机；135～149 分：较强的管理动机。

实训项目二：认识你的管理潜能

【实训目标】

测试管理潜能。

【实训内容与要求】

请在答题纸上填写相应的分数。选“总是”填 3，选“有时”填 2，选“从不”填 1。

1. 我可将个人和公司的目标清楚地写出来。
2. 我将我的目标按重要程度排序，以便不断地提醒自己应该前进的方向。
3. 从下属处我知道工作对他们的重要程度。
4. 对于下属的工作建议我很乐意接受。
5. 我对自己做的决定有信心。
6. 我与下属的沟通顺畅。
7. 我与上级的沟通顺畅。
8. 我关注于提高下属的工作能力。
9. 在制定会影响甚至改变下属的有关决策时，我听取他们的反应。
10. 对于工作上的争执我不是走开不理。
11. 当我做决定时，我会考虑其影响。
12. 我通过说服而不是压服让下属接受我的想法。

13. 当执行新的决定时，我留心它所产生的效应。
14. 我会向同事解释决定产生的原因，而不仅仅是决定本身。
15. 对于新工作方式的实行，我有耐心听取下属的反馈。
16. 对于新工作，我有相应的应急措施，防止其一旦受阻不致影响全局。
17. 对于每天的工作，我都有相应的计划。
18. 我会仔细地听取下属的想法。
19. 对于不同文化背景的人，我会有目标统一但方法不同的工作方式。
20. 对于与下属的沟通，我可以做到清楚且能很好地理解他们的想法。
21. 对于主持会议，我事先会将有关议程交给与会者，并且让他们知道会议的目的。
22. 无论是个人会议还是小组成员的会议，我都会提前准备。
23. 当下属的工作取得成绩时，我及时表扬他们。
24. 我避免将表扬和批评混为一谈。
25. 工作中我对事不对人。
26. 对于批评只在私下进行。
27. 在批评下属前我能认真地听取他们的观点。
28. 我经常将有关工作授权给下属。
29. 我会仔细、认真地将有关工作分配给最适当的人选。
30. 当下属承担新工作时，我与其商量并制定出有关目标。
31. 对于下属，我使用多种方法培训，以提高他们的有关技能。
32. 我鼓励下属从兴趣出发干工作。
33. 我愿意帮助下属，以使他们达到工作目标。
34. 对于公司的愿景目标我充满信心。

【成果与检测】

得分＞90分，你是一名成功的中层经理；76～90分，高于平均水平，但是还有提高的空间；60～75分，合格，但仅仅是合格而已，也可以称为“凑合”；＜60分，潜力不足。

第二篇
管理思想

通过对本篇各模块的实训，使学生深入理解近代、现代、中国古代的管理理论，掌握近代、现代、中国古代的管理技巧，形成近代、现代、中国古代的管理技巧应用能力。

单元一　近代管理理论认知与应用能力

模块一　管理故事演讲

实训项目一：这是谁的油田？

【实训目标】

理解管理要尊重人性的原则。

【实训内容与要求】

曾是美国首富的石油大亨保罗·盖蒂，年轻时家境并不富裕，只有一片收成很差的旱田。后来，他在田里挖水井的时候，发现水井里冒出一些黑稠的石油。于是水井变成了油井，保罗·盖蒂看到了致富之路。

保罗·盖蒂很用心地经营自己的事业。可是，他每次都能发现有人浪费原料，而且有闲人游逛。他把工头找来，要求工头们消除浪费现象和清除闲人。然而，他下次再去的时候，一切依然如故。保罗百思不得其解。为何我一去就能看到浪费现象和闲人，而那些工头天天在此，却视而不见？后来，一位管理学家一句话点醒了保罗："因为那是你的油田。"

于是，保罗立即召集各工头，向他们宣布："从今天起油田交给各位负责经营，效益的25%由各位全权支配。"从此，保罗再巡视油田时，发现不仅浪费现象消失，闲人也绝迹了，而且产量大幅增加。

★ 故事的哲理

管理艺术的真谛并非塑造人性、改造人性，而是必须学会顺应人性，使得责、权、利一定要分明而且落实。有舍才有得，舍小利才能取大利。

【成果与检测】

请学生结合主持人演讲的管理故事进行思考、讨论，并分组推举代表发言。根据学生的参与程度以及得出的结论或观点评定活动的成效，并评定成绩。

实训项目二：标准

【实训目标】

理解工作标准化。

【实训内容与要求】

有一个小和尚担任撞钟一职，半年下来，觉得无聊之极，心想"做一天和尚撞一天钟"而已。有一天，住持宣布调他到后院劈柴挑水，原因是他不能胜任撞钟一职。小和尚很不服气地问："我撞钟难道不准时、不响亮？"老住持耐心地告诉他："你撞钟虽然很准时也很响亮，但钟声空泛、疲软，没有感召力。钟声是要唤醒沉迷的众生，因此，撞出的声音不仅要洪亮，而且要圆润、浑厚、深沉、悠远。”

★ 故事的哲理

本故事中的住持犯了一个常识性管理错误，“做一天和尚撞一天钟”是由于住持没有提前公布工作标准造成的。如果小和尚进入寺院的当天就明白撞钟的标准和重要性，我想他也不会因怠工而被撤职。工作标准是员工的行为指南和考核依据。缺乏工作标准，往往导致员工的努力方向与公司整体的发展方向不统一，造成大量的人力和物力资源浪费。因为缺乏参照物，时间久了，员工容易形成自满情绪，导致工作懈怠。制定工作标准尽量做到数字化，要与考核联系起来，注意可操作性。

【成果与检测】

请学生结合主持人演讲的管理故事进行思考、讨论，并分组推举代表发言。根据学生的参与程度以及得出的结论或观点评定活动的成效，并评定成绩。

模块二　案例分析

★ 实训项目一：联合邮包服务公司的科学管理

【实训目标】

理解科学管理观点。

【实训内容与要求】

联合邮包服务公司(UPS)雇用了15万名员工，平均每天将900万个包裹发送到美国各地和其他180个国家或地区。为了实现他们的宗旨——“在邮运业中办理最快捷的运送”，UPS的管理当局系统地培训他们的员工，使他们以尽可能高的效率从事工作。下面以送货司机的工作为例，介绍一下他们的管理风格。

UPS的工业工程师们对每一位司机的行驶路线进行了时间研究，并对每种送货、暂停和取货活动都设立了标准。这些工程师们记录了红灯、通行、按门铃、穿院子、上楼梯、中间休息喝咖啡的时间，甚至上厕所的时间，将这些数据输入计算机中，从而给出每一位送货司机每天工作的详细时间标准。

为了完成每天取送130件包裹的目标，司机们必须严格遵循工程师们设定的程序。当他们接近发送站时，他们松开安全带，按喇叭，关发动机，拉起紧急制动，把变速器推到1挡上，为送货车启动离开做好准备，这一系列动作严丝合缝。然后，司机从驾驶室来到地面，右臂夹着文件夹，左手拿着包裹，右手拿着车钥匙。他们看一眼包裹上的地址记在脑子里，然后以每秒3英尺的速度快步跑到顾客的门前，先敲一下门，以免浪费时间，然后再找门铃。送完货后，他们在回到卡车的路途中完成登录工作。

这种刻板的时间表是不是看起来有点繁琐？也许是。它真能带来高效率吗？毫无疑问！生产率专家公认，UPS是世界上效率较高的公司之一。举例来说吧，联邦捷运公司平均每人每天不过取送80件包裹，而UPS却是130件。在提高效率方面的不懈努力，看来对UPS的净利润产生了积极的影响。虽然这是一家未上市的公司，但人们普遍认为它是一家获利丰厚的公司。

➤ 分析

结合联合邮包服务公司的实际，讨论科学管理的核心内容。

【成果与检测】

根据小组成绩、班级讨论、书面报告等综合评定。

实训项目二：王厂长的等级链

【实训目标】

理解法约尔的十四项基本原则。

【实训内容与要求】

王厂长总结自己多年的管理实践，提出在改革工厂管理机构的过程中必须贯彻统一指挥原则，主张建立执行参谋系统。他认为，全厂的每个人只有一个人的命令对他是有效的，其他的是无效的。如书记有什么事只能找厂长，不能找副厂长。下面的科长只能听从一个副厂长的指令，其他副厂长的指令对他是不起作用的。这样做，中层干部高兴，认为是解放了。原来工厂有13个厂级领导，每个厂级领导的命令都要求下面执行就吃不消了。"一次，有位中层干部开会时在桌子上放了一本本子、一支笔，然后就走了，散会了他也没回来。事后，我问他搞什么名堂，他说有三个地方要开会，这里熟，所以就放一本本子，以便应付另外的会。此事不能怨中层领导，只能怨厂级领导。后来规定，同一个时间只能开一个会，并且事先要把报告交到党委和厂长办公室统一安排。现在实行固定会议制度。厂长一周开两次会，每次两小时，而且规定开会迟到不允许超过5分钟。所以会议安排很紧凑，每人发言不许超过15分钟，超过15分钟就停止。

上下级领导界限要分明。副厂长是我的下级，我作出的决定他们必须服从。副厂长和科长之间也应如此。厂长对党委负责，我要向党委打报告，把计划、预算决算弄好后，经批准就按此执行。所以我跟党委书记有时一周一面也不见，跟副厂长一周只见一次面，我认为这样做是正常的。我们规定，报忧不报喜，工厂一切正常就不用汇报，有问题来找我，无问题各忙各的事。"

王厂长认为，一个人管理的能力是有限的，所以规定领导人的直接下级只有5～6个人。"我现在多了一点，有9个人(4个副厂长、2个顾问、3个科长)。这9个人我可以直接布置工作，有事可直接找我，除此以外，任何人不准找我，找我也一律不接待。"

➤ 思考

你对王厂长的做法有何评论？

【成果与检测】

根据小组成绩、班级讨论、书面报告等综合评定。

模块三 管理实战任务

实训项目：模拟公司的管理思想与组织文化

【实训目标】

1. 培养初步运用管理理论解决问题的能力；

2. 培养分析与建设组织文化的能力。

【实训内容与要求】

根据所学知识以及从企业所获得的信息资料，研讨并确定本公司的管理理念与组织文化。

1. 结合本公司的实际，论证应以何种理论作为管理的依据；
2. 本公司应树立哪些先进的管理理念？
3. 对本公司的文化建设提出各种设想，并制订建设方案。

【成果与检测】

班级组织一次交流，每个公司推荐两名成员谈管理的理论依据，并由总经理谈公司的文化建设方案。

模块四　管理游戏

★ 实训项目一：点钞

【实训目标】

领悟科学管理的重要性。

【实训内容与要求】

道具：不同面值的点钞纸（每组 5 人，100 元、10 元、1 元点钞纸各 50 张）。

时间：45 分钟。

➢ 程序

1. 手持式点钞：计算单指单张、单指两张、三指三张、四指四张、五指五张的点钞时间。
2. 单指单张：计算手持式点钞和桌按式点钞的时间。
3. 不同手型（粗细手）的点钞时间。

➢ 规则

1. 除记录者外，小组的每位同学都必须参与。
2. 比赛分为小组内竞赛和小组间竞赛。在其他条件相同时，点钞时间最短者获胜。

➢ 教师任务

1. 在前一次课上宣布活动的任务、道具及分组情况。
2. 指定准备活动道具的负责人。
3. 开始活动时，宣布活动程序、规则及时间。
4. 确定每组的记录人。
5. 控制整个活动场面，回答学生的提问，监督是否有违反规则的现象。
6. 组织学生讨论，得出结论：点钞方法的重要性、选拔一流员工的重要性、工具（手与钞票）的重要性。

【成果与检测】

在其他条件相同时，点钞时间最短者获胜。根据学生的参与程度以及表现看游戏的效果，并评定成绩。

实训项目二：旁观者效应

【实训目标】

领悟执行的基础是明确分工。

【实训内容与要求】

1964年3月，在纽约的克尤公园发生了一起震惊全美的谋杀案。

在凌晨3点的时候，一位年轻的酒吧女经理被一个“杀人狂”杀死。作案时间长达半小时，附近住户中共有38人看到或听到女经理被刺的情况和反复的呼救声，但没有一个人出来保护她，也没有一个人及时给警察打电话。

事后，美国大小媒体同声谴责纽约人的异化与冷漠。

然而，两位年轻的心理学家——巴利与拉塔内并没有认同这些说法。对于旁观者们无动于衷，他们认为还有更好的解释。为了证明自己的假设，他们专门为此进行了一项试验。

他们寻找了72名不知真相的参与者与一名假扮的癫痫病患者参加试验，让他们分别以一对一和四对一两种方式保持远距离联系，相互间只使用对讲机通话。事后的统计数据出现了很有意思的一幕：在交谈过程中，当假病人大呼救命时，在一对一通话的那组，有85%的人冲出工作间去报告有人发病；而在四个人同时听到假病人呼救的那组，只有31%的人采取了行动。

通过这个试验，人们对克尤公园现象有了令人信服的社会心理学解释。两位心理学家把它叫作“旁观者介入紧急事态的社会抑制”，更简单地说，就是“旁观者效应”。他们认为，在出现紧急情况时，正是因为有其他的目击者在场，才使得每一位旁观者都无动于衷，旁观者可能更多的是在看其他观察者的反应。

就这样，一桩桩旁观者众多却“见死不救”的事件产生了。而这种现象产生的原因与人们一般认为的世态炎凉、人心不古之类的社会氛围或看客的冷漠等集体性格缺陷没有太大关系。

★ 故事的哲理

责任感不能全部寄希望于道德与觉悟，而应该落实于清晰而明确的分工。然而，中国文化中的“模棱两可”元素，恰恰导致很多管理者在分配任务时对任务责任人、完成时间、完成程度等没有明确的交代，于是造成了一个我们都深恶痛绝的现象：执行不力！

【成果与检测】

请学生结合主持人演讲的管理故事进行思考、讨论，并分组推举代表发言。根据学生的参与程度以及得出的结论或观点评定活动的成效，并评定成绩。

实训项目三：张瑞敏用“故事”点拨部下

【实训目标】

让学生认识责任心的重要性。

【实训内容与要求】

飞机慢慢落在了西安咸阳机场。海尔集团中心长驻西安的经理在机场大厅出口迎候张瑞敏、杨绵绵一行。

在来西安的车上，杨绵绵提议请西安的营销经理做一回西安海尔市场的导游，介绍营销情况。于是，西安的营销经理用数据说明了海尔产品在西安地区的销售情况以及竞争对手的情况。由于销售经理讲述得井井有条，张瑞敏等领导表示满意。当问到另一个敏感问题时，这位营销经理却为自己找了借口想搪塞过去。张总立刻打断他的汇报说："我想讲个故事"。

美国的西点军校，是世界非常有名的军校。该校有个久远的传说，即规定在长官问话时，学生或下级军官只能选择四种标准答案中的一种：即"报告长官，是！""报告长官，不是！""报告长官，我没有借口！""报告长官，我不知道！"如果选定其中任何一种，就要对此回答承担责任，也就意味着自己知道下一步应有的行动是什么。除做出一种答案之外，别的话都不要说了……

张总讲完这个故事，大家都明白，向领导汇报工作，不能找借口，这是巧妙地批评了西安的营销经理。因为认可任何一种借口的存在，就意味着给了对手一个胜我的机会，后果是导致海尔市场的丧失。

★ 故事的哲理

一个找借口欺骗长官的士兵，就意味着死亡；一个找借口欺骗领导的员工，就意味着对工作不负责任，意味着即将招致经济损失和灾难。

【成果与检测】

请学生结合主持人演讲的管理故事进行思考、讨论，并分组推举代表发言。根据学生的参与程度以及得出的结论或观点评定活动的成效，并评定成绩。

模块五　辩论赛

★ 实训项目一：人性

【实训目标】

让学生对人性观点有深刻的认识。

【实训内容与要求】

正方观点：人性本善

反方观点：人性本恶

【成果与检测】

老师依据本背景设定对立的论题组织辩论赛，根据分组辩论成绩、班级讨论、书面报告等综合评定。

★ 实训项目二：先天遗传与后天环境

【实训目标】

让学生体会先天遗传与后天环境对人的作用。

【实训内容与要求】

正方观点：先天遗传比后天环境重要

反方观点：后天环境比先天遗传重要

【成果与检测】

老师依据本背景设定对立的论题组织辩论赛，根据分组辩论成绩、班级讨论、书面报告等综合评定。

实训项目三：网络

【实训目标】

让学生体会网络对人际关系的影响。

【实训内容与要求】

正方观点：网络使人们更近

反方观点：网络使人们更疏远

【成果与检测】

老师依据本背景设定对立的论题组织辩论赛，根据分组辩论成绩、班级讨论、书面报告等综合评定。

模块六　角色模拟

实训项目：小道消息的传播

【实训目标】

让学生体会沟通艺术。

【实训内容与要求】

地点：斯塔福德航空公司。

人物：公司总经理波利、副总经理本查明、副总经理肯尼特、秘书比利、通讯员、上司巴巴拉、莫罗等其他员工。

事件：斯塔福德航空公司是美国西北部一个发展迅速的航空公司。然而，最近在其总部发生了一系列的传闻。公司总经理波利想卖出自己的股票，但又想保住自己总经理的职务，这是公开的秘密了。他为公司制定了两个战略方案：一个是把航空公司的附属单位卖掉；另一个是利用现在的基础重新振兴发展。

第一场　总部内各办公室

（公司总经理波利找来副总经理本查明。）

公司总经理波利：本查明，对于公司未来的发展，我制定了两个战略方案，你仔细地想一想，我希望听听你的意见。

（副总经理本查明为此起草了一个备忘录，随后叫来秘书。）

副总经理本查明：比利，你去把这个备忘录打印出来，明天交给我。

（比利打印完以后即到职工咖啡厅喝咖啡，碰到了另一个副总经理肯尼特。）

秘书比利：（悄悄地）我得到了一个最新消息。他们正在准备成立另外一家航空公司。他们虽说不会裁员，但是我们应该联合起来，有所准备啊。

副总经理肯尼特：

（点头，一言不发，若有所思。）

（刚好这些话又被办公室的通讯员听到了，他立即把这个消息告诉他的上司巴巴拉。）

通讯员：巴巴拉，刚才，我在喝咖啡的时候听见比利对肯尼特说，公司正在准备成立另外一家航空公司，要裁员呢！

巴巴拉：（大惊失色）是吗？

（巴巴拉又为此事写了一个备忘录给负责人事的副总经理马丁。）

马丁：这怎么行呢？我们一定要让公司保证兑现其不裁减职工的诺言。

（第二天，比利正在打印两份备忘录。备忘录却被路过办公室探听消息的莫罗看见了。）

莫罗：（随即跑到办公室嚷嚷）我真不敢相信公司会做这样的事情，我们要卖给航空公司了，而且要大量减员呢！

（这个消息传来传去，3天后又传回总经理波利的耳朵里。他也接到了许多极不友好甚至是敌意的电话和信件，人们纷纷指责他企图违背诺言而大批解雇工人。有的人也表示为与别的公司联合而感到高兴，波利则迷惑不解。）

第二场　公司员工大会

（总经理波利坐在主席台上，台下的员工议论纷纷。）

总经理波利：首先向大家道歉，由于我的工作失误让大家担心了，很抱歉，希望大家能原谅我。

员工：（鼓掌）

总经理波利：前两天，我们已经给各部门印发了公司制定的两个战略方案，全体职工进行了认真、负责的讨论，也提出了许多有益的意见和建议，再一次谢谢大家！

员工：（再次鼓掌）

总经理波利：我看到大家这样爱公司，也很受鼓舞。其实前几天大家所说的那件事就是这两个方案的“升华”。今天我看到了大家的决心：要利用现在的基础重新振兴发展，那么我就更有信心，你们有没有信心使我们的公司发展得更好？

员工：有！有！（声音此起彼伏）

最后，该公司采取了第二个方案，公司也迅速地发展起来。

【成果与检测】

根据学生的参与程度以及表现看游戏的效果，并评定成绩。

模块七　能力评测

实训项目一：需要层次调查

【实训目标】

测试需要层次。

【实训内容与要求】

请根据你对你现有工作（或最近工作）的感觉来选择画圈。采用的是7级评分制，形式如下：（最少）1　2　3　4　5　6　7（最多）。

1. 对于能担任此职，你有一种自尊感							
A. 现在实际有多少？	1	2	3	4	5	6	7
B. 应该有多少？	1	2	3	4	5	6	7

续表

C. 这对你有多重要？	1	2	3	4	5	6	7
2. 你任此职有个人成长与提高的机会							
A. 现在实际有多少？	1	2	3	4	5	6	7
B. 应该是多少？	1	2	3	4	5	6	7
C. 这对你有多重要？	1	2	3	4	5	6	7
3. 此职务在本单位内的威望							
A. 现在实际有多少？	1	2	3	4	5	6	7
B. 应该是多少？	1	2	3	4	5	6	7
C. 这对你有多重要？	1	2	3	4	5	6	7
4. 在此岗位上独立思考与自主行动的机会							
A. 现在实际有多少？	1	2	3	4	5	6	7
B. 应该是多少？	1	2	3	4	5	6	7
C. 这对你有多重要？	1	2	3	4	5	6	7
5. 对现职的稳定感（"饭碗"的牢靠性）							
A. 现在实际有多少？	1	2	3	4	5	6	7
B. 应该是多少？	1	2	3	4	5	6	7
C. 这对你有多重要？	1	2	3	4	5	6	7
6. 你做这一工作，能发挥自己的才智与潜能的机会							
A. 现在实际有多少？	1	2	3	4	5	6	7
B. 应该是多少？	1	2	3	4	5	6	7
C. 这对你有多重要？	1	2	3	4	5	6	7
7. 你的职务在本单位之外受到尊重							
A. 现在实际有多少？	1	2	3	4	5	6	7
B. 应该是多少？	1	2	3	4	5	6	7
C. 这对你有多重要？	1	2	3	4	5	6	7
8. 在本岗位上觉得取得了有意义的成就							
A. 现在实际有多少？	1	2	3	4	5	6	7
B. 应该是多少？	1	2	3	4	5	6	7
C. 这对你有多重要？	1	2	3	4	5	6	7
9. 这一职务有帮助别人的机会							
A. 现在实际有多少？	1	2	3	4	5	6	7
B. 应该是多少？	1	2	3	4	5	6	7
C. 这对你有多重要？	1	2	3	4	5	6	7

续表

10. 这一职务参加设置自己的工作目标的机会(即在确定分配给自己的任务时有发言权)							
A. 现在实际有多少?	1	2	3	4	5	6	7
B. 应该是多少?	1	2	3	4	5	6	7
C. 这对你有多重要?	1	2	3	4	5	6	7
11. 这一职务参与确定自己的工作方式和步骤的机会							
A. 现在实际有多少?	1	2	3	4	5	6	7
B. 应该是多少?	1	2	3	4	5	6	7
C. 这对你有多重要?	1	2	3	4	5	6	7
12. 这一职务有权							
A. 现在实际有多少?	1	2	3	4	5	6	7
B. 应该是多少?	1	2	3	4	5	6	7
C. 这对你有多重要?	1	2	3	4	5	6	7
13. 这一职务有交上亲密好友的机会							
A. 现在实际有多少?	1	2	3	4	5	6	7
B. 应该是多少?	1	2	3	4	5	6	7
C. 这对你有多重要?	1	2	3	4	5	6	7

【成果与检测】

圈完问卷,你就可以在“需要满足表”中计算你的满足分数了。这分数能表明你的职务满足你的需要到何种程度。

先把问卷中每一项特性的 A 问句与 B 问句中所圈出的数字找出来,然后以 B 去减 A,将这(B—A)的数字填进表中。将各栏数字小计出来,再除以相应的数字。

表中最末一行,是美国管理人员的平均分数,这是波特在抽样中对1 916名各级管理干部所作调查得来的,可供参考对照。一般来说,你对某项需要的分数高于参考平均数,说明你的这项需要不如抽样的那组人那样满足;反之,比参考分数低,说明你对该需要的满足程度高于平均情况。

需要满足表

项　目	安全	社交	荣誉	自治	自我实现
	5B—5A=	9B—9A=	1B—1A=	4B—4A=	2B—2A=
		13B—13A=	3B—3A=	10B—10A=	6B—6A=
			7B—7A=	11B—11A=	8B—8A=
				12B—12A=	
小计					
除以	1	2	3	4	5
满足分					
参考分	0.43	0.33	0.61	0.78	1.05

最后是计算你的需要重要性。这里还有个“需要重要性表”，把你在问卷中各特性的C问句里所圈出的数字填入此表中相应栏内，并逐栏予以小计，再以相应的恰当除数去除，便求得你对马斯洛式各类需要的重要性评分。表中也列有根据对美国管理人员抽样调查所获美国管理人员平均评分，可供对照参考。

需要重要性表

项　目	安全	社交	荣誉	自治	自我实现
	5C=	9C=	1C=	4C=	2C=
		13C=	3C=	10C=	6C=
			7C=	11C=	8C=
				12C=	
小计					
除以	1	2	3	4	5
满足分					
参考分	5.33	5.36	5.28	5.92	6.35

下面列有对美国各级管理人员中抽样调查所得的分数，供你与自己的分数对照参考。所谓需要的不满足程度，就是指反映该需要应该达到什么程度与实际达到程度的两分数之差。此差值为零，便是完全满足；此差值为6，即完全不满足。

各级管理人员需要的平均重要程度

1=最不重要　　7=最重要

管理级别	安全	社交	荣誉	自治	自我实现
总裁级	0.26	0.34	0.28	0.18	0.63
副总裁级	0.45	0.29	0.45	0.55	0.9
中上级	0.41	0.33	0.66	0.87	1.12
中下级	0.38	0.32	0.71	0.96	1.17
基层	0.82	0.56	0.15	0.4	1.52

将这两个表与你自己相应的分数对比一下，你最重要的需要得到满足了吗？你的分数跟哪类管理者的平均分数相近？你所获得的结果对你的行为有什么影响？请与其他同事讨论一下此结果，看能说明什么问题。

你可能已注意到，管理者往往对荣誉要求较低（即较易满足），但对自我实现要求则偏高（难获满足），你的情况是否也符合此模式？

实训项目二：职场人际关系

【实训目标】

测试你在职场的人际关系。

【实训内容与要求】

当你和一个陌生人第一次见面时，你最反感的是：

A. 跟你很疏远，不够大方

B. 主动靠近你，拍你的肩膀，跟你称兄道弟

C. 抢着讲话，油腔滑调，把你当听众

D. 不停地问你个人的问题，像身家调查一样

【成果与检测】

A. 你是一个看似沉静但心底又有很强企图心的人。你希望能有一个圆满的人际关系，可是，你总认为主动去跟别人搭讪会很伤你的尊严，而且你认为自己富有魅力，但这只是你的个人期待，所以，一旦遇到那些不能满足你心里期待的人，你就会对对方产生反感。因此，你的这种主观期待很容易得罪人，所以，当有敌人出现时，你最好反省一下，是不是又得罪人了。

B. 自我保护心理比较强的你，对于陌生人会不自觉地想要保持距离，因为你对自己和别人的信心都不够，所以，你下意识地会拒绝别人一开始就侵入你的私人领域，而且还不经过你的同意就触碰你的身体。因此，你会开始对他产生反感，下意识地认为他不尊重你的想法和观念，在你的心目中会很自然地把他列为异类。你的敌人通常都是那种有自大倾向、不尊重你的人。所以，有时候你不要反应太过分，也许人家不是怀有恶意的。

C. 人际互动是你最不喜欢的，因为你老是处于被动的状态。我们常说，一个人的说话主动权和长度，暗示着这个人的气势强弱。如果这个人一见面就把你当听众，表示这个人是想把你当一个情绪发泄工具，不然就是期望一开始把你压住，让你知道他的厉害。你会对这种人反感，表明你在气势上不想被人压过，不希望别人不尊重你的发言权。所以，你的敌人就是这些有着强烈表现欲望、类似于演讲狂的人，或者是不让你发表意见的人。尤其是油腔滑调的人，更让你觉得不值得信赖。

D. 你有轻微的自我封闭症，想保有多一点的个人隐私。面对这种想控制你的人，你会觉得压力很大。其实这种人只是想进一步认识你，并且希望在很短的时间内对你有更深入的了解。不过，如果他只是一味地问，而不说明自己的背景，或是不让你反问，这就暗示他是一个很有控制欲的人。

★ 实训项目三：与人交流的能力

【实训目标】

测试与人交流的能力。

【实训内容与要求】

你在经营管理生活中扮演什么角色？是遇难者还是救命的船长？请回答下列问题：

1. 你将工作计划发到每位下属手中吗？（　　）
2. 你的下属分工明确吗？是否各司其职？（　　）
3. 你是否经常召集下属开会，既讨论工作问题，又探讨一些大家共同感兴趣的问题？（　　）
4. 你的下属对你的权限清楚吗？（　　）
5. 你鼓励员工积极关心公司事务，踊跃提问题、出主意、想办法吗？（　　）
6. 你提倡同事之间经常交流、密切合作吗？（　　）
7. 你虚心听取各方面的意见吗？（　　）
8. 你鼓励下属畅谈未来并帮助他们设计未来吗？（　　）

9. 你平易近人吗？能和下属打成一片吗？　（　）

10. 为了营造一种轻松、愉快的气氛，让大家各抒己见，你是否有时会把会议地点安排在酒店等地方？　（　）

11. 你能利用会议将工作计划具体化，把每项任务都落实到具体人员，并定下完成任务的期限吗？　（　）

12. 你是否定期与每位下属谈话，讨论其工作进展情况？　（　）

13. 你是否至少每年召开一次总结会，表扬先进，鞭策后进，同时广泛征求群众意见，让大家畅所欲言？　（　）

14. 你经常向领导汇报本部门的工作进展及下属的表现吗？　（　）

15. 当你遇到困难与问题时，能发动群众发挥集体的智慧吗？　（　）

16. 你鼓励下属勤学好问、互相帮助吗？　（　）

17. 你在部门内组织协作小组，提倡团结奋斗精神吗？　（　）

18. 当公司内部出现人事、政策和工作流程的重大调整时，你是否及时召集下属开会，解释调整的原因及这些调整对他们今后工作的影响？　（　）

19. 你喜欢在总经理办公会上将本部门的工作进展公布于众，以求得其他部门的合作和支持吗？　（　）

20. 你是否经常召集“群英会”，请员工为公司经营出谋划策？　（　）

21. 你的文笔是否简洁、清晰，没有晦涩难懂、装腔作势的“八股”腔？　（　）

22. 当下属取得辉煌成就时，你是否立即表示祝贺？　（　）

23. 当你与非专业人士交流时，能尽量避免使用行话吗？　（　）

24. 你在起草文件、函电时，能否为下属树立榜样，慎重使用“保密”字眼吗？　（　）

25. 你如果听说某位下属因毫无根据的谣言而苦恼，你是否立即召开会议辟谣？　（　）

26. 假如公司为圆满完成一个重大项目，决定聘请专家来主持工作，你认为是否有必要召集员工开会，向他们讲解这个项目对公司及每个人的影响，请他们全面配合专家开展工作？　（　）

27. 你能尽量少下达书面指示，多与下属直接交流吗？　（　）

28. 当公司作出新决定时，你能尽量提前通知本部门的员工吗？　（　）

29. 你有一套完整的公司章程和部门规定供下属随时参考吗？　（　）

30. 如果公司作出的新决定与本部门无直接关系，你还向下属传达吗？　（　）

评分标准：肯定的回答得 1 分，否定的回答不得分。

【成果与检测】

25～30 分：无论是与老板还是下级交流，你都表现得很好。你自信心强，下属信任你，整个部门充满着团结协作的气氛。

15～24 分：你的交流能力较强，但还需再上一层楼。记住：无论做什么工作，交流能力都是成功的保证与升职的阶梯。

6～14 分：由于你对交流能力的重要意义认识不够，导致你与优秀的经营管理者尚有一段不小的差距。要知道，经营管理者有责任主动将信息传给下属，而不应让下属千方百计地去寻找信息。改变你的拘谨作风，走出封闭式管理的天地，让你的部门充满活力吧！

5 分或以下：你是否发誓以缄默对人？你的成绩实在令人震惊。你是否选错了职业，不应该做这种与人打交道的工作，而应找一份适合“孤独者”做的工作？

单元二　现代管理理论认知与应用能力

模块一　管理故事演讲

实训项目一:狗鱼综合征

【实训目标】

用实例说明,妨碍他们运用在课程中学到的知识的阻力不仅来自外界,而且也存在于他们自身。

【实训内容与要求】

➤ 程序

把北美狗鱼的故事讲给他们听。

狗鱼被放置在一个用玻璃隔开的鱼缸中,鱼缸的另一半里养着一些小鱼,可望而不可即。这条饥饿的狗鱼进行了无数次尝试,但结果总是撞到玻璃。它最终明白了,自己无论如何也够不到那些小鱼。后来,玻璃隔板被拿掉了,但是狗鱼并没有袭击小鱼,最终被饿死。

狗鱼随后的行为就是狗鱼综合征的表现,特点如下:

1. 对差别视而不见。
2. 自以为无所不知。
3. 滥用经验。
4. 墨守成规。
5. 拒绝考虑其他可能性。
6. 缺乏在压力下采取行动的能力。
7. 应变能力差。

➤ 讨论题

1. 在你认识的人中,是否有人曾表现出狗鱼综合征?是些什么样的例子?
2. 我们怎样帮助他人(或自己)摆脱狗鱼综合征?
3. 狗鱼综合征在何种方式下是有用的?

【成果与检测】

根据学生的参与程度以及得出的结论或观点评定活动的成效,并评定成绩。

实训项目二:猝死在跑步机上的总裁

【实训目标】

让学生认识到管理手段必须适逢其时。

【实训内容与要求】

“昨天，我还采访过他，今天，他却已经死了。”在网上，一位记者这样悼念爱立信中国前总裁杨迈之死。

就在人们还在关注扭亏之后的爱立信何时能重返电信巨人行列时，悲剧发生了。2004 年 4 月 8 日，爱立信(中国)有限公司总裁杨迈经历了生命中的最后一天。

这一天，夏新电子宣布将选择爱立信移动平台公司作为其技术平台供应商。11:10，杨迈在发布会后接受了媒体记者小范围的采访。中午 12:10，杨迈在上海张江吃了最后一顿中餐。

晚上 6:30，杨迈从上海回到北京，决定利用当晚的闲暇时间去健身。由于连日繁忙，一直有着到健身房锻炼习惯的杨迈已不得不几次将固定的健身计划延后。当杨迈在跑步机上跑步时，连日超负荷的工作让他的心脏已不能承受如此剧烈的运动，最终倒了下去，终年 54 岁。

1994 年，杨迈加入爱立信，转年即受命到中国拓展业务，在中国已有 8 年。8 年中，爱立信经历了从巅峰到谷底，再触底反弹的艰难过程。作为这段历史的亲历者，杨迈在爱立信最为困难的 2000 年，临危受命担当起爱立信在中国业务的掌舵人。在其带领下，公司业务迅速发展，尤其是 2003 年，爱立信相继拿下数笔大单，在第三季财报中，爱立信公司对其的评价甚高。

★ 故事的哲理

休息好，才能走远路。这是大家都明白的道理。但事实上，很少有人能够真正认识到，只有让员工身心都处于最佳的状态，才有可能保证为企业做出更有价值的贡献。一个健康发展的企业很重要，而支撑企业发展的员工们的健康更重要。

而更值得我们反思的是那些“形而上学”的所谓“健康计划”。健身是好的，但身心疲惫之际选择健身依然是好的吗？故事的悲剧已经回答了一切。错不在健身，错在忽略背景、忽略现实而一味“想当然”，于是“健身”猝然间成了“自杀”。个人健身如此，企业管理亦如此。

【成果与检测】

请学生结合主持人演讲的管理故事进行思考、讨论，并分组推举代表发言。根据学生的参与程度以及得出的结论或观点评定活动的成效，并评定成绩。

★ 实训项目三：铁锤砸出来的名牌观

【实训目标】

理解观念要与时俱进，观念的改变要触动灵魂。

【实训内容与要求】

1984 年，全国洗衣机市场骤变，厂里大量的洗衣机积压，企业完全陷入困境。张瑞敏看到洗衣机市场饱和，处于低潮，而电冰箱尚属起步阶段。机不可失，时不再来，张瑞敏决定从生产洗衣机转到生产电冰箱。

当时有 40 家电冰箱厂，但都从低档次(三星级)起步。张瑞敏总结了有关洗衣机的失败教训：产品要后来者居上，起点要高。于是他决定生产四星级冰箱，因为该冰箱最适合中国家庭，但因为一时条件又不具备，所以只好与当时西德利勃海尔公司合作生产高档冰箱，一下子就在中国，甚至亚洲都处于前沿。

此时，有了先进设备，但张瑞敏很害怕走洗衣机质量上不去的老路。于是他提出了“要么不干，要干就争第一”的思想。可是怎么才能调动员工的积极性一起打这个翻身仗呢？

1985年的一天，公司接到用户来信，反映冰箱产品质量有问题，经查，这样不合格的在库冰箱还有76台。怎么办？员工建议：一是作为福利，处理给本厂员工——可员工是“主人”，怎能用次品？二是作为“公关礼品”送给相关领导部门——用次品送人不是成心给自己挖坑吗？最后张瑞敏决定：立即召开现场大会，把76台冰箱当众全部砸掉，而且谁做的由谁来砸。老工人们看着流泪了……因为当时已经发不出工资，并向生产大队借了4个月的工资，再借人家都不借了。尽管如此，张瑞敏还是下决心砸掉。其目的正是砸掉人们对质量不能精益求精的落后意识。果然，从此大家振奋了！这只大铁锤唤醒了多年沉睡的职工要有精品意识。这把大锤至今还在海尔的展厅放着。

★ 故事的哲理

作为领导者，要想改变下属的观念，一定要选择大家习惯中最敏感的、自己亲手做出来的“下刀”。出乎意料的力度，才能“触动灵魂”，才能有效。

【成果与检测】

请学生结合主持人演讲的管理故事进行思考、讨论，并分组推举代表发言。根据学生的参与程度以及得出的结论或观点评定活动的成效，并评定成绩。

★ 实训项目四：“学习型组织”与新型林肯车

【实训目标】

体会“学习型组织”的要点，改变思维模式。

【实训内容与要求】

前福特汽车公司高级总监尼克·赞纽克来到中国介绍“学习型组织”时，总会谈起自己是怎么与《第五项修炼》的作者彼得·圣吉认识的。

那还是20世纪80年代后期的事情，当时他正带领手下的工程师们忙于开发一个数百万美元的项目——林肯大陆汽车新车型。竞争处境很困难，精神压力非常大。可就在这时，公司让他参加一些培训，他的抵触情绪立刻上来了。“我作为公司高层的一名管理实践者，我认为最浪费时间、最不愿意去做的一件事，就是花几天的功夫在一个什么研讨会里去听一些完全不懂生意的老师来教我如何管理我的生意。”他丝毫不认为在那里能得到什么。

接下来却发生了他意想不到的事情：“这时，有个人过来跟我讲：‘你完全不知道你的组织需要的是什么。’我非常吃惊，要知道，我当时已经是资深经理了。可看得出来，这个人不是在指责、贬低或者批评我，他非常真诚，真正想帮助我和我的公司。”“彼得跟我说要用一种新的方式工作，要改变现在的思维模式。而我的思维模式问题需要我自己去发现。”其实彼得已经在引导他进入“学习型组织”环境了。当彼得询问他能不能全身心地去做这件事情时，他突然感到，只有当学生真正准备好了的时候，老师才会出现。“我当时非常愿意接受新的观念，因为我的处境是面对挑战，别无选择。我的团队也准备好了。”

从这以后的3年里，是彼得·圣吉的“学习型组织”模式帮助他在福特公司完成了从新车型硬性生产直到成功的整个过程。

他们面临的第一个挑战，就是对管理层自身的挑战。也就是说，参与这个项目的所有8位高级资深经理之间要有互相倾听、互相交流的能力。这还不够，最大的挑战是他要站到舞台上告诉所有的人——“我现在不知道我要做什么？真正知道我们如何去造车的是生产一线的员工!”这对于福特公司如此高位的一位领导人、如此具有权威性的领导人,该需要怎样的勇气?!可只有这样,他才是在做一件非常正确的事情。因为这样做的结果让他有了重大发现,即当你真正开始愿意倾听别人说什么的时候,别人也愿意倾听你说什么。倾听会让彼此了解更多,真正的尊重就开始了,信任也就开始在组织中形成。这时,公司内部就发生了改变,倾听的质量得到改变,公司成员关系的质量也就得到改变。结果,最重要的是,绩效也随之改变。改变一个公司的绩效,最关键的就是相互合作的和谐关系。

★ 故事的哲理

学习型组织首先就是能互相倾听。其实这是连孩子都能做得到的事情,但是在成年人甚至在似乎应该知道所有问题答案的公司高层领导这里,做起来就变得相当困难。而要做到这一点,除了勇气以外,最重要的是改变思维模式。

【成果与检测】

请学生结合主持人演讲的管理故事进行思考、讨论,并分组推举代表发言。根据学生的参与程度以及得出的结论或观点评定活动的成效,并评定成绩。

模块二 案例分析

★ 实训项目一:通用与福特迥异的跨国并购战略及成效

【实训目标】

认识跨国并购。

【实训内容与要求】

根据美国《财富》杂志公布的 1999 年度美国 500 强企业的排名,通用汽车公司连续第 12 年名列 500 强之首,年收入达到1 890亿美元。1998 年排在第二位的福特汽车公司以年收入1 625亿美元跌到第四位。

1999 年,亚洲经济开始复苏,美国 500 家大公司的销售总额比上年增加了 10.2%,盈利增加了 28.7%。通用汽车缘何能连续 12 年屹立在龙头老大的位置不动摇?而福特汽车不仅未能保住以往的经营业绩,反而跌落到第四位,这与它们迥异的跨国经营战略是紧密相关的。

➤ 通用:尊重被并购方的优势及自主权

通用汽车公司早就在摸索如何在全球实行最佳的并购战略。它最初收购了欧宝汽车公司,后来入股五十铃和铃木汽车公司。它谋求与丰田汽车公司在引擎上进行合作。也就是说,它实行的是“摸着石头过河”的并购战略,尊重各家公司的自主经营,充分发挥各自的长处。从微型汽车、商用汽车到中高级汽车,通用汽车公司各种类型的汽车几乎都生产,但与福特汽车公司相比,在高级轿车的生产上却略逊一筹。

通用汽车公司推行的并购战略,在确立各自的品牌优势、最大限度地发挥企业自主经营能力上取得了显著效果,但目前还不能说在共享汽车底盘和基础设施等资源上取得了很大的整体效果。

➤ 福特:统一树立自己的品牌

与通用汽车公司相比,福特汽车公司的战略却大不相同。除了最近收购美洲虎、阿斯顿马丁等汽车公司之外,福特汽车公司的战略是树立自己的品牌形象,走批量生产之路。它收购马自达汽车公司也是为了全面统一事业，比如，开发利用福特汽车的底盘和引擎，实现零部件采购全球化等。与此同时，福特汽车公司还在管理上鲜明地打出了福特色彩。

在对欧洲福特公司和美国福特公司的组织与领导权实行统一之后，福特公司的这种战略更加明确，进一步加快了在全球实行统一的步伐。在产品开发上，美国福特公司、欧洲福特公司、美洲虎公司和马自达公司分工明确，立足于全球化的角度统一使用汽车底盘。福特汽车公司在实现零部件供应的全球化上也花费了很大力气，这几年大幅度地降低了成本。此外，福特汽车公司还对错综复杂的经营体制、开发工序和生产线进行了调整和统一。

★问题：

1. 请分别叙述通用、福特公司的并购战略。
2. 请分析通用、福特公司并购战略的不同之处及各自的利弊。

【成果与检测】

根据小组成绩、班级讨论、书面报告等综合评定。

★ 实训项目二：最高层次的人本管理——IBM

【实训目标】

体会人本管理的重要性。

【实训内容与要求】

美国的大企业是怎样奖励自己的明星的呢？这里是 IBM 公司邀请他们协同配偶在夏威夷的日光下休假 3 天的情况。这些男男女女是 IBM 公司全国市场部的明星，他们掌握着公司的全部生产线，由于他们都超额完成了全年的销售指标，被吸收到金环俱乐部中。

佛拉西斯基伊·罗杰斯是市场部的副经理和 IBM 公司最受欢迎的发言人。他说："我认为 IBM 所拥有的最大财富是人，我们就是要让他们在市场部中成为最出色的人物，正是由于他们的努力，我们的工作才能够做好，所以我们认为他们在全部的工作中起着良好的作用，如果给他们目标、条件及奖励，那么几乎所有的目标都是能够达到的。这个金环俱乐部的第二个想法是我们希望人们愿意再来，这就成了他们不断做出成绩的动力。"

罗杰斯 20 多年来一直这样讲着，"公司强调对员工的多方面给予尊重，哪怕你干得不出色，当你处于低潮时，公司也和你在一起。现在，公司已经使之成为一种传统、一种向其雇员传达观念和价值的主要渠道"。员工们感慨地说："我感到只要他们坚持尊重个人的原则和发扬他们的高尚品德，公司就会办好，他们所提供的一切技术和其他，只不过是让个人很好地合作的副产品。"

【成果与检测】

根据小组成绩、班级讨论、书面报告等综合评定。

模块三 管理实战任务

★ 实训项目一：制定企业战略

【实训目标】

培养战略制定能力。

【实训内容与要求】

1. 在调研的基础上，制定模拟公司的五年发展战略。

2. 在每个人进行个人规划的基础上，以模拟公司为单位，运用“头脑风暴法”等，组织深入研讨，形成公司的发展战略。

【成果与检测】

根据小组成绩、班级讨论、书面报告等综合评定。

实训项目二：学习型组织制度

【实训目标】

培养制定学习型组织制度的能力。

【实训内容与要求】

1. 在调研的基础上，制定模拟公司的学习型组织制度。

2. 以模拟公司为单位，运用“头脑风暴法”等，组织深入研讨，形成公司的学习型组织制度。

【成果与检测】

根据小组成绩、班级讨论、书面报告等综合评定。

模块四　管理游戏

实训项目一：管理游戏——接龙

【实训目标】

1. 了解现代管理理论的发展。

2. 掌握应用管理理论解释实际问题的技巧。

【实训内容与要求】

运用不同学派的理论，一起玩接龙。设想你就是猎人，怎样对待猎狗？

一条猎狗将兔子赶出了窝，一直追赶它，追了很久仍没有捉到。牧羊人看到此种情景，讥笑猎狗说：“你们两个之间小的反而跑得快。”猎狗回答说：“你不知道我们两个跑的目的是完全不同的。我仅仅为了一顿饭而跑，它却是为了性命而跑呀！”（行为管理、目标管理）

如果猎人这样：猎人又买来几条猎狗，凡是能够在打猎中捉到兔子的，就可以得到几根骨头，捉不到的就没有饭吃。就这样过了一段时间，问题又出现了，大兔子非常难捉到，小兔子好捉，猎狗们专门去捉小兔子。慢慢地，大家都发现了这个窍门。猎人对猎狗说：“最近你们捉的兔子越来越小了，为什么？”猎狗们说：“反正没有什么大的区别，为什么费那么大的劲去捉那些大的呢？”（公平理论、量化管理）

接下来你怎么办？

如果猎人这样：猎人经过思考后，决定不将分骨头的数量与是否捉到兔子挂钩，而是采用每过一段时间，就统计一次猎狗捉到兔子的总重量。按照重量来评价猎狗，决定一段时间内的待遇。但是过了一段时间，猎人发现，猎狗们捉兔子的数量又少了，而且越有经验的猎狗，捉兔子的数量下降得越厉害。猎狗说:"我们把最好的时间都奉献给了您,主人,但是随着时间的推移,我们会老,当我们捉不到兔子的时候,您还会给我们骨头吃吗?"(激励理论、期望理论)

接下来你还要怎么办?

如果猎人这样:猎人做了论功行赏的决定,分析与汇总了所有猎狗捉到兔子的数量与重量,规定如果捉到的兔子超过了一定的数量,即使哪天捉不到兔子,每顿饭也可以得到一定数量的骨头。猎狗们很高兴,都努力去达到猎人规定的数量。有一只猎狗说:"我们这么努力,只得到几根骨头,而我们捉的猎物远远超过这几根骨头。我们为什么不能给自己捉兔子呢?"于是,有些猎狗离开了猎人,自己捉兔子去了……

你怎么办?(企业经营与管理理论)

【成果与检测】

同学们分组讨论,然后以接力的形式进行接龙一轮,看看谁接得好。

实训项目二:需要动机链

【实训目标】

让学员变通思维,并使他们明白不同个性的人会有不同的思维方式。

【实训内容与要求】

➢ 游戏规则

用不超过四条彼此连接的直线通过以下 9 个区域。

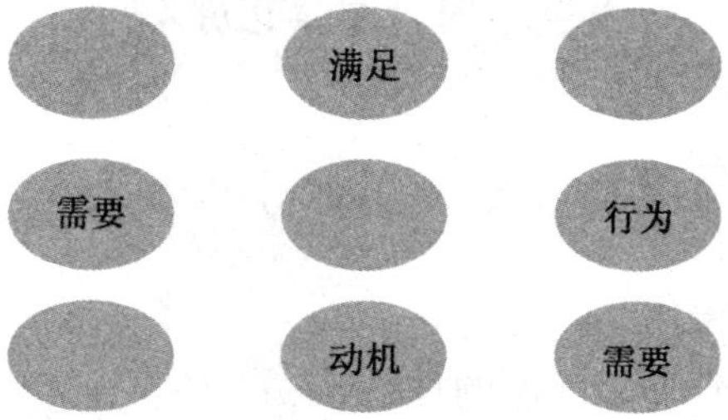

➢ 注意事项

本题是"走出 9 点"游戏的简单创新。可以提示成员,要会走出自己的思维框框,同时通过这个图加深对需要动机链的理解(需要—动机—行为—满足—新的需要)。

【成果与检测】

根据学生的参与程度以及表现看游戏的效果,并评定成绩。

实训项目三:与天才对话

【实训目标】

从不同的角度思考问题。

【实训内容与要求】

一、莫扎特出题

我自幼擅长钢琴。这不是因为我的手指有什么特别的缘故。除拇指外,其他 4 个手指的长度各有不同,其中最短的还是小指。不过,有人说最长的是无名指,而不是中指。您说他指的是什么意思。

二、贝多芬出题

“命运”捉弄着我。双耳什么也听不见。不管是谁打来电话，我都不知道。我的一位可敬的朋友知道后，给我安装了一台改装了的电话(光电形式的)，只要是电话铃一响……

三、肖邦出题

我的音乐灌进唱片的倒不少，可我并不详细地知道是怎样录制进去的。我想问各位一句：唱片外沿部分的录音槽转动一圈，与半径只有外槽一半的录音槽相比较，录音能多几倍的时间?

四、舒曼出题

我时常疯疯癫癫地弄出很多错误。有人说有四处错误。请问您：错误在什么地方呢?

五、拜伦出题

诗好比是一面明镜，是人们心灵的真实写照。但当您面向镜子照看时，映出的常常不见得都是您的真实容貌。我想，一个人站在两块相对摆放的立镜中间，就会照出一连串很多的影像。那么，假设有一间小屋，屋内上下、左右、前后都铺满了无缝隙的镜片，请问：当有个芭蕾舞演员走进这间小屋时，她能看到什么样的影像呢?

六、歌德出题

我的情绪总是不能稳定，一旦心血来潮，就去拜访很多人，同他们一一握手。

我发现，握手时，右手对右手、左手对左手，相握很方便。但右手和左手、左手和右手相握就很别扭。而且，一个人如要把自己的左手和右手相握也很不顺手，至于两个人这样相握，那就更别扭了。可是请问：尽管可以按照一般人的握手习惯，由五个人的手适当配合，能不能互相握得很好呢?

七、海涅出题

我是以“1、2、3”跨越深沟的心情，被卷进了德国的革命的。1、2、3 是很单纯的数码。请问：用这三个数码表示的最大数字该是多少?

【成果与检测】

根据学生的参与程度以及表现看游戏的效果，并评定成绩。

★ 实训项目四：品牌的影响力

【实训目标】

揭示跨国公司在全球的影响力。

【实训内容与要求】

➤ 游戏程序

1. 游戏协助者每读出一件物品，各组组员尽量举出他们熟悉的品牌名，例如：鞋子的牌子；牙膏的牌子；朱古力的牌子；饮品的牌子等。

2. 从学员列举的品牌中讨论：这些跨国公司属于哪些国家；这些跨国公司的产品原产地在哪里。(可从商品的包装纸上找出，如没有，可讨论其他原因。)

这些跨国公司通常是否出产一种商品？它们会否以不同的牌子去推销同一类商品？如果由少数跨国公司控制了大量的同类食品/消费品的加工和销售，会有什么后果？消费者和生产者会受到什么影响？如何塑造我们的品牌？可以采取什么行动?

➤ 游戏准备

物资:有关跨国公司的商品图片。

【成果与检测】

根据学生的参与程度以及得出的结论或观点评定活动的成效,并评定成绩。

模块五 辩论赛

实训项目一:知识就是力量

【实训目标】

让学生体会知识的作用。

【实训内容与要求】

正方观点:知识就是力量

反方观点:知识不等于力量

【成果与检测】

老师依据本背景设定对立的论题组织辩论赛,根据分组辩论成绩、班级讨论、书面报告等综合评定。

实训项目二:学习与实践

【实训目标】

让学生体会学习与实践的关系。

【实训内容与要求】

正方观点:学习比实践更重要

反方观点:实践比学习更重要

【成果与检测】

老师依据本背景设定对立的论题组织辩论赛,根据分组辩论成绩、班级讨论、书面报告等综合评定。

实训项目三:竞争精神与互助精神

【实训目标】

让学生体会竞争精神与互助精神的关系。

【实训内容与要求】

正方观点:竞争精神比互助精神更重要

反方观点:互助精神比竞争精神更重要

【成果与检测】

老师依据本背景设定对立的论题组织辩论赛,根据分组辩论成绩、班级讨论、书面报告等综合评定。

模块六　角色模拟

实训项目：销售过期药品

【实训目标】

掌握权变管理思想。

【实训内容与要求】

人物：药店销售人员小杨、郑经理、药品负责人、刘大爷及女儿、群众演员

旁白：这是发生在一个偏远山村的故事，这天小杨正在药店整理药品，电话铃声响了起来。

小杨：您好！这里是双莲药业，哦，原来是郑经理要收回那些过期的药，我已经将这些药封存了，就等你过来取。那好的，再见！

旁白：这时，门开了，走进来一位老大爷和一位年轻的女子，小杨看到急忙走了过去。

小杨：大爷，您好！请问您有什么需要帮忙的吗？来，先喝杯水，慢慢说！

刘大爷：没时间喝水了，我老伴儿病得很厉害，需要一种药，我也说不清楚，让我女儿和你说吧。

女儿：是这样的，我妈妈突然心绞痛病发，村诊所又没有这种药了，我和爸爸走了好几里的山路才赶到这里，希望你能帮帮我们！（神情非常着急。）

小杨：对不起呀，我们这种药目前也已经卖完了。如果可以，我让公司送一些，你们再等一下，好吗？

女儿：不行了，现在情况很危险，等药拿来，恐怕也来不及了。

旁白：此时在小杨的心里很矛盾，她想起有过期了两天的这种药，要是卖给大爷，自己就违反了公司的规定；不卖给他呢，大娘的病得不到控制，危险会更大，到底该怎么办？

小杨：（看到老人焦急的神色，又想到只过期两天的药应该没有问题。于是决定把药卖给他们，一切后果都由我来负责）这位同志，你过来一下，有件事要和你商量。我们目前的确没有这种药了，但有一批药才过期两天，如果用上，对大娘的病可以缓解，你和大爷商量一下，看怎么办？

女儿：那好，我和爸爸商量一下，再告诉你。

女儿：爸，小杨同志说店里没有这种药了，但有一批这种过期药，只过期两天，用上或许对妈的病情有效。

刘大爷：是不是没有这种药，你妈就没救了？啊？我不能没有你妈呀，咋的，也要试试。

女儿：那好，我就和小杨说了。

女儿：小杨同志，我和爸爸说了，我们买这药。

小杨：我把情况已和你们说清了，如果一定要买，我去给你们拿。

旁白：小杨把药拿给了他们（老大爷付钱）。

小杨：大爷，您把地址和姓名告诉我一下。

刘大爷：我叫刘老根，住在龙泉屯。

旁白：小杨目送大爷和他的女儿走出门去。过了几个小时，公司派人来取药。

小王：小杨，你好，公司派我来取药，你准备好了吗？

小杨：噢，你好，小王，我都准备好了，我拿给你。

小王：我来清点一下。咦，怎么少了一盒？

小杨：没，没有呀，怎么会呢？（神色慌张）

小王：小杨，有什么事一定要说出来，我会帮你。

小杨：那盒药让我卖了。

小王：啊？这件事很重大，我无法解决，还是去告诉郑经理吧！

旁白：在郑经理的办公室里，郑经理很生气。

郑经理：小杨，今天到底是怎么回事？

小杨：事情是这样的，今天来了一位老大爷，他的老伴心绞痛，情况很危险，我就把药卖给他们了。

旁白：郑经理生气，拍了一下桌子。

郑经理：小杨，你怎么能这样做呢，不但违反了公司制度，毁坏了公司的形象，还有可能给顾客带来危险。你怎么负责？我现在就开除你！

小杨：经理，我知道错了，我会尽力去找大爷挽回一切，请你再给我一次机会。

郑经理：不可以，你回去好好想想吧。

旁白：小杨流着眼泪离开了办公室。

续　集

到了第二天下午，老大爷和一群人来到药店。

刘大爷：小杨同志怎么不在呢？

店员：大爷你有什么事吗？小杨今天不在，有什么可以帮忙的，你和我们经理说，我带你们去。

旁白：经理办公室，店员敲了敲门。

郑经理：请进！

店员：经理，有位大爷找您。

郑经理：噢，大爷，您好！

刘大爷：你好，我想找小杨同志呀，怎么没有看到她？

郑经理：原来您就是那位老大爷呀！对不起，大爷，小杨违反了我们公司的规定，把过期药卖给了您，我们已经把小杨开除了。大爷，我代表公司向您道歉，请您原谅！

刘大爷：经理呀，这事也不能怪小杨同志，我知道这件事的，请你不要开除小杨同志，她是好人呀！我今天特地来感谢你们的。这是我女儿绣了一晚上的锦旗，送给你们。希望下次我能看到小杨同志。

郑经理：大爷，真的谢谢你，我们会更努力工作的。

旁白：郑经理把大爷及一群人送出了门外。

故事到这里告一段落，小杨的命运如何？事情的发展又会怎么样呢？希望大家讨论一下。

【成果与检测】

根据学生的参与程度以及得出的结论或观点评定活动的成效，并评定成绩。

模块七　能力评测

实训项目一：教练能力测试指导

【实训目标】

教练能力测试。

【实训内容与要求】

请利用本评估表测试自己当教练的能力如何。5 分表示自己表现杰出；4 分表示表现很好；3 分表示还算满意；2 分表示需要改进；1 分表示表现差劲。为了确保评估成绩的正确性，你也可以要求员工为你填写这张评估表。请在你的选分上画“√”。

1. 我了解每位员工的特性，并且依照这个特性执行教练工作。
2. 我会让员工知晓组织整体的计划与执行方法。
3. 我鼓励员工提出改变执行计划的方法。
4. 我鼓励员工自行解决问题。
5. 我确信每位员工都知道他们被期望做些什么。
6. 我会评估员工的表现。
7. 我会协助员工对未来提早做好准备。
8. 对于圆满达成任务的员工，我会给予表扬或是其他适当的奖励。
9. 我让每位员工都能专注于团队合作，但是也让每位员工知道个别贡献的价值。
10. 我让那些无法胜任团体工作或无法回应教练指示的员工“坐冷板凳”。
11. 我知道团体中每位成员的个人期望。
12. 我积极寻找可以帮助人们成长的方法。
13. 我要求团体成员帮助其他的成员学习与成长。
14. 我确信团体成员都了解团体与个人的成功（包括我自己）必须信赖他们。
15. 我把帮助团体中每位员工当作最优先的工作。
16. 我不会鼓励冲突，但是我坚持要在限定时间内解决问题。
17. 我非常努力让团队成员彼此互相了解、尊重并支持对方。
18. 我将自己的知识、专业技能与团队分享，也期望他们以相同的方式回报。

题　号	答　案				
	1	2	3	4	5
1					
2					
3					
4					
5					
6					
7					

续表

题　号	答　案				
	1	2	3	4	5
8					
9					
10					
11					
12					
13					
14					
15					
16					
17					
18					

【成果与检测】

＞80 分，你的教练水平很好，可以当主教练。

70～80 分，你的教练水平可以胜任辅导下属。

60～69 分，你的教练水平勉强可用，但很吃力。

50～59 分，赶快改进，还来得及。

＜50 分，十分糟糕。

★ 实训项目二：你有哪些错误的工作认知

【实训目标】

工作认知测试。

【实训内容与要求】

测验开始：请仔细阅读下面的故事，选出一个你最不欣赏的人。

大丰开发公司的叶安琪与超联集团的袁志龙是商场上多年的竞争对手，平时就有很多摩擦。这次为了争夺磁浮 BOT 的主导权再度卯上。由于双方实力差不多，所以双方便积极拉拢磁浮 BOT 项目的第三大股东，也就是中华控股的陆冠生总裁。

本来陆冠生总裁跟袁志龙的商场关系一直都维持得很不错，所以他也打算在股东大会上力挺袁志龙出任主席一职。只是老谋深算的叶安琪竟然利用亲信的美女秘书周海伦施展美人计去迷惑陆冠生，使得陆冠生不得不乖乖就范，转而支持叶安琪。周海伦最后更因为觊觎陆冠生的庞大财产，而偷偷瞒着叶安琪，要陆冠生把财产转移到自己名下……

眼见股东大会就要召开，陆冠生却在此时此刻转向，心急如焚的袁志龙终于忍不住出面斡旋，在了解了整个事情的来龙去脉及真相之后，对叶安琪自然是又气又恨，新仇加上旧恨，使得袁志龙请出了当年的结拜兄弟来解决问题。

问题:请问各位看官,在你看完故事后,你会最看不惯谁的作风呢?

叶安琪:问题的症结都是因为她,她不作怪就不会有之后的事。

周海伦:她的野心太大,我生平最看不惯这种专门洗劫老男人的狐狸精。

陆冠生:身为总裁却如此不自制,活该落得人财两空的下场。

袁志龙:找黑道解决,只能治标不能治本,问题只会越来越严重。

选择叶安琪的人

你工作上的错误认知在于你只懂得埋头苦干,寄望于自己非常有信心的实力,而不愿稍作屈就、妥协,也看不惯那些趋炎附势的小人,不愿意和他们打交道。所以你的人际关系,甚至包含你在外的人脉,很容易就成为你职场上的致命伤。

建议:好人脉不等于攀关系。这是一个讲求团队合作的时代,每个人的时间也有限,学会营造自己的人际关系,找到自己的合作伙伴,分工合作,让有专长的人待在自己的拿手领域里。

选择周海伦的人

你工作上的错误认知在于你只愿意做自己分内的事,即便有时间也不愿意多付出努力,帮其他同事点忙。宁愿胡思乱想,想着星期天要跟谁约会,想着下班要去哪里玩。没人缘就算了,还会让主管误会你很懒散、不做事。

建议:别以为帮人家做事就是吃亏。除了可以得到友情外,认识他们的工作也可以累积你本身的实力。机会留给有准备的人,平时一个微不足道的小动作或是习惯,很容易就在关键时刻让你脱颖而出,加入成功者的行列。

选择陆冠生的人

你工作上的错误认知在于你过于膨胀自己,总觉得自己在公司大材小用,尽是让你做一些你看不上眼的工作,无法发挥自己的长处。你甚至还会瞧不起那些默默耕耘、努力工作的同事。因为过分自命不凡,所以总是怨天尤人。

建议:人因为有梦想所以伟大,但要实现梦想还需脚踏实地,从小地方努力做起,否则只是好高骛远,也很容易一事无成。同事不见得没有梦想,也许只是你从不愿意去了解他们而已。看看别人,想想自己,人能成功,不无道理。

选择袁志龙的人

你工作上的错误认知在于你没有认识到公司需要的专业。你是个有点小聪明的人,比较有好奇心,喜欢涉猎不同的领域。只是你多半浅尝辄止,会的东西虽多却杂而不精,甚至误会这些东西可以帮你更上一层楼,结果往往只是一败涂地。

建议:迈克尔·乔丹在 NBA 的丰功伟业够多了吧?!他转而去打棒球却也只能从小联盟做起。为什么?因为专业领域不一样。同样地,在你的工作上,不管你的其他地方表现再好,还不如好好地去加强自己的专业,才有出人头地的机会。

【成果与检测】

根据学生的参与程度以及得出的结论或观点评定活动的成效,并评定成绩。

单元三 中国古代管理思想认知与应用能力

模块一 管理故事演讲

★ 实训项目一：胡雪岩的500两银子打了水漂

【实训目标】

体会打破常规才能抓住机遇的道理，领悟诚信、商德的重要性。

【实训内容与要求】

船在水上，人在船上，少年胡雪岩站在甲板上，久久看着远方……

船靠上码头，胡雪岩第一个跨上岸去。就是这一步，使这位贫苦人家的孩子，成为了富可敌国的红顶商人。

最初，胡雪岩只是在杭州一家钱庄当学徒。一天下午，胡雪岩守在店堂里，依旧是翻书识字，有顾客来了，他就放下书，上前招呼。这时，进来一位穷困潦倒的书生，名叫王有龄。胡雪岩并不认识他，但是一番闲聊后，胡雪岩发现这个书生很有才华，也很有抱负，将来一定有机会做官，但他现在缺少进京的盘缠和做官的"本钱"。胡雪岩二话没说，立即私下借出了钱庄的500两银子。

黄昏，钱庄老板回来了。胡雪岩汇报了刚才的生意，话没说完，老板跳了起来，这哪是生意？500两银子看来是有去无回了！得，你也别在这儿待下去了。

王有龄当官回来的时候，胡雪岩还在杭州街头流浪。可当王有龄再次在西子湖畔与胡雪岩相遇后，胡雪岩流浪的日子就彻底结束了。因为王有龄的资助，胡雪岩在杭州联桥开出了自己的阜康钱庄。胡氏后人在《安定遗闻》中写道："阜康之发达一日千里，有钱肆而银号，不十年分号遍全国，积资三十万有奇，名洋溢，妇孺皆知。"

自1860年开办钱庄起，仅仅四五年时间，胡雪岩就赢得了"红顶商人"的称号。1878年，胡雪岩受朝廷嘉奖，封布政使衔，赐红顶戴，紫禁城骑马，赏穿黄马褂。

★ 故事的哲理

生意场上能不能轻易相信别人？钱庄老板的行为回答：不能！这是守住产业的根本。胡雪岩的做法则是：相信别人才能扩大生意。至少胡雪岩这一次是对的。但他从身无分文到富可敌国，始终都是用这样的理念作为自己的生财之本，其中就不无道理了。而这个理念背后，胡雪岩的根本商业价值观是为人不可贪，为商不可奸，经商重信义，无德不成商。无德不成商，这更应是现代商业的通行证。

另一方面，身为小伙计的胡雪岩此举显然有越权越规之嫌，但制度与机遇的玄妙就在于：定制度就是为了出现新机遇与能打破它。

【成果与检测】

请学生结合主持人演讲的管理故事进行思考、讨论，并分组推举代表发言。根据学生的参与程度以及得出的结论或观点评定活动的成效，并评定成绩。

实训项目二：阿丑赠扇孔明

【实训目标】

学习自控能力。

【实训内容与要求】

诸葛亮的太太叫阿丑。当初，诸葛亮毛遂自荐，拜见阿丑的父亲黄承彦，要当他的乘龙快婿。聊完后，黄叫阿丑送客。到门口时，阿丑送诸葛亮一把羽扇。

阿丑问诸葛亮："你知道我为什么送你这把扇子吗？"

诸葛亮说："礼轻情谊重。"

阿丑又问："这是其中之一，可知其二？"

诸葛亮想了一下，想不出来。

阿丑说："诸葛先生，刚才你跟家父谈天下军事。谈到刘备请你出山的时候，你眉飞色舞；谈到蜀国的时候，你雄心壮志。但是，我听到你谈到蜀国在三国中最弱的时候，你眉头深锁；谈到曹操与孙权的时候，你忧心忡忡。大丈夫做事情，要喜怒不形于色，我送你这把扇子，是用来遮面的。"从此以后，诸葛亮就羽扇纶巾，这个成语就是这样出来的。

★ 故事的哲理

即便诸葛亮是"智慧的化身"，其情商还有不足之处。当代管理者，平日里处于众目睽睽之下，就更要强化自控能力。性格一般是难以改变的，但我们不可因此而放纵，因为任何缺点都是可以进行修饰的。

【成果与检测】

请学生结合主持人演讲的管理故事进行思考、讨论，并分组推举代表发言。根据学生的参与程度以及得出的结论或观点评定活动的成效，并评定成绩。

实训项目三：邹忌讽齐王纳谏

【实训目标】

体会"管理"上司的艺术。

【实训内容与要求】

邹忌是齐国的谋臣，以敢于进谏和善于辩论著称。据《战国策》记载，有一次邹忌听齐威王弹琴，借谈琴来说明治国安民的道理，弹琴要音调和谐才算善于弹琴，治国也与弹琴一样，能安抚百姓才算是善于治国。齐威王听后，大为赞赏，于是封他为齐相。

邹忌身高八尺，仪表堂堂。一天早晨，他穿戴好衣帽，照着镜子，对他的妻子说："我同城北的徐公比，谁漂亮？"他妻子说："您漂亮极了，徐公哪能比得上你呢？"城北的徐公，是齐国的美男子。邹忌不相信自己会比徐公漂亮，就又问他的妾："我同徐公比，谁漂亮？"妾说："徐公怎么能比得上您呢？"第二天，有客人从外边来，邹忌同他闲聊时，又问他："我和徐公谁漂亮？"客人说："徐公不如您漂亮。"又过了一天，徐公来了，邹忌仔细端详他，自己觉得不如徐公漂亮。再照镜子看看自己，觉得比徐公差远了。晚上躺着想这件事，说："我妻子认为我漂亮，是偏爱我；妾认为我漂亮，是害怕我；客人认为我漂亮，是有求于我。"

第二天，上朝拜见齐威王，说："我确实知道自己不如徐公漂亮。我的妻子偏爱我，我的妾害怕我，我的客人有求于我，他们都认为我比徐公漂亮。如今齐国有方圆千里的疆土，一百二十座城池，宫中的嫔妃、近臣，没有不偏爱您的；朝中的大臣没有不害怕您的；全国的老百姓没有不有求于您的。由此看来，大王您受蒙蔽很深啦！"

齐威王说："好！"接着就下了命令："官吏百姓能够当面指出我的过错的，可得上等奖赏；书面劝谏我的，可得中等奖赏；公开场所批评、议论我的过失，传到我耳朵里的，可得下等奖赏。"命令刚下达，群臣都来进谏，门前、院内像集市一样；几个月以后，偶尔还有人来进谏；满一年以后，就是想进谏，也没什么可说的了。

燕、赵、韩、魏等国听说了这件事，都到齐国来朝见。这就是所谓在朝廷上就战胜了别国。

★ 故事的哲理

要成功说服一个人，特别是自己的上司，贵在使他不感到自己受到威胁，而能够以一种旁观者的松弛心态来从容审视自己的过失，这样他才会改正得彻底，发自内心地赏识进谏者。

【成果与检测】

请学生结合主持人演讲的管理故事进行思考、讨论，并分组推举代表发言。根据学生的参与程度以及得出的结论或观点评定活动的成效，并评定成绩。

★ 实训项目四：表率

【实训目标】

体会管理者要以身作则的道理。

【实训内容与要求】

春秋晋国有一名叫李离的狱官，他在审理一件案子时，由于听从了下属的一面之词，致使一个人冤死。真相大白后，李离准备以死赎罪，晋文公说："官有贵贱，罚有轻重，况且这件案子主要错在下面的办事人员，又不是你的罪过。"李离说："我平常没有跟下面的人说我们一起来当这个官，拿的俸禄也没有与下面的人一起分享。现在犯了错误，如果将责任推到下面的办事人员身上，我又怎么做得出来？"他拒绝听从晋文公的劝说，伏剑而死。

★ 故事的哲理

正人先正己，做事先做人。管理者要想管好下属必须以身作则。示范的力量是惊人的，不但要像先人李离那样勇于替下属承担责任，而且要事事为先，严格要求自己，做到"己所不欲，勿施于人"。一旦通过做表率树立起在员工中的威望，将会上下同心，大大提高团队的整体战斗力。得人心者得天下，做下属敬佩的领导将使管理事半功倍。

【成果与检测】

请学生结合主持人演讲的管理故事进行思考、讨论，并分组推举代表发言。根据学生的参与程度以及得出的结论或观点评定活动的成效，并评定成绩。

实训项目五：村里的星星

【实训目标】

管理者要三思而后行，分析事物要透过表象看到本质。

【实训内容与要求】

端午节和女儿一起去她姥姥家过节。女儿的姥姥家住在敕勒川上一个宁静而美丽的小村庄。那天吃过晚饭后，大家坐在院子里聊天，女儿则望着天空发呆。我问她看到了什么，她说：“这里的星星比我们那里多得多，也亮得多！”听了她的话，大家都笑了起来。我和她说：“不是村里的星星比城里的多、亮，其实村里的星星和城里的一样多、一样亮，只是城里空气污染严重，阻挡了我们的视线。”

其实在我们的日常工作与生活中，因各种因素的影响致使我们对一件事物失去准确判断的情况很多。这些影响我们准确判断的因素像城里被污染的空气一样阻挡在我们眼前，影响着我们的思维。《孔子家语·在厄第二十》中讲述了这样一则故事：

有一次，孔夫子与众弟子在陈、蔡的地方被围困，连续困了七天，没有食物可以吃。

弟子们被饿了七天，个个面黄肌瘦，有的弟子心中因此而忧虑。但此时，孔夫子依然每天不断地学习，弦歌不绝，没有丝毫的埋怨与担忧。

子贡见同学们如此饥饿困顿，便用自己身上的财物，突破重围，到外面换了少许的米回来，希望给大家充充饥。

人多米少，颜回与子路便找了一口大锅，在一间破屋子里，开始为大家煮稀粥。

子路有事离开了一会儿。恰好此时，子贡从井边经过，一扭头，正好看到颜回拿了一小勺的粥往嘴里送。子贡看了有些不高兴，但他没有上前质问颜回，而是走到了夫子的房间。

子贡见了夫子，行礼后，问夫子：“仁人廉士，穷改节乎？”孔子回答道：“改节，即何称于仁廉哉？”如果在穷困的时候，就改变了气节，那怎么还能算是仁人廉士呢？

子贡接着问夫子：“像颜回这样的人，该不会改变他的气节吧？”夫子很明确地回答子贡：“当然不会。”子贡便将看到颜回偷吃粥的事告诉了夫子。

夫子听后，并没有很惊讶，说道：“我相信颜回的人品已经很久了，虽然你这么说，但我还是不能因为这一件事就怀疑他，可能其中有什么缘故吧，你不要讲了，我先问问他。”

于是，夫子便召了颜回来，对他说：“我前几天梦到了自己的祖先，想必是要护佑我们吧？你粥做好了之后，我准备先祭祀祖先。”

颜回听了，马上恭敬地对夫子说：“夫子，这粥已经不可以用来祭祀先祖了。”

孔子问：“为什么呢？”

颜回答道：“学生刚才在煮粥的时候，粥的热气散到了屋顶，屋顶被熏后，掉了一小块黑色的尘土到粥里。它在粥里，就不干净了，学生就用勺子舀起来。要把它倒掉，又觉得可惜，于是便吃了它。吃过的粥再来祭祀祖先，是不恭敬的啊！”

孔子听后说：“原来如此，如果是我，那我也一样会吃了它的。”

颜回退出了之后，孔子回头对着几位在场的弟子们说：“我对颜回的信任是不用等到今天才来证实的。”几位弟子由此受到了深刻的教育，非常信服。

★ 故事的哲理

女儿看星星与子贡看颜回其实都犯了同样的错误，他们都根据亲眼所见对事情作出了判断，而忽视了其他因素对事物的影响。两件事情都告诉了我们一个同样的道理，那就是即使是我们亲眼所见的事实，有时候也与我们想象的不一样。我们要想了解事实的真相就必须排除干扰因素或找到行为的真正动机，否则很难看到事情的本质。所以，我们在对某件事物或现象作出判断时一定要做到"三思而后行"，这样才能有效地减少和避免判断的失误。

【成果与检测】

请学生结合主持人演讲的管理故事进行思考、讨论，并分组推举代表发言。根据学生的参与程度以及得出的结论或观点评定活动的成效，并评定成绩。

模块二　案例分析

★ 实训项目一：管理思想分析

【实训目标】

1. 增强对现代管理思想与组织文化的感性认识；
2. 对比现代与古代管理思想的差异和联系；
3. 培养对组织的管理思想的分析能力。

【实训内容与要求】

1. 利用课余时间在实际企业中或网上、报刊中，搜集我国改革开放后一个有关管理的案例或资料(最好是一事一议的简短事例)；
2. 应用所学理论，联系古代管理思想及理论，分析其管理思想。

【成果与检测】

1. 写成简要书面分析报告；
2. 课下在班级组织一次交流与讨论；
3. 由教师根据分析报告与讨论表现评估打分。

★ 实训项目二：拾鸡者

【实训目标】

增强工作具有计划性和执行到位的意识。

【实训内容与要求】

曾有这样一个人，每天都要去偷邻居的鸡。有人告诉他说："这样的行为，不符合君子之道。"那人回答说："那就减少一点好了，以后每月偷一只鸡，等到明年的时候，就完全不偷了。"

这也是一种循序渐进的理论？是不是很荒谬？但是我们有时候自己就做着这样的事情。吸烟有害身体，怎么办呢？戒掉吧，每天少抽点。企业的管理机制有问题，一步一步地来解决。可是事情到了最后怎么样？烟依然还在抽，企业的问题还是没有彻底解决，一步一步地来嘛！

★ 问题：

请问计划应不应该制订？如果应该，则怎么保证计划能够完成？

【成果与检测】

根据小组成绩、班级讨论、书面报告等综合评定。

实训项目三:黄金台招贤

【实训目标】

增强识别和运用人才的意识。

【实训内容与要求】

《战国策·燕策一》记载:燕国国君燕昭王(公元前311~前279年)一心想招揽人才,而更多的人认为燕昭王仅仅是叶公好龙,不是真的求贤若渴。于是,燕昭王始终寻觅不到治国安邦的英才,整天闷闷不乐。

后来有个智者郭隗给燕昭王讲述了一个故事,大意是:有一国君愿意出千两黄金去购买千里马,然而时间过去了3年,始终没有买到,又过去了3个月,好不容易发现了一匹千里马,当国君派手下带着大量的黄金去购买千里马的时候,马已经死了。可被派出去买马的人却用五百两黄金买来一匹死了的千里马。国君生气地说:"我要的是活马,你怎么花这么多钱弄一匹死马来呢?"

国君的手下说:"你舍得花五百两黄金买死马,更何况活马呢?我们这一举动必然会引来天下人为你提供活马。"果然,没过几天,就有人送来了三匹千里马。

郭隗又说:"你要招揽人才,首先要从招纳我郭隗开始,像我郭隗这种才疏学浅的人都能被国君采用,那些比我本事更强的人,必然会闻风千里迢迢赶来。"

燕昭王采纳了郭槐的建议,拜郭槐为师,为他建造了宫殿,后来没多久就引发了"士争凑燕"的局面。投奔而来的有魏国的军事家乐毅,有齐国的阴阳家邹衍,还有赵国的游说家剧辛等。落后的燕国一下子便人才济济了。从此以后,一个内乱外祸、满目疮痍的弱国,逐渐成为一个富裕兴旺的强国。接着,燕昭王又兴兵报仇,将齐国打得只剩下两个小城。

★ 问题:

管理之道,唯在用人。请结合本案例谈谈对你的启发。

【成果与检测】

根据小组成绩、班级讨论、书面报告等综合评定。

实训项目四:王珐鉴才

【实训目标】

体会领导知人善任的重要性。

【实训内容与要求】

在一次宴会上,唐太宗对王珐说:"你善于鉴别人才,尤其善于评论。你不妨从房玄龄等人开始,都一一做些评论,评一下他们的优、缺点,同时与他们互相比较一下,你在哪些方面比他们优秀?"

王珐回答说:"孜孜不倦地办公,一心为国操劳,凡所知道的事没有不尽心尽力去做,在这方面我比不上房玄龄。常常留心于向皇上直言建议,认为皇上能力德行比不上尧舜很丢面子,这方面我比不上魏征。文武全才,既可以在外带兵打仗做将军,又可以进入朝廷搞管理、担任宰相,在这方面,我比不上李靖。向皇上报告国家公务,详细明了,宣布皇上的命令或者转达下属官员的汇报,能坚持做到公平、公正,在这方面我不如温彦博。处理繁重的事务,解决难题,办事井井有条,这方面我也比不上戴胄。至于批评贪官污吏,表扬清正廉署,疾恶如仇,好善喜乐，这方面比起其他几位能人来说，我也有一日之长。”唐太宗非常赞同他的话，而大臣们也认为王珐完全道出了他们的心声，都说这些评论是正确的。

从王珐的评论可以看出唐太宗的团队中，每个人各有所长；但更重要的是唐太宗能将这些人依其专长运用到最适当的职位，使其能够发挥自己所长，进而让整个国家繁荣强盛。

★ 问题：

请结合本案例谈谈你的观点。

【成果与检测】

根据小组成绩、班级讨论、书面报告等综合评定。

★ 实训项目五：以民为本

【实训目标】

体会管理要以民为本的含义。

【实训内容与要求】

现在一般都认为，中国古代的帝王总是自称“孤”、“寡”，是他们为了表示天下唯我独尊、舍我其谁的“天子”气概，其实这只是一个方面。《老子》认为，天没有清静恐怕就要破灭，地没有安宁恐怕就要倾覆，河谷没有满盈就可能干涸，而如果帝王不重视自己的高贵地位就要垮台。贵，必须要以“民”为根本；高，必须以“下”为基础。这其实也是帝王自称为“孤”、“寡”的原因之一。

根据《次柳氏旧闻》，曾经有这样一个有趣的故事：唐肃宗在当太子的时候有一天陪着唐玄宗一起进餐。餐桌上摆满了各种佳肴，其中有一盘羊腿，唐玄宗就让太子去割羊肉。太子割完羊肉后，见手上都是油污，便顺手拿起一张面饼擦手。唐玄宗眼睛直盯着他的脸，露出不高兴的神色。太子擦完手，慢慢地把饼送到嘴边，有滋有味地把饼吃掉了。这时唐玄宗转怒为喜，对太子说：“人就应该这样……”

唐玄宗贵为天子，却能爱惜粮食，是很不容易的。当他看到太子以面饼擦手时，就很恼火，以为太子是在糟蹋粮食；当看到太子从容地将擦过手的面饼吃掉时，又转怒为喜，认为太子与自己一样，能“以民为本”。

★ 问题：

请问你是否赞同文中的思想？假设你以后走上领导岗位，结合本文的观点你会如何做？

【成果与检测】

根据小组成绩、班级讨论、书面报告等综合评定。

模块三　管理实战任务

★ 实训项目：中小企业组织结构调查

【实训目标】

增强学生对中国传统文化在中国企业中的影响的认知。

【实训内容与要求】

1. 到一家国企，对该企业的文化进行调查，并运用所学知识进行分析和诊断。如时间安排有困难，也可利用网上资料等途径搜集企业的相关信息。

2. 主要需搜集的信息有：中国企业中的传统文化（企业精神、价值观、企业哲学等）。

3. 调研以课程模拟公司为单位组织实施。

4. 以模拟公司为单位，组织探讨与分析诊断。

5. 也可在班级上进行大组交流与研讨。

【成果与检测】

根据小组成绩、班级讨论、书面报告等综合评定。

模块四 管理游戏

★ 实训项目：集体智慧

【实训目标】

让学生体会团队的优越性。

【实训内容与要求】

相信大家都玩过词语接龙或续写故事的游戏，比如，前一个人为一个故事起了个头，大家就按照这个思路把故事接下去，一直到形成一个完整的故事为止。这个游戏就是将上述形式进行了深化，目的在于让受训者明白如何在受限制的情况下发挥想象力和创造力。

➤ 游戏规则与程序

1. 将受训者两两分组，做一个与某个话题（可以任意选择，只要大家感兴趣，比如旅游）有关的演出。

2. 指定每组的两个成员，一人为 A，一人为 B。被称为 A 的人是这场游戏的演员，被称为 B 的人是 A 的台词提示者。

3. B 组挨着 A 组的同伴站着，当轮到自己的角色说话时，就会把台词告诉 A。而每个 A 组成员的任务就是接受 B 同伴提供的任何台词，在此基础上再加以发挥，把戏演下去。A 组成员要密切配合 B 组成员的意思，好像这些台词就是他们本人想出来的一样。

4. 为了使受训者充分理解培训者的意图，培训者可以先做一下示范。挑选一位学员后，培训者开始说："我非常想和你一起旅游，因为小王你……"

5. 培训者然后拍一下小王（B 组成员）的肩膀。小王需立刻接下去，"我总是与你的喜好一致"。培训者结合小王的话继续说："总是与我的喜好一致。事实上，我们有过一次愉快的旅游经历，那一次……"

6. 再次拍小王的肩膀。他也许会说："我俩结伴去了黄山"，培训者接着说："我俩结伴去了黄山，真是一次美妙的经历。"

7. 又一次拍小王的肩膀，小王可能说："什么时候我们还能共同休假呢?"培训者说："什么时候我们还能共同休假呢？那时我们再一起出游吧……"

8. 让所有受训者观看示范，然后让他们各组散开练习一下，5 分钟后大家集合，集体完成一次演出。

➢ 相关讨论

1. 请A组人员考虑:为了适应并转换B组搭档的台词,你必须做些什么;是否感到吃力或有其他感觉;怎样才能使这个过程不那么煎熬呢。

2. 请B组人员考虑:你们的任务是帮助A组人员完成任务,所以为他们提供台词并使这一切进行得容易一些,你们需要做些什么;当A组成员没能顺利利用你的台词时,你有何感觉。

【成果与检测】

根据学生的参与程度以及表现看游戏的效果,并评定成绩。

模块五　辩论赛

实训项目一:五十步与笑百步

【实训目标】

让学生体会人际关系的内涵。

【实训内容与要求】

正方观点:五十步不可以笑百步

反方观点:五十步可以笑百步

【成果与检测】

老师依据本背景设定对立的论题组织辩论赛,根据分组辩论成绩、班级讨论、书面报告等综合评定。

实训项目二:酒好不怕巷子深

【实训目标】

让学生体会市场营销的作用。

【实训内容与要求】

正方观点:酒好不怕巷子深

反方观点:酒好也怕巷子深

【成果与检测】

老师依据本背景设定对立的论题组织辩论赛,根据分组辩论成绩、班级讨论、书面报告等综合评定。

实训项目三:做一天和尚撞一天钟

【实训目标】

让学生体会工作责任心的内涵。

【实训内容与要求】

正方观点:"做一天和尚撞一天钟"好

反方观点:"做一天和尚撞一天钟"不好

【成果与检测】

老师依据本背景设定对立的论题组织辩论赛，根据分组辩论成绩、班级讨论、书面报告等综合评定。

模块六　角色模拟

实训项目：关玲错了么？

【实训目标】

联系中国古代管理思想，领悟诚信原则。

【实训内容与要求】

春节前夕，大正百货大楼内的顾客来来往往，好不热闹。为了迎接春节的到来，商场进了一批新鞋。这时，有位年轻的顾客来到了商场。

顾客：今天我休息，听说商场最近进了一批新鞋，要过节了，看看有什么新样式，来给自己选双新鞋。

销售员关玲（以下简称关）：小姐，您好！请问您需要些什么？

顾客：麻烦把这双鞋拿给我看看。

关：好的。这双鞋是澳洲纯牛皮的，采用先进的一流工艺，流水作业，精工而成。小姐，您穿上一定会很漂亮的！

顾客：嗯！不错，很适合我，多少钱？

关：因为春节要到了，我们 8 折优惠，原价 158 元，现价 126 元。

顾客：价钱还可以，穿上去也挺舒服的，那就买一双吧！

关：好的。但是……（略带迟疑之色）小姐，是这样的，由于进货部门的一些疏忽，虽然这双鞋质量绝对没有问题，但在阳光的照射下，略微可以看出皮子上有一小块瑕疵，您看是不是再考虑一下？

顾客：这样呀！（面露犹豫之色）那我就仔细看看！

关：并不是很影响美观的！我想这双鞋过了春节后也许会打折，您看是不是到时再过来看看呢？

顾客：嗯，那好，我再来吧！小姐，谢谢你！（她庆幸地走了。）

销售员孙：（从另一个柜台走过来）小关，你做得不对呀！

关：我哪里做得不对了？

孙：到手的钱，你就这样放过了，你说你错在哪了？

关：可是商场讲的是信誉呀！那样做不好吧！

孙：鞋是她看上的，挑过了，关我们什么事？

关：如果顾客回家后发现问题岂不是不好？

孙：你怎么死心眼呀！如果都像你这样，咱们的鞋卖给谁呀？！

关：孙师傅，您不是常教育我们这些新员工要为顾客着想，替商场着想吗？在顾客的利益上，尽量想顾客之所想吗？

孙：我都卖了 30 多年的鞋了，还用你教育我（满脸的怒气）！

关:难道我卖给顾客有问题的鞋就对了吗?!

孙:你还不服,是不是?

关:我哪里有不服,只是就事论事而已!

孙:你做错了事还不承认。

关:你这人怎么这样,强词夺理呀! 倚老卖老!

二人言语不和,就这样争吵起来了。后来二人到了经理室,经理给予了处理。

如果你是经理,将会怎样处理呢? 销售员关玲错了吗?

资料来源:吉福林主编:《经营管理案例》,大连海事大学出版社 1998 年版,第 149 页。

【成果与检测】

根据学生的参与程度以及得出的结论或观点评定活动的成效,并评定成绩。

模块七　能力评测

★ 实训项目一:自我评估练习

【实训目标】

了解自己的创业潜质,并有意识地培养。

【实训内容与要求】

你是一位开创者吗?

该测验由 Bridgeport 大学的心理学家 John Braun 教授所设计,或能帮助你增进对自己的了解,今摘录如下:

1. 假如你的双亲是移民,你的测验积分就加 1 分,否则减 1 分。

2. 通常在学校中并不是顶尖的人物。假如你是顶尖的学生,扣 4 分;相反地,加 4 分。

3.“开创者”在学校中并不热心于团体活动。假如你参加这些活动,则扣 1 分;否则,加 1 分。

4. 作为一个年轻人,“开创者”总是喜欢独处。你喜欢独处吗? 是的话加 1 分;否则减 1 分。

5. 孩童时代就从事企业工作,譬如小摊贩之类,加 2 分,因为早期就从事工作的人,比较懂得选择工作;否则扣 2 分。

6. 坚持自己的立场做事,即使遭遇到艰难困苦,仍然如此的加 1 分;否则减 1 分。

7.“小心”即意味着不愿冒险。你是否为小心的人? 是的话扣 4 分;否则加 4 分。

8. 假如你比你的同伴胆大,加 4 分;否则扣 4 分。

9. 假如在行事时,他人的意见常盖过你的意见,则减 1 分;否则加 1 分。

10. 假如对日常例行事物的厌烦,有时是激励你去做事的一种因素的话,加 2 分;否则减 2 分。

11. 假如你喜欢工作的话,愿意熬夜吗? 是的话增 2 分;否则扣 2 分。

12. 假如要你不眠不休地工作,你仍愿意的话加 4 分;否则减 4 分。

13.“开创者”一般都喜欢各项活动,以致不停地由一项计划跳到另一项计划。当你完成一项计划后是否立即进行另一项计划? 是的话加 2 分;否则减 2 分。

14. 你愿意用你的积蓄去开创事业吗? 去加强学习,提高自己的层次吗? 是的话加 2 分;

否则减 2 分。

15. 假如你愿意向人借贷，以弥补资金的不足，就加 2 分；否则减 2 分。
16. 假如你失败了，是否会重新开始？是的话就加 4 分；否则减 4 分。
17. 假如你的失败反而让你想去寻求高薪的工作，就要扣 1 分；否则加 1 分。
18. 你认为“开创者”是冒险的吗？如是则减 2 分；否则加 2 分。
19. 假如你会制定出长期目标与短期目标，则加 1 分；否则减 1 分。
20. 假如你比他人对现金流动有更丰富的知识和经验，就可得 2 分；否则减 2 分。
21. 假如你是勇往直前的，就加 2 分；否则就减 2 分。
22. 假如你是个乐观主义者，就加 2 分；相反，若是悲观主义者，就扣 2 分。

【成果与检测】

最后计算你的得分，若你的最后得分大于 30 分，你可以做任何事情；若你的得分在 15～30 分之间，说明你有创造的潜质，但还需要加强；如你的最后得分小于 15 分，说明你的能力可能在其他方面。

★ 实训项目二：测测你的权力欲望

【实训目标】

测测你的权力欲望。

【实训内容与要求】

大多数做上司的，都是愿意在更重要的位置上发挥自己更大的能力，以便为社会、为他人做出更多的贡献，也有一部分人热衷于大权在手，陶醉于对下属吆五喝六的威风之中。你想当领导吗？你有当上司的梦想吗？你希望自己做个人上人吗？下面的测试就会告诉你哦！想脱逃时，下列 4 种东西中，只能带一种走，你选哪一种？

A. 十字钩
B. 短刀
C. 现金 100 万元
D. 磁铁

【成果与检测】

选项 A，你是个善于制订计划的人。你很会判断情况，是得到器重的原因。但是值得注意的是，要把计划和可执行性完美地结合在一起。

选项 B，你的反抗心很重，但不是盲目地反抗权力。只要能与你很好地沟通，你会是一个很温和的人。

选项 C，你是个醉心于权力的人，虽有顺从权力的倾向，但判断力相当好，随时处于优势，即使情况不好，也不会自毁立场，把自己逼入死胡同。

选项 D，有人帮助你时，就可以充分发挥自己的能力。但在权力下，却反而不能施展实力，也没有反抗的热情。值得注意的是，如果这样，久而久之，你的才华容易被埋没。

★ 实训项目三：你是个求安稳的人吗

【实训目标】

测测你是否具有冒险精神。

【实训内容与要求】

根据自己的第一印象回答，不要过多考虑。

(1)我择业时非常看重有无医疗保障。(　　)

A. 完全不同意　　B. 非常不同意
C. 稍有不同意　　D. 无所谓
E. 稍有同意　　F. 非常同意
G. 完全同意

(2)我希望住在居民素质较高的地区。(　　)

A. 完全不同意　　B. 非常不同意
C. 稍有不同意　　D. 无所谓
E. 稍有同意　　F. 非常同意
G. 完全同意

(3)我认为首先要有一个安稳的住宿，才能完全投入事业的发展中。(　　)

A. 完全不同意　　B. 非常不同意
C. 稍有不同意　　D. 无所谓
E. 稍有同意　　F. 非常同意
G. 完全同意

(4)我希望自己的工作非常稳定。(　　)

A. 完全不同意　　B. 非常不同意
C. 稍有不同意　　D. 无所谓
E. 稍有同意　　F. 非常同意
G. 完全同意

(5)我非常在意饮用水是否达到很高的卫生标准。(　　)

A. 完全不同意　　B. 非常不同意
C. 稍有不同意　　D. 无所谓
E. 稍有同意　　F. 非常同意
G. 完全同意

(6)我认为家庭一定要安装防盗门。(　　)

A. 完全不同意　　B. 非常不同意
C. 稍有不同意　　D. 无所谓
E. 稍有同意　　F. 非常同意
G. 完全同意

(7)我希望能拥有更便利的交通工具。(　　)

A. 完全不同意　　B. 非常不同意
C. 稍有不同意　　D. 无所谓
E. 稍有同意　　F. 非常同意
G. 完全同意

(8)我认为人身保险很重要。(　　)

A. 完全不同意　　B. 非常不同意

C. 稍有不同意　　D. 无所谓
E. 稍有同意　　F. 非常同意
G. 完全同意

(9)我希望平时能有比较多的休闲时间。(　　)
A. 完全不同意　　B. 非常不同意
C. 稍有不同意　　D. 无所谓
E. 稍有同意　　F. 非常同意
G. 完全同意

(10)家里只有我一个人的时候,如果有陌生人敲门,我会很仔细地询问,而不会贸然开门。(　　)
A. 完全不同意　　B. 非常不同意
C. 稍有不同意　　D. 无所谓
E. 稍有同意　　F. 非常同意
G. 完全同意

说明:从完全不同意到完全同意,一共七个等级,各项分值为0.5~3.5分。

【成果与检测】

生存需要:5~24分为较低,25~29分为中等,30~35分为较高;

安全需要:5~19分为较低,20~25分为中等,26~35分为较高。

分数越高,表明对该需求越在意,这方面的需要的满足越可能耗费大量的精力,成为生活的核心焦点,从而缺乏冒险精神。

以上问题测试两种基本的需要:基本生存需要和安全需要。基本生存需要是各种用于满足生存的需要,如饮食、睡眠、住房等方面的需要。安全需要是个体对安全、稳定、依赖的需要,希望免受恐吓、焦躁和混乱的折磨。

第三篇
决策与计划

通过对本篇各模块的实训，使学生深入理解管理环境分析、决策、目标管理、计划制定的知识及观点，掌握管理环境分析、决策、目标管理、计划制定的程序及技巧，形成管理环境分析、决策、目标管理、计划制定的能力。

单元一　管理环境分析思维与能力

模块一　管理故事演讲

实训项目一：狮子娶妻

【实训目标】

体会放弃优势便失去自己的道理。

【实训内容与要求】

狮子爱上了农夫漂亮的女儿，请求农夫将女儿嫁给它。农夫既不忍心把女儿许配给猛兽，又不敢拒绝，就想出了一个办法。当狮子来催促的时候，农夫对它说："我很愿意将女儿嫁给你，但她很怕你的尖牙利爪，如果你剪掉它们，我女儿立刻与你结婚。"

狮子立刻答应了，回去之后就剪掉了自己的利爪，拔掉了自己的尖牙。可是如此一来，农夫就不再惧怕狮子了。当狮子再来的时候，农夫就用木棒把它赶走了。

★ 故事的哲理

许多企业寻求合资，往往忍辱负重，盲目答应外商苛刻的条件，签订了《马关条约》。唯独没有想到，放弃你最核心的优势，你将失去对企业的控制。

【成果与检测】

请学生结合主持人演讲的管理故事进行思考、讨论，并分组推举代表发言。根据学生的参与程度以及得出的结论或观点评定活动的成效，并评定成绩。

实训项目二：永远的坐票

【实训目标】

体会机遇存在于不懈地寻找和追求中的道理。

【实训内容与要求】

一位旅行家经常由于不在始发站上车而买不到对号入座的火车票。可是无论长途、短途，无论车上多挤，他却总能找到座位。

他的办法其实很简单，就是耐心地、一节车厢一节车厢地找过去。这个办法听上去似乎并不高明，却很管用。每次他都做好了从第一节车厢走到最后一节车厢的准备，可是每次他都用不着走到最后就会发现空位。他说："这是因为像他这样锲而不舍找座位的乘客实在不多。经常是在他落座的车厢里尚余若干座位时，其他车厢的过道和车厢接头处却拥挤不堪、人满为患。"

★ 故事的哲理

大多数人都很容易被局部的表象所迷惑，不大细想在数十次停靠之中，在十几个车门上上下下的流动中蕴藏着很多提供座位的机遇。即使想到了，他们也没有那一份寻找的耐心。因为眼前一方小小的立足之地很容易让大多数人满足，而且他们还担心万一找不到座位，回头连个好好站着的地方也没有了。但这些不愿主动找座位的乘客，注定大多只能在上车时最初的落脚之处一直站到下车而疲惫不堪。

【成果与检测】

请学生结合主持人演讲的管理故事进行思考、讨论，并分组推举代表发言。根据学生的参与程度以及得出的结论或观点评定活动的成效，并评定成绩。

实训项目三：想称王的猫

【实训目标】

学会分析整个系统的差距。

【实训内容与要求】

有一天，一只猫来到森林里，看见"百兽之王"老虎在发号施令、分发食物，小动物们见了老虎毕恭毕敬，于是非常羡慕老虎的气派。当猫偶尔走到河边，发现自己在水中的影像酷似老虎时，便也想效仿老虎。于是，猫趁老虎外出觅食时，就在森林里四处招摇，号称自己是兽王。令猫得意的是，自己的身后也有了一群追随者：松鼠、果子狸、土拨鼠。猫率领着这些小动物，到处游逛，吆五喝六，发号施令，俨然也成了"兽中之王"。突然，有一只狼扑向了猫，吓得猫弓起腰，毛发尽竖，只会"喵喵"乱叫；此时，老虎咆哮一声冲了过来，狼夹着尾巴灰溜溜地逃走了。老虎拍拍猫的头说："小样儿，你看你脑袋上有个'王'字吗？猫就是猫，不是声称自己是老虎就会成为老虎的。我们从前也是猫，后来经过一代一代地拼搏，才成了'百兽之王'。"

★ 故事的哲理

任何一件事都是做出来而不是喊出来的。同样，任何一件事不是靠"八九不离十"就可以模仿和超越的，好比猫和虎的"王"字，以及"王"字后面的勇猛、凶悍。而上海荣华鸡败给美国肯德基，也不只是厨艺不精，而是一个系统的差距。

【成果与检测】

请学生结合主持人演讲的管理故事进行思考、讨论，并分组推举代表发言。根据学生的参与程度以及得出的结论或观点评定活动的成效，并评定成绩。

实训项目四：鼓起来的地毯

【实训目标】

理解分析环境要看清全部，再着力于局部。

【实训内容与要求】

从前有一位专门经营地毯的阿拉伯商人，他对自己地毯店的外表装潢和内部陈设十分上心。他每天在店里巡视，看看有没有不妥的地方。如果有，则马上纠正。

有一天，他照例巡视，意外发现地毯中央鼓起一块，就上前用脚去踩平。可是，他此处踩平了，另一处又隆起来了。他再次踩平，踩来踩去，心烦气躁之下，他觉得有什么东西与他作对，于是拉开地毯……原来是一条蛇。

★ 故事的哲理

一个人干事，不能头痛医头，脚痛医脚，鼓起一块，弄平一块，循环往复，问题总是解决不了。

【成果与检测】

请学生结合主持人演讲的管理故事进行思考、讨论，并分组推举代表发言。根据学生的参与程度以及得出的结论或观点评定活动的成效，并评定成绩。

模块二　案例分析

★ 实训项目一：YC 市钢绳厂

【实训目标】

1. 掌握 SWOT 分析法。
2. 学会前景预测。

【实训内容与要求】

施建华（小施）是华中理工大学管理学院的研究生。1993 年寒假的一天，小施在街上遇到了他高中时的同学万鸿传（小万）。小万在某冶金学院毕业后，被分配到 YC 市钢绳厂技术科工作。小施向小万表达了自己想在做论文之前到工厂进行调查的愿望。小万热情地邀请小施到他工作的单位去参观和调查。

（一）概况

YC 市钢绳厂位于 YC 市郊区，从市中心乘车到该厂约需 15 分钟。该厂是全民所有制企业，行政上隶属于 YC 市冶金局。该厂建于 1988 年，现有正式职工 200 多人，合同工和临时工 100 多人，合计近 400 人。该厂有三个生产车间，即拉丝车间、热处理车间和镀金车间。另外，该厂还有供应科、销售科、技术科、财务科等十多个科室。该厂有各类机器百余台，其中主要的设备是拉丝机 6 台、镀金设备（长 80 余米）一套。该厂固定资产折合人民币1 000多万元。

该厂属于金属制品类型，正如该厂的名字所表明的，该厂的主要产品是钢丝绳。但是该厂发现钢丝绳的销售量和利润率远远低于预应力钢丝，于是近年来厂领导把生产的重点转移到预应力钢丝。下表给出了该厂近五年的产值。

表一　　YC 市钢绳厂近五年的产值

年　份	1989	1990	1991	1992	1993
产值（万元）	54	324	410	650	1 200

1989 年产值较低，是因为工厂仅部分资金投产的缘故。工厂的实际利润的数据这里没有给出，但可以认为与产值的增长是同步的甚至于更快些。该厂的效益特别好，因此被认为是 YC 市少数几个富得冒油的厂家之一。据工人反映，正式职工每月的实际收入为 500～600 元，但人们一般认为这个说法是保守的。

（二）与胡主任的交谈

拉丝车间的胡主任是小万的好朋友，所以小万在把厂里的基本情况向小施介绍之后，就把小施带到了胡主任的办公室。胡主任四十多岁，看上去很随和，也很健谈。当小施问到工厂的效益时，胡主任说："我们厂的效益的确好，特别是从九三年下半年开始更是如此，利润直线上升。这主要有以下几个原因。首先是市场对预应力钢丝的需求量特别大。现在经济发展很快，经济建设离不开建筑，而建筑又少不了预制板，预制板又少不了预应力钢丝。我们厂原来主要是生产钢丝绳的，现在主要生产预应力钢丝，因为钢丝绳市场有些疲软，当然我们还是会生产一些钢丝绳。我们厂现在是用钢丝绳来交利税，这样预应力钢丝的收入就归我们厂了。今年下半年开始，钢材的价格下跌，而三峡开始动工，需求更旺盛。别人现在抢我们的产品。这没办法，就像是在肥沃的土地上风调雨顺地种粮食。"

小施问："既然市场需求这么大，厂里收益这么高，为什么不扩大生产规模?"

胡主任回答说："厂里是想扩大生产规模，搞了一个2 960万元的投资计划，国务院已经批准了。这个投资项目很大，成功之后我们厂的年产值可以达到4 000万元。这个项目投资是国家贷款，利率分别为 9%和 12%，国家的计划已经下来了，可是银行不给钱，说是没有钱。"

小施问："投资后需要几年建成，建成后大约几年可以收回成本?"

胡主任说："投资后一年多一点的时间建成，建成后大约一年就可以收回投资。"

小施问："既然这么高的回收率，为什么不自筹资金，而要等着国家贷款? 国家计划内贷款的利率这么低，银行显然不愿意给这笔钱，你们要等到什么时候?"

胡主任说："这我就不知道了，你该去问厂长。"

小万说："厂长正在开会，冶金局今天来人了。"

胡主任说："我不知道领导们是怎么想的，想怎么干? 厂长已经五十多岁了，干完这一届，把这个投资搞上去就要下来了。自筹资金风险太大。再说国家已经给了我们计划贷款，银行就应该给我们钱，有利率 12%的银行贷款，为什么要去自己筹集利率 20%的资金呢?"

小施说："那就只有等了。"

胡主任说："是这样。事实上你看到我们厂的效益这么好，这也不全部是干出来的，也有等出来的，我叫这为'望天收'。厂长他们成天就是打麻将、拉关系。昨天厂里给每人发了一床棉被，是用 75 元一床买来的，而商店里同样的东西只卖 50 元一床。"

扯到厂里的小事和人事关系，小万就说："走，我们到另一个车间去。"在去另一个车间的路上，小万说："胡主任是全厂闻名的牢骚大王。"

(三)与徐主任的交谈

热处理车间的徐主任才 28 岁，由于人比较瘦小，又留着胡子，所以看上去年龄要大些。徐主任是武汉钢铁学院 88 届毕业生。小万介绍说，你别看徐主任年轻，他是这个厂的元老之一，这个厂刚建他就来了。

小施对徐主任说："你干得不错。"

徐主任说："马马虎虎。"

小施问："你怎么到这个厂来的?"

徐主任说："我 1988 年从钢院毕业后，并不是分在这个单位，而是在另一个单位，可是那个单位的领导好像与我过不去似的，我就自己找到这个单位，当时调动时还费了好大的劲。原来的单位既不用你，也不让你走。"

小施问："为什么?"

徐主任说："这个大学生一走，别人就会说这厂留不住人才。再说局里每年要统计各厂技术人员所占的比重，你一走，厂里的技术人员的比重不就下降了吗？所以领导宁愿让你在那里成为一个不听话的闲人，也不放你走。”

小施问：“这个厂的领导怎样？”

徐主任回答说：“我感到这个厂的领导的最大特点是有魄力，重视人才。我举一个例子。我刚来这个厂不久就被派去出差。结果把事办砸了，给厂里造成两万多元的损失。我回来后害怕，就躲起来了。厂领导知道后说，刚出学校门，摔了跤，吸取教训就行了。我非常感激，决心将功补过。不过不是吹，我这几年也确实为厂里做出了一些贡献。”

小施说：“你们厂效益不错。”

徐主任说：“的确是这样，我们的原料供应者把原材料送到我们厂，要求我们半年以内交款都行，而我们的买主，得提前半年交款才有可能拿到货，我们什么也不做，仅拿利息收入就相当可观。”

小施问：“既然这么好的市场需求，为什么不赶紧扩大生产规模？”

徐主任说：“我们是准备扩大生产规模，你知道不，我们决定投资 2 960 万元。”

小施说：“我听说了。但也听说银行没有钱。”

徐主任说：“银行怎么会没钱？关键看它愿不愿意给。我听说第一批贷款 900 多万元已经到厂了。”

小施说：“我听说投资后建成和收回投资都只要一年多的时间就够了。这样高的利润率别人一定会往里钻的。你们考虑过这方面的问题吗？”

徐主任说：“两年前我做过一个可行性分析。全国像我们这样的金属制品厂有 400 余家，其中江苏省就有 80 多家。江苏有些厂，很小，只有几十人，一个厂部，几个专职办事员，几个生产小组。效率特别高。比我们的当然要高多了。我们的优点是我们的地理位置。鄂西就我们这一家。我们在附近的一个小县作了调查，这个县每年需要我们的产品就 100 多吨，而我们目前的产量也就2 000吨左右。考虑到本市的需求和三峡工程，供给是没有一点问题的。国务院给我们计划内贷款，就是考虑到我们的产品是短线产品。”

（四）厂区的印象

从徐主任办公室出来，小万又带着小施在厂区和车间走了走。厂区面积很小，占地只有 15 亩。小施问：“新的投资将建在什么地方？”小万指了指厂部外面的农舍和农田。厂里今天正在开运动会。但各个车间都没有停工。各个车间都很简陋，废渣、废物到处都是。机器都是国产的，看上去并不精制。每个车间有不到 10 个人在进行一般的操作，如把生产出来的钢丝运走等。小施在想，难怪江苏几十个人也能建起这样一个厂。小施问小万：“你们厂的优势在哪里？”小万说：“客户对我们比较了解，用我们厂的产品放心。”小施说：“你们产品的质量似乎在很大程度上取决于原材料的质量。”小万说：“是这样，所以我们的检验科室力量很强。”

在厂办公室门口，停着一辆很漂亮的小汽车。小施问：“这是你们厂里的汽车吗？”小万说：“这大概是局里的车子。我们的车子在车库里。”小施问：“你们厂有几辆小汽车？”小万说：“四辆，其中一辆皇冠，一辆桑塔纳。”小施问：“你们厂里有计算机吗？”小万说：“还没有。”

中午到了，小万请小施到餐馆吃饭。在吃饭的时候小施一直在思考这样一个问题：假如我是这个厂的厂长，我应该怎么办，现在可以高枕无忧吗？

★ 案例讨论题

1. 用 SWOT 法对该钢丝厂进行分析。

2. 如果你是厂长，该怎么办？

3. 对该厂的前景进行预测，并给出你预测的依据。

【成果与检测】

根据小组成绩、班级讨论、书面报告等综合评定。

★ 实训项目二：开发新产品与改进现有产品之争

【实训目标】

掌握外部环境中机会与威胁的分析技巧。

【实训内容与要求】

袁之隆先生是南机公司的总裁。这是一家生产和销售农业机械的企业。1992 年，产品销售额为3 000万元，1993年达到3 400万元，1994年预计销售额可达3 700万元。每当坐在办公桌前翻看那些数字、报表时，袁之隆都会感到踌躇满志。

这天下午又是业务会议时间，袁之隆召集了公司在各地的经销负责人，分析目前和今后的销售形势。在会议上，有些经销负责人指出，农业机械产品虽有市场潜力，但消费者的需求趋向已有所改变，公司应针对新的需求，增加新的产品种类，来适应这些消费者的新需求。

身为机械工程师的袁之隆，对新产品研制、开发工作非常内行。因此，他听完了各经销负责人的意见之后，心里便很快算了一下，新产品的开发首先要增加研究与开发投资，然后需要花钱改造公司现有的自动化生产线，这两项工作耗时 3～6 个月。增加生产品种同时意味着必须储备更多的备用零件，并根据需要对工人进行新技术的培训，投资又进一步增加。

袁之隆认为，从事经销工作的人总是喜欢以自己业务方便来考虑，不断提出各种要求，却全然不顾品种更新必须投入的成本情况，就像以往的会议一样。而事实上公司目前的这几种产品，经营效果还很不错。结果，他决定仍不考虑有关新品种的建议，目前的策略仍是改进现有的品种，以进一步降低成本和销售价格。他相信，降低产品成本、提高产品质量并开出具有吸引力的价格，将是提高公司产品竞争力最有效的法宝。因为客户们实际考虑的还是产品的价值。尽管他已做出了决策，但他还是愿意听一听顾问专家的意见。

★ 案例思考题

1. 你认为该企业的外部环境中有哪些机会与威胁?

2. 如果你是顾问专家，你会对袁之隆的决策如何评价?

【成果与检测】

根据小组成绩、班级讨论、书面报告等综合评定。

★ 实训项目三：海尔的腾飞

【实训目标】

掌握内部环境和外部环境的分析技巧。

【实训内容与要求】

（一）崛起与发展

创立于 1984 年，崛起于改革大潮之中的海尔集团，是在引进德国利勃海尔电冰箱生产技术成立的青岛电冰箱总厂基础上发展起来的。在海尔集团首席执行官张瑞敏“名牌战略”思想的引领下，海尔经过 18 年的艰苦奋斗和卓越创新，从一个濒临倒闭的集体小厂发展壮大成为在国内外享有较高美誉的跨国企业。

2002 年，海尔实现全球营业额 711 亿元，是 1984 年的 20 000 多倍，跃居中国电子信息百强之首。

1984 年，工厂职工不足 800 人；2002 年，海尔的职工不仅发展到 3 万人，而且拉动就业人数 30 多万人。

1984 年，只有一个型号的冰箱产品，目前已拥有包括白色家电、黑色家电、米色家电、家居集成在内的 86 大门类13 000多个规格品种的产品群。在全球，很多家庭都是海尔产品的用户。

(二)"名牌战略"：中国第一品牌

用户的忠诚度是与海尔产品的美誉度紧紧联系在一起的，1984～2002 年间，海尔的无形资产从无到有，2002 年海尔品牌价值评估为 489 亿元，跃居中国第一品牌。

海尔产品依靠高质量和个性化设计赢得了越来越多的消费者。2003 年，在国内市场，海尔冰箱、冷柜、空调、洗衣机四大主导产品均拥有 30%左右的市场份额。在海外市场，据全球权威消费市场调查与分析机构 EUROMONITOR 最新调查结果显示，海尔集团目前在全球白色电器制造商中排名第五，海尔冰箱在全球冰箱品牌市场占有率排序中跃居第一。其小型冰箱占据了美国 40%的市场份额。海尔产品已进入欧洲 15 家大连锁店的 12 家、美国 10 家大连锁店的 9 家。在美国、欧洲初步实现了设计、制造、营销三位一体的本土化布局。

2002 年，海尔实现海外营业额 10 亿美元，是中国家电业出口创汇最多的企业。

(三)海尔发展战略创新的三个阶段

海尔 18 年来的高速发展，最主要的就是靠创新。战略创新起着关键作用。

1. 名牌战略阶段——在 1984 年到 1991 年名牌战略期间，别的企业上产量，而海尔抓质量，7 年时间只做一个冰箱产品，磨出了一套海尔"管理之剑"——"OEC 管理法"，为未来的发展奠定了坚实的管理基础。

2. 多元化战略阶段——在 1992 年到 1998 年的多元化战略期间，别的企业搞"独生子"，海尔走低成本扩张之路，吃"休克鱼"，建海尔园，"东方亮了再亮西方"，以无形资产盘活有形资产，成功地实现了规模的扩张。

3. 国际化战略阶段——在 1998 年至今的国际化战略阶段，别的企业认为海尔"走出去"是"不在国内吃肉，偏要到国外喝汤"；而海尔坚持"先难后易"、"出口创牌"的战略，搭建了一个国际化企业的框架。

(四)海尔的成功

美国《家电》杂志统计显示，海尔是全球增长最快的家电企业，并对美国企业发出了"海尔击败通用电气"这样的警告；英国《金融时报》评选"亚太地区声望最佳企业"，海尔名列第七；美国科尔尼管理顾问公司也将海尔评为"全球最佳运营企业"。同时，张瑞敏也获得了中国企业家目前在全球范围内的最高美誉，1999 年 12 月 7 日，英国《金融时报》评出"全球 30 位最受尊重的企业家"，张瑞敏荣居第 26 位。著名的英国《金融时报》发布了 2002 年全球最受尊敬企业名单，海尔雄踞中国最受尊敬企业第一名。2003 年 8 月，美国《财富》杂志分别选出"美国及美国以外全球最具影响力的 25 名商界领袖"，海尔集团首席执行官张瑞敏排在第 19 位。

近年来，海尔已经有十几个成功的案例进入哈佛大学、洛桑国际管理学院、欧洲工商管理学院、日本神户大学等著名高等学府的案例库，成为全球商学院的通用教材，这在中国企业界是唯一的。张瑞敏本人作为中国人第一个登上了世界商学院的最高讲台——哈佛大学商学院讲学。

海尔人的目标是:进入世界500强,振兴民族工业!

★ 案例思考题

分析海尔的内部环境和外部环境状况。

【成果与检测】

根据小组成绩、班级讨论、书面报告等综合评定。

模块三 管理实战任务

实训项目一:管理环境分析

【实训目标】

熟悉环境分析的方法,感受环境变化对组织的影响。

【实训内容与要求】

设想你受聘于一家家电经销企业,目前中国的家电经销市场竞争异常激烈,为了打开市场销路、建立新的营销方式,总经理要求你对目前我国家电业的市场和你所在城市的家电市场进行一个全面的分析,请列出分析的内容提纲和将采用的工作方法。

【成果与检测】

1. 以小组为单位提交调查报告;
2. 课堂报告或课后讨论,交流体会;
3. 由教师根据调查报告及课堂报告表现综合评分。

实训项目二:企业竞争能力分析

【实训目标】

掌握竞争能力分析的方法。

【实训内容与要求】

分析某个组织(选一个企业)的过去、现在与未来,寻找其竞争力,并用列表的形式罗列出来,再分析组织在未来生存与发展还必须拥有什么?如何才能获得这种生存与发展必须拥有的能力和优势?

【成果与检测】

根据书面作业评定成绩。

实训项目三:自我SWOT分析

【实训目标】

1. 增强对自我的认识,了解自己存在的差距。
2. 找出指导自我学习的最佳方法。

【实训内容与要求】

➤ 程序

写自我 SWOT(strengths 优势;weakness 劣势;opportunities 机会;threats 威胁)分析;小组成员分享。

➤ 讨论

1. 自己作了 SWOT 分析之后,是否对自己的认识更加深刻?

2. 小组的其他成员分享了之后,学到了些什么?

【成果与检测】

根据小组成绩、班级讨论、书面报告等综合评定。

模块四 管理游戏

实训项目一:比比抓手

【实训目标】

使学生正确认识自己的实力以及对机会的评价、选择等。

【实训内容与要求】

➤ 游戏程序

(1)学生分成数量相等的小组。

(2)老师让学生估计一只手能抓起多少只乒乓球。老师对学生的回答做好统计,最少的只数是多少,最多的只数是多少,回答每一个数字的人数又是多少。

(3)老师让学生试着抓乒乓球(只能用一只手,不能用另一只手帮忙),看他们能抓多少只。

(4)其他学生观察与他们先前估计的数字是否有出入。

(5)学生分享讨论。

游戏中发生了什么样的情况?为什么?给我们有何经营管理上的启示?

➤ 游戏规则

不同编号的乒乓球代表不同的分值。

每个人只能抓一次,时间为 10 秒钟。

评分标准:

A. 小组成员估计数与实际数的差值的绝对值(越小越好);

B. 小组成员每个人的分值和(越大越好)。

➤ 游戏准备

准备有编号的乒乓球若干只(用适当的方法在乒乓球上进行编号),并用塑料袋装好。

评分表示例:

小组名:________________

小组成员	估计数(A)	实际数(B)	绝对值(A-B)	个人分值和
1.				
2.				

续表

小组成员	估计数(A)	实际数(B)	绝对值(A－B)	个人分值和
3.				
4.				
5.				
6.				
7.				
8.				
小　计				

【成果与检测】

根据学生的参与程度以及表现看游戏的效果，并评定成绩。

实训项目二："天外来客"

【实训目标】

了解风险、投资、收益之间的关系。

【实训内容与要求】

➤ 游戏程序

1. 每个小组的教练把材料分给组员：一只生鸡蛋，四个纸杯，一双筷子，长吸管和短吸管各两根，两只气球，几根皮筋，几张彩纸和几支彩笔，一把剪刀和一瓶胶水。

2. 游戏要求每个小组除了要用这些材料做一个鸡蛋飞行器外，还要制作一面彩旗，用来标记"飞行器"落地时的位置，并要求在一个小时内完成全部任务。

➤ 游戏规则

方法是用一个生鸡蛋和其他几种简单的材料做成一个"飞行器"，哪个小组的"飞行器"飞得最远而且不碎就是胜利者。

➤ 游戏准备

生鸡蛋、纸杯、筷子、长短吸管、气球、皮筋、彩色纸张、剪刀、胶水等。

【成果与检测】

根据学生的参与程度以及表现看游戏的效果，并评定成绩。

实训项目三：系绳情境

【实训目标】

提高学员的问题解决能力。

【实训内容与要求】

➤ 游戏说明

在一间空房子里，有几件物品(如钳子、笔等)和两根相隔一定距离并下垂的细绳。要求被试者把两根绳子系扎一起，但如果直接用手去抓两根绳子的一端是够不着的，必须通过间接条件，即在绳子的一头系上钳子或笔，然后摆动绳子，再在另一头用手抓住。

实验结果表明，许多被试者开始总是用手去抓绳子，但不成功，然后四处找寻，找到解决问题的隐含条件（钳子或笔）。由于经验的作用，认为钳子是用来夹东西的，因而没有变通一下。

【成果与检测】

根据学生的参与程度以及表现看游戏的效果，并评定成绩。

★ 实训项目四：创造性服务竞赛

【实训目标】

明白决策中市场调查和预测的重要性。

【实训内容与要求】

- 道具：每组一张小纸条，上面写着公司名称和所属行业（见“附注 1”）。
- 时间：70 分钟。
- 程序

1. 根据活动的道具设计“点子”，使该“点子”既能宣传企业，又能更好地服务于客户。
2. 小组代表陈述本组“点子”及理由。
3. 请陈述小组之外的同学发表对“点子”的认可度并简要说明原因。

- 规则

1.“点子”必须紧密联系本公司所经营的业务。
2.“点子”必须不能使公司亏本。

- 教师任务

1. 把全班同学按 6～8 人分成一组。
2. 宣布活动的名称、程序、规则及时间。
3. 发放道具。
4. 在学生讨论的同时，教师在黑板上画一张表格（见“附注 2”）。
5. 把陈述小组之外的同学看成客户，请他们谈谈对“点子”的看法，并在相应的位置打“√”。
6. 总结本次活动。

【成果与检测】

附注 1：公司名称及所属行业

序号	公司名称	所属行业	序号	公司名称	所属行业
1	生命游戏	体育用品商店	5	给我电话	移动电话服务公司
2	君往何处	交通服务行业	6	第一页	书店
3	木材店	木制品商店	7	雏菊连锁店	花店
4	美女与野兽	男女皆宜理发店	8	城市动物园	国内最大的动物园之一

附注2：

序号	小组代表	公司名称	考核标准		
			满意	一般	不满意
1					
2					
3					
4					

“点子”能够使陈述小组之外的同学最满意的小组获胜。根据学生的参与程度以及表现看游戏的效果，并评定成绩。

模块五　辩论赛

实训项目一：人与自然

【实训目标】

让学生体会人与自然的关系。

【实训内容与要求】

正方观点：人与自然可以和谐相处

反方观点：人与自然不能和谐相处

【成果与检测】

老师依据本背景设定对立的论题组织辩论赛，根据分组辩论成绩、班级讨论、书面报告等综合评定。

实训项目二：男性比女性是否更需要关怀

【实训目标】

让学生体会工作中相互关怀的重要性。

【实训内容与要求】

正方观点：男性比女性更需要关怀

反方观点：女性比男性更需要关怀

【成果与检测】

老师依据本背景设定对立的论题组织辩论赛，根据分组辩论成绩、班级讨论、书面报告等综合评定。

实训项目三：道义与利益

【实训目标】

让学生体会道义与利益的关系。

【实训内容与要求】

正方观点：道义比利益对人际关系的影响更大

反方观点：利益比道义对人际关系的影响更大

【成果与检测】

老师依据本背景设定对立的论题组织辩论赛，根据分组辩论成绩、班级讨论、书面报告等综合评定。

模块六　角色模拟

★ 实训项目：恋爱潜规则

【实训目标】

让学生体会公司规章与个人利益之间的关系及冲突处理的技巧。

【实训内容与要求】

背景：在经济高速发展、恋爱自由的当今社会，国内一家知名企业出于自身的发展考虑，在公司发布了禁止恋爱的规章，繁忙的工作给员工带来很大的压力，员工对此规章表示不满。

人物之间的关系：孙让(独白)

王亚(固执主管，极端的公司恋爱反对者)

马玲、王卓芮(不同部门普通员工兼情侣)

胡新民、莫小龙、陈玲(同事)

李巧云(公司经理)

故事情节 ：在繁忙的工作之余，王卓芮接到了女朋友马玲的电话，由于很久没见面了，两人忘我地聊了起来。

王卓芮：喂，Honey！是不是想我了啊？呵呵，我也想你呢！

莫小龙：哎哟，好甜蜜啊，小心我告诉主管哦，(偷笑中)王卓芮做了个拜托的手势。

马玲：亲爱的，什么破规章啊，今天想去你那找你的，那王经理老阴魂不散，都不敢去了。

王卓芮：是啊，这规章是太不合理了。亲爱的，我都想死你了。

胡新民：哎，这人啊，肉麻死了，正印证了那句古话“只羡鸳鸯不羡仙”(摆个动作)。

马玲：亲爱的，下次我可不管什么规章不规章的了，有时间，我就去找你，好吗？不许说不可以哦(很暧昧地说道)。

王卓芮：好的，Honey，我也不管了，上刀山下火海，只要有空闲，我就去你那，好吧！哈哈！

陈玲：是的，是的，就是要这样，我们要力争恋爱自由，用行动反抗那破规章(满脸憧憬)。

莫小龙：哎哟，什么嘛！光说不练，有本事，你现在就去找你女朋友啊，切(嘲讽地笑了)！

王卓芮把脸朝向了莫小龙说道：你还以为说假啊，去就去，Honey，我来了，来了来了来了，别太想念哥了，哥只是寂寞(说完对同事得意一笑，蹦跳着跑了出去)。

马玲：亲爱的，我爱死你了，Come on(兴奋中)！

小情侣见面，热情的一个拥抱，正准备来个飞吻的，就在此时，传说中的主管(王亚)突然出现在他们眼前，大喝道：你们在干吗，不想干了吗，竟敢在我面前搂搂抱抱，不想做了啊，你们(面目狰狞地骂道)，小情侣先是吓坏了，沉默片刻后，突然发飙了。

王卓芮：怎么啦，没见过小情侣啊，哥就谈恋爱了，咋滴？

马玲：芮芮，算了，公司有规定，我们别理他（藐视的眼神）。

王亚大怒：好啊，你们两个给我记着，看我怎么对付你们。哼（掉头就走）！

“走吧，你，我们早对这规章不满了。”王卓芮、马玲齐说道。

王亚按照规章想开除马玲、王卓芮。由于小情侣的据理力争和众多同事的大力支持，员工和这项规章的矛盾激化，王卓芮、马玲和王亚的矛盾也激化了。

王卓芮、马玲与王亚的矛盾越闹越大，最后传到了公司经理（李巧云）的耳朵里。李巧云高度重视这个问题，就对知道内情的人进行了暗访。

李巧云：公司关于恋爱的新规定，你们有什么看法？我想听的是你们的心里话，你们有什么敞开心扉说，不要认为我是经理就有点不敢说。

陈玲：我们又不是杜拉拉待的那个公司，每个企业有每个企业的文化背景，我们公司的文化底蕴就很好，而且恋爱又没有影响公司的业绩，说实话，我不赞成这个规章。

胡新民：是啊，这个规章确实不能让我接受，那我有什么办法，主管强制推行。

莫小龙：是的，是的，我们也不能接受。

李巧云：嗯，那你们对主管和王卓芮、马玲的冲突怎么看待？

莫小龙：我觉得主管太强势了，当着这么多人的面当场指责王卓芮、马玲，未免也太不给他们面子了。

胡新民：对，但也不全是主管的错，王卓芮、马玲出言不逊，态度也很恶劣。

经理：那你们的意思是小王、小马语言有错，而主管是碍于面子才使他们的冲突越来越大。

陈玲、莫小龙、胡新民：嗯嗯嗯。

第二天，公司办公室，在座的有：主管、员工若干、王卓芮、马玲、公司经理。

目的：采取和平共处的办法化解冲突。

（会议开始）

李巧云：大家好，根据我的了解，本公司禁止恋爱的规章很不受大多数员工的赞同，但这项规章实行后确实让公司的发展速度加速了很多，我认为，这项规章可以改进。

王亚：但他们是在实行这项规章后违规的，应该按现有规章惩罚，不然，公司的威严何在？

王卓芮：这项规章发布的时候，我们很多人本来就是不同意的，公司发展快，工作更加繁忙，再加上实行这项规章，给我们的私人空间就更少了，只会让我们更加压抑。

陈玲、王卓芮、马玲：是的是的。

马玲：再说，我们是在空闲之余才这样做的，对公司的利益没有影响。

陈玲、莫小龙、胡新民：是的是的。

王亚反驳道：……

莫小龙反驳说：……

（二十分钟的讨论后）

李巧云做出了决定说：王卓芮、马玲因在语言上出言不逊给主管道歉，至于公司恋爱的规章，我们会做出调整的，至少空闲时间是应该被允许的，大家还有什么意见吗？

（大家都没有说话）

主管看在经理的份上，不好说什么，再说，小情侣答应道歉了，自己有了台阶下，再固执己见，只会自找麻烦，就点点头答应说：还是经理有办法，目光远啊，有理有理。

陈玲、莫小龙、胡新民嘴里同时喃喃道：马屁精。

王卓芮、马玲也觉得这个决定很合适，就说道：没意见了。

此后，公司把关于恋爱的规章制度改善了，公司业绩也蒸蒸日上。

【成果与检测】

根据学生的参与程度以及得出的结论或观点评定活动的成效，并评定成绩。

模块七　能力评测

实训项目：风险意识测验

【实训目标】

风险意识测验。

【实训内容与要求】

指导语：下面的每个问题有可供选择的5种答案，请你从中任意选出一个适合自己情况的答案。"是"用5表示；"倾向于是"用4表示；"不知可否"用3表示；"倾向于否"用2表示；"否"用1表示。

1. 在时速150公里的火车上，你敢立在车厢门口的踏板上吗？5　4　3　2　1
2. 河里流水非常凉，你敢第一个下水泅渡吗？5　4　3　2　1
3. 若驯兽师事先告诉你保证安全，你敢和他一道进入关着狮子的铁笼吗？5　4　3　2　1
4. 没有经过训练你敢驾驶帆船吗？5　4　3　2　1
5. 在有专门技术工人的带领下，你敢爬到工厂里高大的烟囱上去吗？5　4　3　2　1
6. 惊马狂奔，你敢抓住它的缰绳吗？5　4　3　2　1
7. 外出旅行，驾驶汽车的是你熟悉的司机，不久前他出过严重的车祸，你敢坐他的车吗？5　4　3　2　1
8. 站在10米高的楼房上，下面是张开的消防救护帆布大篷，你敢往下纵身一跳吗？5　4　3　2　1
9. 久病卧床需动手术，而手术又有生命危险，你同意这样治疗吗？5　4　3　2　1
10. 电梯的载重量只限6个人，你敢和另外6个人同乘这部电梯吗？5　4　3　2　1
11. 上司告诉你裸露的高压电线里没有电流，并让你用手触摸，你敢这样做吗？5　4　3　2　1
12. 听过几次驾驶直升机的技术讲座，你认为你有把握驾机飞行吗？5　4　3　2　1

【成果与检测】

假如你的答案累计得分在50分以上，那么你就是一个敢于冒风险的人；假如你的得分在25分以下，你就是一个小心谨慎的人。

单元二　决策思维与能力

模块一　管理故事演讲

实训项目一：大雁怎么吃？

【实训目标】

学习决策要遵循民主集中制的重要性。

【实训内容与要求】

兄弟俩打猎，一只大雁飞过来。

“我把它射下来煮着吃。”哥哥拉开弓瞄准说。

“鹅是煮着好吃，但大雁还是烤着吃更香。”弟弟说。

“煮的好吃！”

“烤的好吃！”

两人争论不休，就到一个人那里去评理。

那个人告诉他们：把大雁分成两半，一半煮，一半烤。兄弟俩觉得有道理，就回去找那只大雁。但大雁早就飞得没有踪影了。

★ 故事的哲理

做事情要分轻重缓急，不要在无关紧要的事情上争论不休、浪费时间。发扬民主的确重要，但无休止、无原则的民主就会贻误战机。

【成果与检测】

请学生结合主持人演讲的管理故事进行思考、讨论，并分组推举代表发言。根据学生的参与程度以及得出的结论或观点评定活动的成效，并评定成绩。

实训项目二：登山队长的两难抉择

【实训目标】

体会决策的原则。

【实训内容与要求】

一个登山队正在攀登喜马拉雅山，登到一半的时候，发现了上一个登山队遗留下来的一名奄奄一息的队员，这时这个登山队队长要做一个决策：登山队的这十几人已经走到半山腰了，是把这个人抬下去？——这会破坏登山队的计划；还是把这个人放在这儿？——反正这个人也不是自己队的。

这个故事在哈佛商学院是一个经典，每一届的学生在第一个学期都要听这个故事，而且每个新生在第一个学期要谈的也是这个故事。

★ 故事的哲理

一个企业往前冲的时候，必然要遇到一些道德和社会责任问题。作为一个经营者，你该做什么决策？“上山去”，留下的是一个傲人的记载；“抬人去”，留下的则是一条活生生的性命……试问：孰轻孰重？企业经营是为了创造财富，而创造财富又是为了什么呢？人生的顶端，一定是哲学；而财富的顶端，一定是道德。

【成果与检测】

请学生结合主持人演讲的管理故事进行思考、讨论，并分组推举代表发言。根据学生的参与程度以及得出的结论或观点评定活动的成效，并评定成绩。

实训项目三：航空公司里外不是人

【实训目标】

体会决策务必整体运筹的道理。

【实训内容与要求】

20 世纪 80 年代初期，台湾地区一家航空公司开展了一项新的机票促销计划：对在某条选定航线乘机的乘客一律实行“买一送一”的优惠，即买一趟机票的钱，可以搭两趟飞机。

这项有创新意义的促销活动一经推出，公司立竿见影地获得了斐然的成绩。机票多卖了 25%，为这家航空公司代售 50%以上机票的旅行社生意也非常火爆。

此举虽然吸引了新顾客，却得罪了老顾客们。由于促销计划的实施，吸引了大批外地观光客购买机票，而那些固定搭乘公司航班的商人们却买不到票。

旅行社考虑到观光是季节性的，观光客又不是常客，万万不可得罪常客，于是开始限制游客购买机票的数量。

外地客认为公司出尔反尔，变化太快，随即怨声载道。

旅行社为了平息新、老乘客的不满，要求航空公司多供应机票，但航空公司爱莫能助。旅行社大为光火，决定不再卖该航空公司的机票。

一项新的促销计划得罪了代理商、老顾客、新顾客，航空公司落了个“猪八戒照镜子——里外不是人”。

★ 故事的哲理

企业的决策必须要有全局观念，有系统的运筹规划。有些“猛药”，虽然可能起到立竿见影的效果，却可能动摇乃至摧毁企业整体生态的和谐。决策也好，创新也罢，应当系统地思考，千万不能就事论事。

【成果与检测】

请学生结合主持人演讲的管理故事进行思考、讨论，并分组推举代表发言。根据学生的参与程度以及得出的结论或观点评定活动的成效，并评定成绩。

模块二　案例分析

实训项目一：经营决策

【实训目标】

体会决策的技巧。

【实训内容与要求】

行业：饮食业

主题：经营决策；创业

中国平安保险公司广州分公司（寿险）

1997 年，赵亚平大学毕业加入中国平安保险公司广州分公司（寿险），在基层锻炼了六个月后被安排到人事部。分公司总经理十分欣赏赵亚平的才干，两年后提升他为培训部新产品推广室主任。赵亚平富有成效的工作和创新精神受到分公司上下的一致好评。2001 年 10 月，分公司销售处经理职务空缺，赵亚平成为分公司同类位置上最年轻的经理。2002 年 1 月，中山支公司销售经理跳槽，赵亚平被任命为中山支公司的销售经理。3 月，中山支公司总经理辞职，赵亚平又被任命为中山支公司总经理兼任销售经理。部分骨干员工跳槽使中山支公司销售队伍发生信心危机，人心浮动，公司已走到崩溃的边缘。

★ 案例分析题

赵亚平应该怎么办？

【成果与检测】

根据小组成绩、班级讨论、书面报告等综合评定。

实训项目二：林肯"独断"

【实训目标】

学习决策的技巧。

【实训内容与要求】

美国总统林肯，在他上任后不久，有一次将六个幕僚召集在一起开会。林肯提出了一个重要法案，而幕僚们的看法并不统一，于是七个人便热烈地争论起来。林肯在仔细地听取其他六个人的意见后，仍感到自己是正确的。在最后决策的时候，六个幕僚一致反对林肯的意见，但林肯仍固执己见，他说："虽然只有我一个人赞成，但我仍要宣布这个法案通过了。"

表面上看，林肯这种忽视多数人意见的做法似乎过于独断专行。其实，林肯已经仔细地了解了其他六个人的看法并经过深思熟虑，认定自己的方案最为合理。而其他六个人持反对意见，只是一个条件反射，有的人甚至是人云亦云，根本就没有认真考虑过这个方案。既然如此，自然应该力排众议，坚持己见。因为，所谓讨论，无非就是从各种不同的意见中选择出一个最合理的。既然自己是对的，那还有什么可犹豫的呢？

● 案例点评

在企业中，经常会遇到这种情况：新的意见和想法一经提出，必定会有反对者。其中有对新意见不甚了解的人，也有为反对而反对的人。一片反对声中，领导者犹如鹤立鸡群，陷于孤立之境。这种时候，领导者不要害怕被孤立。对于不了解的人，要怀着热忱，耐心地向他说明道理，使反对者变成赞成者。对于为反对而反对的人，任你怎么说，恐怕他们也不会接受，那么，就干脆不要寄希望于他的赞同。

重要的是你的提议和决策是对的，只要真理在握，就应坚决地贯彻下去。决断，是不能由多数人来作出的。多数人的意见是要听的，但作出决断的是一个人。

★ 案例分析题

1. 你认为本案例中提到了什么决策技巧？它适用于什么情况？

2. 假如你是林肯，你会怎么做？

【成果与检测】

根据小组成绩、班级讨论、书面报告等综合评定。

★ 实训项目三：王厂长的会议

【实训目标】

熟悉计划与决策的内容。

【实训内容与要求】

王厂长是佳迪饮料厂的厂长，回顾8年的创业历程真可谓是艰苦创业、勇于探索的过程。全厂上下齐心合力、同心同德、共献计策，为饮料厂的发展立下了不可磨灭的汗马功劳。但最令全厂上下佩服的还数4年前王厂长决定购买二手设备（国外淘汰生产设备）的举措。饮料厂也因此挤入国内同行业强手之林，令同类企业刮目相看。今天王厂长又通知各部门主管及负责人晚上8点在厂部会议室开会。部门领导们都清楚地记得4年前在同一时间、同一地点召开会议，王厂长作出了购买进口二手设备这一关键性的决定。在他们看来，又有一项新举措即将出台。

晚上8点会议准时召开，王厂长郑重地讲道："我有一个新的想法，将大家召集到这里是想听听大家的意见或看法。我们厂比起4年前已经发展了很多，可是，比起国外同类行业的生产技术、生产设备来，还差得很远。我想，我们不能满足于现状，我们应该力争世界一流水平。当然，我们的技术、我们的人员等诸多条件还差得很远，但是我想为了达到这一目标，我们必须从硬件入手，即引进世界一流的先进设备，这样一来，就会带动我们的人员、带动我们的技术等一起前进。我想这也并非不可能，4年前我们不就是这样做的吗？现在厂的规模扩大了，厂内外事务也相应地增多了，大家都是各部门的领导及主要负责人，我想听听大家的意见，然后再做决定。"

会场一片肃静。大家都清楚地记得，4年前王厂长宣布他引进二手设备的决定时，有近70%的成员反对，即使后来王厂长谈了他近3个月对市场、政策、全厂技术人员、工厂资金等厂内外环境的一系列调查研究结果后，仍有半数以上的人持反对意见，10%的人持保留态度。因为当时很多厂家引进设备后，由于不配套和技术难以达到等因素，均使高价引进设备成了一堆闲置的废铁。但是王厂长在这种情况下仍采取了引进二手设备的做法。事实表明这一举措使佳迪饮料厂摆脱了企业由于当时设备落后、资金短缺所陷入的困境。二手设备那时价格已经很低，但在我国尚未被淘汰。因此，佳迪饮料厂也由此走上了发展的道路。

王厂长见大家心有余悸的样子，便说道："大家不必顾虑，今天这一项决定完全由大家决定，我想这也是民主决策的体现，如果大部分人同意，我们就宣布实施这一决定；如果大部分人反对，我们就取消这一决定。现在大家举手表决吧！”

于是会场上有近70%的人投了赞成票。

★ 案例分析题

1. 王厂长的两次决策过程合理吗？为什么？

2. 如果你是王厂长，在两次决策过程中应做哪些工作？

3. 影响决策的主要因素是什么？

【成果与检测】

根据小组成绩、班级讨论、书面报告等综合评定。

模块三　管理实战任务

★ 实训项目一：模拟制订企业决策与计划

【实训目标】

熟悉计划与决策的内容。

【实训内容与要求】

分组：将全班学生按5～6人分组，要求自由组合，不指定安排。

模拟决策：设定每组将有100万元资金，要求各组制订各自的决策计划方案，并填写《大学生模拟创业项目计划》（要求：需包括决策投资项目内容、行业战略环境分析、企业五年规划、预期利润计算），最终通过。

【成果与检测】

此次活动以小组成绩为依据，小组每个成员的工作能力决定小组每个人成绩的高低。

★ 实训项目二：活动策划

【实训目标】

1. 培养创新能力与策划能力；

2. 掌握实际编制计划的方法。

【实训内容与要求】

1. 在调研的基础上，运用创造性思维，策划一项活动，制订计划书。要求：

(1)所策划的活动的内容与主题，既可以由教师统一指定，又可以由学生自选。选题尽可能与所学专业相关。

(2)应通过调研，占有较为充分的材料。

(3)要运用创造性思维，所策划的活动一定要有创意。

(4)要科学地规划有关要素，计划书的结构要合理、完整。

2. 在每个人进行个别策划的基础上，以模拟公司为单位，运用“头脑风暴法”等方法，组织深入研讨，形成公司的创意。

3. 利用课余时间进行系统的活动策划，编制公司的活动策划书或计划书。

4. 也可在课上进行交流。

【成果与检测】

此次活动以小组成绩为依据，小组每个成员的工作能力决定小组每个人成绩的高低。

模块四　管理游戏

★ 实训项目一：先救谁

【实训目标】

体会团队中每个人具有不同的文化背景，对事物的认识也不尽相同；团队的决策优于个人的决策。

【实训内容与要求】

★ 游戏程序

1. 介绍救援背景。

2002 年的一个夏天，象山集团一个旅游小分队在庐山脚下的洞穴里遇到了麻烦，他们被洪水所困，不过他们靠一台卫星定位电话跟附近的太平救援队联系上了。

这个唯一的救援队负责人告诉小分队员说，以他们现有的设备每小时只能救出一个人，在救援过程中，可能有些人会被快速上涨的洪水威胁乃至有生命危险。小分队了解此种情况后知道很危险，不过他们不愿意自行排出先后被救顺序。大家一致认为应将此事迅速报告给象山集团突发事件研究委员会。

现在你及你所在的家庭即扮演这个研究委员会的角色，救援设备将于 50 分钟后抵达洞口，在这段时间里，你们要研究出顺序的方案提交给太平救援队。

人力资源处很快送来了此次旅游小分队成员的简要资料，委员会一致通过仅以此为依据来决定先后顺序，但标准必须由所有成员各抒己见，然后团体决策拟出救援方案。

旅游小分队的成员简况

成员 1：王雷鸣，男，30 岁，同济大学计算机专业毕业，象山电脑设备公司总工程师，集团不可多得的技术带头人。由于他极具事业心，以企业为家，以致目前仍过着王老五的生活，不过青睐他的女性很多。

成员 2：马俪，女，25 岁，武汉大学国际贸易专业毕业，集团董事会秘书。她的父亲是上海一家国有企业的老总，母亲是一位沪剧表演艺术家，因为她漂亮，又多才多艺，被大家誉为“象山之花”。她最近组织集团业余文艺爱好者彩排了舞蹈“象山之花”，准备参赛中国企业文化艺术节，行内人士评价很高，根据参选录像带的初步评分遥遥领先于其他企业。

成员 3：李云，男，26 岁，贵州人，毕业于浙江大学计算机系，贵州分公司终端产品的业务主办，他是象山集团 TSC(TOP Sales Club)上年的冠军得主。他少年丧父，与小他 8 岁的妹妹靠母亲拉扯养大。如今母亲体弱多病，妹妹尚在大学读一年级。

成员 4：郑海明，女，43 岁，福州大学无线电专业毕业，象山集团工会主席，早期创业者之一。她宽厚待人，爱“民”如子，至今膝下尚无子女。她亲历象山集团由创业时的 16 人至如今拥有3 000多人的成长过程，并为之付出了自己的青春和热血。她在集团有较高的威望，也是福建省较有影响的巾帼人物。

成员 5：MARK，男，27 岁，华侨大学计算机系研究生毕业，象山软件系统集成公司总经理助理，当年为了选择象山而放弃了出国定居的机会。他是公司不可多得的技术与公关双才，是老总心爱的助手。3 个月后，他将去英国任教，并与在那里攻读硕士学位的女友结婚。

成员 6：李虎昌，男，38 岁，华东交大精密机械专业研究生毕业，是最近空降象山集团这艘航空母舰的生力军。他曾在中关村创办了一家很有名气的高科技企业，现与象山强强联合，并与象山总裁大有相见恨晚之意。目前，集团拟任命他为常务副总裁。

2. 学员个人排出救援的顺序。

3. 团队共同决策排出救援的顺序。

救援顺序记录表

救援的顺序	你个人的排列顺序	团体决策的顺序
1		
2		
3		
4		
5		
6		

4. 写下个人的决策依据及标准。

5. 检讨团队救援决策情况：对被救者排序时，团队达成统一使用的主要标准是哪些；在做此类决策时，你感觉舒服与否；哪些行为有助于该团队下决策；哪些行为阻碍了该团队下决策。（以上由各小组选定的观察员整理，并代表小组发表。）

【成果与检测】

根据学生的参与程度以及得出的结论或观点评定活动的成效，并评定成绩。

★ 实训项目二：返老还童术

【实训目标】

转换角度进行思考决策。

【实训内容与要求】

你问："你相信人会长生不老或返老还童吗？"学员会说："这是不可能的。"

你一脸严肃地告诉他们："现在，你们就可以让这个不可能的情况变为现实。"再次询问，他们是否相信。可能会有人笑起来。

请他们换个角度来看，体会是什么？

Old Woman...Or Young Girl?
hint:The old woman's nose is the young girls chin.

★ 讨论

1. 为什么会出现两个完全相反的答案?
2. 这个游戏说明了什么?
3. 你将怎样把这个启示运用到你的工作中去?

【成果与检测】

根据学生的参与程度以及得出的结论或观点评定活动的成效,并评定成绩。

实训项目三:物品拍卖

【实训目标】

体会决策的技巧和原则。

【实训内容与要求】

每位学员有一张物品拍卖单(见发放材料,有这些物品的好处和坏处)和1 000元道具——“钱”。

学员看清楚拍卖单上的物品,并把最想拥有的圈上,根据预算——只有1 000元,安排一下,看看自己打算花多少钱“拥有”这些物品。

起拍价 100 元,每次加价 100 元。

开始拍卖。

当所有物品都卖出去以后,结束拍卖。

★ 讨论

(1)在拍卖过程中,你有什么感受?从其他人身上,你观察到了什么?

(2)哪件物品是你非常想得到而最终却没有得到的?为什么?

(3)有什么物品是你不敢竞买的吗?为什么?

(4)我们对不敢买却十分想要的事物的恐惧是怎样影响我们应对变化和风险的?我们自己是怎样成为自己成功之路上的障碍的?

(5)看看你手中拥有的事物。想象一下在现实生活中,获得这些东西你会冒什么风险?如果确实值得,你会怎样去争取它们?

★ 补充资料

(1)能够快速应对变化的人,甘愿冒风险,很快做出决断。

(2)这个游戏帮助学员练习这些技巧,并了解、认识恐惧——包括对成功的恐惧。

(3)这个游戏还向我们展示,即使是做一些积极的或必要的变动,大多数人也会感到恐慌。

(4)它也向我们表明,我们的价值标准是如何影响我们的决定的,以及当我们陷入困境时,价值观念是如何影响我们承担风险的意愿的。

(5)在这个游戏中,你只是冒一种风险,花费作为道具的“钱”得到你想要的东西。

(6)而在现实生活中,当你面对变化,甚至是积极的变化时,你将可能不太适应。例如,失去地位,恐惧感就会油然而生。

(7)这个游戏的另外一种形式就是在游戏的开展过程中改变规则。例如:你可以根据任意的理由,在游戏中,给一两个学员比其他人更多的“钱”。

(8)这就正如在现实生活中,我们所有的人并不在同一起跑线上竞争,有人富,有人穷。但这也不是最重要的。最重要的是我们有一颗积极的心,有一个智慧的头脑,成功就不会离我们很远。

(9)你也可以突然宣布两三件物品将不再参加拍卖,因为它们被生产商宣布终止拍卖了。

(10)那么有计划的学员现在不得不很快进行调整,这就模拟了现实生活中不可预料的变化是如何影响我们的个人目标的选择的。

附:发放材料

拍卖单

1. 靠近办公室的停车位 再也不会迟到了,再也不会有那种让你头痛的、不愉快的经历了,从你的停车位走到你的办公室门口——几乎所有的人都知道你是谁。你的一些同事有点妒忌了吧?如果他们也想拥有这样的停车位,就应该再加把劲儿工作。
2. 可以选择到自己喜欢的城市工作 纽约、巴黎、香港、鳄鱼岛——现在由你选择你曾梦想的城市。做好离家、离开朋友的准备(在那些年里,你还是会经常见到他们的)。从现在开始,准备经历许多人只能想想的事吧!勇敢地开拓新世界,探索别人没涉足过的区域,力量永远伴随着你……
3. 拥有一间带按摩浴缸的浴室 太好了!但大多数经理却很少有时间使用这些设施——你知道自己也一样。(然而,即使很少用,你至少可以炫耀,你有一间这样的浴室。)
4. 一份美味的午餐,每天按照你点的饭菜,送到你面前 非常好的自助美食!我们有些人只讲究吃。毋庸置疑,这顿午餐将大大提高你工作时的生活质量。(你只需要采取一些适当的方法,减掉伴随它增加的体重。)
5. 拥有一间自己的办公室,四面有墙,有窗子和一扇带锁的门 啊,保留隐私!不在一般的工作区工作,远离那里的唠叨和流言蜚语,真是太棒了!即使他们有时会谈起你,谈到你换了位置,但谁还关心这个呢?你照样可以通过单位的领导知道,任何恶意的背后中伤都是靠不住的。
6. 通信方便 在家里工作完全是一种享受。你想几点起床,就可以几点起床,伸伸懒腰;随时可以走到你储存丰富的冰箱前,找些吃的、喝的;你可以从自己私人珍藏的CD中选择喜欢的音乐来播放。当然肯定不会有注意力不集中的危险——当手头的工作需要你集中精神时,你可以关掉播音机。

续表

7. 公司部门的重要人物 你非常善于给客户留下深刻的印象，并习惯于每天工作16个小时后才睡觉，有时只在中午打个盹儿。事实上，你也没有得到经营管理的任何好处。（毋庸置疑，你的婚姻一定要稳固，这样你的配偶才可能不对公司提供给你的其他机会质疑。）
8. 慷慨的着装补贴 当你的老板和同事比以前更带批判性地审视你的外表时——你知道自己很有鉴赏力，代表着新的时尚潮流。
9. 公司的专车配有司机，负责接送你上下班 把交通的烦恼留给他人！而把宝贵的精力，以及往返时间花在公司业务上。（这当然也是你的老板给你配班车时所希望的。）
10. 灵活的上班时间 谢天谢地！再也不用在每天的高峰期上下班了，这常常使人发火。因此，你可以早上9点起床，晚上8点下班。想想一年节省的上下班往返时间吧！
11. 一个非常乐于教你的更好的老板 这一点可能有不好的方面吗？我不知道，反正，我一个也想不出来……
12. 客户和同事都非常高兴能与你住在同一个街区 这一点可能有不好的方面吗？我不知道，反正，我一个也想不出来……
13. 拥有你们公司里速度最快、界面最友好的计算机 万岁！你终于可以做一些事情了！这会极大地提高你的工作效率。因此，当你的同事请求在你离开的时候，用一下你的电脑，你应该能够慷慨地答应他。
14. 每年两个月的带薪假期 一般的假期是很短的。通常只有两周的假期，常常用在陪亲友上。例行公务游览，现在再也不存在了。这是脱离平时工作的激烈竞争真正意义上的休假。充分享受这个假期吧，不要担心一些小事，如：当你休完假，返回办公室，你的桌上会有一大堆没有处理的文件等着你；或者更糟的是，你会发现，你不在时，大家过得更好。
15. 公司的日托托儿所 你可以在休息时间去看看孩子；如果孩子患病、碰破了皮儿或者出了其他什么事，你会立即被通知到。这卸掉了你心头多大的一个负担啊！
16. 需要的技能培训 你现在的职务需要不断地更新技能。另外，你并不确定自己什么时候会考虑更换工作。事实上，不断地参加培训看上去好像是获得更好的就业机会的最好途径。你确定这值得吗？
17. 一流的健康利益 永远不用再填一份表格！在你去看医学博士、牙医、按摩师或者推拿治疗专家时，只需要带着你的健康卡，而且只需要支付20%的费用。（还有，你将永远享受这项服务——除非你自己主动放弃这些利益。）

【成果与检测】

根据学生的参与程度以及得出的结论或观点评定活动的成效，并评定成绩。

★ 实训项目四：特尔斐决策技术

【实训目标】

演示“在决策（预测）过程中，特尔斐决策技术在综合统一各方意见时的价值”。

【实训内容与要求】

➢ 程序

1. 出示一个装满玻璃弹珠的罐子(当然你事先要清楚罐子中弹珠的数量)。

2. 让每一组员看过后推测其中弹珠的数量。

3. 收集结果,计算小组平均数、中位数、方差等,并将其出示给小组成员。

4. 重复推测过程 3 次,或直到推测结果保持相对稳定为止。

5. 揭示正确的答案,并让组员比较他们最初的个人推测结果与最后的小组结果的正确程度。

★ 讨论

1. 是个人推测结果更精确还是团队决策更准确?

2. 为什么团队决策会更精确?

3. 团队的预测为什么会集中到一点上?

4. 如何将特尔斐决策技术运用到你的实际工作中?

【成果与检测】

根据学生的参与程度以及得出的结论或观点评定活动的成效,并评定成绩。

模块五　辩论赛

实训项目一:经济发展与文化建设

【实训目标】

让学生体会经济发展与文化建设的关系。

【实训内容与要求】

正方观点:文化建设应先于经济发展

反方观点:经济发展应先于文化建设

【成果与检测】

老师依据本背景设定对立的论题组织辩论赛,根据分组辩论成绩、班级讨论、书面报告等综合评定。

实训项目二:情与理

【实训目标】

让学生体会情与理的关系。

【实训内容与要求】

正方观点:情在理先

反方观点:理在情先

【成果与检测】

老师依据本背景设定对立的论题组织辩论赛,根据分组辩论成绩、班级讨论、书面报告等综合评定。

实训项目三:教育应注重人格培训还是知识培训

【实训目标】

让学生体会人格培训与知识培训的关系。

【实训内容与要求】

正方观点:教育应注重人格培训多于知识培训

反方观点:教育应注重知识培训多于人格培训

【成果与检测】

老师依据本背景设定对立的论题组织辩论赛,根据分组辩论成绩、班级讨论、书面报告等综合评定。

模块六 角色模拟

实训项目一:铁河矿泉水

【实训目标】

了解企业真实的经济活动。

【实训内容与要求】

➤ 游戏背景

本游戏根据著名的矿泉水游戏改编。矿泉水游戏是 20 世纪 60 年代由 MIT 的 Sloan 管理学院所发展出来的、一种类似“大富翁”的策略游戏。Sloan 管理学院的学生们,各种年龄、国籍、行业背景都有,有些人甚至早就经手这类的产/配销系统业务。然而,每次玩这个游戏,相同的危机还是一再发生,得到的悲惨结果也几乎一样:下游零售商、中游批发商、上游生产厂家起初都严重缺货,后来却严重积货。产生类似的结果,其中的原因必定在游戏本身的结构里面体现,给游戏者带来无穷的启示。

➤ 游戏程序

游戏中共有四个角色,分别是铁河矿泉水的消费者、零售商、批发商及生产厂家。

1. 在学员中选择相应的人分别扮演铁河矿泉水的消费者、零售商、批发商、生产厂家,并选择不同角色群的负责人。

2. 给不同的角色负责人发角色说明书。

3. 消费者→零售商→批发商→生产厂家(从左到右下订单)。

4. 消费者←零售商←批发商←生产厂家(从右到左满足订单)。

➤ 游戏规则

各角色相互之间不得进行角色说明书之外的沟通,只通过购买或订单/送货来沟通。也就是说,下游向上游下订单,上游则向下游供货。主要考察零售商、批发商、分销商及生产厂家的存货或缺货状况,并算出总成本。

各个角色的拥有独立的自主权,可决定该向上游下多少订单、向下游销出多少货物。至于终端消费者,则由游戏自动决定。而且,只有零售商才能直接面对消费者。

每 7 分钟为一周。

- 游戏准备

准备不同层次的订单及不同角色的说明书等。

- 注意事项

游戏时间为3小时左右;不同的角色最好分配在不同的房间。

角色说明书的假设。

零售商的常态:营业、库存、进货;订货时间约为4周(28分钟);每次订货4箱矿泉水。

一、安分守己的消费者群

你们是一个安分守己的消费者群,你们的消费状况来源于不同的需要与动机,你们一直向零售商购买铁河矿泉水。

消费者1～6周

第1周:一如往常,你们向零售商买4箱铁河矿泉水。

第2周:有变化,突然多买了4箱铁河矿泉水,变成8箱。

第3周:继续。这一周跟上周一样,还是买了8箱。

第4周:继续。这周,还是跟上周一样,买了8箱铁河矿泉水。因为不少人知道有首歌里说"喝铁河矿泉水,不只是补充铁"。

第5周:怪事!商店里的铁河矿泉水被买空了……本周,还是买了8箱。

第6周:糟糕!商店货源不足,实际要买8箱矿泉水,本周只买到了6箱铁河矿泉水,预订了2箱。

消费者7～8周

第7周:怎么回事?这一周,将预订的2箱取回,两天内又买了3箱。接着他们又预订了5箱,并留下了联络方式,希望商店一有货就通知他们。

第8周:火大。商店要不要做生意了,取回5箱就没货了。

消费者9～17周

第9～13周:消费持续增加,但是买不到矿泉水。

第14～15周:对商店失去了信心,很少有人到此商店购买矿泉水。

第16周:没有人去该商店购买。

第17周:没有人去该商店购买。

二、安分守己的零售商

你是一个安分守己的零售商,店里许多商品如矿泉水是其中一项颇有利润的营业项目。平均来说,每一周,上游批发商的送货员都会过来送货一次,顺便接收一次订单。你这周下的订单,通常要隔4周才会送来。

"铁河矿泉水"是其中一个销量比较固定的品牌。虽然这一品牌的厂商似乎没做什么促销动作,但其是相当有规律的,每周总会固定卖掉约4箱铁河矿泉水。顾客多半是附近年轻的男士。

为了确保随时都有足够的铁河矿泉水可卖,你尝试把库存量保持在12箱。所以,每周订货时,你已把"订4箱铁河矿泉水"视为习惯性动作。

为了方便起见,把进货量、订货量、售出量、原库存量、结余库存量这五项数字,用图表来表示。

零售商1～6周

第1周:一如往常,卖出4箱,进货4箱,结余12箱。所以你也一如往常,向批发商订货4

箱。

第 2 周:比较奇怪,铁河矿泉水突然多卖了 4 箱,变成 8 箱。因此,店里库存就只剩下 8 箱。为了让库存量恢复到 12 箱,你这个周向批发商多订了 4 箱,也就是订了 8 箱。

第 3 周:继续。这周跟上周一样,还是卖出了 8 箱。4 周前所订的 4 箱到了。现在,铁河矿泉水的库存量只剩 4 箱了。怕销售量会再上升,为了安全起见,你多订了一点,订了 12 箱。

第 4 周:继续。这周还是跟上周一样,卖了 8 箱铁河矿泉水。这一周进货量为 5 箱。你预期销售量可能还会上升,而且库存也只剩下 1 箱了。所以,这一次订了 16 箱。

第 5 周:糟糕!库存没了……本周,还是卖了 8 箱。进货 7 箱。不过,库存没了。你决定跟上周一样,订 16 箱。

第 6 周:真惨!货源不足,本周只到了 6 箱铁河矿泉水。还是有 8 箱铁河矿泉水的消费需求量,但库存已耗尽。你只好跟两位预约的老顾客说:下次一有货,一定先通知你们……照顾客预约的情况来看,抢手程度好像还会增加;以前可从来没有人会预约的……本来想再多订一点,但一想到前几周多下的订单,可能就快送过来了。于是,你抑制住冲动,还是维持原状:订了 16 箱。希望本周欠 2 箱的惨状能赶快解决。

零售商 7～8 周

第 7 周:依旧。这一周还是只到货 5 箱。5 箱铁河矿泉水,刚把其中 2 箱卖给上周预约的顾客,不到两天,剩下的又卖完了。更惨的是,有 5 位顾客留下了他们的联络资料,希望你一有货就通知他们。结果,本周欠了 5 箱货。你另外订了 16 箱,并祷告说下周会真正开始大量到货。

第 8 周:火大。还是只进货 5 箱。火大了!该不会是生产厂家的生产线还没赶上增加的需求量吧!真是的!反应这么慢!本周,你订了 24 箱,以免欠货量越来越大,生意不用做下去了。

零售商 9～17 周

第 9～13 周:消费持续增加,存货持续不足,而进货缓慢增加。

第 14～15 周:进货大量增加,积欠数字也终于可以开始减少了。

第 16 周:你几乎已收到前几周所下的订单的数量:好几十箱的量。望着成堆的矿泉水箱,你想,这些很快就可以卖出去了,终于可以痛痛快快地大赚一笔。

第 17 周:批发商送来几十箱的铁河矿泉水,但消费者仍然没有。上周的几十箱,加上这周的几十箱。

三、安分守己的批发商

你是一个安分守己的批发商。你代理了许多品牌的矿泉水,铁河矿泉水也是其中之一。比较特别的是,你是本地的铁河矿泉水独家代理商。你本周向生产厂家下的订单,通常约 4 周会送过来。因为铁河矿泉水的销售量一向很稳定,每周销给零售商的总数量都差不多是 4 卡车的量,所以,你固定每周向生产厂家订 4 卡车的铁河矿泉水,维持 12 卡车的库存。

批发商 1～8 周

第 1 周:一如往常,风平浪静,所以,你还是向生产厂家订了 4 卡车矿泉水。

第 2 周:有一两个零售商多订了一点铁河矿泉水,不过,总的来说,总订单数量还是一样。所以,你还是向生产厂家订 4 卡车矿泉水。

第 3 周:小波动。多一点的零售商多下一点订单,所以,你多销出 2 卡车的铁河矿泉水,库存也减少了 2 卡车的量。为了恢复原先所维持的库存量,你向生产厂家多订了 2 卡车,也就是订了 6 卡车的铁河矿泉水。

第 4～6 周:持续畅销。第 4 到第 6 周,铁河矿泉水的销售量似乎越来越多,零售商的订单越来越多。但是,上游生产厂家给的货还没增加,没办法同时满足所有零售商的需求,所以,只能一边给他们比平常多一点点的铁河矿泉水,一边向生产厂家下多一点的订单。等到生产厂家送过来多一点的数量,才能把零售商给的订单消化掉。

第 7 周:库存量变负的了,总共积欠了 8 卡车的数量。真惨!赶紧向生产厂家下 20 卡车的订单。

第 8 周:越来越惨。零售商的订单持续增加,生产厂家的进货却还没反应过来。对零售商积欠的数量也一直增加,到－40 了。你开始着急了。一咬牙,把向生产厂家下的订单提高到 30,但愿能赶快把积欠订单消化掉。

批发商 9～17 周

第 9～13 周:订单持续增加、存货持续赤字、进货缓慢增加。

第 14～15 周:进货终于大量增加,积欠数字也终于可以开始减少。

第 16 周:你几乎已收到前几周所下的订单的数量:55 卡车量。他们却都不要了。你赶紧取消向生产厂家发出的订单。

第 17 周:生产厂家送来 60 卡车的铁河矿泉水,但零售商仍然没再下订单。上周的 55 卡车量,加上这周的 60 卡车量,堆积如山了!

四、安分守己的生产厂家

你刚被这家矿泉水生产厂家雇来作为配销及行销主管。铁河矿泉水是其中一项产品,从制造到出货,约要花 2 周的时间。它的品质不错,但行销不太出色,公司希望你能加强行销。

第 1～5 周:正好满足订货。

生产厂家 6 周后

第 6 周:订单急剧上升。不知怎么的,就任才 6 个礼拜,铁河矿泉水的订单突然急剧上升。因为从制造到完成共需约 2 周的时间,所以你赶快增加生产线。

第 7～16 周:成为英雄。订单持续增加,但生产线才刚扩大一点,库存量又有限,很快就耗光了。于是,你又扩大生产线,希望能赶快消化订单。

第 17 周:生产量赶上了,但怎么批发商送来的订单变少了?

第 18 周:奇怪,他们怎么都不订了?有些订单还可以看出打个大叉叉的删除痕迹……

第 19 周:订单还是零,可是,生产好像开始过剩了……

★ 问题

我们看到,每个人都在自己的岗位上以自己的理性,尽力做好行动与判断决策。那么,到底该怪谁?为什么会这样?

【成果与检测】

根据学生的参与程度以及得出的结论多少评定活动的成效及成绩。

★ 实训项目二:你已经习惯了吗

【实训目标】

说明人们是多么易于养成并且不断地利用无意识的习惯。

【实训内容与要求】

1. 向与会人员指出，他们可以采用其他方式来达到目的，这些方式同样会行之有效。

2. 说明陈规陋习可能会影响我们采取新的行为方式，因此，首先需要对原有东西“无知”。

➤ 程序

1. 请一位或多位与会人员脱掉他们的外套。

2. 让他们再穿上，注意先穿哪只袖子。

3. 然后请他们再脱一次、穿上，这一次要先穿另一只袖子。

★ 讨论

1. 颠倒了习惯的穿衣次序会有什么感受？在旁观者看来又是怎样的？

2. 为什么颠倒了习惯会显得笨手笨脚？

3. 是什么阻碍我们采取新的做事方式？我们进行改变时应该怎样做才能不让旧的习惯影响到新的行为方式？

【成果与检测】

根据学生的参与程度以及得出的结论或观点评定活动的成效，并评定成绩。

模块七　能力评测

实训项目一：你在职场的特质

【实训目标】

测试你在职场的特质。

【实训内容与要求】

1. 以下哪一种比较接近你？

a. 对自己和他人都不严格(到第 2 题)

b. 对自己宽容，对他人严格(到第 3 题)

c. 对他人和自己都严格(到第 4 题)

d. 对自己严格，对他人宽容(到第 5 题)

2. 考试前，常常清理房间或看小说？

a. 是(到第 6 题)

b. 否(到第 7 题)

3. 目前为止，你曾试过让座超过 10 次以上？

a. 是(到第 6 题)

b. 否(到第 8 题)

4. 你是属于很容易被骗型？

a. 是(到第 9 题)

b. 否(到第 7 题)

5. 你可否马上说出十种想要的东西？

a. 是(到第 9 题)

b. 否(到第 8 题)

6. 你曾有过对任何事都充满好奇心的时期吗?
a. 有(到第 10 题)
b. 没有(到第 12 题)
7. 若可以回到过去,则你想回到什么时候?
a. 10 年前(到第 14 题)
b. 5 年前(到第 11 题)
8. 以下两种态度,哪种较接近你?
a. 今日的事今日毕(到第 13 题)
b. 明天的事明天做(到第 12 题)
9. 你相当善于与人交际?
a. 是(到第 14 题)
b. 否(到第 13 题)
10. 你的房间里有盆栽吗?
a. 有(到第 15 题)
b. 没有(到第 16 题)
11. 你很不会跟别人吵架?
a. 是(到第 17 题)
b. 否(到第 16 题)
12. 可以让你看到日出的原因是什么?
a. 彻夜未睡(到第 18 题)
b. 很早起(到第 17 题)
13. 你曾经故意对喜欢的人冷淡?
a. 是(到第 18 题)
b. 否(到第 19 题)
14. 同样的话曾经说过好几次?
a. 是(到第 20 题)
b. 否(到第 19 题)
15. 你是否不太喜欢照相?
a. 是(B 型)
b. 否(A 型)
16. 你外表看起来比实际年龄年轻?
a. 是(C 型)
b. 否(B 型)
17. 你最近并没有真心地笑过?
a. 是(E 型)
b. 否(C 型)
18. 有机会,你想去?
a. 伦敦或巴黎(E 型)
b. 夏威夷或关岛(D 型)
19. 你喜欢做让人惊喜的事吗?

a. 喜欢(F型)

b. 不喜欢(G型)

20. 你曾把已有恋人的人抢过来?

a. 是(G型)

b. 否(F型)

【成果与检测】

A型:(甜味)

这种人的个性大多温和又体贴,大家都很喜欢与这种人做朋友,而且大致上过着顺心的日子,是很有可能把握幸福的人。这种人颇受重视,常常有很多人依赖他/她,但有时会被别人看轻,认为你很好欺负。在现今的世界里,尤其对想要成功的人来说,要有一点魄力,要有拒绝别人的勇气。

B型:(辣味)

这种人总是给人一种很"辣"的感觉,在打扮上,也是倾向时髦、亮丽的类型,经常想要引人注目。不过外表打扮上太过前卫,也许会给人很难接近的感觉,所以有时最好避免,尤其出席正式的场合时。虽然你充满活力与体力是很好的事,但周围的人不见得与你一样,要多注意。

C型:(酸味)

这类人的个性很爽朗,但也许有的人会给人"过酸"的感觉,而让人感觉难以相处。其实他们的个性是易相处的。但由于这种人有时会给人不知道他的心里在想什么的感觉,所以如果想与他做朋友的话,不妨就稍微夸张地自我推荐一下吧!

D型:(苦味)

这种人的个性兼具严肃及温柔,就算他外表看起来是很好说话的人,但其实他内心是很坚持自我想法,又固执的人,不喜欢迎合别人,因此这种处世态度有时会引起某些人的反感。其实,该妥协的时候就妥协,若能改变你的方式配合大家,就能成为受大家尊敬且重视的人。

E型:(涩味)

这种人的个性是既老实又朴素,刚开始可能会被认为是个很无趣的人,但只要与他交往久了,就会发现他也拥有意外的特质,也是个很有想法的人。虽然在团体中不是很出风头,但仍能过着幸福的生活,而且,如果可以待在充分发挥自我专长的领域,就会有渐渐崭露头角的机会。

F型:(酱味)

这种人是很能自我控制的,具有复合型个性,而且做事方法很有弹性。至于为何是酱味,可能就是因为酱中包含甜味或辣味的原因吧! 内涵比外在的条件更吸引人的注意,是这种人的一大特点,对他认识越深,就会越喜欢他。

G型:(呛味)

这种人的个性是精力旺盛、热情洋溢,但有时喜欢强迫别人,希望别人按照自己的想法做事,因此有时甚至会与周围的人发生争执,可是反过来说,这也是具有决策力及行动力的领导人物所拥有的特质。记住:想表现自己,也不要忘了为他人着想。

★ 实训项目二:决策能力测验

【实训目标】

决策能力测验。

【实训内容与要求】

你具备应付挑战和反对派的能力吗？请如实回答下面的问题。

1. 如果有人占用了你的停车位，你是否(　　)？

A. 再另找一个车位

B. 找到车主，请他将车开走

C. 向保卫部门报告，请他们采取措施

2. 如果你认为公司付给你的工资不足以反映自己的工作能力和工作量，应该得到提高，你是否(　　)？

A. 与老板激烈争论，以辞职相威胁

B. 与老板开诚布公地讨论，请求他考虑

C. 不采取任何行动，但让所有的朋友都知道自己的想法

3. 如果某家公司提供的残次产品给你们部门的工作带来很多麻烦，而这家公司的老板同贵公司的董事长私交又甚密，你是否(　　)？

A. 立即要求对方退换不合格产品并赔偿误工损失

B. 向老板请示处理办法

C. 将不合格产品退回供货公司，要求退换

4. 如果你发现某位你信得过的下属在报销费用时有欺诈行为，你是否(　　)？

A. 向老板报告此事，由他处理

B. 警告他如果再这样下去你就不客气了

C. 严厉斥责他的行为并安排从他下月工资中扣除贪污部分

5. 如果你辛辛苦苦地坐几个小时的车去见一位重要客户，结果发现由于他的秘书忘记把这件事记在工作日志上，他已经出去见其他客户了，你是否(　　)？

A. 第二天给他打电话抱怨

B. 接受秘书的道歉，重新安排会见

C. 请秘书向他的老板解释并重新安排会谈时间

6. 如果你提出的某项拓展市场、提高利润的建议遭到老板的否决，你是否(　　)？

A. 不再关心这件事

B. 暂时搁置不提，找机会通过其他方法继续说服他

C. 直接向上级领导汇报

7. 如果你在一个企业管理研讨会上发表意见时遭到某位同事的强烈攻击，你是否(　　)？

A. 对其误解表示愤慨

B. 毫不退缩，反戈一击

C. 虚心听取批评，表示愿意商榷

8. 如果老板在年终评估时对你提出了一些不公正的批评，你是否(　　)？

A. 虽然心里不服，但保证反思他的意见

B. 不置可否，忍气吞声

C. 立即为自己分辩，试图要他承认错误

9. 如果某位难以管教的“老大难”人物被分配到你的部门，你是否(　　)？

A. 欢迎他的到来，同时告诫他要遵守规章制度

B. 以冷淡的态度对待他，视而不见其种种劣迹

C. 希望他改邪归正，全力合作，否则，你将采取相应的措施

10. 经过几个月的准备工作，一个大项目终于要上马了，可就在即将开工之际，被告知需要削减预算，你是否(　　)？

A. 马上削减预算的计划，同时宣布你不能保证该项目的成功

B. 要求有关部门给予解释，力争收回削减预算的计划

C. 一方面提出抗议，另一方面同意执行新计划

评分标准：

1. A　0分；B　3分；C　2分。　2. A　3分；B　2分；C　0分。

3. A　3分；B　0分；C　2分。　4. A　0分；B　2分；C　3分。

5. A　2分；B　0分；C　3分。　6. A　0分；B　2分；C　3分。

7. A　2分；B　3分；C　0分。　8. A　2分；B　0分；C　3分。

9. A　2分；B　0分；C　3分。　10. A　0分；B　3分；C　2分。

【成果与检测】

24～30分：你遇到麻烦或压力时极易激动。许多行为在别人看来过于偏激、鲁莽，而你却认为是果断的表现、合情合理的做法。

14～23分：你个性坚强，有胆有识。虽有独立创见，但并不一意孤行。你真诚、坦率的品德深受大家拥戴。

7～13分：你在维护自己的正当权益时显得过于怯懦。你如果不增强自信心，就很难被委以重任，更难成为真正的领导者。

0～6分：你随时有被淘汰的危险。你谦逊的作风固然可贵，但在商场就是自取灭亡。

单元三　目标管理思维与能力

模块一　管理故事演讲

实训项目一:美军为什么能轰炸东京

【实训目标】

体会明确的目标是成功的一半的道理。

【实训内容与要求】

第二次世界大战期间,当美国总统罗斯福宣布“轰炸东京”的决定时,大家看到的是罗斯福从轮椅上站起来的惊人一幕。随后,怎样从航母上起飞轰炸机成了关键。

美军先是选中了当年的飞行速度纪录保持者杜立特领导完成轰炸计划;选中了最新服役且拥有重型轰炸机 B-25B 的航母大黄蜂号。

经过不断地演习,很快,杜立特领导的飞行队就可以在大黄蜂号的甲板上起飞了! 1942年4月18日,行动开始了!

但当时天气很糟,海浪下大黄蜂号甲板前后剧烈摇晃。还能起飞吗? 大家对目标多少有点怀疑。这时,杜立特承担了排头兵的重任。当杜立特的飞机摇摇晃晃地在强风中起飞时,甲板上发出一阵欢呼声。所有的飞机相继起飞成功。

在杜立特等向日本进发的途中,东京电台播放了一则广播:“英国路透社报道:美军三架轰炸机将轰炸东京。这种消息可笑之极。日本国民对这种宣传毫不在意,正沐浴在和煦的阳光和樱花的芬芳中。”守着日本不可战胜幻想的日本人毫无防备。很多日本人都看到了杜立特等低空飞行的飞机,甚至连机身上的美军标志都看得见! 但他们依然认定是日本飞机在演习,甚至欢呼雀跃!

轰炸开始了,每一位飞行员都知道各自要轰炸的军事目标,轰炸后降落地也已经做了详细的部署。可即使这样,整个战役仍是险象环生,如果失败了,被迫降落怎么办? 杜立特说:“如果迫降,我将选择一个最有炸伤力的目标冲上去……”

★ 故事的哲理

如今的商场就相当于战场,打赢商战与打赢一场战争一样难,但只要认同目标,并为了目标而不懈努力,任何不可能都会变成可能!

【成果与检测】

请学生结合主持人演讲的管理故事进行思考、讨论,并分组推举代表发言。根据学生的参与程度以及得出的结论或观点评定活动的成效,并评定成绩。

实训项目二：走不出沙漠的困惑

【实训目标】

体会始终明确方向，才能持续进步的道理。

【实训内容与要求】

在一片广阔浩瀚的沙漠中间，存在着一个绿洲，绿洲上有一个村庄。虽然绿洲上有水有草，但村庄上的人们不愿永远被沙漠所围困，于是想要走出去。可是，他们走了一天又一天，试了一次又一次，却总是回到原地，几千年都没能突破沙漠的重围。因此他们认定：沙漠是走不出去的。

然而，这一切却被一个来到绿洲的探险家改变了。他只花了三天三夜，就走出了沙漠。

探险家的奥秘何在？很简单：他白天休息，夜晚看着北斗星走。有了方向，走出沙漠就成了简单的事情。

★ 故事的哲理

明确方向才能进步，这好像是个不言而喻的道理。然而，方向是什么？“我们要走出沙漠”是方向吗？“我们要成为世界500强”是方向吗？不是。企业的方向，是应该明确我们是谁，我们要做什么、不要做什么。缺少这些，恐怕就会永远在“沙漠”里打转。

【成果与检测】

请学生结合主持人演讲的管理故事进行思考、讨论，并分组推举代表发言。根据学生的参与程度以及得出的结论或观点评定活动的成效，并评定成绩。

实训项目三：使用短剑的好处

【实训目标】

体会坚定信念，勇敢地接近目标的道理。

【实训内容与要求】

在古希腊，一位母亲要儿子学习剑术，长大后可以保家卫国。母亲把儿子带到剑术教练那里，并交给儿子一把剑。儿子很有灵性，没过多久，就掌握了所有的剑法，可以和教练对练了。在对练中，他屡屡被教练击中，而他却一次也没有击中过教练。屡战屡败后他才发现，之所以击不中教练，是因为自己的剑太短了。

于是他跑回家，对母亲说：“妈妈，我的剑太短了，能不能换一把长一点的。”他以为这要求并不过分，母亲肯定会答应的。母亲却对他说：“不，孩子！剑短，你跨前一步剑就变得长了，照样可以击中目标；剑短，可以使你变得勇敢。”他回到教练那里，试着大胆跨前一步，试着接近目标……终于剑术大有长进。后来，他成为古希腊有名的勇士和剑术大师。

★ 故事的哲理

一个人不可能天生样样优越，所处环境也不可能事事顺心。“剑长”虽能使我们得一时之利，“剑短”却能使我们更接近目标。其实，“接近”不仅是一个物理概念，更是一个精神概念。只要你看准了目标，坚定信念，勇敢地跨前一步，不断地逼近目标，你终将会取得成功。

【成果与检测】

请学生结合主持人演讲的管理故事进行思考、讨论，并分组推举代表发言。根据学生的参与程度以及得出的结论或观点评定活动的成效，并评定成绩。

模块二 案例分析

实训项目一：乔森家具公司五年目标

【实训目标】

体会计划的重要性，学会制订计划和目标。

【实训内容与要求】

乔森家具公司是乔森先生在20世纪中期创建的，开始时主要经营卧室和会客室家具，取得了相当的成功。随着规模的扩大，自70年代开始，公司又进一步经营餐桌和儿童家具。1975年，乔森退休，他的儿子约翰继承父业，不断拓展卧室家具业务，扩大市场占有率，使得公司产品深受顾客欢迎。到1985年，公司卧室家具方面的销售量比1975年增长了近两倍。但公司在餐桌和儿童家具的经营方面一直不得法，面临着严重的困难。

(一)董事长提出的五年发展目标

乔森家具公司自创建之日起便规定，每年12月份召开一次公司中、高层管理人员会议，研究讨论战略和有关的政策。1985年12月14日，公司又召开了每年一次的例会，会议由董事长兼总经理约翰先生主持。约翰先生在会上首先指出了公司存在的员工思想懒散、生产效率不高的问题，并对此进行了严厉的批评，要求迅速扭转这种局面。与此同时，他还为公司制定了今后五年的发展目标。具体包括：

(1)卧室和会客室家具销售量增加20%；

(2)餐桌和儿童家具销售量增长100%；

(3)总生产费用降低10%；

(4)减少补缺职工人数3%；

(5)建立一条庭院金属桌椅生产线，争取5年内达到年销售额500万美元。

这些目标主要是想增加公司收入，降低成本，获取更大的利润。但公司副总经理托马斯跟随乔森先生工作多年，了解约翰董事长制定这些目标的真实意图。尽管约翰开始承接父业时，对家具经营还颇感兴趣。但后来，他的兴趣开始转移，试图经营房地产业。为此，他努力寻找机会，想以一个好价钱将公司卖掉。为了能提高公司的声望和价值，他准备在近几年狠抓经营，以改善公司的绩效。

托马斯副总经理意识到自己历来与约翰董事长的意见不一致，因此在会议上没有发表什么意见。会议很快就结束了，大部分与会者都带着反应冷淡的表情离开了会场。托马斯有些垂头丧气，但他仍想会后找董事长就公司发展目标问题谈谈自己的看法。

(二)副总经理对公司发展目标的质疑

公司副总经理托马斯觉得，董事长根本就不了解公司的具体情况，不知道他所制定的目标意味着什么。这些目标听起来很好，但托马斯认为并不适合本公司的情况。他心里这样分析道：

第一项目标太容易了——这是本公司最强的业务，用不着花什么力气就可以使销售量增加20%；

第二项目标很不现实——在这一领域的市场上，本公司就不如竞争对手，绝不可能实现

100%的增长。

第三、四项目标也难以实现——由于要扩大生产，又要降低成本，这无疑会对工人施加更大的压力，从而也就迫使更多的工人离开公司，这样空缺的岗位就越来越多，在这种情况下，怎么可能降低总生产费用10%和减少补缺职工人数3%呢？

第五项目标倒有些意义，可改变本公司现有产品线都是以木材为主的经营格局。但未经市场调查和预测，怎么能确定5年内我们的年销售额达到500万美元呢？

经过这样的分析后，托马斯认为他有足够的理由对董事长所制定的目标提出质问。除此之外，还有另外一些问题使他困扰不解——一段时期以来，发现董事长似乎对这家公司已失去了兴趣；他已50多岁，快要退休了。他独身一人，也从未提起他家族将由谁来接替他的工作。如果他退休了，那该怎么办呢？托马斯毫不怀疑，约翰先生似乎要把这家公司卖掉。董事长企图通过扩大销售量，开辟新的生产线，增加利润收入，使公司具有更大的吸引力，以便在出卖中捞个好价钱。"如董事长真是这样的话，我也无话可说了。他退休以后，公司将会变成什么样子，他是不会在乎的。他自己愿意在短期内葬送掉自己的公司，我有什么办法呢？"

★ 案例思考题

1. 你认为约翰董事长为公司制定的发展目标合理吗？为什么？你能否从本案例中概括制定目标需注意哪些基本要求？

2. 约翰董事长的目标制定体现了何种决策和领导方式？其利弊如何？

3. 假如你是托马斯，如果董事长在听取了你的意见后同意重新考虑公司目标的制定，并责成你提出更合理的公司发展目标，你将怎么做？

【成果与检测】

根据小组成绩、班级讨论、书面报告等综合评定。

★ 实训项目二：目标管理

【实训目标】

体会目标制定及目标管理的技巧。

【实训内容与要求】

某机床厂从1981年开始推行目标管理：为了充分发挥各职能部门的作用，充分调动一千多名职能部门人员的积极性，该厂首先对厂部和科室实施了目标管理。经过一段时间的试点后，逐步推广到全厂各车间、工段和班组。多年的实践表明，目标管理改善了企业的经营管理，挖掘了企业的内部潜力，增强了企业的应变能力，提高了企业的素质，取得了较好的经济效益。按照目标管理的原则，该厂把目标管理分为三个阶段进行。

➤ 第一阶段：目标制定阶段

1. 总目标的制定。

该厂通过对国内外市场机床需求的调查，结合长远规划的要求，并根据企业的具体生产能力，提出了19××年"三提高"、"三突破"的总方针。所谓"三提高"，就是提高经济效益、提高管理水平和提高竞争能力；"三突破"是指在新产品数目、创汇和增收节支方面要有较大的突破。在此基础上，该厂把总方针具体化、数量化，初步制定出总目标方案，并发动全厂员工反复讨论、不断补充，送职工代表大会研究通过，正式制定出全厂19××年的总目标。

2. 部门目标的制定。

企业总目标由厂长向全厂宣布后，全厂对总目标进行层层分解、层层落实。各部门的分目标由各部门和厂企业管理委员会共同商定，先确定项目，再制定各项目的指标标准，其制订依据是厂总目标和有关部门负责拟定、经厂部批准下达的各项计划任务，原则是各部门的工作目标值只能高于总目标中的定量目标值。同时，为了集中精力抓好目标的完成，目标的数量不可太多。为此，各部门的目标分为必考目标和参考目标两种。必考目标包括厂部明确下达的目标和部门主要的经济技术指标；参考目标包括部门的日常工作目标或主要协作项目，其中必考目标一般控制在2～4项，参考目标项目可以多一些。目标完成标准由各部门以目标卡片的形式填报厂部，通过协调和讨论最后由厂部批准。

3. 目标的进一步分解和落实。

部门的目标确定了以后，接下来的工作就是目标的进一步分解和层层落实到每个人。

(1)部门内部小组(个人)目标管理，其形式和要求与部门目标制定相类似，拟定目标也采用目标卡片，由部门自行负责实施和考核。要求各个小组(个人)努力完成各自的目标值，保证部门目标的如期完成。

(2)该厂部门目标的分解是采用流程图方式进行的。具体方法是：先把部门目标分解落实到职能组，任务级再分解落实到工段，工段再下达给个人。通过层层分解，全厂的总目标就落实到每一个人身上。

➤ 第二阶段：目标实施阶段

该厂在目标实施过程中主要抓了以下三项工作：

1. 自我检查、自我控制和自我管理。

目标卡片经主管副厂长批准后一份存企业管理委员会，一份由制定单位自存。由于每一个部门、每一个人都有了具体的、定量的明确目标，所以在目标实施过程中，人们会自觉地、努力地实现这些目标，并对照目标进行自我检查、自我控制和自我管理。这种“自我管理”能充分调动各部门及每一个人的主观能动性和工作热情，充分挖掘自己的潜力，因此，完全改变了过去那种上级只管下达任务、下级只管汇报完成情况，并由上级不断检查、监督的传统管理办法。

2. 加强经济考核。

虽然该厂目标管理的循环周期为1年。但为了进一步落实经济责任制，即时纠正目标实施过程中与原目标之间的偏差，该厂打破了目标管理的一个循环周期只能考核一次、评定一次的束缚，坚持每一季度考核一次和年终总评定。这种加强经济考核的做法进一步调动了广大职工的积极性，有力地促进了经济责任制的落实。

3. 重视信息反馈工作。

为了随时了解目标实施过程中的动态情况，以便采取措施、及时协调，使目标能顺利实现，该厂十分重视目标实施过程中的信息反馈工作并采用了两种信息反馈方法：

(1)建立“工作质量联系单”，及时反映工作质量和服务协作方面的情况。尤其当两个部门发生工作纠纷时，厂管理部门就能从“工作质量联系单”中及时了解情况，经过深入调查，尽快加以解决，这样就大大提高了工作效率，减少了部门之间不协调的现象。

(2)通过“修正目标方案”来调整目标。内容包括目标项目、原定目标、修正目标以及修正原因等，并规定在工作条件发生重大变化需修改目标时，责任部门必须填写“修正目标方案”，提交企业管理委员会，由该委员会提出意见交主管副厂长批准后方能修正目标。

该厂长在实施过程中由于狠抓了以上三项工作，因此，不仅大大加强了对目标实施动态的了解，更重要的是加强了各部门的责任心和主动性，从而使全厂各部门从过去等待问题找上门的被动局面，转变为积极寻找和解决问题的主动局面。

➤ 第三阶段：目标成果评定阶段

目标管理实际上就是根据成果来进行管理的，所以成果评定阶段显得十分重要。该厂采用了自我评价和上级主观部门评价相结合的做法，即在下一个季度第一个月的10日之前，每一个部门必须把一份季度工作目标完成情况表报送企业管理委员会（在这份报表上，要求每一个部门对上一阶段的工作做一个恰如其分的评价）；企业管理委员会核实后，也给予恰当的评分，如必考目标为30分，一般目标为15分。每一项目标超过指标3%，加1分，以后每增加3%，再加1分。一般目标有一项未完成而不影响其他部门目标完成的，扣除一般项目中的3分，影响其他部门目标完成的则扣分增加到5分：加1分相当于增加该部门基本奖金的1%，减1分则扣除该部门奖金的1%。如果有一项必考目标未完成，则扣除至少10%的奖金。

该厂在目标成果评定工作中深深体会到：目标管理的基础是经济责任制，目标管理只有与明确的责任划分结合起来，才能深入持久，才能具有生命力，达到最终的成功。

★ 案例思考题

1. 在目标管理过程中，应注意些什么问题？

2. 目标管理有什么优、缺点？

3. 增加和减少员工奖金的发放额是实行奖惩的最佳方法吗？除此之外，你认为还有什么激励和约束措施？

4. 你认为实行目标管理时培养完整、严肃的管理环境和制定自我管理的组织机制哪个重要？

【成果与检测】

根据小组成绩、班级讨论、书面报告等综合评定。

★ 实训项目三：好猎者

【实训目标】

体会为达到目标要分析和解决存在的根本问题的思想。

【实训内容与要求】

齐国有一个喜欢打猎的人，花费许多时间去打猎，结果却是一无所获。回家之后他觉得愧对家人，出门又觉得对不起邻里好友，仔细琢磨为何自己老是打不到猎物，最后才明白是因为猎狗不好。可是因为家境贫穷没办法得到好的猎狗，于是他想回到自己田里努力耕种，有收获之后便可买一只好的猎犬，等到有一只好猎犬时，便容易捕获野兽，达成自己成为一个好猎人的心愿。

★ 案例思考题

请你结合本案例的思想，谈谈你在工作中将怎么做？

【成果与检测】

根据小组成绩、班级讨论、书面报告等综合评定。

实训项目四：这家酒业公司怎么了

【实训目标】

体会部门目标与整体目标的关系。

【实训内容与要求】

不久前，为最大限度地节约成本、增加利润，金帝酒业公司决定在整个公司内实施目标管理，根据目标实施和完成情况，一年进行一次绩效评估。

事实上，他们在此之前为销售部门制定奖金系统时已经用了这种方法。公司通过对比实际销售额与目标销售额，支付给销售人员相应的奖金。这样销售人员的实际薪资就包括基本工资和一定比例的个人销售奖金两部分。

销售大幅度提上去了，却苦了生产部门，他们很难及时完成交货计划。因此，销售部总是抱怨生产部不能按时交货。于是，公司高层管理者决定为所有部门和员工建立一个目标设定流程。生产部门的目标包括按时交货和库存成本两个部分。

为了实施这个新的方法，他们需要用到绩效评估系统。他们请了一家咨询公司指导管理人员设计新的绩效评估系统，并就现有的薪资结构提出改变的建议。他们付给咨询顾问高昂的费用修改基本的薪资结构，包括岗位分析和工作描述。还请咨询顾问参与制定奖金系统，该系统与年度目标的实现程度密切相连。他们指导经理们如何组织目标设定的讨论和绩效回顾流程。总经理期待着很快能够提高业绩。

然而不幸的是，业绩不但没有上升，反而下滑了。部门间的矛盾加剧，尤其是销售部和生产部。生产部埋怨销售部的销售预测准确性太差，而销售部埋怨生产部无法按时交货。每个部门都指责其他部门存在的问题。客户满意度下降，利润也在急剧下滑。

★ 案例思考题

本案例的问题可能出在哪里？为什么设定目标（并与工资挂钩）反而导致了矛盾加剧和利润下降？

【成果与检测】

根据小组成绩、班级讨论、书面报告等综合评定。

模块三　管理实战任务

实训项目：目标管理

【实训目标】

掌握目标管理。

【实训内容与要求】

1. 你有自己的创业打算吗？请你结合自己的理想，开创一个组织，明确组织的宗旨、目标，编制一份商务计划书。

2. 你的最重要的目标是什么？列出你的长期目标和五年目标，这些目标是否可以考核？

3. 去与你所熟悉的企业总经理和管理人员进行交谈，了解他们是否对自己的目标很清楚？是否有真正考核他们的指标？

【成果与检测】

根据书面作业评定成绩。

模块四　管理游戏

实训项目一：看谁做得最快

【实训目标】

让学员了解到理性思维不是急于求成。

【实训内容与要求】

➢ 游戏程序

1. 给学员发如下影印件。
2. 宣布看谁做得最快。

➢ 游戏准备

准备如下影印件。

这是一个简单的测验，请不要为了速度而不阅读就开始做。

请按照下列指示进行：

(1)请大声对你左边的人说"谢谢"！

(2)请在这张纸的左上角写出今天的日期(2002 年 9 月 10 日)。

(3)在这张纸的右上角写上"贵公司名称"。

(4)将你在左上角写的日期圈起来。

(5)在这张纸的右下角画 5 个正方形。

(6)在刚才所画的正方形中央各画 1 个"+"字。

(7)在刚才所画的正方形的周围各画 3 个三角形。

(8)在这张纸的左下角签上你的"姓名"。

(9)在签名下面写 3 个"好"字。

(10)请大声喊一声"我最快"。

(11)在这张纸背面写 50 乘 80 的答案。

(12)将第(9)题中的"好"字画一个圆圈。

(13)再在这张纸的背面写下 43 乘 34 的答案。

(14)写出从上题的答案减去 43，再减 34 得到的答案。

(15)请把以上单数题题数的数字画上 1 个圆圈。

(16)请把以上偶数题题数的数字画上 1 个三角形。

(17)请沿着本行裁剪，将(17)题以上的部分交给培训师。

(18)现在你已经仔细读完了，请只做第(1)题或第(2)题。

(19)在左下角所写的人名下，画一道直线。

➢ 注意事项

所有学员做题时不允许交流，做完后耐心等待其他学员完成。

【成果与检测】

根据学生的参与程度以及表现看游戏的效果，并评定成绩。

实训项目二：打火机

【实训目标】

了解目标与行动之间的关系。

【实训内容与要求】

➤ 游戏程序

讲师："现在我们要卖打火机，每个打火机可以赚 1 元钱，请各位在纸上写下来，你打算赚多少钱。"

讲师找几个人报出他们的目标，问："还有没有更高的？"

讲师："现在给各位 5 分钟的时间想想，为了达成你的目标，你会怎么做。"

讲师找几个人讲讲他们的行动方案，最好找目标差别大的人员来分享。

【成果与检测】

根据学生的参与程度以及得出的结论或观点评定活动的成效，并评定成绩。

模块五　辩论赛

实训项目一：管理与收费谁重要

【实训目标】

让学生体会管理与收费的关系。

【实训内容与要求】

正方观点：管理比收费重要

反方观点：收费比管理重要

【成果与检测】

老师依据本背景设定对立的论题组织辩论赛，根据分组辩论成绩、班级讨论、书面报告等综合评定。

实训项目二：全球化与经济发展

【实训目标】

让学生体会全球化促进经济发展的重要性。

【实训内容与要求】

正方观点：全球化能为我国带来经济发展

反方观点：全球化不能为我国带来经济发展

【成果与检测】

老师依据本背景设定对立的论题组织辩论赛，根据分组辩论成绩、班级讨论、书面报告等综合评定。

实训项目三：成大事者与不拘小节

【实训目标】

让学生体会大事与小节的关系。

【实训内容与要求】

正方观点：成大事者不拘小节

反方观点：成大事者也拘小节

【成果与检测】

老师依据本背景设定对立的论题组织辩论赛，根据分组辩论成绩、班级讨论、书面报告等综合评定。

模块六　角色模拟

实训项目：寻找目标顾客

【实训目标】

了解积极、主动在销售活动中的作用。

【实训内容与要求】

➢ 游戏程序

发给学员类似下表的表格。

推销者姓名：____________

产品/服务	目标顾客特征	顾客购买签名
1. 舞厅	喜欢跳迪斯科	
2. 免费搭车到隆昌路	住在靠近隆昌路者	
3. 婚姻介绍	未婚者	
4.《米卢的私人生活》一书	爱足球者	
5.《吹口哨的技巧》	会用口哨吹歌者	
6.《中国市场月刊》	中国市场学会特约研究员	
7. 漫画高级技巧班	会画漫画者	
8.《幽默技巧》	会说笑话	
9. 书法展览	字写得不错	
10. 2 折安徽机票	老家安徽者	

➢ 游戏规则

1. 把所有的人视作你的潜在顾客，符合目标顾客特征者请其签名。

2. 只能向同一名顾客推销一种产品，也就是说，以上十种产品必须是不同的顾客签名，不得自己签名。

3. 目标顾客特征符合，顾客就配合签名。

4. 谁的产品卖得最快为胜(必须证明的确符合特征)。

【成果与检测】

根据学生的参与程度以及表现看游戏的效果，并评定成绩。

模块七 能力评测

实训项目：目标管理测试

【实训目标】

目标管理能力测试。

【实训内容与要求】

你制订的工作计划是否清晰、具体、明确？请用“是”或“否”回答下面的问题。

1. 你的计划中包含各项效益指标吗？ （ ）
2. 所有的指标是否都围绕着一个大方向？ （ ）
3. 完成任务的期限明确吗？ （ ）
4. 各项任务是否具体、明确，有衡量尺度？ （ ）
5. 你是否只规定时间和内容，不限定方法，不解释原因？ （ ）
6. 该计划是否与下属工作范围内的主要职责相吻合？ （ ）
7. 该计划是否虽要求严格却未超出能力范围？ （ ）
8. 该计划是否与现有及将有的人力、物力、财力资源相符？ （ ）
9. 该计划是否符合公司政策与习惯做法？ （ ）
10. 一旦计划获得实施，投入的时间与资源是否能获得补偿？ （ ）
11. 如果实施该计划需要与其他部门或公司合作，双方的责任与义务是否明确？ （ ）
12. 你的下属对自己的任务都有清楚的认识吗？ （ ）
13. 你与下属是否对该计划一致赞同？ （ ）
14. 你的下属有该计划副本吗？ （ ）
15. 你与下属订了检查工作进展的日期吗？ （ ）

评分标准：回答“是”得5分。

【成果与检测】

65～75分：你领导的员工永远不会因工作目标不明确而迷惘。如果你的领导艺术与制订工作计划的技艺同样精湛，那么你领导的机构必定一流，你的下属们一定朝气蓬勃、奋发向上。

40～60分：你虽然能够制定较明确的工作目标，但在方式、方法上仍有欠缺。例如，你没有让下属充分参与制订计划，他们在执行的时候不一定完全心甘情愿。

15～35分：你并非高明的经营管理者，因此给下属带来混乱，使他们搞不清楚自己的任务到底有哪些。请对照测试题反省自己的不足之处。

10分或以下：你的下属仿佛整日在迷雾中行船，不知将驶向何方。你能担任目前的职务确实走运，但好运气能维持多久？

单元四　计划思维与能力

模块一　管理故事演讲

实训项目一：谁打破了第一扇窗？

【实训目标】

了解执行贵在坚持的原则。

【实训内容与要求】

美国斯坦福大学心理学家詹巴斗曾做过这样一项试验：他找来两辆一模一样的汽车，把其中一辆车的车牌摘掉，顶棚打开，结果一天之内就被人偷走了。而另一辆车过了一个星期也安然无恙。后来，詹巴斗用锤子把第二辆车的玻璃也敲了个大洞，结果，仅过了几个小时，它也不见了。

后来，政治学家威尔逊和犯罪学家凯琳依据这项试验，提出了一个“破窗理论”。这一理论认为：如果有人打坏了一个建筑物的窗户玻璃，而这扇窗户又未得到及时维修，别人就可能受到暗示性的纵容去打烂更多的玻璃。久而久之，这些破窗户就给人造成一种无序的感觉，在这种麻木不仁的氛围中，犯罪就会滋生、蔓延。

★ 故事的哲理

绝不能让“第一扇被打破的窗”出现！对一个整洁的现场，不能“打破第一扇窗”；对一项优秀的制度，也绝不能“打破第一扇窗”！

【成果与检测】

请学生结合主持人演讲的管理故事进行思考、讨论，并分组推举代表发言。根据学生的参与程度以及得出的结论或观点评定活动的成效，并评定成绩。

实训项目二：张瑞敏：“不惧死，何以制度惧之？”

【实训目标】

体会管理的制度本土化的必然性。

【实训内容与要求】

几年以前，海尔与日本某厂家洽谈了一项合作项目。谈判过程中，日方要求新项目全部采用日方的管理模式，而张瑞敏则坚持推行海尔的管理模式。双方僵持不下，谈判陷入停顿状态，张瑞敏只好宣布暂时休会。但同时他又邀请日方代表观赏青岛一景，并说只要看了这个景观之后，日方一定会同意海尔的意见。日本代表将信将疑。

傍晚时分，张瑞敏携日方代表来到青岛一条繁华大街的十字路口，此时正值下班高峰，南来北往的人群和车辆将路口挤得水泄不通。张瑞敏手指那些对红绿灯视若无睹的人流对日方代表说:“看见了吗？中国人连死都不怕,还怕你日本的管理制度?”日方代表目瞪口呆,哑口无言,最终同意新项目采用海尔的管理模式。

★ 故事的哲理

企业在学习西方先进的管理经验时,一定要基于本国、本地区、本企业的实际情况,重点是学思想,而不是盲目地全盘照搬。切记,成功不可以复制!

【成果与检测】

请学生结合主持人演讲的管理故事进行思考、讨论,并分组推举代表发言。根据学生的参与程度以及得出的结论或观点评定活动的成效,并评定成绩。

实训项目三:是谁打碎了碗?

【实训目标】

体会合理的管理机制的重要性。

【实训内容与要求】

晚饭后,母亲和女儿一块洗碗盘,父亲和儿子在客厅里看电视。突然,厨房里传来打破盘子的响声,然后一片沉寂。儿子望着他的父亲,说道:“一定是妈妈打破的。”“你怎么知道?”“她没有骂人。”

★ 故事的哲理

当一个组织的创始人未能设定一个责权利平衡的机制时,便不可能拥有平衡的心态……就像这个动辄叫骂的母亲。

【成果与检测】

请学生结合主持人演讲的管理故事进行思考、讨论,并分组推举代表发言。根据学生的参与程度以及得出的结论或观点评定活动的成效,并评定成绩。

模块二　案例分析

实训项目一:七个和尚分粥

【实训目标】

培养制定有效制度的习惯。

【实训内容与要求】

➤ 游戏规则与程序

1. 培训师首先给大家讲述下面这样一个场景:

有七个和尚曾经住在一起,每天分一大碗粥。要命的是,粥每天都是不够的。一开始,他们通过抓阄决定谁来分粥,每天轮一个。于是每周下来,他们只有一天是饱的,就是自己分粥的那一天。

后来他们开始推选出一个道德高尚的人出来分粥。强权就会产生腐败,大家开始挖空心思去讨好他、贿赂他,搞得整个小团体乌烟瘴气。

然后大家开始组成三人的分粥委员会及四人的评选委员会,互相攻击扯皮下来,粥吃到嘴里全是凉的。

2. 直到现在，那七个笨和尚还在为吃粥的事情头疼不已，在座的诸位有什么办法吗？

★ 相关讨论

1. 你有什么好办法能让大家都满意，从此不会争吵下去？

2. 这个游戏对我们的日常工作有什么启示？

【成果与检测】

根据小组成绩、班级讨论、书面报告等综合评定。

★ 实训项目二：10 分钟提高效率

【实训目标】

学习计划制订技巧。

【实训内容与要求】

美国某钢铁公司总裁舒瓦普向一位效率专家利请教如何更好地执行计划的方法。利声称可以给舒瓦普一样东西，在 10 分钟内能把他的公司业绩提高 50%。接着，利递给舒瓦普一张白纸，说："请在这张纸上写下你明天要做的 6 件最重要的事。"舒瓦普用了约 5 分钟时间写完。利接着说："现在用数字标明每件事情对于你和公司的重要性次序。"舒瓦普又花了约 5 分钟做完。利说："好了，现在这张纸就是我要给你的。明天早上第一件事是把纸条拿出来，做第 1 项最重要的。不看其他的，只做第 1 项，直到完成为止。然后用同样的办法对待第 2 项、第 3 项……直到下班为止。即使只做完一件事，那也不要紧，因为你总在做最重要的事。你可以试着每天这样做，直到你相信这个方法有价值时，请按你认为的价值给我寄支票。"

一个月后，舒瓦普给利寄去一张 2.5 万美元的支票，并在他的员工中普及这种方法。5 年后，当年这个不为人知的小钢铁公司成为世界上最大的钢铁公司之一。

➤ 问题

1. 为什么总裁舒瓦普有计划却难以执行？效率专家利的方法的关键在哪里？

2. 效率专家利认为"即使只做完一件事，那也不要紧，因为你总在做最重要的事"。你认为制订计划光是做最重要的事够吗？

3. 效率专家利执行计划的方法使这个不为人知的小钢铁公司成为世界上较大的钢铁公司之一。为什么计划能起这么大的作用？

【成果与检测】

根据小组成绩、班级讨论、书面报告等综合评定。

模块三　管理实战任务

★ 实训项目一：开一家小店

【实训目标】

从计划与决策的角度熟悉管理。

【实训内容与要求】

你决定在社区开一家小店(饭店、超市、浴室、美发店等),总投资为35万元,请你思考并回答下列几个问题:

1. 你将给企业确定怎样的组织目标?
2. 小店的主要竞争对手是谁?它将有什么竞争优势?
3. 你计划如何配置与使用企业资源?
4. 你能列出一份工作计划吗?
5. 你认为在小店管理过程中什么要素是最重要的?

【成果与检测】

根据对思考题目的回答评定成绩。

实训项目二:工作计划

【实训目标】

训练日常工作计划的制订。

【实训内容与要求】

杰克·韦尔奇曾言:"你要勤于给花草施肥浇水,如果它们茁壮成长,你会有一个美丽的花园;如果它们不成材,就把它们剪掉,这就是管理需要做的事情。"

结合韦尔奇的论述,分析一下你的工作状况,做出是否是高效的判断。列出你目前正在进行的所有项目,并按重要程度排序,再重新分配你的时间,列出工作计划,实施后是否提高了你的效率?

【成果与检测】

根据书面作业评定成绩。

实训项目三:制订计划

【实训目标】

掌握一种制订计划的方法。

【实训内容与要求】

1. 制定目标

列出你的目标	主要的	次要的
长期		
中期		
短期		

2. 制定时间分配表

栏目一：列出你在一周内花在以下活动的时间		栏目二：在以下每日活动中花的时间乘以5或7来预算你一周内花在以下活动中的时间	
上课/工作时间	—	交通时间(×5)	—
复习/总结时间	—	用餐/准备伙食时间(×7)	—
义务劳动时间	—	卫生清理(×7)	—
体育锻炼时间	—	睡眠(×7)	—
社交时间	—		
家务	—		
其他	—		
小计A	—	小计B	—
A+B=C　(小时)			
一周内有168(小时),腾出的时间:168−C=________(小时)			

【成果与检测】

根据书面作业评定成绩。

实训项目四:计划循环与评价

【实训目标】

1. 培养学生具有创意性的思维；
2. 培训学生制订计划的能力；
3. 培养学生分析和评价的能力；
4. 培养学生沟通的能力。

【实训内容与要求】

1. 将全班分成A、B两组,并相对而坐,围成圆圈。
2. 教师每十分钟发放一道题目(也可以抽签)。
3. 第一节课由A组制订计划,B组分析评价计划;第二节课A、B两组轮换角色。
4. 教师公布题目后,负责制订计划的一组用抢答的方式确定制订计划者,经过5～10分钟准备后提出一个简要的计划。
5. 制订计划的重点:注重创意思维;注重方案运筹,形成基本合理的可行方案。
6. 计划提出后,另一组成员对该计划进行评论,指出其合理之处、存在的问题和不足;制订一方本组人员可对计划做进一步补充和解释说明。
7. 每一个计划的题目大约进行10分钟,总共利用大约两节课时间。

【成果与检测】

1. 对于通过竞争制订计划的学生,为1分;计划制订较好者,为2分。
2. 分析评价方态度积极,观点正确,为1分;表现突出、反驳有力的,为2分。
3. 其他参与发言的,一般记1分;较好的,一般记2分;如果计划好,评价也好的,记3分。

4. 课程结束后上交书面资料(即计划提纲)。

附:计划项目

1. 如果你是班长,怎样抓好班级建设,请草拟一份计划书。

2. 请为你班策划一次周末联欢活动,草拟计划书。

3. 计划在“3·15”消费者权益日策划一次街头宣传活动,请你做一份策划书。

4. 如果你想承包一家校园超市,怎样经营策划?

5. 请你为校园“十大歌手大赛”进行策划。

6. 请你为高职学院学生会体育部将要进行的足球比赛制作一份计划书。

7. 最近某班频繁发生违纪现象,请对此制定一个整顿纪律的工作方案。

8. 假如你所在寝室同学之间关系不和,寝室卫生较差,你作为新任寝室长将如何改变这种局面?

9. 如果你所在的班级厌学,学习气氛不浓,请你制订一份激励全班同学努力学习的方案。

10. 学生会举行校内大规模的校园文化活动,需要你去拉赞助,请制定一份工作方案。

模块四　管理游戏

★ 实训项目一:头脑风暴法

【实训目标】

掌握头脑风暴法。

【实训内容与要求】

1. 课上时间:20～30 分钟。

2. 组成 3 个或 4 个小组,指定一位发言人在老师提问时向全班报告你们小组的发现与结论。运用头脑风暴法确定如何赚钱。

➤ 步骤

1. 小组集体花 5～10 分钟的时间,来制定你们的方案。每位小组成员都要尽可能地富有创新性和创造力,对任何提议都不能加以批评。

2. 指定一位小组成员把所提出的各种方案写下来。

3. 再用 10～15 分钟时间讨论各个方案的优点与不足。作为集体,确定一个使所有成员意见一致的最可能成功的方案。

4. 在做出你们的决策后,对头脑风暴法的优点与不足进行讨论,确定是否有产生阻碍的现象。

【成果与检测】

根据学生的参与程度以及得出的结论多少评定活动的成效。

★ 实训项目二:“飞船”竞赛

【实训目标】

使学员在游戏过程中体会计划的重要性、工作创新的重要性。

【实训内容与要求】

➤ 游戏程序

1. 分组。

2. 培训师宣布游戏开始和结束的时间。

3. 学员根据提供的材料设计制造你们的“飞船”，以及一面标志着你们“飞船”着陆地点的旗帜。

4. 当学员完成前一步骤后，就请去发射现场。

5. 所有的小组成员将用力使他们的“飞船”在空中“航行”。

6. “航行”最远并且鸡蛋不破者获胜，并给予一定的奖励。

7. 之后，每个团队将用 30 分钟进行反思、讨论并写出反馈意见和改进建议。

➤ 游戏规则

1. 给定材料造一艘“飞船”，然后用力把它投出去。越远越好，而且鸡蛋不能破。记着只能用给定的材料制造“飞船”，而且只能用手扔。

2. 如果“飞船”在航行过程中或落地时鸡蛋破了，则被淘汰，不能参加评分。

3. 你的“飞船”中的鸡蛋必须可以被清楚地看到，以便确定其中的鸡蛋是否破了。

4. 你们不可以与团队之外的任何人交流你们的“飞船”制造计划，包括你们的辅导员。

5. 你们必须设计一面旗帜以标明“飞船”的着陆地点，有创意的设计将得到奖赏。

6. 在设计制造过程的前 10 分钟内，你们可以向辅导员提问有关材料和过程的事宜，辅导员不得就如何制造“飞船”提出任何建议。

➤ 游戏准备

硬卡纸、生鸡蛋等各种有利于学员组合的辅助材料。

➤ 注意事项

1. 在允许的时间内，正式开始后利用几分钟时间仔细审查你们的材料，并就如何安排使用这 90 分钟制订一个计划。

2. 任命一个协调者并设计几个角色，分别由小组成员承担。

3. 要有创意精神，并使过程充满乐趣。

【成果与检测】

根据学生的参与程度以及表现看游戏的效果，并评定成绩。

★ 实训项目三：杯子有多大（时间管理）

【实训目标】

认识安排工作及管理时间的方法。

【实训内容与要求】

➤ 游戏程序

1. 演示装满一杯水后，放大石头、小石头、沙子，水溢出来的情景。

2. 演示装满一杯沙子，放大石头、小石头，没有空间装的情景。

3. 演示装满一杯小石头，放大石头，没有空间装的情景。

4. 演示先放满一杯大石头，再分别放入小石头、沙子、水的情景。

5. 请所有学员分享游戏给我们的启示。

游戏准备

一次性杯子、沙子、小石头、大石头等。

附：总结参考资料

资源分配—利弊分析法（重要资源与非重要资源的运用）

- 运用这项资源的成本是多少？运用这项资源的机会成本是什么？如此运用这项资源而获得的收益是否大于成本？我是否已发掘和考虑所有可用的资源来达到目标？
- 是否能利用不同的资源来达到相同甚至更好的结果？
- 在考虑成本的时候，是否平衡了短期利益和长期利益？

时间安排象限图

<table>
<tr><td></td><td colspan="2">重要</td><td></td></tr>
<tr><td rowspan="2">紧迫</td><td>1.</td><td>2.</td><td rowspan="2">不紧迫</td></tr>
<tr><td>3.</td><td>4.</td></tr>
<tr><td></td><td colspan="2">不重要</td><td></td></tr>
</table>

每日工作安排表

时　间	工作内容	备注 1	备注 2
重要而紧迫			
重要不紧迫			
紧迫不重要			
不重要不紧迫			

善用时间的良好习惯

做事有计划——明白自己将要做什么；真正把时间看得很宝贵——时间是财富；懂得处理事情的轻重缓急——懂得做先做的事；凡事不能拖拉——今天能做的事今天做——并让你的下属也知道你的习惯；重点的事重点对待——懂得关门做事；要为下属形成一些习惯和程序——让他们知道什么时候该做什么和不做的后果，根本不需要你的催促；懂得分工授权——实际上下属可以帮你处理许多烦琐事务，花很多时间处理小事情是非常不明智的；不要贪大求全和拘泥于形式——做事情看效果，而不一定看是否所有的程序都走到；不要去处理重复出现的事情——这样的事你应该总结一下，看看能不能程序化，或者把引起这种事情的原因杜绝掉。

【成果与检测】

根据学生的参与程度以及得出的结论多少评定活动的成效，并评定成绩。

实训项目四：共造新桥

【实训目标】

了解规划的重要性。

【实训内容与要求】

▶ 游戏程序

1. 造新桥活动说明。

2. 合约条件说明。

3. 介绍设备和审查员(由训练人担任)。

4. 各组分别围坐于桌前进行讨论,讨论进行至50分钟的时候,设备员发给各组成员以下材料:

硬纸板,每一组一张硬纸板,长50厘米,宽20厘米;石块,按各组所列数目;胶带一卷;剪刀一把;刀片一把;50厘米尺一把;胶水一支。

(1)建造新桥。各组准备好之后,在审查员的监督下,开始造新桥。审查员必须注意以下事项:所费时间;桥柱间距不得大于1厘米;纸板、时间、利润、质量等是否与预先估计表中所列相符合;记录结果;评估审美观点,决定是否颁发环境奖金。

(2)分组讨论。请成员先各自填写讨论提纲的内容;派员报告。

(3)统整。在活动中的感受和启示;说明规划的概念及其与活动目的间的联系。

▶ 游戏准备

硬纸板若干张(12～50厘米);石块(积木);剪刀、胶带、刀片、胶水、尺;秒表计时器;造新桥说明。

▶ 注意事项

1. 讨论提纲的重点在于成员体会规划的重要性。

2. 活动设计的重点在于使成员发现,行动之前的规划是成败的关键,如果有些小组造桥的结果与预估的一致或与预估相背,请他们说明原因,促成全体学员学习的效果。

3. 规划说明可利用投影进行,但在造桥结束后。活动进行中,训练员不必给予暗示。

4. 在建造新桥阶段必须监控,尽量减少组员之间的观摩。

附:说明资料

之一:

造新桥说明

这个练习是要成员在限定的预算之下,设计建造一座桥,如果小组成员要建造一座经济实惠的桥,其目标必须明确,计划必须周详。

(1)指南:你们是当地请来的专案小组,必须提出建造桥的构图。造桥的原因是桥断了。工程研究的结果发现:造桥失败的最大原因是河床无法支撑桥墩,因此新桥必须横跨河的两岸。

(2)设计:将有一定的时间进行状况评估,设备员将告诉建构合约的细节,可以规划材料预算。

(3)建造:时间受到严密的控制。

之二:

材料:张索;型号;所需高度、宽度;样式,张索的两端必须有两个斜面,斜面的长度要与张索的长度一致;斜面必须有桥墩,间距不超过×厘米;环境奖金:所造的桥根据审美观点小组的意见通过,将得到5万元的奖金;土地、张索免费供给数量由设备员确定;劳动报酬按每分钟20万元;石块在工程开始之前,每块5万元,之后每块10万元,未使用的石块可以2.5万元回收;质量:设备员对质量进行审查。不符合标准的桥没有酬劳;造新桥计划表;公司名称;桥上的张索长度;所需石块的数量;预测的利润;实际使用时间;时间盈亏状况。

【成果与检测】

根据学生的参与程度以及得出的结论多少评定活动的成效，并评定成绩。

模块五　辩论赛

实训项目一

正方	反方
存钱比花钱划算	花钱比存钱划算

实训项目二

正方	反方
人类将会毁于科技	人类将不会毁于科技

实训项目三

正方	反方
都市化有利于人类发展	都市化不利于人类发展

模块六　角色模拟

实训项目一：大塘玩具公司

【实训目标】

主要体验在经营活动中计划给我们带来的益处。

【实训内容与要求】

➢ 游戏程序

你的角色——某玩具公司生产部的员工，负责生产两种类型、三种颜色的玩具船。

1. 游戏时间总共 50 分钟，其中 30 分钟是计划时间，20 分钟是生产时间。

2. 在 30 分钟的计划时间内，你可以：分配资源；分析订单；计划生产程序；计划订购材料；安排员工培训。

3. 培训员会于计划时间开始 10 分钟后安排一个叠轮船的培训，使大家熟练生产轮船的方法和程序以满足订单的生产要求。

4. 所有完成的产品必须连同填写好的订单交给培训员。

➢ 游戏规则

1. 游戏的时间是从星期三到下星期一，当中包括一个星期六。如果有需要的话，则你可以安排在星期六加班。

2. 每天相当于 5 分钟，游戏时间总共 25 分钟。培训员会宣布新一天的开始。

3. 你必须要把当天的旧订单完成，才可以生产新的订单。

➢ 其他说明

产品售价：

对于准时交货的订单，你会得到全额的付款；

迟到一天交货的订单，你会得到一半的付款；

迟于一天以后交货的订单将被拒收。

产品类型	旧订单		新订单	
	准时交货	延迟交货	准时交货	延迟交货
长城号轮船	￥4.00/架	￥2.00/架	￥5.00/架	￥2.50/架
红旗号轮船	￥6.00/架	￥3.00/架	￥8.00/架	￥4.00/架

➤ 生产资源及成本

资源	用途	成本
● 彩色纸张	用于生产轮船	￥4.00/张（每一张彩色纸张可生产 2 艘轮船）
● 塑料袋	用于包装轮船	￥4.00/个（一个完整的订单只需一个塑料袋包装）
● 员工加班费	如需要，则在星期六加班	￥5.00/人
● 订书机	包装设备（一个完整的包装需要在塑料袋的袋口钉上五颗钉）	

● 材料可向培训员采购，所有材料需要一天的时间送到你的工厂，所以当你下采购单时需提前一天（4 分钟）。

● 游戏开始时，你会有一些材料储备。它们包括彩色纸张（每种颜色各两张）、两个塑料袋及一个订书机。

● 即使只有一个员工于星期六加班，主管也必须回到工厂监督工作。所以你预估决定加班为你带来的收益是否大于加班的费用。

➤ 生产日程——特别事项

● 你有一个工人会在星期四休假一天。培训员会在你做计划的时候通知谁是休假的工人。

● 你的包装设备会在星期五送去维修和保养。

在游戏中你可能会面临一些未知的变化。

【成果与检测】

根据学生的参与程度以及得出的结论多少评定活动的成效，并评定成绩。

★ 实训项目二：一条皮带

【实训目标】

掌握建立完善的管理制度与遵循制度办事的必要性。

【实训内容与要求】

这是发生在百货大楼的一个故事。顾客陈某是一位60多岁的老年顾客，在百货大楼买了一条皮带。回家后，经人一说，他觉得不太满意，第二天便到百货大楼退货。营业员高某接待了他。接着，发生了下面的故事……

高：大爷，您需要点儿什么？

陈：我是来退货的(陈某把皮带放到高某的柜台上)。

高：(看了看皮带)没什么问题呀，为什么要退呢？

陈：(有些不悦，沉着脸)是没什么问题，我就是想退。

高：(犹豫了一下)好吧，把您的发票给我看看。

陈：发票？商店没给我开发票啊！

高：不可能，我们商场1元以上的商品都给开发票。

陈：(不高兴了，大声说道)我这么大岁数了还能骗你吗？

这时，有很多人都把目光集中到了高某身上。

高：我不是那个意思。按照规定没有发票不能退货，所以我不能给您退。

陈：不给退？是商店没给我开发票，又不是我的错(陈某的说话声更大了)。

高：(考虑到陈某年纪大了，记性差等原因)好吧，我给你退。给您退钱19.5元。

陈：怎么是19.5元？我买这条皮带花了21.9元，你应该给我退21.9元。

高：这种皮带售价就是19.5元，没有21.9元的价格，应该给你退19.5元。

陈：那不行，我花21.9元买的，你就该给我退21.9元。

高：那不行，柜台里都没有21.9元的价格。

接着，两人吵了起来，引起了更多人的围观，严重影响了正常的营业活动。

高：好吧，给你退了。

陈某这才慢慢地离去，可是刚好走出不远……

高：(低声地)真无赖！

陈：你骂谁呢？……

于是，两人又吵了起来，而且吵得更凶了。后来经人耐心劝说，陈某这才离去。

事后，商店领导经过研究，本着严格要求的原则，给予营业员高某通报批评的处分，并处以相应的罚款。

➤ 讨论

请分析双方争吵的原因，领导这样处理是否正确。

【成果与检测】

根据学生的参与程度以及得出的结论或观点评定活动的成效，并评定成绩。

模块七　能力评测

实训项目：计划能力评测

【实训目标】

计划能力评测。

【实训内容与要求】

1. 请选择一个最能表达你的情况或感受的答案。(　　)

A. 通常会提前筹划自己几天后的事情

B. 了解我所在的工作部门的组成方式、各成员的职责及主要负责人的控制幅度

2. 有时我将今天应该做的事，拖到明天去做。(　　)

A. 是

B. 否

3. 请选择一个最能表达你的情况或感受的答案。(　　)

A. 知道如何评估计划的实施效果

B. 当听他人说话时，我能集中精力

4. 将"(1)比/(2)别人强/(3)相信自己/(4)每个人"组成通顺的句子，顺序是：(　　)。

A. (4)—(2)—(1)—(3)

B. (4)—(3)—(1)—(2)

C. (3)—(4)—(1)—(2)

D. (4)—(1)—(3)—(2)

5. 有时我真想骂人。(　　)

A. 是

B. 否

6. 请选择一个最能表达你的情况或感受的答案。(　　)

A. 习惯于面对并解决工作中的困难

B. 当从事某一专门工程时，在动工之前会详细地进行规划

7. 无论上班或约会，我从未迟到。(　　)

A. 是

B. 否

8. 小天有 19 元，买笔用去 6 元 5 角，买纸用去 2 元 3 角，还余多少？(　　)

A. 10.2 元

B. 9.4 元

C. 8.8 元

D. 11.6 元

9. 请选择一个最能表达你的情况或感受的答案。(　　)

A. 我的许多朋友志趣和想法差别很大

B. 在做出重要决策时，会详细地考虑可能出现的结果

10. 我从未故意说谎。(　　)

A. 是

B. 否

11. 有时我也会说别人的闲话。(　　)

A. 是

B. 否

12. 小明比小强大，小明比小红小，下列陈述中哪一个是正确的？(　　)

A. 小红比小强小

B. 小红与小强一样大
C. 小红比小强大
D. 无法确定小红与小强谁大
13. 请选择一个最能表达你的情况或感受的答案。(　　)
A. 常常在规定的时间内完成工作
B. 能清晰地预计自己决策的前景
14. 我有时会发怒。(　　)
A. 是
B. 否
15. 我喜欢我认识的所有人。(　　)
A. 是
B. 否
16. 请选择一个最能表达你的情况或感受的答案。(　　)
A. 能很好地处理各种日常问题
B. 曾经写过受人赞许的文章
17. 请选择一个最能表达你的情况或感受的答案。(　　)
A. 经常主动工作,而不需被别人要求或被指挥。
B. 在工作上,会进行长远规划的设计
18. 无论做什么事我都能完成任务。(　　)
A. 是
B. 否
19. 张三有 7 本书,李四有 10 本,王五有 6 本,刘三有 8 本,他们四人共有多少本书?(　　)
A. 21
B. 41
C. 31
D. 33
20. 偶尔我听了下流的笑话也会发笑。(　　)
A. 是
B. 否
21. 请选择一个最能表达你的情况或感受的答案。(　　)
A. 常常在规定的时间内完成工作
B. 通常早晨醒来后,我觉得精力充沛
22. 偶尔我会想到一些坏得说不出口的话。(　　)
A. 是
B. 否
23. 请选择一个最能表达你的情况或感受的答案。(　　)
A. 面对困难而又一时找不到确切的办法时,我经常能提出创造性的见解
B. 知道如何评估计划的实施效果
24. 两瓶酱油 4 元,买 5 瓶酱油要多少钱?(　　)

A. 7 元

B. 10 元

C. 9 元

D. 8 元

25. 无论做什么事，即使比别人差，我都无所谓。（　　）

A. 是

B. 否

26. 有时我也讲假话。（　　）

A. 是

B. 否

27. 请选择一个最能表达你的情况或感受的答案。（　　）

A. 很关注可能影响自己工作的新趋势

B. 当从事某一专项工程时，在动工之前会详细地进行规划

28. 我身体不舒服的时候，有时会发脾气。（　　）

A. 是

B. 否

29. “ABAB”对于“工人工人”相当于“BBABA”对于（　　）。

A. 工人人工工

B. 人人工人工

C. 工工工人人

D. 人人人工工

30. 请选择一个最能表达你的情况或感受的答案。（　　）

A. 在工作上，会进行长远规划的设计

B. 习惯于定期检查工作成效

31. 我喜欢结识一些重要人物。（　　）

A. 是

B. 否

32. 请选择一个最能表达你的情况或感受的答案。（　　）

A. 通常会提前筹划自己几天后的事情

B. 关心其他部门的运作状况

33. 将“（1）人才素质测评/（2）识别人才/（3）可以/（4）客观、有效地”组成通顺的句子，顺序是（　　）。

A. (2)—(1)—(3)—(4)

B. (4)—(3)—(1)—(2)

C. (3)—(2)—(1)—(4)

D. (1)—(3)—(4)—(2)

34. 请选择一个最能表达你的情况或感受的答案。（　　）

A. 在做出重要决策时，会详细地考虑可能出现的结果

B. 当批评别人时，我会选用建设性的语言

35. 做游戏的时候，我只愿赢，不愿输。（　　）

A. 是

B. 否

36. ________对于“大动物”就好比“蚂蚁”对于________。

A. 大象，蚂蚁

B. 大的，动物

C. 大的，小动物

D. 大象，小动物

37. 人才素质测评可以快速地（　　）人的能力、性格等素质。请选择一个合适的词语放在括号处，使句子通顺完整。

A. 好比

B. 可以

C. 了解

D. 就是

38. 下列 4 个成语中，哪一个是错的？（　　）

A. 四马难追

B. 一言九鼎

C. 随机应变

D. 三心二意

39. “水”对于“水管”相当于“电”对于（　　）。

A. 光线

B. 开关

C. 电话

D. 电线

40. 将“（1）浩创人才测评中心/（2）专业化的测评机构/（3）是/（4）广东地区”组成通顺的句子，顺序是：（　　）。

A.（1）－（3）－（4）－（2）

B.（3）－（4）－（2）－（1）

C.（1）－（4）－（3）－（2）

D.（3）－（2）－（1）－（4）

【成果与检测】

教师自行设定评分标准评定。

第四篇
组　织

通过对本篇各模块的实训，使学生深入理解组织结构设计、人力资源管理、组织文化的知识及观点，掌握组织结构设计、人力资源管理、组织文化的流程及技巧，形成组织结构设计、人力资源管理、组织文化建设的能力。

单元一　组织结构设计思维与能力

模块一　管理故事演讲

★ 实训项目一:是“吃”经理,还是“吃”清洁工?

【实训目标】

体会管理岗位宁缺毋滥的原则。

【实训内容与要求】

由于“食人族”的生活习性令人毛骨悚然,因此长期以来他们也被各公司拒绝录用。然而为了生存,“食人族”决定痛改前非,不再以“人”为进食对象。

起先,人们还是怀着忐忑的心情,但是经过一段时间的接触,“食人族”确实没有任何能够引起人们怀疑的地方,大家这才放心了。

平静是短暂的,因为一个月后,大家发现纸篓里堆满了废弃的办公用品,卫生间也变得脏兮兮——打扫卫生的阿姨不见了!

事情败露后,“食人族”族长非常生气地对“部下”骂道:“我让你不要‘吃’清洁阿姨,你偏不听,我们‘吃’掉了 14 个部门经理都没有人发现!现在我们只能另谋出路了吧……”

★ 故事的哲理

企业臃肿的现象屡禁不绝。有笑言:“人群中十有八九是经理。”企业不能为了好听、好看就设置一个职位,要考虑这个职位能起什么作用、能起多大作用。而像惠普这样的跨国公司,一旦裁员,经常是管理层被裁比例最大,这很值得中国企业深思。

【成果与检测】

请学生结合主持人演讲的管理故事进行思考、讨论,并分组推举代表发言。根据学生的参与程度以及得出的结论或观点评定活动的成效,并评定成绩。

★ 实训项目二:达尔文的惊愕

【实训目标】

领悟个人难以解决组织问题的道理。

【实训内容与要求】

从 1831 年至 1836 年,达尔文乘英国皇家海军“贝格尔”号作环球考察。

一次,在非洲,他访问了一个边远的原始部落。这里的人群竟还过着十足原始的生活。特别是达尔文了解到当地人还有一个可怕的习俗——要把年老妇女放逐到深山任其饿死,实在令人惊诧不解。他问翻译他们为何这样干,部落酋长说:“妇女的任务是生孩子,年老的妇女没用了，留着她们干什么?”又说:“妇女生的孩子可以传宗接代，是有用的。但在没有食物吃时，一部分孩子也可以当食物吃。”

这个“逐老吃幼”的习俗和文明社会“尊老爱幼”的基本理念相去甚远。于是悲天悯人的达尔文决定为这里做点什么。于是他花大价钱买了一个男孩带到伦敦，立志把他培养成文明人。16年后，男孩长成标准的文明青年了，达尔文便托人把他带回部落，期待他移风易俗。

一年后，达尔文又一次来到非洲。他急切地想找那个青年，却杳无音信，便去问酋长:“那个青年是否回来了，现在在哪儿?”酋长平静地回答:“他回来了。我们把他吃了。”

这回，达尔文惊愕与失望到了极点！他万万想不到结局如此，便连连发问:“为什么？为什么把这么好的人吃了?”酋长说:“他什么也不会做，留着没用。”

★ 故事的哲理

就此达尔文深深感到：一个组织积累遗留下来的问题，是不能靠一个人或几个人来解决的。人，只有适应环境才有出路；否则，哪怕再高明，也会被淘汰。

【成果与检测】

请学生结合主持人演讲的管理故事进行思考、讨论，并分组推举代表发言。根据学生的参与程度以及得出的结论或观点评定活动的成效，并评定成绩。

★ 实训项目三:接吻青蛙

【实训目标】

形成组织创新精神。

【实训内容与要求】

在这方面，值得特别提出的是世界最富创新的美国3M公司。美国的3M公司，不仅鼓励工程师，也鼓励每个人成为“产品冠军”。公司鼓励每个人关心市场需求动态，成为关心新产品构思的人，让他们做一些家庭作业，以发现开发新产品的信息与知识，公司开发的新产品销售市场在哪里及可能的销售与利益状况等。如果新产品构思得到公司的支持，就将相应地建立一个新产品开发试验组，该组由R&D部门、生产部门、营销部门和法律部门等的代表组成。每组由“执行冠军”领导，他负责训练试验组，并且保护试验组免受官僚主义的干涉。如果一旦研制出“式样健全的产品”，试验组就一直工作下去，直到将产品成功地推向市场。有些开发组经过3～4次的努力，才使一个新产品构思最终获得成功；而在有些情况下，却十分顺利。3M公司知道千万个新产品构思可能只能成功1～2个。一个有价值的口号是“为了发现王子，你必须与无数个青蛙接吻”。“接吻青蛙”经常意味着失败，但3M公司把失败和走进死胡同作为创新工作的一部分。其哲学是“如果你不想犯错误，那么什么也别干”。

【成果与检测】

请学生结合主持人演讲的管理故事进行思考、讨论，并分组推举代表发言。根据学生的参与程度以及得出的结论或观点评定活动的成效，并评定成绩。

模块二　案例分析

实训项目一：巴恩斯医院

【实训目标】

分析组织设计原则。

【实训内容与要求】

10月的某一天，产科护士长黛安娜给巴恩斯医院的院长戴维斯博士打来电话，要求立即做出一项新的人事安排。从黛安娜的急切声音中，院长感觉到一定发生了什么事，因此要她立即到办公室来。5分钟后，黛安娜递给了院长一封辞职信。

"戴维斯博士，我再也干不下去了"，她开始申述，"我在产科当护士长已经四个月了，我简直干不下去了。我怎么能干得了这工作呢？我有两个上司，每个人都有不同的要求，都要求优先处理。要知道，我只是一个凡人。我已经尽最大的努力适应这种工作，但看来这是不可能的。让我来举个例子吧。请相信我，这是一件平平常常的事。像这样的事情，每天都在发生。"

"昨天早上7:45，我来到办公室就发现桌上留了张纸条，是杰克逊（医院的主任护士）给我的。她告诉我，她上午10:00需要一份床位利用情况报告，供她下午在向董事会作汇报时用。我知道，这样一份报告至少要花一个半小时才能写出来。30分钟以后，乔伊斯（黛安娜的直接主管、基层护士监督员）走进来质问我为什么我的两位护士不在班上。我告诉她雷诺兹医生（外科主任）从我这要走了她们两位，说是急诊外科手术正缺人手，需要借用一下。我告诉她，并也反对过，但雷诺兹坚持说只能这么办。你猜，乔伊斯说什么？她叫我立即让这些护士回到产科部。她还说，一个小时以后，她会回来检查我是否把这事办好了。这样的事情每天都会发生好几次的。一家医院就只能这样运作吗？"

➢ 分析

1. 这家医院的组织结构是怎样的？
2. 有人越权行事了吗？
3. 从这个案例中，发现了什么问题？

【成果与检测】

根据小组成绩、班级讨论、书面报告等综合评定。

实训项目二：联想集团

【实训目标】

分析组织结构类型。

【实训内容与要求】

为了加强横向综合管理力度，联想计划于今年陆续成立投资委员会与技术委员会，规划、领导和协调集团的重大投资活动和研发工作。这是联想适应环境变化和公司发展需要的重要举措。委员会将由来自不同部门的领导、技术人员和专家学者组成，便于加大企业对投资和研发工作的领导力度。同时还将针对具体工作成立专门委员会与工作小组，确保重点工作快速推进，协调一致。建立这种工作机制虽然着眼点并不是为了进行组织学习，却会在客观上产生这种效果。

➢ 分析

它是委员会制吗?

【成果与检测】

根据小组成绩、班级讨论、书面报告等综合评定。

模块三　管理实战任务

实训项目一:管理模式设计

【实训目标】

加深对管理模式的理解。

【实训内容与要求】

设想你是一家设计大学管理学教学用的计算机软件公司的创建人。公司产品销售很好,在短短的一年内公司的销售额已达到750万元,人员也已扩大到50人,企业正处于一个快速发展的阶段。由于这方面的软件市场正在扩大,许多大公司特别是原来只为企业提供管理软件服务的大公司也转向开发这一业务,你公司面临的竞争也正在加剧。请你结合管理理论,为你的公司设计一套合适的管理模式,其中包括管理的风格、管理的基本制度、管理的组织结构。

【成果与检测】

根据书面作业评定成绩。

实训项目二:编制职务说明书

【实训目标】

掌握职务说明书编制方法。

【实训内容与要求】

请你调查一个你熟悉的企业,绘出该企业的组织结构图,并为组织中的各岗位编制岗位职责和为部门主管编制职务说明书。

【成果与检测】

根据书面作业评定成绩。

实训项目三:绘制组织结构图

【实训目标】

掌握组织结构图编制方法。

【实训内容与要求】

以小组的方式,选择并收集一个企事业单位组织方面的信息,尝试描绘组织结构图。结合你们自身的感受分析你们单位的组织运行状况,发现问题,并提出必要的改进建议。

【成果与检测】

根据书面作业评定成绩。

模块四　管理游戏

实训项目一：向前传递

【实训目标】

通过游戏使学生明白扁平式组织结构能够避免信息失真。

【实训内容与要求】

➤ 道具

每组一张小纸片，上面写着一条“消息”（见附注）。

➤ 时间

30 分钟。

➤ 程序

1. 将全班同学分成若干小组，确定每小组传递消息的第一人和最后一人。

2. 把纸片发给每小组的第一人，第一人看完后，将纸片交给老师。

3. 消息由每小组的第一人依次向小组其他成员传递，直至最后一人。

4. 最后一人将听到的消息写在纸上交给老师。如果只有 2～3 个小组，可以让每小组最后一人在黑板上写上听到的消息，然后再叫其他 1～2 位小组成员在黑板上写上自己听到的消息，最后让每组第一人修改距他位置最近的小组成员所写的消息。

5. 如果是纸条，则老师念完纸条的内容，再念正确的答案；如果是写在黑板上，可以大声说出每小组相同消息的不同版本。

➤ 规则

1. 每次传递时只允许将消息说一遍。

2. 轻轻地将自己理解的消息告诉你旁边的人，并依次传递下去，只有当轮到小组某个成员时，他（她）才可以听。

3. 听到消息后，必须完全按照自己的理解告诉下一名成员。

➤ 教师任务

1. 在上课前，为每个小组准备一份“附注”的复印件，然后将每条消息剪开。

2. 宣布完规则后，发放纸片，给每小组第一人 3～4 分钟时间，然后收回纸片。

3. 监控传递人员，他（她）们只能将消息说一遍，防止说数遍或防止同学一点一点传递。

4. 监督最后一人上交他（她）写的纸条，或者组织学生在黑板上写下所听到的。

附注：

消息一

我将于 7 月 2 日到 8 月 4 日外出度假，因此我希望这段时间能够停送报纸。我记得你们可以在周六晚上送出周日的报纸，因此我也希望为我安排提早投递周日的报纸。

消息二

我想将我的私人账户转为两人共有。我还想知道你们对小额商业贷款的新规定。此外，少于10 000美元的短期商业贷款的利率是多少？

消息三

我有意于 7 月 6 日带队参观博物馆，成员包括 10 名儿童、3 位老人和 4 个年龄超过 18 岁的成年人，这 4 个成年人中有 1 人是学生。请问：分别买票享受老年人和学生折扣同购买团体票相比较，哪种方法更划算呢？

消息四

我想订购两束玫瑰，分别送往两个地方：一束送给我的母亲，她居住在奥克兰；另一束送给我的姐姐，她住在奥林达。玫瑰一定要新鲜——甜心玫瑰送给我的母亲，纯银玫瑰送给我的姐姐。

【成果与检测】

在规定的时间内传递消息最准确者获胜。时间依人数的多少自定。根据学生的参与程度以及表现看游戏的效果，并评定成绩。

★ 实训项目二：授权

【实训目标】

体会作为一名主管在授权时通常犯的错误及改善的方法。

【实训内容与要求】

➢ 道具

12 个眼罩、3 条 20 米长的绳子。

➢ 时间

30 分钟。

➢ 程序

1. 挑选 24 位同学，把这些同学分成 3 组，每组 8 人。8 人分别扮演总经理、总经理秘书、部门经理、部门经理秘书、操作人员（4 人）。

2. 教师把经理们带到一边，小声对他们说明游戏规则：总经理要让秘书给部门经理传达一项任务，该任务就是由操作人员在戴着眼罩的情况下，每组把一条 20 米长的绳子做成一个正方形，绳子要用完。

3. 总经理指示其秘书将指令传给部门经理。

4. 部门经理向操作人员下达任务，操作人员执行命令。

5. 小组讨论。

➢ 规则

1. 总经理不得直接指挥操作人员，一定要通过秘书将指令传给部门经理。

2. 部门经理若有不明白的地方，则只能通过自己的秘书请示总经理秘书。

3. 部门经理在指挥的过程中要与操作人员保持 5 米以上的距离。

➢ 教师任务

1. 准备 12 个眼罩（可用任何能蒙眼睛的物品代替，让学生协助准备）、3 条 20 米长的绳子（可用捆绑啤酒的玻璃绳代替）。

2. 控制整个活动过程，及时制止违反规则的行为。

3. 总结：作为总经理不应该通过秘书来下达任务，而应该亲自下达具体任务；部门经理在执行任务的过程中，不应站在5米之外，而是应该积极主动参与进来，并及时处理问题，也不能事事向总经理请示；部门经理和总经理的沟通不应该通过秘书来传达，这样会造成信息传递失真；部门内部从上到下都应该职权分明，各司其职，保证信息流通过程畅通无阻。

【成果与检测】

不违反规则且速度最快的小组获胜。根据学生的参与程度以及得出的结论或观点评定活动的成效，并评定成绩。

模块五 辩论赛

★ 实训项目一：效率必然牺牲平等吗

【实训目标】

让学生体会效率与平等的内涵。

【实训内容与要求】

正方观点：效率必然牺牲平等

反方观点：效率未必牺牲平等

【成果与检测】

老师依据本背景设定对立的论题组织辩论赛，根据分组辩论成绩、班级讨论、书面报告等综合评定。

★ 实训项目二：法治与腐败

【实训目标】

让学生体会法治与腐败的关系。

【实训内容与要求】

正方观点：法治能消除腐败

反方观点：法治不能消除腐败

【成果与检测】

老师依据本背景设定对立的论题组织辩论赛，根据分组辩论成绩、班级讨论、书面报告等综合评定。

★ 实训项目三：个人利益与群体利益

【实训目标】

让学生体会个人利益和群体利益的关系。

【实训内容与要求】

正方观点：个人利益和群体利益可以两全

反方观点：个人利益和群体利益不可以两全

【成果与检测】

老师依据本背景设定对立的论题组织辩论赛，根据分组辩论成绩、班级讨论、书面报告等综合评定。

模块六　角色模拟

实训项目："退鞋风波"

【实训目标】

认识部门职责明确的必要性，了解完善的管理制度的重要性。

【实训内容与要求】

地点：××鞋业公司。

人物：顾客、营业员、楼层经理、业务部负责人

事件：一名顾客在××鞋业公司购买一双价值350元的皮鞋，一个月后发现鞋帮有局部开胶，鞋底有轻微断裂现象，于是到公司退货，与营业员、经理、业务部负责人之间展开了一场谈判。

(顾客手中拎一只装鞋的盒子怒气冲冲地上)

顾客：(面对观众)大家瞧瞧，快来瞧瞧，这是我十天前买的一双皮鞋。你看这底也断了，帮也开了，我白白搭了300多元钱。这我找谁说理去。不行，我得找他们把鞋给退了。

(营业员上，表情自若，站在柜台后)

顾客：啊，这不就是那天卖鞋给我的营业员吗！(来到柜台前)哎，小姐，这是我前几天从你这买的皮鞋，你看这帮也开了，底也断了，你赶紧给我退了吧。

营业员：(瞟了顾客一眼，又看了看鞋)鞋类属特殊商品，穿用后就不能再退了。

顾客：什么？不承认了？你们不是实行"三包"吗？(拿出"三包"卡)你看，这不写在纸上的吗，怎么没信誉啊？(念"三包"规定的内容)你看，这是第一条。

营业员：(拿起鞋，仔细看)你这鞋开胶的原因是运动造成的，属人为原因；鞋底断裂虽属质量上的问题，但也与运动有直接关系，因此我们不能给您退货。但可以给予修补，我们保证修补前后是完全一样的。如果再出现问题，我们给您换。

顾客：那不行，300多元的鞋，几天就穿坏了，怎么也说不过去，我必须要退掉。

营业员：退是不可能的，你也看过"三包"卡，开胶或者人为原因的断裂只给予包修。您看(指"三包"卡)，在这里写着呢，修可以，退恐怕就不行了。

顾客："三包"卡上都写得很清楚了，明明断了底就应该换，你们店不会这么没信誉吧？

(营业员无可奈何，沉默了一会。)

营业员：既然你一定要退，那就去找经理吧，这事我恐怕无能为力了(指向楼层经理办公室，营业员下)。

顾客：(拿起鞋)找经理就找经理，谁怕谁。

(楼层经理正在写字，顾客极用力敲门。)

经理：(一愣)请进！

顾客：(开门)你是经理？(啊，对)好，你是经理，你管事，你得给我评评理，这鞋我得退了。

经理：这位小姐，您先消消气，有什么事慢慢说。来，先请坐。

顾客:坐什么坐,事没解决,不坐。

经理:(笑着说)那你站着就能解决事吗?这只能影响我们正常的谈话。有话好好说,来,先坐下。

顾客:(拿起鞋)你看吧,这鞋,就这情况,我穿了刚一个月。

经理:(仔细检查鞋,点点头)嗯,这鞋质量上的确有一定的问题。哦,顺便问一句,你是做什么工作的?

顾客:导游(不耐烦)。

经理:(笑着说)这就对了,你看,你每天走那么多路,不光脚累,鞋更累,而且,您这皮鞋之所以开胶完全是由于保养不当造成的……

顾客:什么?你凭什么说我保养不当?这分明是生产出来的时候就已经有问题了。

经理:(指着鞋的开胶部位给顾客看)你看,这只鞋开胶的部分只是这里,而如果单纯开胶的问题不可能只在这个部位开胶,所以这鞋不在包退范围之内。

顾客:就算我工作性质决定了鞋的寿命短,但也不至于短到一个月吧。人为原因是有,但质量问题也不能否认。

经理:所以,我们给您修补而不退。

顾客:不行,你不也承认这鞋有质量问题吗?那就得给我退。

经理:(沉思一会)这样吧,我看我们再这样争论下去也不会有结果,我们换种方式解决,你看怎么样?

顾客:那你说说看。

经理:这鞋是由业务部组织进来的,商品发生质量事故应该由业务部向厂家联系索赔。由于您的鞋属特殊情况,所以,您还是到业务部同他们协商一下吧。

顾客:您也解决不了啊!那好,再见。

(业务部负责人上,顾客来到业务部,敲门)

业务部负责人:请进。

顾客:你是业务部的负责人吧?楼层经理让我来找你。你看这鞋质量有问题,我要求退鞋。

(顾客详细地述说了原委)

业务部负责人:你的问题争议太大了,还是请直接销售给你鞋的部门提出处理意见。我们大批量进货,不可能因一两双鞋而找厂家,那要每天都有像你这样的顾客,我们不是得天天跑厂家了。

顾客:那这鞋的确有质量问题,你们进的货,就得管。

业务部负责人:业务部只管进货前的质量问题,商品在销售过程中发生的质量事故,不由我们直接负责(不耐烦地)。

(电话铃响……)

业务部负责人:喂,啊,我马上来(匆忙下)。

(顾客一脸愕然……)

旁白:请问各位同学:

如果你是这位顾客,你应该怎么做?

如果你是这家公司的经理,你应该怎样解决这一问题?

【成果与检测】

根据学生的参与程度以及得出的结论或观点评定活动的成效，并评定成绩。

模块七 能力评测

★ 实训项目一：你的抱负水平有多大？

【实训目标】

测试你的抱负水平。

【实训内容与要求】

下列 10 个题目中，每题都有 5 个选择答案。根据你的实际情况，选择一个最适合你的答案，添到括号中。

1. 做一件事情，当结果与你的估计相符时，你就感到很满意；否则，即使别人说你成功了，你也会感到不满意。（ ）

A. 完全不同意
B. 比较不同意
C. 拿不准
D. 比较同意
E. 完全同意

2. 通常，你对所做的事，要求达到的标准往往要高于一般人。（ ）

A. 完全不同意
B. 比较不同意
C. 拿不准
D. 比较同意
E. 完全同意

3. 对感兴趣的事，你都能尽力而为；对不感兴趣的事，干好干坏无所谓。（ ）

A. 完全不同意
B. 比较不同意
C. 拿不准
D. 比较同意
E. 完全同意

4. 你觉得，做出成就是人生最重要的、最幸福的事，即使苦些也值得。（ ）

A. 完全不同意
B. 比较不同意
C. 拿不准
D. 比较同意
E. 完全同意

5. 每做一事，你通常都从工作方法上入手。（ ）

A. 完全不这样
B. 比较不这样

C. 拿不准
D. 比较这样
E. 完全这样

6. 你经常成功，失败很少，即使失败了，也会在别的方面寻求弥补。（ ）
A. 完全不同意
B. 比较不同意
C. 拿不准
D. 比较同意
E. 完全同意

7. 好胜心强，从不服输。（ ）
A. 完全不同意
B. 比较不同意
C. 拿不准
D. 比较同意
E. 完全同意

8. 如果有几件事，重要程度相同，难易不等，你会选：（ ）。
A. 最容易的
B. 比较容易的
C. 中等难度的
D. 比较难的
E. 最难的

9. 如果人们做某种事，预先有标准的话，你会选：（ ）。
A. 最低标准
B. 较低标准
C. 标准适中
D. 较高标准
E. 最高标准

10. 如果用 A、B、C、D、E 表示干一番事业的愿望程度，你会选择：（ ）。
A. 根本不想
B. 不太想
C. 愿望适中
D. 较想
E. 非常想

每题选 A，记 1 分；选 B，记 2 分；选 C，记 3 分；选 D，记 4 分；选 E，记 5 分。各题得分相加，统计总分。

【成果与检测】

1. 最后得分 10～25 分：说明你的事业心不强，抱负水平较低，不喜欢争强好胜，只求过一种安稳的日子。你对工作的标准定得过低，这样不利于你充分发挥和提高能力。你应该在工作上严格要求自己，在奋斗中实现自己的价值。

2. 最后得分 26～39 分：说明你有较强的事业心和工作能力，抱负水平适中，能妥善处理好自己的能力与任务水平之间的关系，失败了也能正确对待。你身心健康，但还要不断地提高自己的工作能力。

3. 最后得分 40～50 分：说明你的事业心很强，抱负水平很高，办事追求成功完美，不喜欢半途而废。如果一件事没办好或失败了，你会感到非常不满意。你经常生活在一种紧张、焦虑的氛围中。你也应该为自己创造一种轻松、愉快的气氛来调剂身心，使工作完成得更为出色。

北京宏威首席职业顾问郭策先生友情提示：在如何形成适度的抱负水平上，我们应该遵循以下三个原则，即价值原则、可行原则和超限原则。

1. 价值原则：是指人们所确定的目标应当具有一定的价值，而衡量价值的标准是社会和人类利益。我们每一个人都不是独立存在于这个世界的，我们是生活于并且紧密依赖于社会的，社会性都是我们每个人的本质。

任何时候，对任何人，我们都必须以社会和人类利益为衡量目标的标准，符合社会利益的目标就是高尚的；反之，就是低下的。像葛朗台，一生嗜钱如命，他的生活对他个人来说是愉快而充实的，但对于整个社会和人类来说，这个生命却是卑俗低下、毫无价值的。

2. 可行原则：是指人的抱负理想应符合主、客观条件。有些人看问题常常失之片面，在目标选择的过程中，容易好高骛远，而不注意理想与现实的关系，寻找是否有切实可行的路可以走，往往使时间和生命在好大喜功中悄然流逝，自己也感觉备受打击。

3. 超限原则：是指在可行的前提下，目标应该高一些。古话说："取法乎上，仅得为中；取法乎中，仅得为下。"就是说，要想得"中"，就得把目标定在"上"处；若想得"上"，就必须将目标定在"上上"处。因为理想与现实总是有一定的距离，只有在可行性下的超限目标指引下，人的生活和精神才能达到一定程度的紧张，人才会变得更积极、更富生命的张力。

★ 实训项目二：对下属的培养

【实训目标】

测试对下属的培养能力。

【实训内容与要求】

你注意对下属的培养吗？请用"是"或"否"回答下面的问题。

1. 当你选派某位下属参加脱产进修时，你向他讲解选派他去的原因及进修的重要意见吗？（　　）

2. 当他学成归来时，你与他探讨学习成果并鼓励他学以致用吗？（　　）

3. 你是否鼓励下属自我发展，例如参加文凭进修班、出席研讨会等？（　　）

4. 你是否通过权力下放、制定硬性指标、创造锻炼机会等方法系统地培养下属？（　　）

5. 你鼓励下属阅读各种于其有益的有关经营管理方面的书和杂志吗？（　　）

6. 在为每位下属制定工作目标时，你考虑他们的自我发展并定期检查进度吗？（　　）

7. 你经常与下属探讨他们的理想与志向，并为他们做参谋吗？（　　）

8. 你鼓励下属培养自己手下的员工，并把这当作他们工作职责的一部分吗？（　　）

9. 你是否定期研究每位员工的培训需要？（　　）

10. 你与员工共同讨论、制订培训计划吗？（　　）

11. 你鼓励下属创新吗？（　　）

12. 你是否有意识地让下属承担重任，使其得到更多锻炼自己、积累经验的机会？（　　）

13. 你愿意抽出时间帮助、培养下属吗？（ ）

14. 你是否为每个重要的工作岗位都选定了接班人？（ ）

15. 你是否认为实行轮换工作制可以让员工熟悉各种工作环节，既让他们积累更多的经验，又能避免有人辞职或被提升时陷入困境？（ ）

评分标准：回答"是"得5分。

【成果与检测】

60～75分：你是一位优秀的领导者，在你手下工作的人无比幸运，他们能够得到充分发展自己的机会。

40～55分：你能够培养、发展下属，但还要注意方法的多样化。

15～35分：你对下属的培养还很不够，过于依赖正规途径。你若不抓紧培养接班人，则恐怕连提升的机会都会错过。因为没有人接替你的工作。

0～10分：你完全忽视人力资源，负不起管理人的责任，做你的下属实在是一种悲哀。

单元二　人力资源管理思维与能力

模块一　管理故事演讲

实训项目一：走出困境的小矮人

【实训目标】

理解知识×管理=生产力。

【实训内容与要求】

在古希腊时期的塞浦路斯，曾经有一座城堡里关着一群小矮人。传说他们是因为受到了可怕咒语的诅咒而被关到这个与世隔绝的地方。他们找不到任何人可以求助，没有粮食、没有水，七个小矮人越来越绝望。

小矮人中，阿基米德是第一个收到守护神——雅典娜托梦的。雅典娜告诉他：在这个城堡里，除了他们待的那间阴湿的储藏室以外，其他 25 个房间里，有 1 个房间里有一些蜂蜜和水，够他们维持一段时间；而在另外的 24 个房间里有石头，其中有 240 块玫瑰红的灵石。收集到这 240 块灵石，并把它们排成一个圈，可怕的咒语就会解除，他们就能逃离厄运，重归自己的家园。

第二天，阿基米德迫不及待地把这个梦告诉了其他的 6 个伙伴，其中 4 个人都不愿意相信，只有爱丽丝和苏格拉底愿意和他一起去努力。开始的几天里，爱丽丝想先去找些木柴生火，这样既能取暖，又能让房间里有些光线；苏格拉底想先去找那个有食物的房间；而阿基米德想把 240 块灵石找齐，好快点让咒语解除。三个人无法统一意见，于是决定各找各的，但几天下来，三个人都没有成果，倒是耗得筋疲力尽了，这更让其他的 4 个人取笑不已。

但是三个人没有放弃，失败让他们意识到应该团结起来。他们决定：先找火种，再找食物，最后大家一起找灵石。这是个灵验的方法，三个人很快在左边的第二个房间里找到了大量的蜂蜜和水。

他们狼吞虎咽了一番，然后带了许多分给另外 4 个人：特洛伊、安吉拉、亚里士多德和梅丽莎。温饱的希望改变了其他四个人的想法，他们主动要求一同寻找灵石，解除那可恨的咒语。

小矮人们从这件事中发现了一个让他们终身受益的道理：知识不过是一种工具，只有通过人与人之间的沟通、互补，才能发挥它的全部能量。

为了提高效率，阿基米德决定把 7 个人兵分两路：原来 3 个人，继续从左边找，而特洛伊等 4 人则从右边找。但问题很快就出来了，由于前三天一直都坐在原地，特洛伊等四人根本没有任何的方向感，城堡对于他们来说像个迷宫，他们几乎就是在原地打转。阿基米德果断地重新分配：爱丽丝和苏格拉底各带一人，用自己的诀窍和经验指导他们慢慢地熟悉城堡。

喜爱思考的阿基米德又明白了：经验也是一种生产力，通过在团体中共享，可以产生意想不到的效果。

当然，事情并不如想象中那么顺利，先是苏格拉底和特洛伊那组，他们总是嫌其他两个组太慢；后来，当过花农的梅丽莎发现：大家经常日复一日地在同一个房间里找灵石。大家的信心又开始慢慢丧失。小矮人们都没有注意到一个问题：阻力来自不信任和非正常干扰。

阿基米德非常着急。这天傍晚，他把7个人都召集在一起，商量办法。可是，交流会刚开始，就变成了相互指责的批判会。性子急的苏格拉底先开口："你们怎么回事?！一天只能找到两三个有石头的房间?""可那么多房间，门上又没有写哪个是有石头的，哪个是没有的，当然会找很长时间了！"爱丽丝辩解道。

"难道你们没有注意到：门锁上有孔的都是没有石头的，门锁是"十"字形的都是有石头的吗?"苏格拉底反问道。

"干吗不早说呢？害得我们做了那么多无用功！"其他人听到这儿，似乎有点生气……经过交流，大家才发现，原来他们有些人可能找准房间很快，但在房间里找到石头都是错的；而那些找得非常准的人，往往又速度太慢。其实，这个道理非常简单：具有专业素质的人才很关键。

于是，在爱丽丝的提议下，大家决定每天开一次会，交流经验和找窍门，然后把有用的那些都抄在能照到亮光的墙上，以提醒大家，省得再去走弯路。这面墙上的第一条经验就是：将我们宝贵的经验与更多的伙伴们分享，我们才有可能最快地走出困境。

在7个人的通力协作下，他们终于找齐了所有的240块灵石，但就在这时苏格拉底停止了呼吸！继而，就在大家极度的震惊和恐惧之余，火种突然又灭了。

没有火种，就没有光线，大家根本没有办法把石头排成一个圈。六个人费了半天的劲，还是无法生火——因为以前生火的事都是苏格拉底干的。寒冷、黑暗和恐惧再一次向小矮人们袭来，灰暗的情绪波及每一个人，阿基米德非常后悔当初没有向苏格拉底学习生火，他又悟出了一个道理：在一个团队里，不能让核心技术只掌握在一个人手里。

几经努力，火还是被生起来了。小矮人们胜利了！胜利的法宝就是：知识通过有效的管理，最终将变成生产力。

★ 故事的哲理

知识不等于技术，技术不等于价值。知识只有经过实践的提炼才能成为技术，而技术也只有通过交流与分享才能产生最大的价值。因此，只有被实践、积累和分享的知识，才能成为生产力。

【成果与检测】

请学生结合主持人演讲的管理故事进行思考、讨论，并分组推举代表发言。根据学生的参与程度以及得出的结论或观点评定活动的成效，并评定成绩。

★ 实训项目二：砍树与婚姻

【实训目标】

学会招募适当的人才。

【实训内容与要求】

有一天柏拉图问老师苏格拉底什么是婚姻。

苏格拉底叫他到杉树林走一次，要不回头地走，在途中取一棵最好、最适合用来当圣诞树的树材，但只可以取一次。

柏拉图充满信心地出去，半天之后，他一身疲惫地拖了一棵看起来直挺、翠绿，却有点稀疏的杉树。

苏格拉底问他："这就是最好的树材吗?"

柏拉图回答老师："因为只可以取一棵，好不容易看见一棵看似不错的，又发觉时间、体力已经快不够用了，也不管是不是最好的，所以就拿回来了……"

这时，苏格拉底告诉他："那就是婚姻!"

★ 故事的哲理

优秀的人才就像你的配偶，总是那样可遇不可求。没有最好，只有适当。"适当"这两个字非常要紧：适当的企业、适当的岗位，要招募适当的人才。最好的和程度过高的，往往不见得一定有用。

【成果与检测】

请学生结合主持人演讲的管理故事进行思考、讨论，并分组推举代表发言。根据学生的参与程度以及得出的结论或观点评定活动的成效，并评定成绩。

★ 实训项目三：第六名应聘者

【实训目标】

体会企业需要可信而又可用的人的道理。

【实训内容与要求】

一家通信公司的一个管理岗位的招聘工作已经进入最后一轮，五个人的能力都很强，公司有些难以取舍。

面试当天，离开始面试还有一些时间，但五个面试者早早就到了。他们为了打破尴尬的局面，便聚在一起闲聊起来。

忽然，一个青年男子急匆匆地赶了进来。他似乎有些尴尬，然后就主动过来自我介绍说，他也是前来参加面试的，只是由于太粗心，忘记带钢笔了。他问那五个人是否有笔，想借来填写简历。

五个人面面相觑。本来竞争就够激烈的了，半路又杀出一个"程咬金"，岂不使竞争更加激烈吗？要是不借笔给他，那不就减少了一个竞争对手，从而加大了成功的可能？

五个人心有灵犀地你看着我我看着你，没有人出声，尽管他们身上都带着多余的笔。

稍后，年轻人看到最左边的这个人口袋里夹了一支钢笔，眼前立刻掠过一丝惊喜："先生，可以借给我用用吗?"这个人被他问得手足无措，慌里慌张地说："哦……我的笔……坏了!"

这时，五人当中坐在最右边的一个沉默寡言的"眼镜"走了过来，递过一支钢笔给他，并礼貌地说："对不起，刚才我的笔没墨水了。我掺了点自来水，还勉强可以写，不过字迹可能会淡一些。"

年轻人接过笔，感激地握了握他的手。其他四个则轮番愤怒地瞟了瞟"眼镜"，他真不知趣。

规定的面试时间已经过去 20 分钟了，面试室却仍旧丝毫不见动静。五人终于有些按捺不住了，就找到有关负责人询问情况。谁料里面走出来的却是那个年轻人："结果已见分晓，这位先生被聘用了。”

他搭着“眼镜”的肩膀微笑着向其他四个人做了一个鬼脸。

★ 故事的哲理

以企业家眼光去看，企业的员工大致可分为三类：一是可以信任而不可大用者，也就是忠厚老实但本事不大的人；二是可用而不可信者，他们有些本事但私心过重，为了个人利益而钻营弄巧甚至不惜出卖良心；三是可信而又可用的人。作为企业家，都想找到第三种人。

【成果与检测】

请学生结合主持人演讲的管理故事进行思考、讨论，并分组推举代表发言。根据学生的参与程度以及得出的结论或观点评定活动的成效，并评定成绩。

★ 实训项目四：一位看不见的黑人

【实训目标】

学会警惕光环下的人力资源歧视。

【实训内容与要求】

一位从小在美国南方生活的老先生，一次和朋友聊天时，承认自己曾经有很强的种族歧视。他从小就认为黑人低人一等，他家的佣人是黑人，他在南方时从未和黑人一起吃过饭，也从未和黑人一起上过学。

到了北方念书，他有次被同学指定办一次野餐会，他居然在请帖上注明“我们保留拒绝任何人的权利”。在南方，这句话就是“我们不欢迎黑人”的意思，当时举班哗然，他还被系主任叫去骂了一顿。有时碰到黑人店员，付钱的时候，总将钱放在柜台上，让黑人拿去，而不肯和他的手有任何接触。

可是，他在波士顿念研究生时，发生了车祸。虽然大难不死，可是眼睛完全失明，什么也看不见了。他进入一家盲人重建院，他的心理辅导员尽量开导他，与他建立了非常牢固的信任关系，他将这位辅导员看成自己的良师益友。有一天，那位辅导员告诉他，他就是黑人。从此以后，这位老先生的偏见就完全消失了，他看不到别人是白人，还是黑人。对他来讲，就只有好人和坏人之分了，至于肤色，对他已毫无意义。

★ 故事的哲理

比起种族歧视对我们危害更大的，是那些隐藏在冠冕堂皇后面的各种人力资源歧视，比如：博士生真就比大专生更能适应每个岗位吗？名校毕业生就比其他员工更应该优先升职吗？为什么这些更荒诞的“信条”，常常为我们所遵从？结果损失最大的，除了人才本身，还有谁？

【成果与检测】

请学生结合主持人演讲的管理故事进行思考、讨论，并分组推举代表发言。根据学生的参与程度以及得出的结论或观点评定活动的成效，并评定成绩。

实训项目五：当人忽然成官或成囚……

【实训目标】

理解环境可以改变人的道理。

【实训内容与要求】

20世纪70年代，美国斯坦福大学心理学家们筹划了一个健康人受环境影响的试验项目。当时，找了30位身心健康的普通人到监狱"服役"，试验者把这30人平均分成两组，其中15个人当狱卒，另外15个人当犯人，因为狱卒有权力管犯人，犯人很快就受到狱卒们的打骂侮辱。没多久，犯人们变得阴郁、浮躁，并联手与狱卒抗争，而狱卒们则变得狂妄、暴躁，还不断发生很残忍的夺权斗争。这个试验，还没到两周，就打得一塌糊涂，试验不得不停止。

★ 故事的哲理

这个真实的实验表明：环境影响人的性格、操守。因此，企业要繁荣，招聘时严查员工的过去固然重要，更重要的是本企业自身的气氛与环境，否则君子也会变成小人。

【成果与检测】

请学生结合主持人演讲的管理故事进行思考、讨论，并分组推举代表发言。根据学生的参与程度以及得出的结论或观点评定活动的成效，并评定成绩。

实训项目六：是野草，还是鲜花？

【实训目标】

让学生学会识人的方法。

【实训内容与要求】

戴维刚刚被聘为位于巴黎西部的一家公司的总裁。

戴维在巴黎城市的西部买了一幢带院子的房子。他搬进去时，满院子杂草丛生。他想都没有想就进行了大清扫，把杂草杂树一根不剩地清理掉了，改种自己买来的花卉。

后来他才知道，把十分名贵的牡丹当草也给割了。

两年以后，他的公司从巴黎西部搬到东部。他又到东部买了一幢房子，虽然院子里依然杂乱，他却按兵不动。

果然，冬天到来了，以为是杂树的植物，春天里开了繁花；以为是野草的，夏天却是锦簇；半年都没有动静的小树，秋天居然红了叶。直到暮秋，他才认清哪些是无用的植物而大力铲除，并使所有珍贵的草木得以保存。

★ 故事的哲理

识人方能用人，而真正识人非一朝一夕之功。因为人远比花草更复杂，所以领导者，不宜过早给一个员工下定论，要给出时间和舞台让他们表现自己。

【成果与检测】

请学生结合主持人演讲的管理故事进行思考、讨论，并分组推举代表发言。根据学生的参与程度以及得出的结论或观点评定活动的成效，并评定成绩。

实训项目七:备受冷落的小黑羊

【实训目标】

学会对各类员工一视同仁,使员工各尽其能。

【实训内容与要求】

农夫家里养了3只小白羊和1只小黑羊。3只小白羊常常因为有雪白的皮毛而骄傲,而对那只小黑羊不屑一顾:"你自己看看你长得像什么,黑不溜秋的,像锅底,像炭团,像用了几代的旧被褥,脏死了!"

不但小白羊如此,就连农夫也瞧不起小黑羊,常常给它吃最差的草料,时不时还对它抽上几鞭子。小黑羊常常伤心地独自流泪。

初春的一天,小白羊与小黑羊一起外出吃草,走得很远。不料寒流突然袭来,下起了鹅毛大雪,它们躲在灌木丛中相互依偎着……不一会儿,灌木丛和周围全铺满了雪,雪天雪地雪世界。它们打算回家,但雪太厚了,无法行走,只好挤作一团,等待农夫来救它们。

农夫发现四只羊羔不在羊圈里,便立刻上山找,但四处一片雪白,哪里有羊羔的影子。正在这时,农夫突然发现远处有一个小黑点,便快步跑去。到那里一看,果然是他那濒临死亡的四只羊羔。

农夫抱起小黑羊,感慨地说:"多亏小黑羊呀,不然,羊儿可都要冻死在雪地里了!"

★ 故事的哲理

十个指头有长短,荷花出水有高低。企业内部,各种类型的人才都会有。作为管理者,不能因为其外在的条件或者自己的好恶,而一叶障目,厚此薄彼,而应该因人而异,各尽所长。而且要相信:你对员工的信任和尊重,就是最好的激励方法之一。

【成果与检测】

请学生结合主持人演讲的管理故事进行思考、讨论,并分组推举代表发言。根据学生的参与程度以及得出的结论或观点评定活动的成效,并评定成绩。

实训项目八:龙永图选秘书

【实训目标】

学习适人适时适事适岗的技能。

【实训内容与要求】

原中国对外经济贸易合作部副部长龙永图在中国入世谈判时曾选过一位秘书。当龙永图选该人当秘书时,全场哗然,因为这个人根本不适合当秘书。

在众人眼中,秘书都是勤勤恳恳、少言少语的,讲话很少,做事谨慎,对领导体贴入微。但是龙永图选的秘书,处事风格却完全不相符。他是一个大大咧咧的人,从来不会照顾人。每次龙永图和他出国,都是龙永图走到他房间里说:"请你起来,到点了。"对于日程安排,他有时甚至还不如龙永图清楚,原本9:00的活动,他却说9:30。经过核实,十有九次他是错的。

但为什么龙永图会选他当秘书呢?因为龙永图是在谈判最困难的时候选他当秘书的,当时由于谈判的压力大,龙永图的脾气也很大,有时候和外国人拍桌子,回来以后一句话也不说。每次龙永图回到房间后,其他人都不愿自讨没趣到他房间里来。唯有那位秘书,每次不敲门就大大咧咧地走进来,坐到龙永图的房间就跷起腿,说他今天听到什么了,还说龙永图某句话讲得不一定对等等，而且他从来不叫龙永图为龙部长，都是“老龙”，或者是“永图”。他还经常出一些馊主意，被龙永图骂得一塌糊涂，但他最大的优点就是经骂。无论怎么骂，他5分钟以后又回来了：“哎呀，永图，你刚才那个说法不太对。”

这位秘书是位学者型的人物，他对很多“人情”不敏感，人家对他的批评他也不敏感，但是他是世贸专家，对世贸问题简直像着迷一样，所以在龙永图脾气非常暴躁的情况下，在龙永图当时难以听进不同声音的情况下，有一位经得住骂的秘书在身边，对龙永图就显得分外重要了。

世贸谈判成功以后，龙永图的脾气好多了，那位稀里糊涂的秘书已不再适合龙永图的“胃口”，于是龙永图很快把他送走了。

★ 故事的哲理

龙永图并非过河拆桥之人，他只是懂得：在某个特定的历史背景下，让一个人做某件事情最适合，但时过境迁，他可能就不适合了。管理的任务简单地说就是在合适的阶段找到合适的人，在合适的地方做一件合适的事，然后鼓励他们用自己的创意完成手上的工作。

【成果与检测】

请学生结合主持人演讲的管理故事进行思考、讨论，并分组推举代表发言。根据学生的参与程度以及得出的结论或观点评定活动的成效，并评定成绩。

★ 实训项目九：为沙漠而生的骆驼

【实训目标】

让学生认识到人才要放在正确的位置上。

【实训内容与要求】

骆驼妈妈和小骆驼正在闲逛，小骆驼突然问妈妈：“妈妈，我能问你一些问题吗？”

妈妈回答说：“当然可以了，我亲爱的儿子，你有什么问题呢？”

小骆驼问：“我们骆驼为什么有驼峰呢？”

妈妈回答说：“因为我们是沙漠动物，我们需要驼峰来储存水分，这样我们在没有水的情况下也能生存。”

小骆驼说：“是这样啊。那我们的腿为什么这么长呢？”

“这当然是为了便于在沙漠中行走了。有了四条长腿，我们在沙漠中比谁走得都快！”妈妈骄傲地回答。

小骆驼说：“噢，明白了。那么为什么我们的眼睫毛这么长呢？有时候它会挡住我的视线。”

“哦，这又粗又长的眼睫毛可以保护咱们的眼睛不受风沙的伤害。”妈妈得意地眨着眼睛说。

小骆驼说：“我知道了。驼峰是为了我们在沙漠中储存水分，长腿是为了在沙漠中行走，眼睫毛是为了在沙漠中保护我们的眼睛……那我们干吗待在动物园里?!”

★ 故事的哲理

员工的知识、技巧、能力和经验，只有放在正确的位置，才能发挥出价值。我们常常听到企业高薪引进人才之后又抱怨他们徒有虚名，其实在抱怨之前应该先好好想想自己是不是真的明白怎样使用这些人才……

【成果与检测】

请学生结合主持人演讲的管理故事进行思考、讨论，并分组推举代表发言。根据学生的参与程度以及得出的结论或观点评定活动的成效，并评定成绩。

★ 实训项目十：小猴升职

【实训目标】

体会管理者提拔的要点。

【实训内容与要求】

小猴从动物王国职业学校毕业以后应聘到动物王国建筑公司做了一名架子工。在这一岗位上，小猴善于攀爬的特长得到了充分的发挥，加上他自身的勤勉，小猴很快就从诸多的架子工中脱颖而出成为同工种中的佼佼者。

年终评比、总结的时候，小猴所在的部门因成绩突出被评为先进集体，小猴被评为先进工作者。为了进一步肯定小猴的工作成绩，公司决定聘任小猴为总经理助理。

走上领导岗位的小猴本性难改，实在适应不了办公室的工作，成堆的资料让他头疼，成串的数据让他心烦，他在办公室一会儿也待不住。于是小猴每天都去工地巡视，可他除了对架子工的工作十分熟悉外，对其他工作根本就摸不着头脑。可昔日的架子工工友们也不可能让小猴再去爬上爬下，这与总经理助理的身份不相符。

又到了年底工作评比的时候，许多员工成了榜上有名的优秀员工，而昔日最优秀的小猴却再没有人提起。

★ 故事的哲理

小猴因工作成绩突出被提拔到领导岗位，从此动物王国建筑公司少了一位优秀的架子工，多了一名平庸的领导。这样的事情在我们的日常工作中经常发生。因为大家都把提拔作为表彰和鼓励优秀者的手段，使一些在单项业务或某一领域非常突出的员工被提拔到领导岗位，最终不得不使其放弃专业，由专家或能手变成平庸的领导，这种现象其实是人力资源的最大浪费！

【成果与检测】

请学生结合主持人演讲的管理故事进行思考、讨论，并分组推举代表发言。根据学生的参与程度以及得出的结论或观点评定活动的成效，并评定成绩。

模块二 案例分析

★ 实训项目一：李佳的工作调动

【实训目标】

体会用人的技巧。

【实训内容与要求】

3 年前，某计算机公司招聘录用了两名计算机专业刚刚毕业的大学生——张强和李佳。公司人事经理决定让他们从事市场营销工作。虽然两个人都愿意从事该项工作，但张强个性外向、热情、开朗，善于交际且主动；而李佳则与之相反。1年后，张强完全适应了销售工作，且成绩出色，被提升为部门副经理；而李佳表现一般，仅能完成上级交给的任务。过了一段时间后，李佳找人事主管谈话，说他准备辞职，对营销工作早已不感兴趣。人事主管经私下了解，得知李佳有极强的创新精神，高中时就获得过科技发明奖。人事主管和公司总经理找李佳作了一番长谈后，将李佳调到公司研究开发部工作。李佳到新的工作部门不到一年，两项发明就为公司创利20多万元。

➤ 问题

1. 为什么张强能适应营销性工作，而李佳就不能？
2. 如果你是公司管理者，如何解决李佳提出辞职的问题？
3. 从这一案例中，你得到什么启示？

【成果与检测】

根据小组成绩、班级讨论、书面报告等综合评定。

实训项目二：请假

【实训目标】

体会管理下属的技巧。

【实训内容与要求】

旁白：张经理手下有两名特别的员工。一名是李小姐，她毕业于渤海大学企业管理专业。有清晰的头脑，领悟力强，工作表现好，尤其擅长办公自动化。张经理甚至以为这样的员工比男职员还好。可是，3个月后这个女职员就开始无故缺席，并且第二天总是表现出若无其事的样子。另一名是黄先生，他虽然无什么学历，但工作两年来一直勤勤恳恳，努力工作，从未请过一次假。

事情就发生在这一天，张经理的办公室静得出奇。因为到下班的时间，张经理才吩咐于秘书通知加班，员工十分不满意，张经理自然也不愉快。

"咚咚咚"。

"请进"，于秘书喊道。

"经理，我想请假。"李小姐进门就说。

"有什么事吗？"张经理问道。

"我儿子生病了，刚才幼儿园的阿姨打电话告诉我的。"李小姐焦急地说。

"哎呀，小李啊，你工作能力强，这我知道，可你这工作态度……"，经理没把话说完。

"可是经理，我这次真的很急啊，又不是我无故缺工"，李小姐显得很无辜。

"那今天咱们加班，你又不是不知道，怎么能给你假呢？"

"咚咚咚"，经理的话音刚落，又有人敲门，黄先生进来了。

"经理，我想请假。"黄先生很为难地说。

"你又有什么事？"经理很不耐烦，语气也很重。

"家里托人给我介绍了个对象，让我回家见个面。"

"先公事，后私事，你又不是不知道，完全可以换个时间嘛。"经理皱着眉头说。

"那多不好，让人家怎么说啊，说我没有诚意？"黄低头说着。

"再说你也没提前通知加班，我都安排好了，怎么能说算了就算了呢？"他补充道。

"那也不行，公事为重。"经理有点蛮横。

“哎，经理，话可不能这么说，我工作两年来，什么时候不好好工作，什么时候请过假，你也不是不知道。”黄有些激动。

“经理，你就先准我的假吧，孩子还没人管呢。”李插话，“万一有个三长两短，我可怎么办啊。”李流下了眼泪。

“哎，小李，你别激动，慢慢来，你看这样行不行，先让你家人去照顾一下？”经理看着小李说。

“不行啊，我老公不在家，经理快给我假吧，可不能再等了。”

“小李呀，你真的不能请假，你是公司的骨干力量，你走了，损失就大了，这笔生意对公司真的很重要，你还能真的不管吗？”经理似乎是在哀求。

“那我也不能加班。”黄也很坚定。“你俩别说的这么坚决，怎么说还是工作重要，你俩这样不是在为难经理吗？”于秘书帮经理解围。

“你懂什么呀，你又没有孩子，别乱插嘴，哪有你说话的份！”李对着于嚷道。

“经理，今天你给我假我也走，不给我也走，总不能不管孩子吧？”李对着经理喊道。

“经理，我得走，总不能把人家扔在那里吧！”黄也很坚决。

“今天请假不行，一个也不能走，你俩回去吧！”经理生气地说。

“经理，你怎么能这样呢？”

“不行，我得走。”

李、黄你一嘴他一舌地说着。

“你俩必须留下加班，要不就给你俩处罚，成什么样子了。”经理也很坚决。

“如果你俩请假，以后就不用来上班了。”说完，经理就摔门走了。

➤ 问题

1. 你认为经理的这种做法是否正确？为什么？
2. 组织管理工作中，应如何处理各种关系？
3. 假如你是经理，从一开始你将怎样处理此事？
4. 假如你就是此经理，你将怎样继续处理此事？请续演。

【成果与检测】

根据小组成绩、班级讨论、书面报告等综合评定。

★ 实训项目三：索尼的内部跳槽

【实训目标】

体会人才培养技巧。

【实训内容与要求】

有一天晚上，索尼董事长盛田昭夫按照惯例走进职工餐厅与职工一起就餐、聊天。他多年来一直保持着这个习惯，以培养员工的合作意识和与他们建立良好的关系。

这天，盛田昭夫忽然发现一位年轻职工郁郁寡欢，满腹心事，闷头吃饭，谁也不理。于是，盛田昭夫就主动坐在这名员工对面，与他攀谈。几杯酒下肚之后，这个员工终于开口了：“我毕业于东京大学，有一份待遇十分优厚的工作。进入索尼之前，对索尼公司崇拜得发狂。当时，我认为我进入索尼是我一生的最佳选择。但是，现在才发现，我不是在为索尼工作，而是为科长干活。坦率地说，我这位科长是个无能之辈，更可悲的是，我所有的行动与建议都得科长批准。我自己的一些小发明与改进，科长不仅不支持、不解释，还挖苦我，说我有野心。对我来说，这名科长就是索尼。我十分泄气，心灰意冷。这就是索尼？这就是我的索尼？我居然放弃了那份优厚的工作来到这种地方！”

这番话令盛田昭夫十分震惊。他想，类似的问题在公司内部员工中恐怕不少，管理者应该关心他们的苦恼，了解他们的处境，不能堵塞他们的上进之路，于是产生了改革人事管理制度的想法。之后，索尼公司开始每周出版一次内部小报，刊登公司各部门的“求人广告”，员工可以自由而秘密地前去应聘，他们的上司无权阻止。另外，索尼原则上每隔两年就让员工调换一次工作，特别是对于那些精力旺盛、干劲十足的人才，不是让他们被动地等待工作，而是主动地给他们施展才能的机会。在索尼公司实行内部招聘制度以后，有能力的人才大多能找到自己较中意的岗位，而且人力资源部门可以发现那些“流出”人才的上司所存在的问题。

➤ 问题

1. 请总结文中提及的管理技巧。
2. 假如你是员工，该如何处理与上司的关系？
3. 假如你是经理，将怎样处理此事？

【成果与检测】

根据小组成绩、班级讨论、书面报告等综合评定。

模块三　管理实战任务

★ 实训项目一：建立组织结构与公司制度

【实训目标】

培养制定制度规范的基本能力。

【实训内容与要求】

1. 制定公司的基本制度

具体制定哪几项制度，由各公司依本公司实际情况自行决定，但既要有工商企业的制度，又要有针对这次模拟管理的制度。

2. 分别制定各领导人员的岗位权责制度

针对各职位制定，内容应包括两大方面：工商企业中该职务应负的责任和拥有的权力；就本次模拟而言，担任不同职务的学生在模拟过程中应负的责任和拥有的权力。

3. 制定本公司的管理方针和经营战略

(1)管理方针

应注意本公司的实际，要有自己的特点。

(2)经营战略

总体确定，到后面进行模拟游戏时再详细制定。

4. 管理制度编写要领提示

(1)内容结构

标题，应反映内容与性质；目的；适用范围；正文；实施日期及有关问题。

(2)要领把握

所规范的领域范围必须明确，标题与内容必须相符；有可操作性的规范或约束；结构合理，条理清楚，要点突出；用语要严肃、规范、准确、简练。

5. 设置公司组织结构

运用所学知识，根据所设定的模拟公司的目标与业务需要，研究设置所需的模拟公司组织结构，并画出组织结构框图。同时，建立公司的制度规范，包括公司的企业专项管理制度、部门(岗位)责任制和生产技术标准、生产技术规程等。

【成果与检测】

1. 检查模拟公司的有关文件。

主要有企业领导制度；总经理选举(竞聘)办法；每个成员的竞选讲演稿；组织结构模式及组织系统图；公司名称与管理人员组成情况；各职位岗位权责制度；公司管理方针；公司经营战略；公司考核制度；其他制度。

2. 利用课余时间班级组织一次交流，每家公司推荐两名成员介绍其起草的管理制度；由教师与学生为各公司和学生评估打分。

★ 实训项目二：中小企业组织结构调查

【实训目标】

1. 增强对企业组织结构的感性认识；
2. 培养对企业组织结构初步分析的能力；
3. 搜集企业制度规范的有关资料，为下一个制度的制定提供条件。

【实训内容与要求】

1. 到一家中小企业，对该企业的组织结构情况及其制度规范进行调查，并运用所学知识进行分析诊断。如时间安排有困难，也可利用网上、资料等途径搜集企业的相关信息。

2. 主要需搜集的信息有：

(1)企业的组织结构系统图；

(2)各主要职位、部门的职责权限及职权关系；

(3)企业主要的制度规范；

(4)由于组织结构、职权关系及制度等问题引起的矛盾。

3. 调研以课程模拟公司为单位组织实施。

4. 以模拟公司为单位，组织探讨与分析诊断。

5. 也可在班级上进行小组交流与研讨。

【成果与检测】

根据小组成绩、班级讨论、书面报告等综合评定。

模块四 管理游戏

★ 实训项目一：瞎子背拐子

【实训目标】

增强团队成员的配合能力。

【实训内容与要求】

➢ 游戏程序

1. 两人一组，一名当瞎子，用布蒙住眼睛；一名扮拐子，为瞎子指引路。

2. 瞎子必须背着拐子，并且保持"拐子"双脚不落地。

3. 两人必须绕过各种设置的路障，到达规定的终点，结束。

4. 游戏分享讨论。

➢ 游戏准备

准备游戏所需的道具，蒙布、椅子、气球、墨镜。

➢ 注意事项

路障设置可摆放椅子、气球、墨镜，当瞎子背着拐子路过椅子时须绕行，路过气球时须踩破，看到墨镜，拐子要指导瞎子拿起。

【成果与检测】

根据学生的参与程度以及表现看游戏的效果，并评定成绩。

★ 实训项目二：这个够我 cheap!

【实训目标】

体验人才市场竞争之下的人才处境。

【实训内容与要求】

➢ 游戏程序

1. 派发个人资料卡，学员分别在个人资料卡上写上 5 项自己理想的工作条件，不可让其他人知道。

2. 各人分别穿戴数件饰物，代表自己的理想和权益。

3. 依次出示三份工作的要求和报酬。

4. 学员互相竞争，每人在竞争工作前都要大声地说"这个够我 cheap!"，显示牺牲自己的理想和权益。若无人再愿意降低工作条件，符合入职要求又愿意收取最低工资者便能取得这份工作。

5. 成功得到第一份工作的学员须退出，余下者竞争第二份工作，成功者退出，以此类推。

6. 一轮竞争后，成功取得工作者向所有学员显示自己的理想工作条件及最后竞争所得的工作条件。

7. 讨论：竞争所得的工作条件符合你的理想吗？恶性竞争下，人才得到的工作存在什么不公平的地方？给我们的体会是什么？

➢ 游戏准备

三份工作卡，等同参加人数的个人资料卡，一些简单饰物。

【成果与检测】

根据学生的参与程度以及得出的结论或观点评定活动的成效，并评定成绩。

模块五 辩论赛

★ 实训项目一：企业用人德与才

【实训目标】

让学生体会企业用人德与才的关系。

【实训内容与要求】

正方观点:企业用人才为先

反方观点:企业用人德为先

【成果与检测】

老师依据本背景设定对立的论题组织辩论赛,根据分组辩论成绩、班级讨论、书面报告等综合评定。

实训项目二:人才的仁与智

【实训目标】

让学生体会人才的仁与智的关系。

【实训内容与要求】

正方观点:理想人才以仁为主

反方观点:理想人才以智为主

【成果与检测】

老师依据本背景设定对立的论题组织辩论赛,根据分组辩论成绩、班级讨论、书面报告等综合评定。

实训项目三:天灾与人祸

【实训目标】

让学生体会天灾与人祸的内涵。

【实训内容与要求】

正方观点:天灾比人祸更可怕

反方观点:人祸比天灾更可怕

【成果与检测】

老师依据本背景设定对立的论题组织辩论赛,根据分组辩论成绩、班级讨论、书面报告等综合评定。

模块六 角色模拟

实训项目:招聘

【实训目标】

培养人员招聘工作能力;训练应聘的能力与心理素质。

【实训内容与要求】

1. 角色扮演的情景设定:根据模拟公司的工作计划建立组织机构,各模拟公司组织招聘各部门负责人(班级统一制定编制或职数。根据该班人数,每个公司拟招聘三人);各模拟公司招聘由总经理主持，公司成员均为招聘组成员；每名学生可向不超过3家公司（不含本公司）应聘；各公司根据每个应聘者的表现决定聘任；招聘程序根据课程讲授内容进行，同学们先在课下进行精心准备，在课上完成角色扮演。

2. 各公司要制订招聘计划，包括招聘目的、招聘岗位、任用条件、招聘程序，特别是聘用的决定办法。

3. 每个人要写出应聘提纲或应聘讲演稿，一定要体现出应聘竞争优势。

4. 课下以公司为单位，组织招聘活动；全班6个公司平均分为两组，第一节课前3家公司招聘，后3家公司的成员应聘；第二节进行轮换。聘任由招聘公司成员集体投票决定（现将票交由教师保管，在两轮聘任结束后，按得票多少决定并公布）。

➢ 注意

（1）每人到一家公司只能竞聘一个职位（可以再到其他公司竞聘）。

（2）招聘包括应聘者自述；答辩；投票决定聘任等程序。

（3）同意聘任某人，则在相应的职位格内画圈，一个职位只能聘任一人，否则投票作废。

（4）第一轮招聘结束后进行统计，每个职位得票最多者被正式聘任，由公司总经理将聘任名单交给老师。

【成果与检测】

1. 各公司提供招聘计划书；
2. 每个人提供应聘提纲或讲演稿；
3. 评估各公司招聘的组织状况的好坏，并以前来应聘者的人数为重要衡量指标；
4. 评价每个人的表现，特别是受到其他公司聘任的频次；
5. 由教师做出统计与综合评估。

模块七　能力评测

★ 实训项目：你的专长是什么？

【实训目标】

测试你的专长。

【实训内容与要求】

如何好好发挥个人的专长，已经是身为e时代的必修课？想想你异于常人的特殊专长是什么呢？

1. 一看到对方的脸就知道他（她）对你有没有好感。

YES→ 2.

NO→ 3.

2. 休闲的时候与其看电视，你比较喜欢看书。

YES→ 6.

NO→ 5.

3. 不论是游泳或一般球类等运动，是否都可以达到一般的水准？

YES→ 4.

NO→ 5.

4. 对读书或工作以外的事情，兴趣是否缺乏？

YES→ 8.

NO→ 7.

5. 你对计算机、网络、E-mail是否都有概念？

YES→ 6.

NO→ 7.

6. 准备充分的话，你是否极有把握说服对方？

YES→10.

NO→ 9.

7. 初次相见是否就有人被你电到，还请你吃饭？

YES→ C.

NO→ 9.

8. 一旦决定要做的事就绝不会半途而废，是否一定坚持到底？

YES→ D.

NO→ 7.

9. 你是否觉得自己的文笔还不错？

YES→ C.

NO→ B.

10. 人家用英文跟你交谈，你是否有自信对答如流？

YES→ A.

NO→ B.

【成果与检测】

选A的人：口才、说服力

你的特长就是那张嘴啦！把死的说成活的，明明没有的事还能把人家唬得一愣一愣的。就算你现在还没感受到自己有这方面的才能，只要今后多下功夫，有一天一定会开花结果的，所以从今天开始多在语言方面加油吧！

选B的人：鬼点子、独创力

你是鬼点子王，创造力一流！说不定你自己都还没察觉到你有这方面的潜力呢！你独特的构想可以好好地运用在公关或商品开发上，要不然，在诗词创作或绘画上也会有不错的成绩喔！

选C的人：社交型

你的特长就是善于跟人家打交道，属于社交型的。你有一种吸引群众的魅力，适应力又强，就算普通人敬而远之的家伙也会折服在你的魅力之下。跟身边的人唱KTV或玩牌时最能看出你这方面的才华了。

选D的人：行动力、速度快

你的特长就是那迅雷不及掩耳的行动力。你总是充满活力，随时准备蓄势待发，就算别人都认为是不可能完成的任务，你还是不死心，积极行动，把不可能转为可能。多靠运动来锻炼你的体力，这对你的工作大有帮助喔！

单元三　组织文化管理思维与能力

模块一　管理故事演讲

实训项目一：空杯心态

【实训目标】

让学员打开思路，懂得学习新事物应有的心态。

【实训内容与要求】

程序：

主讲学生先讲一个故事给学员听。

故事：

这是一个相传了几个世纪的关于生活的禅宗故事。

古代有一位有名的禅师。有一天，有一位游方弟子来向他请教禅的真谛。禅师与他聊了一会儿后请他喝茶。他向那弟子的茶杯里不断地倒水，水杯满了，他还是在倒，水都溢了出来。弟子感到非常惊讶，跟禅师说："师傅，水已经满了，倒不进去了。"禅师说："你就像这个杯子，早已装满了你自己的意见、判断、思索。如果你不把你的杯子倒空，我又如何能告诉你关于禅的道理呢？"

可以通过表演来讲出这个故事。

➢ 讨论

1. 这个禅宗故事和我们的培训有什么相关之处？
2. 我们中间有谁有过禅师的经验？有谁有过游方弟子的经验？当时你感觉如何？
3. 这个故事中，最重要的基本概念是什么？

【成果与检测】

根据学生的参与程度以及得出的结论或观点评定活动的成效，并评定成绩。

实训项目二：自断财路的电脑公司

【实训目标】

体会企业文化：真诚与规则的较量。

【实训内容与要求】

一家美国小型电脑公司的负责人讲了这样一个真实的故事：

我的公司曾受聘为一家银行设计全套的新型软件，合约一签就是5年。但没有想到的是，一个月后，银行换人，新总裁对我们的产品有意见，银行职员也难以适应新软件，于是他们要求我们修改合约。

当时，公司的财务其实并不是很好，为了生存，我们大可坚持依约行事。可这种做法损人却不一定利己，既然产品不能令顾客满意，我便同意取消合约，并退回定金，对银行方面表示：日后若还有软件方面的需要，欢迎再次光顾。

就这样，我放弃了一笔48 000美元的生意，这简直就是自断财路。

然而 3 个月后，那位新总裁打来电话，为我们带来了一笔 24 万美元的生意。

★ 故事的哲理

我们有句古话叫“买卖不成仁义在”，这是理性的西方人都明白的道理，自古就注重感情的中国企业家们就更应该明白这句话的含义。如果他们拒绝废约，或至少拒绝退回定金，没有客户会怪罪他们，但也不会有客户记住他们、钟爱他们。真诚的力量、优势是规则所不能比拟的。

【成果与检测】

请学生结合主持人演讲的管理故事进行思考、讨论，并分组推举代表发言。根据学生的参与程度以及得出的结论或观点评定活动的成效，并评定成绩。

★ 实训项目三：莫扎特一曲压“群魔”

【实训目标】

体会文化建设贵在润物细无声的道理。

【实训内容与要求】

朱利安尼曾被认为是有史以来最具“创意能力”的纽约市长。因为在任内，他完成了一桩令历任市长都头痛不已的“不可能的任务”：他只花了一年的时间就将纽约犯罪率最高的中央地铁站的发案率下降了 33%。更让人敬佩的是，他仅仅用了一着，就出奇制胜。

面对案发率越来越高的纽约高密度人群聚集地——纽约中央地铁站，朱利安尼调整了全站的背景音乐系统，开始 24 小时不间断地播放莫扎特的典雅梵音。

结果，这些不绝于耳的莫扎特贵族音乐，彻底地摧毁了地铁站原有的昏暗、混乱的“犯罪空气”。那些小偷堵不住耳朵，在莫扎特的音乐中就不由自主地觉得行窃的氛围不对了；争强斗狠的黑帮老大们更是觉得无趣，在莫扎特的音乐里聚众械斗，无论怎么叫喊冲杀也欢快不起来。久而久之，中央地铁站的闲杂人员变得越来越稀少，而朱利安尼呢，没有派一兵一卒，仅靠一个莫扎特就摆平了全纽约最头痛的“犯罪之渊”。

★ 故事的哲理

企业家出身的朱利安尼实际是运用了“情境管理”的理念，营造了一个独特的文化氛围。在这个氛围中，人们不由自主地认同了一种价值观，使人们的行为发生了微妙的趋同性变化。

如何营造企业文化的氛围，也没有一定之规，关键是不知不觉中让员工受到目标文化价值观的“浸泡”。正所谓“润物细无声”。相反，越是生硬的形式，往往越像池塘中的蛙叫，令人心烦生厌。

【成果与检测】

请学生结合主持人演讲的管理故事进行思考、讨论，并分组推举代表发言。根据学生的参与程度以及得出的结论或观点评定活动的成效，并评定成绩。

实训项目四:1846 年的咖啡店

【实训目标】

领悟企业文化源于持续不断地教育的原则。

【实训内容与要求】

有一次,中国台湾一家公司的总经理余先生路过比利时,就在布鲁塞尔一家咖啡馆喝咖啡。咖啡送来后,余先生就随手泡起来。

柜台边的老板走过来:“先生,咖啡不是这样喝的。”

“应该怎样喝呢?”

“我泡给你看。”

咖啡泡好后,余先生问:“可以喝了吗?”

“不,先生你最好自己重泡一次。”老板怕余先生担心,又说了一句:“Free(免费)!”

余先生泡完咖啡后,老板示意可以喝了。

当余先生端起咖啡正要喝的时候,老板连忙说:“慢一点,慢一点,喝咖啡要先用舌尖搅拌,让咖啡的香味慢慢地从鼻孔里散发出来,然后慢慢咽下去,Wonderful Coffee!”

老板又问:“先生,你是从东方来的吧?”

“From China.”

“什么时候走?”

“明天早上第一班飞机飞伦敦。”

“啊,那以后来的机会一定很少,再来一杯(Free)!”

喝完咖啡,老板送余先生到门口。“先生,进来的时候看过门上的数字吗?”

“没有。”

“好,我们一起到门外看看吧!”

余先生回头一看——1846。中国还在清朝时代,他们家族就开了这家咖啡馆。

“你注意到墙上了吗?”

余先生注意到墙上贴了很多照片,菲利普亲王在这儿喝过咖啡,荷兰女王在这儿喝过咖啡,大英帝国伊丽莎白女王二世在这儿也喝过咖啡。

余先生这才知道这个咖啡馆开在布鲁塞尔皇宫旁边,是王公贵族的后裔开的。

★ 故事的哲理

一家小小的咖啡馆,能开 100 多年,连一个客人喝咖啡的样子不对都会马上来教育,这就是西方人成功的地方——随时随地不断地教育。“许多许多的历史才可能培养一点点传统,许多许多的传统才可以培养一点点文化。”一家咖啡馆能够做到这种味道,全靠 100 多年来不断地教育、不断地培养。

【成果与检测】

请学生结合主持人演讲的管理故事进行思考、讨论,并分组推举代表发言。根据学生的参与程度以及得出的结论或观点评定活动的成效,并评定成绩。

模块二　案例分析

实训项目一:迪士尼的成功——企业文化的力量

【实训目标】

领悟企业文化从细节做起的原则。

【实训内容与要求】

如果你要寻找美国企业中的佼佼者,佛罗里达州的迪士尼世界(也称迪士尼乐园)无疑是有史以来最出色的。在忙碌的夏季,一天中最少也有10多万人光临迪士尼世界,乐园在2002年接待了大约2 300万来自世界各地的旅游者,总收入达7.3亿美元。到底是什么吸引了这么多游客,并达到如此高的收入呢?一句话,就是乐园的注册商标"米老鼠"具有不可抗拒的魔力。

如何能够维持这一处装扮出来的景色长盛不衰呢?人们见到的是一座巨大的舞台,但是要使这座舞台真正活跃起来却需要表演,迪士尼公司优于他人之处就是训练其工作人员在这座舞台上进行逼真的表演。

迪士尼公司没有人事部门,招聘工作由演员中心负责,每位新受雇的人员都必须先在瓦尔特迪士尼大学中接受传统方式的培训。迪士尼公司精心安排训练的每一个细节,目的是要使其工作人员明了,迪士尼世界首先是一个表演企业。

每天的训练总从赞扬式的回顾开始,当训练员在班上讲述米老鼠、白雪公主等这些奇妙的形象时,他们是在向新来的人敞开瓦尔特迪士尼有关这座梦幻王国的想象,训练员制造一种气氛,似乎瓦尔特本人就在房间里,正欢迎新的工作人员来到他的领地,其目的是使这些新的工作人员感到自己是这位乐园奠基人的合作者,和他共同来创造世界上最美妙的地方。一家大公司向其工作人员灌输本身的价值,恐怕没有再比迪士尼乐园更好的办法了。

员工们首先需要学习的是要对游客友好、客气、彬彬有礼、有求必应,要让他们觉得来到迪士尼世界所花费的美金是值得的,然后才是学习怎样在生动活泼的表演中充当一名演员。培训本身也是一种演出,或者严格一点说是一种彩排,是由训练人员口传身授的,让每一个人明确他在表演中扮演的角色。在传统的培训方式完成之后,新的工作人员进入乐园实习3天。

员工们必须牢记,从来到大街的那一时刻起,就登上了舞台,要记住你所扮演的人物要说的话,记住当人们在市政大厅门前时,你要给他们讲些什么,记住你要笑容满面,记住你在帮他们消磨时间,这些都是头等重要的大事。对迪士尼的人员来说,列队通过大街是最长和最苦的差事,但他们的步法、姿势整齐一致,对游客来说实在是一种地道的款待。乐园强调,不在演员名单上的人,绝不允许偷看一个除掉面具的角色,那种头戴面具的印象必须永远保持,这些演员接到指示在任何情况下都不准破坏角色的形象。

迪士尼世界的全部舞台实际是在舞台之下,乐园之下的地面一层称作地下乐园的隧道网络,设置在这条地下隧道中的是一个控制灯光的计算机中心,一家为工作人员设立的咖啡店和一处藏衣室。每天一早干干净净的戏装提供给演员,由于众多的节目和大量的库存,这里是世界上最大的藏衣室。躲在这谢绝一切游人的地下隧道中,工作人员可以吸烟、进餐、喝水和化妆,一般来说,也可以像在真实的天地中那样自如地行动,然而,他们一旦被送出隧道,穿过僻静角落中不显眼的门洞进入上面的魔幻王国,就再次来到舞台之上,进行人们预期的表演。

收获是显而易见的，这一魔幻王国很快就成了一个童话世界。

时间流逝，但这里仍盛况空前，人们被这里的魔幻气氛所吸引，不断涌来，而一旦步入园内就会忘乎所以，仿佛真的回到了童年时代。

➢ 问题：

1. 请总结迪士尼企业文化的特点。
2. 请借鉴迪士尼的经验，设计一个具体化的企业文化方案。

【成果与检测】

根据小组成绩、班级讨论、书面报告等综合评定。

实训项目二：生生不息的华为文化

【实训目标】

体会华为的企业文化。

【实训内容与要求】

华为成立于1988年。经过10年的艰苦创业，华为建立了良好的组织体系和技术网络，市场覆盖全国，并延伸到中国香港、欧洲、中亚。公司员工有3 000余人，其中研究开发人员1 200余人。在发展过程中，华为一直坚持以“爱祖国、爱人民、爱公司”为主导的企业文化，发展民族通信产业，连续3年获得深圳市高科技企业综合排序第一，1995年获得中国电子百强第26名。1996年产值达26亿元，1997年超过50亿元，到1999年已达到120亿元左右。

目前，华为在大容量数字交换机、商业网、智能网、用户接入网、SDH光传输、无线接入、图像多媒体通信、宽带通信、高频开关电源、监控工程、集成电路等领域的相关技术上，形成一系列突破，研制了众多拳头产品。1996年，交换机产量达到250万线，1997年达400万线(含出口)。华为的无线通信、智能网设备和SDH光传输系统正在大批量装备我国的通信网。华为不仅在经济领域取得了巨大发展，而且形成了强有力的企业文化。因为华为人深知，文化资源生生不息，在企业物质资源十分有限的情况下，只有靠文化资源、靠精神和文化的力量，才能战胜困难，获得发展。

(一)民族文化、政治文化企业化

华为人认为，企业文化离不开民族文化与政治文化，中国的政治文化就是社会主义文化，华为把共产党的最低纲领分解为可操作的标准，来约束和发展企业高中层管理者，以高中层管理者的行为带动全体员工的进步。华为管理层在号召员工向雷锋、焦裕禄学习的同时，又奉行绝不让“雷锋”吃亏的原则，坚持以物质文明巩固精神文明，以精神文明促进物质文明来形成千百个“雷锋”成长且源远流长的政策。华为把实现先辈的繁荣梦想、民族的振兴希望、时代的革新精神，作为华为人义不容辞的责任，铸造华为人的品格，坚持抱负的牵引原则、实事求是的科学原则和艰苦奋斗的工作原则，使政治文化、经济文化、民族文化与企业文化融为一体。

(二)双重利益驱动

华为人坚持为祖国昌盛、为民族振兴、为家庭幸福而努力奋斗的双重利益驱动原则。这是因为，没有为国家的个人奉献精神，就会变成自私自利的小人。随着现代高科技的发展，决定了必须坚持集体奋斗不自私的人，才能结成一个团结的集体。同样，没有促成自己过体面生活的物质欲望，没有以劳动来实现欲望的理想，就会因循守旧、故步自封，进而滋生懒惰。因此，华为提倡欲望驱动，正派手段，使群体形成蓬勃向上、励精图治的风尚。

（三）同甘共苦，荣辱与共

团结协作、集体奋斗是华为企业文化之魂。成功是集体努力的结果，失败是集体的责任，不将成绩归于个人，也不把失败视为个人的责任，一切都由集体来共担，"官兵"一律同甘苦，除了工作上的差异外，华为人的高层领导不设专车，吃饭、看病一样排队，付同样的费用。在工作和生活中，上下平等，不平等的部分已用工资形式体现。华为无人享受特权，大家同甘共苦，人人平等，集体奋斗，任何个人的利益都必须服从集体的利益，将个人的努力融入集体奋斗之中。自强不息，荣辱与共，胜则举杯同庆，败则拼死相救的团结协作精神，在华为得到了充分体现。

（四）"华为基本法"

从 1996 年初开始，公司开展了"华为基本法"的起草活动。"华为基本法"总结、提升了公司成功的管理经验，确定华为二次创业的观念、战略、方针和基本政策，构筑公司未来发展的宏伟架构。华为人依照国际标准建设公司管理系统，不遗余力地进行人力资源的开发与利用，强化内部管理，致力于制度创新，优化公司形象，极力拓展市场，建立具有华为特色的企业文化。

➤ 问题

请总结华为企业文化的特点。

【成果与检测】

根据小组成绩、班级讨论、书面报告等综合评定。

★ 实训项目三：西安杨森：文化是魂

【实训目标】

领悟西安杨森的企业文化特点。

【实训内容与要求】

西安杨森制药有限公司是目前我国医药工业规模最大、品种最多、剂型最全的先进技术型合资企业之一。合资中方为陕西省医药工业公司、陕西省汉江制药厂、中国医药工业公司和中国医药对外贸易总公司，以陕西省医药工业公司为代表，外方为美国强生公司的成员比利时杨森制药有限公司。

强生公司是当今世界上规模最大、产品最多元化的生产消费者护理品、处方药品和医疗专业产品的企业，迄今为止在世界上 50 个国家或地区拥有 168 个子公司，并向 150 个以上的国家或地区销售产品。目前，强生公司在中国有 7 家合资、独资企业。比利时杨森制药公司创办于 1953 年，1961 年加入美国强生公司。到现在，比利时杨森制药公司已成功研制出 80 多种新药，成为世界上开发新药最多的制药公司之一。

比利时杨森是以发明新药为主的公司，创始人杨森博士一生的主要追求是将更多更好的新药介绍给更多的人。他对中国怀有好感，说："如果我发明的新药不能供占全世界人口 1/4 的中国人使用，那将是莫大的遗憾。"于是，在中国改革开放之初，比利时杨森公司就主动到中国尝试进行合作。

经过 3 年的谈判，1985 年 10 月，西安杨森制药有限公司成立。总投资 19 亿元人民币，注册资本比例为外方占 52%，中方占 48%。合资期限为 50 年。

一、严格管理，注重激励

合资企业的工人和中层管理人员是由几家中方合资单位提供的，起初，他们在管理意识上比较涣散，不适应严格的生产要求。鉴于此，合资企业在管理上严格遵循杨森公司的标准，制定了严格的劳动纪律，使员工逐步适应新的管理模式，培养对企业和社会的责任感。

他们通过调查研究发现，在中国员工尤其是较高层次的员工中，价值取向表现为对高报酬和工作成功的双重追求。优厚的待遇是西安杨森吸引和招聘人才的重要手段，而不断丰富的工作意义，增加工作的挑战性和成功的机会则是公司善于使用人才的关键所在。在创建初期，公司主要依靠销售代表的个人能力，四处撒网，孤军奋战，对员工采用的是个人激励。他们从人员—职位—组织匹配的原则出发，选用那些具有冒险精神、勇于探索、争强好胜又认同企业哲学对企业负责的人作为企业的销售代表。他们使用的主要是医药大学应届毕业生和已有若干年工作经验的医药代表。这两类人文化素质较高，能力较强，对高报酬和事业成就都抱有强烈的愿望。此时，西安杨森大力宣传以“鹰”为代表形象的企业文化，他们自己这样解释：“鹰是强壮的，鹰是果断的，鹰是敢于向山巅和天空挑战的，他们总是敢于伸出自己的颈项独立作战。在我们的队伍中，鼓励‘出头鸟’，并且不仅要做‘出头鸟’，还要做搏击长空的雄鹰。作为企业，我们要成为全世界优秀公司中的雄鹰。”

二、注重团队建设

在培养“销售雄鹰”的同时，他们还特别注重员工队伍的团队精神建设。在 1996 年底的销售会议中，他们集中学习并讨论了关于“雁的启示”。

“……当每只雁展翅高飞时，也为后面的队友提供了向上之风。由于组成“V”字队形，可以增加雁群 71%的飞行范围。”

启示：分享团队默契的人，能互相帮助，更轻松地到达目的地，因为他们在彼此信任的基础上携手前进。

“当某只雁离队时它立即感到孤独飞行的困难和阻力。它会立即飞回队伍，善用前面同伴提供的向上之风继续前进。”

启示：我们应该像大雁一样具有团队意识，在队伍中跟着带队者，与团队同奔目的地。我们愿意接受他人的帮助，也愿意帮助他人。

经过大力进行企业文化建设，员工的素质得到了不断的提高，对公司产生了深厚的感情，工作开展得更为顺利。特别明显的是，在 20 世纪 80 年代后期困扰公司员工的稳定问题得到了很好的解决。当时由于观念的原因，许多人到西安杨森工作仅是为了获得高收入，当自己的愿望得不到满足时就产生不满，人员流动性曾连续几年高达 60%。如今，他们已使员工深深地认同公司，喜爱公司的环境和精神，1996 年和 1997 年人员流动率已处在 6%～10%。

三、充满人情味的工作环境

西安杨森的管理实践充满了浓厚的人情气息。每当逢年过节，总裁即使在外出差、休假，也不会忘记邮寄贺卡，捎给员工一份祝福。在员工过生日的时候，总会得到公司领导的问候，这不是形式上的、统一完成的贺卡，而是充满领导个人和公司对员工关爱的贺卡。员工生病休息，部门负责人甚至总裁都会亲自前去看望或写信问候。员工结婚或生小孩，公司都会把这视为自己家庭的喜事而给予热烈祝贺，公司还曾举办过集体婚礼。公司的有些活动，还邀请员工家属参加，一起分享大家庭的快乐。西安杨森办的内部刊物，名字就叫《我们的家》，以此作为沟通信息、联络感情、相互关怀的桥梁。

根据中国员工福利思想浓厚状况，公司一方面教育员工要摒弃福利思想，另一方面要充分考虑到中国社会保障体系的不完善性，尽可能地为员工解决实际生活问题。经过公司的中外方高层领导之间几年的磨合，终于形成共识：职工个人待业、就业、退休保险、人身保险由公司承担，由部门专门负责；员工的医疗费用可以全部报销。在住房上，他们借鉴新加坡的做法，并结合中国的房改政策，员工每月按工资支出25%，公司相应支出35%，建立职工购房基金。这已超过了一般国有企业的公积金比例。如果基金不够，在所购房屋被抵押的情况下，公司负责担保帮助员工贷款。这样，在西安杨森工作4到6年的员工基本上可以购买住房了。

四、加强爱国主义的传统教育

1996年11月22日，西安杨森的90多名高级管理人员和销售骨干，与来自中央和地方新闻单位的记者及中国扶贫基金会的代表一起由江西省宁岗县茅坪镇向井冈山市所在地的茨坪镇挺进，进行30.8公里的"'96西安杨森领导健康新长征"活动。

他们每走3.08公里，就拿出308元人民币捐献给井冈山地区的人民，除此以外，个人也进行了捐赠。公司还向井冈山地区的人民医院赠送了价值10万元的药品。

为什么要组织这样一次活动呢？董事长郑鸿女士说："远大的目标一定要落实到具体的工作中。进行健康新长征就是要用光荣的红军长征精神激励和鞭策我们开创祖国美好的未来。"参加长征的员工说："长征是宣言书，宣布了我们早日跨越30.8(远期销售目标)的伟大誓言；长征是宣传队，宣传了西安杨森'忠实于科学，献身于健康'的精神；长征是播种机，播下了西安杨森团队合作、勇于奉献、敢于挑战的火种。"

1996年冬天的早晨，北京天安门广场上出现了一支身穿标有"我爱中国"四个字的红蓝色大衣的300多人的队伍，中国人、外国人都有，连续许多天进行长跑，然后观看庄严、肃穆的升国旗仪式，高唱国歌。这是西安杨森爱国主义教育的又一部分。

前任美籍总裁罗健瑞说："我们重视爱国主义教育，使员工具备吃苦耐劳的精神，使我们的企业更有凝聚力。因为很难想象，一个不热爱祖国的人怎能热爱公司？而且我也爱中国！"

➤ 问题

请总结西安杨森的企业文化特点。

【成果与检测】

根据小组成绩、班级讨论、书面报告等综合评定。

模块三 管理实战任务

★ 实训项目：写作一份组织文化建设方案

【实训目标】

培养分析与建设组织文化的能力。

【实训内容与要求】

根据所学知识以及从实际企业获得的信息资料，研讨并确定本模拟公司的管理理念与组织文化。

1. 结合本模拟公司的实际，论证应以何种理论作为管理的理论依据。

2. 本模拟公司应树立哪些先进的管理理念？

3. 对本模拟公司的文化建设提出各种设想，并制订建设方案。

4. 班级组织一次交流，每个模拟公司推荐两名成员谈谈管理的理论依据，并由总经理谈公司的文化建设方案。

【成果与检测】

1. 每个人写出一份论证应以何种理论作为管理的理论依据的简要材料；
2. 每个模拟公司提交一份“公司管理理念”与文化建设方案；
3. 由教师与学生对各模拟公司所交材料与交流中的表现进行评估打分。

模块四　管理游戏

实训项目:巨人的脚步

【实训目标】

使学员明白企业的口号越简单越好。

【实训内容与要求】

1. 所有的学员分成若干组。
2. 不同的小组设计自己的行动口号用于指挥行走。
3. 每个小组行走一段距离。
4. 选择观察员对各小组的统一性、一致性程度进行评分。
5. 分析某小组会获得第一名的原因。

【成果与检测】

根据学生的参与程度、观察员评分以及小组得出的结论多少评定活动的成效,并评定成绩。

模块五　辩论赛

实训项目一:爱的教育与体罚

【实训目标】

让学生体会不同的教育方式。

【实训内容与要求】

正方观点:爱的教育比体罚更有效

反方观点:体罚比爱的教育更有效

【成果与检测】

老师依据本背景设定对立的论题组织辩论赛,根据分组辩论成绩、班级讨论、书面报告等综合评定。

实训项目二:无私奉献精神

【实训目标】

让学生体会无私奉献精神在企业发展中的作用。

【实训内容与要求】

正方观点:企业发展需要无私奉献精神

反方观点：企业发展不需要无私奉献精神

【成果与检测】

老师依据本背景设定对立的论题组织辩论赛，根据分组辩论成绩、班级讨论、书面报告等综合评定。

实训项目三：重奖大学新生

【实训目标】

让学生体会重奖大学新生的利与弊。

【实训内容与要求】

正方观点：重奖大学新生的利大于弊

反方观点：重奖大学新生的弊大于利

【成果与检测】

老师依据本背景设定对立的论题组织辩论赛，根据分组辩论成绩、班级讨论、书面报告等综合评定。

模块六 角色模拟

实训项目：人力资源管理情景剧设计

【实训目标】

让学生体会人力资源管理技巧。

【实训内容与要求】

开场白：

受金融风暴的影响，全球经济不断下滑，各公司裁员放无薪假的现象屡见不鲜，连世界第一的“三国”企业也不例外。虽本公司在财力、人力、公司运作方面都居世界第一，但经过危机的一番冲击，它的神话能否再次被世界认可？它的传奇能否在这一危机下续写辉煌？全世界人民都在关注，为感谢世界人民对我公司的全力支持与殷切期待，本公司决定开展裁员整顿工作，迅速将经济恢复至最好。究竟如何进行裁员？世界第一的“三国”企业裁员工作是否别树一帜？让我们共同走进本周强档——三国新天地。

场景设置：

决策层：

总裁 吴杰

董事长 王历

首席执行官 张一

辅助决策：

公司首席人力资源总监 吴开新

公司两位骨干：

技术部部长 杜哥

销售部部长 苏糟

时间:2009年5月的某一天下午5:00下班后

地点:厦门总公司,集美分办处,理工最高级事务工作点,最高决策大楼二楼会议室

事件描述:由于公司受金融危机重创,目前裁员已经进行到最后阶段,此次下班召开的紧急会议便是对公司两位骨干的去留做出裁定。

进行大致流程:

决策层在会议室里面讨论本公司进行裁员的情况,以及业务现状

召见苏糟进会议室

召见技术部部长

召见首席人力资源总监

商讨决定

各流程主稿:

【1】吴总:最近公司的经营状况不太好,原因嘛大家都知道了,美国的金融危机影响的呗。我决定在公司进行最后的裁员(制作视频的时候在这边停一下,插进旁白,下面以P为标志,旁白内容为公司介绍:"三国"公司主要销售软件产品,目前已经拥有员工20万人,领导干部2万人,此次裁员,员工将被裁至16万人,领导阶层将被裁至18 000人,现员工裁员已基本完成,领导阶层裁员工作已经进入最后阶段),针对的是厦门地区主要干部方面,咱三个都是一起打拼天下多年的好兄弟,大家一起商议,做出最佳的选择,让我们的公司永远引领潮流。

王历:这当然,虽然之前的裁员工作我参与不多,但在最后阶段的关键时刻,我也希望能尽自己最大的一份力让公司得到最佳的资源配置。老吴你先说说你的想法吧,我们两个听着呢!

老吴:好吧,那我们就开始吧,相信两位都非常清楚,公司的业绩一度下滑,我近日翻阅了现阶段的全部资料跟下面汇报上来的总结,发现了一个比较重要的现象:我们的客户正在流失,而且是成倍地流失。我统计了一些客户流失的原因,有的是客户找到了比我们价钱低的供应商,有的是我们的竞争对手不知道从哪里找到我们给客人的报价,直接报价就比我们低了5个点。所以我们要想想为什么会有竞争对手知道我们给客人的报价,难道公司内部有人与外部勾结?这个关键的问题出现在哪里?

张一:这个我早就察觉了,近阶段我也着手留心观察,我想我们有必要对销售部门进行分析。

王历:销售部部长做的工作汇报我刚才看过了,里面给客户报价的信息非常详细,而且每一项报价决议都通过部长的签字,报价也是在与客户商议的最后时刻才提出来的,而且都是机密进行的,在这点上,销售部的工作应该没有问题。

张一:但有些时候写的是一套,做的可能就是另外一套了,我倒很想听听销售部部长的解释。

吴总:那好,销售部部长已经在会议室外面等候了,我让他下班后留下来,那就先让他进来吧!

【2】(苏糟进场)

苏糟:各位领导好!我是厦门总公司、集美分办处销售部部长苏糟。

吴总:坐吧(苏糟坐下),这次请你进来想让你谈些关于我们公司销售方面的问题,你能不能简短地做一下汇报?

苏糟:好的,这个月公司的销售总额与上个月相比落差不是很大,虽受金融危机的影响,销售量有所下降,但总体还是保持良好的发展趋势。

张一:其中就没问题出现吗?

苏糟:有,虽然面对金融危机我们还是成功开发了一批新客户,但是老客户在不断地流失。

张一:那你觉得问题出在哪里?

苏糟:我觉得经过上次裁员,销售部进行过重组,整体的销售水平还没有形成最高的战斗力。这是一个原因所在。另外一个便是大家所知道的金融危机,市场紧缩,产品的销路并不是很好,很多客户在买不买产品方面犹豫不定。

王历:那还有没有其他方面的原因?

苏糟:没有了。

张一:按你这样说,那我想知道你是如何吸引新客户来选择我们的产品的?

苏糟:一个方面是按照我们传统的宣传方式再多一些创新,采用一系列的公司标准促销方式,另外一个方面也是由于技术部在产品上的创新点吸引了顾客。

吴总:那在报价方面呢?你觉得客户的流失与我们对产品的报价有关系吗?

苏糟:没关系,因为我们的报价都是按照公司的安全标准程序来的,不会有其他方面的问题。

王历:我看了你们的报价汇报,很详细,那你能不能谈谈为什么我们的竞争对手微软公司知道我们给客人的报价,直接报价就比我们低了5个点?为什么我们的老客户找到了比我们价钱低的供应商?

苏糟:有这回事吗?没有吧?我们的报价方式都是按公司给定的安全报价方式进行的,怎么可能会让对手知道?再说了,市场紧缩,竞争对手抛价也是正常的。

吴总:那假如真的有这回事,你觉得自己失职的地方在哪里?

苏糟:不可能的。我进公司快5年了,对这方面很了解,一直以我良好的业绩为自豪,作为领导你们要相信我。

张一:那好,你先出去吧,我们再商定。

(苏糟退场)

吴总:我有了解过,他的一个亲戚在对手的公司担任董事,问题会不会出在这块?

张一:问题肯定是有的,但撇开勾结对手暂不讨论,我们就他的工作职责方面讨论下,我觉得他的工作思想严重不足。在工作上,他对竞争对手的举动丝毫不放在心上,而且对全局的把握度不够。而且在客户流失后没能及时了解客户为何流失,只是将原由放在了公司内部。从这几点来说,他可能会在裁员对象的考虑之内。

王历:这点我赞同。身为一个销售部部长,他的作用直接关乎企业的良好运作,这些基本的也是最重要的信息他都没能很好掌握的话,我们公司要发展谈何容易。

吴总:从他刚才紧张的谈话中,我觉得他内心有鬼。不然以前都是很镇定地跟我讨论事情的,为什么到了今天就变得这么激动?

王历:刚才他有提过技术部在软件创新点上花了不少功夫,我很想听听技术部在这块是怎么做的,看能不能从技术部那边多了解些销售方面的问题。如果技术部那边做得好的话也可以适当地提薪或是升职。

张一:也行,(对着吴总说)让技术部部长进来吧。

吴总:嗯。

【3】(杜哥进场)

杜哥:各位领导好,我是技术部部长杜哥(自己坐下)。

吴总:最近工作情况怎样?

杜哥:还行吧,我们技术部正在为公司的产品多加创新,我们的软件有些地方还不是很完善,如果能在趣味这块多点努力的话就更好了,目前正在努力。另外,我们公司内部的网络已经升级,防火墙也是万无一失。各位领导还想了解些什么内容?

张一:看得出你信心很大,而且对工作很负责。你知道不知道我们的产品受到了客户的好评?

杜哥:这当然,我们做了很久的活儿,目的就是让客户感到买我们的产品更舒心。

王历:听了你的话很高兴,我们公司就需要你们这些人才哈。我想问一下,你觉得我们产品的销路好吗?

杜哥:应该很好吧,虽然目前正在受金融危机的影响,但在我看来,金融危机虽然影响很大,但目前公司的基层裁员也都结束了,我们技术部已经迅速进行重组,个个都是栋梁之材,我们相信我们的产品会吸引新顾客的。

张一:那你们有没有了解一下产品的销售情况呢?

杜哥:有是有,但是感觉了解之后对我们没有什么帮助,因为我们都没有收到客户的产品反馈信息。之前有向销售部和后勤部了解过情况,但是提供的情况对此帮助不是很大。

吴总:你是怎样看待自己的工作的?

杜哥:还好,需要提高的地方还很多,我们技术部会多多加油的。

吴总:嗯,多多加油!你先出去吧,请你让人力资源总监过来。

杜哥:好的。

【4】(杜哥下场,吴开新上场)

吴开新:丫丫,三个都还在ho……好久没见,终于又跟你们三个碰面了(吴开新,“三国”企业五大创始人之一,刚从外地开完会回厦门,现担任公司全球技术总监)。

张一:见你不容易,你可是咱公司的支柱啊!整天找不到你,真想把你挖出来好好地撮一顿。

吴开新:哈哈,就你会逗乐,怕我不请客不成!待会一起去撮一顿。

吴总:哈哈,好,说定了,你这次跑不掉。

王历:我这几天正在郁闷呢,找不到你人,两个星期没看到你了。

吴总:好了,咱们先把正事办完再说吧!

吴开新:关于你说的裁员的事情,我觉得要从这么多部长中做出一些调整不是那么容易,我就重点讲一下销售部、技术部、后勤部的状况吧,因为其他部门前天我有跟你们说过。

王历:好的,就说重点吧。

吴开新:技术部目前在产品设计方面花的心思很大,整个部门虽然经过裁员重组之后基本没什么影响,而且对产品更为重视。作为技术部部长,他经常向其他部门了解产品情况。但据我了解,收到其他部门的反馈信息,价值并不是很大。就是说,公司经过重整后整个信息共享不是很完善。但就杜哥本人来说,责任心与对待工作的态度都比以前提高了不少,实是一个不可多得的人才。

后勤部部长则是一位负责、勤快的基层干部,对待员工较为严格,对待工作一丝不苟,能将产品信息及时反馈到技术部。但最近的工作似乎有点乱,主要表现为与客户的沟通方面欠缺理性思考,交给技术部跟销售部的产品反馈信息价值不大,有待于做进一步的沟通了解。

销售部部长的话我感觉变化挺大的,据员工反映,他经常自豪地夸大自己为应对金融危机所做出的努力，有些做法和决策还带有一定的冲动。对全局把握得不好，而最近在报价方面感觉他做得比较武断。而从公司最近的销售方面来看，竞争对手的销售却比我们还要好，他们的报价往往要比我们低 3～5 个点。我们公司的一些老客户已经不再跟我们签单了，新客户还是很不稳定。这反映出我们公司在销售水平上存在的问题，但具体是内部问题还是外部问题，这是我们往后所要重点了解的。

基本上就这样，你们觉得呢？

吴总：这么说来，销售部的问题真的很大，技术部可以考虑提薪，后勤部要多改善，会不会是由于裁员带来的影响，还是公司内部真正的有鬼？

张一：销售部副部长是谁？工作情况怎样？（对着开新）老吴。

吴开新：他进公司已经有 2 年多了，在销售方面还行，具体的工作模式跟其他方面都已经很熟悉了，而且几次大的业绩都做得不错，与苏糟相比，他唯一不足的地方就是口才差了点。之前吴总也有跟我说过苏糟的情况，我觉得可以先采取降职的方法，让其副部升职部长，苏糟调往国外分公司担任销售部副部长，因为他外语不错，在国外也比较有优势。之前也是因为他在国内比较熟悉，但现在既然出现问题，何不派遣他出国去试试。另外一方面，他的亲戚就在国内的竞争对手公司，这样一来可以隔开他们，尽管勾结对手我们还没证实。这也是一种预防措施。

王历：行，我也觉得这样可以，毕竟已经做了 5 年，功劳和苦劳都历历在目，调往国外也是对他的一种磨练。另外，我觉得技术部部长可以考虑让他去北京那家公司当个技术总监，这边可以让副部长直接担任，因为技术部副部长同样有基层领导能力，何况，开新不是一般都待在总公司这边吗？这样子就比较放心了。

张一：那后勤部呢？

吴总：后勤部一段时间后再看看吧，这次裁员后勤部裁的人数是最多的，应该是这方面的影响。好了，就依你们所说的那样子吧！

【成果与检测】

根据学生的参与程度以及得出的结论或观点评定活动的成效，并评定成绩。

模块七　能力评测

★ 实训项目一：自我评估

【实训目标】

看哪一种组织文化最适合你？

【实训内容与要求】

对下列陈述，根据你自己的感觉，在相应的同意或不同意的等级上画圈：

SA＝强烈赞同；A＝赞同；U＝不肯定；D＝不赞同；SD＝强烈不赞同。

1. 我喜欢成为团队的一员并根据我对团队的贡献来评价我的绩效。

SA　　　A　　　U　　　D　　　SD

2. 个人的需要不应当为实现部门的目标作出妥协。

SA　　　A　　　U　　　D　　　SD

3. 我喜欢老板让我自由处置工作。

SA A U D SD

4. 我喜欢冒风险的激动加刺激的体验。

SA A U D SD

5. 人们不应违反规则。

SA A U D SD

6. 资历深在组织中应得到高报酬。

SA A U D SD

7. 我崇尚权力。

SA A U D SD

8. 一个人工作绩效差与他的努力程度无关。

SA A U D SD

9. 我喜欢可预测的事情。

SA A U D SD

10. 我宁愿自己的身份和地位来自自己的职业的专长,而不是来自雇用我的组织。

SA A U D SD

【成果与检测】

对于项目5、6、7和9,分数如下:

强烈赞同 =+2

赞同 =+1

不肯定 =0

不赞同 =-1

强烈不赞同 =-2

对于项目1、2、3、4、8和10,分数与此恰好相反(强烈赞同=-2,等等)。加总你的全部得分,你的得分将落入-20~+20的区间。

你的得分意味着什么?你的得分越高(正),你越是对正规的、稳定的、规则导向的和结构化的文化感觉良好,这对应着处于稳定环境中的大公司和政府机构。负的得分表明你是更喜欢那种小型、创新、灵活、团队导向的文化,这种文化常见于研究单位和小型企业。

实训项目二:组织能力测验

【实训目标】

组织能力测验。

【实训内容与要求】

请用“是”或“否”回答下面的问题。

1. 你能正确区分各种事情的轻重缓急吗?( )

2. 你能在收到函电当日立即处理吗?( )

3. 你知道自己一天中什么时间效率最高,从而将最重要的事情安排在这个时间处理吗?( )

4. 你能保持桌面整洁,不乱放文件吗?( )

5. 你是否每天在固定的时间与外界进行电话联络?( )

6. 你每天上班时就有明晰的全天工作安排吗？（　　）
7. 你有将重要事情写在记事簿上的习惯吗？（　　）
8. 你有加速处理日常工作的小窍门吗？（　　）
9. 你如果有急事外出，记得给秘书留下联络电话吗？（　　）
10. 你召开重要会议时，吩咐秘书切断电话吗？（　　）
11. 你有一套严谨的归档方法吗？（　　）
12. 你能充分利用日记本来记录日期、时间、地点、人名及电话号码吗？（　　）
13. 你在打电话之前是否先将谈话要点写出来？（　　）
14. 你每天在固定的时间处理函电吗？（　　）
15. 你知道自己办公桌每个抽屉里装着什么吗？（　　）

评分标准：回答"是"得 5 分，回答"否"无分。

【成果与检测】

60～75 分：你深深懂得良好的工作习惯可以节省时间，提高效率，是一位组织能力极强的经营管理者。

35～55 分：你的粗心大意虽不至于招灾引祸，但仍然害人害己。严谨的工作作风才是成功的保证。

30 分或以下：你由于工作作风涣散而浪费了大量宝贵的时间，也失去了大家对你的尊敬，长此下去实在危险。

第五篇
领　导

通过对本篇各模块的实训，使学生深入理解领导、激励、沟通与团队合作的知识及观点，掌握领导、激励、沟通与团队合作的工作流程及技巧，形成领导、激励、沟通与团队合作的能力。

单元一　领导思维与能力

模块一　管理故事演讲

实训项目一：生闷气的老板

【实训目标】

学会听得进反对意见。

【实训内容与要求】

两年前一位记者朋友去一家乡镇企业采访，那位在当地小有名气的企业家、该企业董事长正坐在办公室生闷气。原来，上午在董事会上他再次提出了上果汁生产项目，又被否决了。

聊起企业的管理问题，他连连抱怨：现在的企业越来越难管理了。他说："企业刚创立的时候，虽然规模小，员工文化素质也不高，但干什么都比较顺心，我指东，没有人敢往西。现在倒好，规模上去了，效益也翻了几番，又招进了大批高学历的人才。按说，工作应该更得心应手了，可实际上呢？我的话现在不灵了！常常有人唱反调。就说生产果汁这件事吧，你知道，一瓶汇源或是茹梦，饭店能卖十几、二十元。咱这个地方有的是果子，要是上了果汁生产线，你想想那利润！可几个副总愣是不同意，说果汁眼下走俏，但从长远来看却……"

两年后，这位董事长在北京参加全国劳模表彰会，又与记者朋友见面了。闲聊时，记者朋友问他那个果汁加工项目后来是否上了，他长吁一口气，说："幸亏当初没上，如果上了的话，现在可就背包袱了。邻县上了一家，老本都搭进去了。"

他感慨地说："看来企业里有人说'不'，并不见得是坏事。"

★ 故事的哲理

作为老板，最明白的时候往往是在创业时，因为他知道自己的所为究竟是为了什么——做事业！但企业成长后，老板却常常在昏昏然中弄不清楚"事业"与"权力"的区别，而不自觉地把"说话算数"作为目的。试想，当你不再为"事业"时，怎么还会有"事业"呢？

【成果与检测】

请学生结合主持人演讲的管理故事进行思考、讨论，并分组推举代表发言。根据学生的参与程度以及得出的结论或观点评定活动的成效，并评定成绩。

实训项目二：里根的告别信

【实训目标】

体会"真诚"所蕴含的领导力。

【实训内容与要求】

1994 年 11 月,美国前总统里根写信对外公布他患上了老年痴呆症,这封信实际上成为他给所有美国人的告别信:

我亲爱的美国同胞们:

近期获知,我和数百万美国人一样,将受老年痴呆症折磨。

得到这个消息后,南希和我必须做出决定:作为美国公民个体,我们应该保留这一隐私,还是将之公布于众?

南希曾为乳癌困扰,我也接受过癌症治疗。我们在公开这些事件的过程中发现,我们能够以此提高公众(对癌症)的关注意识。我们为许多人因为我们而前往医院接受检查感到高兴。我们的病症在早期就得到治疗,重返正常和健康的生活。

现在,我们觉得很有必要把它和你们共享。通过打开心扉,我们希望这样能唤起人们对老年痴呆症的更多关注。这么做可能会让人们更好地了解那些备受病症煎熬的家庭和个人。

现在,我感觉良好。我想做我该做的事情。我会继续与南希和家人分享生活历程。我打算走到户外尽情享受生活,保持与朋友和我的支持者联络。

不幸的是,随着老年痴呆症病情恶化,整个家庭将承受巨大的负担。我只希望,能有办法把南希从这种痛苦中解救出来。我相信,当最后期限来临时,南希会在你们的帮助下坚定、勇敢地面对。

最后,请让我向你们致谢!感谢美国人民给予我极大的荣誉,让我担任你们的总统。当主向我召唤时,无论那是什么,我将把对我们国家的深爱和无尽的乐观留给它的未来。现在我开始了旅程,它将把我带向生命的日落。我知道,美国永远会有一个灿烂的黎明。

谢谢你们,我的朋友们。愿上帝永远保佑你们!

★ 故事的哲理

将一件本属于个人隐私的事情公之于众,因为它可能有益于提高公众的健康生活,将一生对妻子的深情托付给公众,因为这是唯一能解救她痛苦的方法。这就是一位曾经的总统在运用他的"特权",这就是一位政治家在运用他的"威望"。他之所以还有如此的"特权"和"威望",并能恰到好处地运用它们,因为他深信两个字:真诚。

不少历史学家研究了里根的成功秘诀,发现了他独特的领导艺术:不擅长具体的行政管理,但他知人善任;关键时刻的表现总是十分果断,他会听取各方意见后迅速做出决策。

于是,当他于 2004 年 6 月与世长辞时,他成了美国历史上最受尊重的领导人之一。

而那些总是期望通过伪装自己来获取神秘感的领导人,最终获得的注定将是孤独,或是背叛!——妄自尊大的"霸主"齐桓公,最终被囚死 3 个月后才被发现;居无定所的"独裁者"萨达姆,最终在地窖里被亲信出卖给美军……威严常常是假的,而真诚才是真的。

【成果与检测】

请学生结合主持人演讲的管理故事进行思考、讨论,并分组推举代表发言。根据学生的参与程度以及得出的结论或观点评定活动的成效,并评定成绩。

★ 实训项目三:"胆怯"的 CEO

【实训目标】

学会时刻铭记作为领导的责任。

【实训内容与要求】

雀巢公司 CEO 彼得·布拉贝克从小喜爱登山，10 岁起就开始用绳索攀登阿尔卑斯山，多年的登山锻炼给了他强健的体魄和过人的勇气。然而，当 2000 年已经就任 CEO 3 年的布拉贝克第一次攀登海拔4 478米的著名山峰——马特霍仑峰时，却做出了一个出人意料的举动：

当他只差一个半小时的路程就能到达山顶时，山上突然下起了大雪。虽然向导明确地告诉他大雪不会造成生命危险，但布拉贝克仍然坚持要转身下山。向导对他的行为很吃惊，但布拉贝克说："相对于我肩负的责任而言，这个风险太高了。"

两年后，已经 57 岁的布拉贝克第二次攀登马特霍仑峰，才登上顶峰。

★ 故事的哲理

身为企业领导，肩上担负着的绝不是一个人的前途和责任，而是整个企业、所有员工的未来。因此，无论是说话还是做事，万万不可图一时之痛快、逞一时之英雄！

【成果与检测】

请学生结合主持人演讲的管理故事进行思考、讨论，并分组推举代表发言。根据学生的参与程度以及得出的结论或观点评定活动的成效，并评定成绩。

★ 实训项目四：蚁群中的"懒蚂蚁"

【实训目标】

体会领导的职责。

【实训内容与要求】

科学家发现：在蚂蚁世界里，不管一个蚁群中有多少只蚂蚁，在辛勤忙碌的蚂蚁背后，总有一批固定比例的懒蚂蚁无所事事，到处闲逛。于是，科学家将这些懒蚂蚁全部逮住并将它们与蚁群分开，蚁群中只剩下了勤蚂蚁。然而，奇怪的事情发生了：蚁群的效率与公正竟然下降了！不久，勤蚂蚁中又分化出了原有比例的懒蚂蚁。

对于这种怪现象，科学家经过无数次研究，终于找到了答案：一旦整个蚂蚁王国遭遇危机，这些懒蚂蚁就会挺身而出，带领全体蚂蚁寻找出路，渡过难关。原来，这些懒蚂蚁之所以四处闲逛，并不是真的什么都不干，它们是为了搜集生存信息，以便指挥其他勤蚂蚁更快捷而准确地寻求生机。

★ 故事的哲理

做企业，不能每个人都埋头做事，总要有人抬起头来环顾四周，决定方向，防范风险，发现机会。作为领导，别因为事必躬亲而被琐碎的日常事务所淹没，要记住领导的最重要角色——当好舵手。

【成果与检测】

请学生结合主持人演讲的管理故事进行思考、讨论，并分组推举代表发言。根据学生的参与程度以及得出的结论或观点评定活动的成效，并评定成绩。

★ 实训项目五：宋太宗忘事

【实训目标】

体会宽容是领导的美德。

【实训内容与要求】

《宋史》记载：有一天，宋太宗在北陪园与两个重臣一起喝酒，边喝边聊，两臣喝醉了，竟在皇帝面前相互比起功劳来，他们越比越来劲，干脆斗起嘴来，完全忘了在皇帝面前应有的君臣礼节。侍卫在旁看着实在不像话，便奏请宋太宗，要将这两人抓起来治罪。宋太宗没有同意，只是草草撤了酒宴，派人分别把他们送回了家。

第二天上午，两臣都从沉醉中醒来，想起昨天的事，惶恐万分，连忙进宫请罪。宋太宗看着他们战战兢兢的样子，便轻描淡写地说："昨天我也喝醉了，记不起这件事了。"

★ 故事的哲理

治理好天下和管理好企业，领导者都必须要有雅量。

现代的领导，难免会遇到下属冲撞自己、对自己不尊的时候，学学宋太宗，既不处罚，也不表态，装装糊涂，行行宽容。这样做，既体现了领导的仁厚，更展现了领导的睿智：不失领导的尊严，而又保全了下属的面子。以后，上下相处也不会尴尬，你的下属更会为你尽犬马之劳。

宽容是一个老板的美德。但宽容并不等于是做"好好先生"，不得罪人，而是设身处地地替下属着想。

【成果与检测】

请学生结合主持人演讲的管理故事进行思考、讨论，并分组推举代表发言。根据学生的参与程度以及得出的结论或观点评定活动的成效，并评定成绩。

★ 实训项目六：吴士宏的三个问题

【实训目标】

学习一个新领导的工作技巧。

【实训内容与要求】

1999年12月1日，是吴士宏走进TCL担任副总裁的第一天。

"我是那么地想要去做这件事，但是我不知道怎么做。"吴士宏在22个月之后回忆起刚踏进TCL大门的时候这样说。

虽然吴士宏曾经在两个最棒、最完整、最伟大的公司——IBM和微软任过要职，但是其16年的职业历史中，对中国企业，除了接触过的中国客户外，没有什么太多的了解。所以，当她面对TCL这个20年历史的中国企业的时候有些心里没底。

第二天，一个半天的会议将由吴士宏这位新来的副总裁主持。TCL的人都怀着好奇的心情，来看这位风云人物的"第一把火"。

"我怎么主持？我什么都不知道，我什么都不懂。"吴士宏如是说。

吴士宏对每一个参会的人都问了三个问题：

第一个问题：你想让我做的第一件事是什么？

第二个问题：如果你是我，你第一件事做什么？

第三个问题：从你的角度，从公司的角度，你最想要的是利用集团什么样的资源而不可得？

她得到的对第一个问题的统一回答是：你要去学习TCL如何制定产业的战略。

第二个问题的答案有一大半说：我要是你，现在去做战略。一小半说，我要是你，先去找一个什么产品,把它卖出去,然后把它做出成绩来,这是 TCL 衡量员工的一个最基本的标准。

第三个问题,没有人能回答得出来。

吴士宏从三个问题的询问中得到的答案就是:这个公司有很多的资源,但是他们没有太多配合的习惯。

★ 故事的哲理

以往再成功的经理人,如果不论在哪里都以改革家自居,那么他就依然是稚嫩的。须知,面对一个全新的组织,即便是经验再丰富的管理者,也依然是弱小而无知的。因此,成熟的"新官",其上任后的第一把火往往烧向自己:忘掉过去的经验,忘掉一切偏见,暂时放下宏伟的抱负,而以虚怀若谷的心去判断自己即将面对的团队,去思索在这样的团队中自己的角色与作为。

【成果与检测】

请学生结合主持人演讲的管理故事进行思考、讨论,并分组推举代表发言。根据学生的参与程度以及得出的结论或观点评定活动的成效,并评定成绩。

模块二 案例分析

实训项目一:三个领导

【实训目标】

掌握不同的领导方式的特点。

【实训内容与要求】

金城公司是一家中等规模的汽车配件生产集团。该公司有这样三位领导:

一、王自豪

王自豪对他本部门的产出感到自豪。他总是强调对生产过程、出产量控制的必要性,坚持下属人员必须很好地理解生产指令,以得到迅速、完整、准确的反馈。王自豪当遇到小问题时,会放手交给下级去处理;当问题很严重时,他则委派几个有能力的下属人员去解决问题。通常情况下,他只是大致规定下属人员的工作方针、完成怎样的报告及完成期限。王自豪认为只有这样才能引致更好的合作,避免重复的工作。

王自豪认为对下属人员采取敬而远之的态度对一个经理来说是最好的行为方式,所谓的"亲密无间"会松懈纪律。他不主张公开谴责或表扬某个员工,相信他的每一个下属人员都有自知之明。

据王自豪说,在管理中的最大问题是下级不愿意承担责任。他讲到,他的下属人员可以有机会做许多事情,但他们并不是很努力地去做。他表示不能理解以前他的下属人员如何能与一个毫无能力的前任经理相处,他说,他的上司对他们现在的工作运转情况非常满意。

二、方权

方权认为每个员工都有人权,他偏重于管理者有义务和责任去满足员工需要的学说。他说,他常为他的员工做一些小事,如给员工两张下月在伽利略城举行的有关艺术展览的入场券。他认为,每张门票才 15 美元,但对员工和他的妻子来说却远远超过 15 美元。通过这种方式,也是对员工过去几个月工作的肯定。

方权说，他每天都要到工场去一趟，与至少25%的员工交谈。鲍勃不愿意为难别人，他认为艾的管理方式过于死板，艾的员工也许并不那么满意，但除了忍耐别无他法。

方权说，他已经意识到在管理中有不利因素，但大多是由于生产压力造成的。他的想法是以一个友好、粗线条的管理方式对待员工。他承认尽管在生产率上不如其他单位，但他相信他的雇员有很高的忠诚度与士气，并坚信他们会因他的开明领导而努力工作。

三、辛巴

辛巴说他面临的基本问题是与其他部门的职责分工不清。他认为，不论是否属于他们的任务都安排在他的部门，似乎上级并不清楚这些工作应该由谁做。

辛巴承认他没有提出异议，他说这样做会使其他部门的经理产生反感。他们把查理看成朋友，而查理却不这样认为。

辛巴说过去在不平等的分工会议上，他感到处境窘迫，但现在适应了，其他部门的领导也不以为然。

辛巴认为，纪律就是使每个员工不停地工作，预测各种问题的发生。他认为，作为一个好的管理者，没有时间像鲍勃那样握紧每一个员工的手，告诉他们正在从事一项伟大的工作。他相信如果一个经理声称为了决定将来的提薪与晋职而对员工的工作进行考核，那么，员工会更多地考虑他们自己，由此而产生很多问题。

他主张，一旦给一个员工分配了工作，就让他以自己的方式去做，取消工作检查。他相信大多数员工知道自己把工作做得怎么样。

如果说存在问题，那就是他的工作范围和职责在生产过程中发生混淆。查理的确想过，希望公司领导叫他到办公室听听他对某些工作的意见。然而，他并不能保证这样做不会引起风波而使事情有所改变。他说他正在考虑这些问题。

➤ 讨论

1. 你认为这三个部门经理各采取了什么领导方式？这些模式都是建立在什么假设的基础上的？试预测这些模式各将产生什么结果？

2. 是否每一种领导方式在特定的环境下都有效？为什么？

【成果与检测】

根据小组成绩、班级讨论、书面报告等综合评定。

★ 实训项目二：大学生做股长

【实训目标】

掌握领导工作技巧。

【实训内容与要求】

刘殿坤是某名牌大学电子系的优秀毕业生，在学校里曾经做过学生会干部，毕业后考进一家电子配件公司，在生产部门当了个小股长，专管生产电容器。这家公司当时并不大，他这个股只有两条生产线，除了两位领班，只有12个员工。但他们在公司的人事关系却很复杂。有的是前任股长(现在升任科长)的“爱将”；有的是从其他部门调过来的。至于两位领班，那就更“妙”了，一位是总经理的“同学”，另一位是业务经理的小同乡。

刘殿坤上任之后，观察了半个月，两个领班对他是貌合神离，除了工作之外，对他总是爱理不理的。几个男作业员又相当调皮，时常争争吵吵，给他惹麻烦。其中，只有3个女孩子对刘殿坤还不错，然而，那些年轻的男作业员胡说八道，说刘殿坤对这3个女孩子有意思。

这种话传到刘殿坤的耳朵里，真让他哭笑不得，他觉得这环境太复杂了，就交了辞呈。

辞呈很顺利地到了总经理手里（由此可见，他在这个单位是很不受欢迎的，他的科长、经理别说没有挽留他，连问他为什么辞职都没有，只是签字转了上去）。

过了两天，总经理突然到他工作的地方来找他，一见面便拍着他的肩膀亲切地说："怎么样，这里的生活还过得惯吧？你们这个股，近来表现得很不错，今天晚上，我请大家吃饭。"

在席上，总经理对刘殿坤说："你今天酒喝多了，我用车子送你回去。"

总经理一上车，便吩咐司机把车子开到中山北路一家咖啡馆。总经理说："人们常说，酒后吐真言，现在你可以把辞职的原因告诉我了。"

刘殿坤说："我没有什么特别要说的，只是觉得自己领导能力太差，不适合当这个主管。"总经理说："有错误能自己承担下来，不把它推给下属，不把它推给上级，这就是很了不起的德性了，也可以说是已具备大将风范。不过，你可以替下属承担责任，但不能把本公司管理上的症结问题隐瞒起来。"

刘殿坤真不知该说什么好，"我说的是真话。总经理，我发觉自己太笨拙，根本不会领导人。"刘殿坤很认真地说，好像要发誓似的。

"你说的也许是真心话"，总经理说，"不过，就整个公司来说，你领导不好那个部门，也是我的责任，也是你上级的责任，至少我们都没有给你足够的支持。尤其是你直接的主管，根本没有针对实际情况，对你做有效的辅导。"

"你不必害怕"，总经理安慰他说，"其实，不用你说，我也知道了，你在自己单位里受下属排挤，又得不到上级的全力支持，自然干得没有意思了。"

"您是怎么知道的？"这一问，又无异招认了自己的处境。

总经理啜了一口咖啡，又接下去说："你那些主管几乎都没有签注任何意见，只签了'拟准'，这不是很荒唐吗？"

"我很惭愧，总经理"，刘殿坤说，"我没能够跟我的主管们处得很好。"

"我也承认，有些工作他们的确比你在行，可是，就整个公司的发展来说，这是一个很大的危机。未来的企业发展，经验与知识是不能脱节的。如果你只有经验，没有能力吸收新知识，就不可能有突破性的发展。""这就是纯靠经验的缺点"，总经理感慨地说，"但现在时代不同了，没有任何生意能在保持现状的情况下，可以长久生存下去的，一定要不断地研究改进，才能求生存、有发展。这一危机，他们当然看不出来，但我自己看得最清楚，你说，我能不着急吗？"

这一长篇大论的肺腑之言，使刘殿坤颇受感动。受到这样的勉励、鼓舞，一下子变得雄心万丈。"总经理，谢谢您对我期望如此之高，我恐怕会使你失望的。不过，不管如何，我一定尽力去做。我希望总经理能指示一些我今后的做法。"

"这很难说得明白，我只能告诉你几个原则。"

总经理指示他的原则有三点：

1. 赞美别人的长处，表现自己的优点。

2. 帮助下属增强工作上的能力，使他们从内心里敬爱你。

3. 了解每一个下属的个性，在工作上予以适当的支持。下属跟主管作对的总是少而又少的，只要主管肯去接近他们、爱护他们，他们没有理由要反对你、排挤你。

这三个原则解说完了，刘殿坤觉得真是受益匪浅，在当股长之后，这三件事他一件也没有做到，难怪上级不支持，下属不合作。认识清楚这一点，刘殿坤为自己的工作勾画出一幅蓝图。

最重要的一点是，他认为要想下属支持他，必须先支持下属。

在他的作业员中，有几个在夜间读补习班的，过去在工作忙时，往往因公司加班，而耽误了他们上课的时间。

这一次，他把几个读书的作业员叫来，首先对他们半工半读的求学精神表示钦佩，接着很恳切地告诉他们："今后，不管有什么紧急的工作，都不能耽误你们上学的时间。你们辛辛苦苦赚来的工钱缴了学费，不能让它白缴了。遇到特殊情形，我一定事先替你们安排好。"不久之后，这几个人已成了他忠实的拥护者，凡是他交代的工作，他们都做得又快又好。

接着，刘殿坤对两位领班也分别下了一番功夫。刘殿坤把两位领班收服了，在工作推动上自然顺利多了。他突然发觉，要跟这些人处得好，并不是一件困难的事。

事实上，人与人之间的相处，要和谐并不困难，只要自己不作壁垒分明的防范，不把自己先孤立起来，自然就不容易造成隔阂。主管对下属也是一样，你要先让他们了解你，你才有机会去了解他们。

为了进一步增进与下属的感情，每逢假日，刘殿坤常约下属一起去郊游。他几乎成了他们中的"老大"。不管公事、私事，他的意见总是赢得绝大多数员工的拥护。

正好这时候，公司扩大生产业务，要装配电子计算机外销，总经理把这一工作交给刘殿坤负责。当电子计算机的生产工厂开工时，这些人都成了刘殿坤的得力助手，对生产线的设置、质管的流程，他们都尽了不少的力。

这些作业员都升了小主管，内心固然高兴，更使他们欣慰的是，这两年多的努力学习，已使他们具备了应付这一新工作的知识。换言之，他们以前只会用手，现在他们也会用脑子去想了。饮水思源，这都是刘殿坤的功劳，他们对这样的主管能不死心塌地地爱戴吗？

★ 案例思考题

1. 刘殿坤的变化说明了什么？请运用领导方式理论进行分析和说明。
2. 总经理的领导方式有什么特点？
3. 刘殿坤对下属的培养和指导结果说明了什么？

【成果与检测】

根据小组成绩、班级讨论、书面报告等综合评定。

★ 实训项目三：餐馆的困境

【实训目标】

体会企业中对人的管理的技巧。

【实训内容与要求】

一家经营瑞士菜肴的餐馆开张有7个月了，生意一直很好。餐馆的老板是凯希。她出生在法国，多年来都在学习烹饪，终于学到了一套本领。她宣称自己可以说是一名大厨师了。凯希来到美国，决定在达拉斯经营餐馆。凯希热爱达拉斯这个地方，并且感到达拉斯人会喜欢上她的饮食及服务方式，决定把重点放在饮食质量和服务态度上。

凯希按照欧洲的方式提供给顾客饮食和服务，一开始就大获成功。餐馆的职员穿着极为整洁，并且有一套严格的服务制度。凯希甚至要他们在服务顾客时说法语。所有的酒都是从欧洲进口的，而牛排是经过仔细挑选的德克萨斯牛排，凯希所标出的价格是很高的，但这并未有损她的生意,并且她还在继续涨价,销售量也不断地上涨。当有熟悉的顾客打电话给凯希,询问她在一次小型聚会上该用什么酒时,凯希会送几瓶好酒给这些顾客,并且是直接送到他们家里,还免费。凯希没有打广告,也不必这么做。她的名声就是最好的广告。

最初,凯希亲自做所有的菜,但是,后来再也无法这么做了,她不得不训练和监督其他人来做菜。凯希想从法国雇用她的一些学烹饪的厨师朋友来帮忙,还答应给高工资,有房子,但没有一个愿意来。无论如何,凯希努力要求她的每个职员干到最好、提供最好的服务、做出最好的菜肴。有几个职员拒绝学做法国菜,凯希只好开除他们。

凯希不在乎开除人,因为无论饭菜,还是服务,在她看来都应完美无缺。但是,凯希手下有了一批专职的职员,她担心这些人联合起来。有几个烹饪组的管理人员答应按她所要求的方式干,但随后又改变了一些具体的东西,并未完全按凯希所说的去做。凯希的另一个麻烦就是她的几个服务员,他们总是想和顾客套近乎。

凯希不准任何职员收小费。这既包括提供饮食的职员,又包括提供服务的职员。职员的薪水是每小时 10 美元,顾客的账单没有小费,顾客不必付小费。有时,顾客要给服务员小费,但凯希会告诉他们,在这里不必付小费。服务员对此很有意见,他们已习惯收小费,而凯希的做法让他们不舒服。

凯希还有一个麻烦,就是职员的穿着问题。每一个烹饪服务组的管理人员有责任检查这个组的每一个职员的穿着,要保证衣服绝对整洁,并且穿着要按规定,手套应是洁白的。每个管理人员手中都应有清洁布,以保证随时清洁衣服、鞋子和手套。凯希的这项措施还未完全实施,就听到了一些抱怨。

凯希也开始听到顾客的一些抱怨,比如饭是冷的,并且还有人向她抱怨调酒师把不适宜的酒混在一起,有意想让一些人喝醉。凯希竭尽全力试图加强所有职员的服务水平,但是他们并不合作。所有女职员的情况要好些,但凯希要求所有男职员也应达到她的要求。另一个困难来自烹饪。其中有这样一件事,凯希亲自烹制的生日蛋糕居然会被搞错。这块凯希用某种专门材料烹制的小蛋糕,上面还印上了“米拉格罗斯生日快乐”,但居然被搞错了。由于这块蛋糕是凯希专门特制的,所以,对凯希来说很重要。但最后事情搞得一团糟,凯希为此大怒。显然是管理人员搞错了。但凯希难以理解的是,她那天并未指令给其他人蛋糕,为什么还会搞错呢?!凯希不得不免收顾客的钱,并还向顾客道了歉。最后,凯希只得把这记为亏损。

各种工作都推给凯希,等她去处理。凯希知道这样下去是不行的,必须作出一些改变。凯希决定应选择好的厨师,把烹饪的质量和服务提上来。凯希的一位朋友建议她可以实行利润分成的办法,但凯希断然拒绝了这个建议。最终,发生了这样一件事,管理人走到凯希身前,告诉凯希,他们将不会再忍受她的方式,他们不满她的尖叫声和吼声,不满她对整洁的挑剔,也不满凯希所给的工资,特别不满不准收小费。他们还抱怨工作时间太长,如果凯希不改变这些,他们威胁说,他们将离开这里。凯希听了这些,怒火直冒,从未有职员敢以这种方式对她说话。但是,凯希忍住了怒火,她表现得很平静,并感谢他们的真诚,向她提出了他们的要求。凯希答应过几天答复他们。

凯希现在不得不严肃地处理整个的职员问题,而现在,包括厨师在内,总共有 245 名职员。

➢ 讨论

1. 请分析这个餐馆存在的问题。
2. 假如你是凯希,你会如何处理这些问题?

【成果与检测】

根据小组成绩、班级讨论、书面报告等综合评定。

实训项目四：分权问题

【实训目标】

了解组织的分权技巧。

【实训内容与要求】

最近一家公司的总裁感叹道："我们对地方分权长期、坚定和近乎狂热的承诺，造成与产品相关的不同部门为争取客户而彼此竞争。结果造成一股有悖整体的力量和一种人人为我，却无我为人的精神。"他还说："表面上把企业分成较小的单位，应该能够鼓励地方的主动性和承担风险。事实上恰巧相反，部门分立与自治产生了更短期导向的管理者，他们比以前更受利润的影响。"

➢ 问题

请你结合案例谈一谈组织的分权和扁平式组织的缺点。

【成果与检测】

根据小组成绩、班级讨论、书面报告等综合评定。

实训项目五：授权的障碍

【实训目标】

了解公司授权的技巧。

【实训内容与要求】

B公司的李老板从某大企业挖来了精明强干的刘先生担任公司的总经理，并将公司的大小事务均交由刘先生全权处理。由于得到授权，刘先生便结合公司的特点和实际情况，对公司的经营模式和管理体制进行了大胆的变革，将公司原先的品牌经营模式转变为OEM(贴牌生产)服务模式，并提出了颇具创新意识的OEM改进方式，变被动的OEM服务为主动的OEM服务，得到众多客户的认同与支持。然而，当刘先生意欲更深入地推动企业的变革时，他发现，其实自己手中的权力十分有限，虽然李老板总是客客气气地对其进行鼓励，但刘先生的内心却非常困惑。久而久之，刘先生的变革锐气便渐渐地消失了。

➢ 问题

1. 李老板在授权上的主要障碍是什么？
2. 这种障碍产生的原因可能是什么？
3. 你有什么好的建议？

【成果与检测】

根据小组成绩、班级讨论、书面报告等综合评定。

模块三　管理实战任务

实训项目：校园模拟指挥

【实训目标】

1. 培养现场指挥的能力；

2. 培养应变能力。

【实训内容与要求】

1. 设定一定的管理情景，由学生即时进行决策或指挥。

2. 建议可处置的管理情景为：晚上 11 点多钟，男生宿舍一楼的卫生间里水管突然爆裂。此时楼门和校门已经关闭（水闸门手轮锈住），人们都沉睡在梦中，只有邻近的几个学生惊醒。水不断地从卫生间顺着东西走廊涌出，情况非常紧急。假如你身处其中，如何利用你的指挥能力化险为夷？

3. 先以模拟公司为单位进行分组讨论，然后各公司分别制订应急方案。

4. 组织班级交流与讨论。

【成果与检测】

根据小组成绩、班级讨论、书面报告等综合评定。

模块四　管理游戏

实训项目一：空中飞奔

【实训目标】

了解公司经营活动中上层与下层的关系。

【实训内容与要求】

➢ 游戏程序

1. 选择学员扮演“空中飞人”（代表公司上层）。

2. 选择学员在下面拿着杆子撑起一条“空中飞人”的“跑道”。

3. 游戏分享。

➢ 游戏准备

选择比较有安全性的杆子及木板若干。

➢ 注意事项

要注意游戏的安全性。

【成果与检测】

根据学生的参与程度以及表现看游戏的效果，并评定成绩。

实训项目二：无领袖团队

【实训目标】

了解人的领导力、合作性等非智力因素特征。

【实训内容与要求】

➢ 游戏说明

在该种测验中安排一个无领导的情境，要求一组素不相识的人共同完成一项任务，大家必须通力合作，否则将受惩罚。这种原本没有领导的情境下，如有人自动出面领导并获得他人的支持能顺利完成任务，那么此人必具备领导能力。

【成果与检测】

根据学生的参与程度以及表现看游戏的效果，并评定成绩。

★ 实训项目三：蛀书大虫

【实训目标】

让学员明白先入为主的观念会大大影响潜意识及想象力。

【实训内容与要求】

➢ 游戏方法

假定每本书的页数为100，把四本书编号为1、2、3、4，依次紧贴竖放，而一条蛀书虫从第1本书的第一页蛀到第4本书的最后一页，请学员计算这条虫共蛀了多厚的书。

➢ 游戏准备

四本相同的书。

【成果与检测】

根据学生的参与程度以及表现看游戏的效果，并评定成绩。

★ 实训项目四：导航塔

【实训目标】

在轻松的游戏中把松散的工作小组转变为团结、高效的工作团队。

【实训内容与要求】

➢ 游戏程序

1. 分组。

2. 培训师宣布每个小组的任务是要为本组建一座导航塔，越高越好。

3. 分发材料；宣布在规定时间内开拓成员的创新意识建塔。

4. 游戏分享讨论：你的小组是如何工作的；你的塔为什么最低；从高塔本身而言我们获得了什么团队管理的启示。

➢ 游戏规则

所建的塔要接受其他组选出的检验员的检验，以吹不倒而且最高为胜利。

➢ 游戏准备

纸杯、报纸、透明胶带、吸管、橡皮筋和1把手工剪刀。

【成果与检测】

根据学生的参与程度以及得出的结论或观点评定活动的成效，并评定成绩。

模块五 辩论赛

实训项目一：对工作的不同理解

【实训目标】

体会上下级之间的误解，领悟解决方法。

【实训内容与要求】

上下级之间的误解：

➢ 程序

展示该图，描绘了上下级之间对同一职位所属工作内容的理解。其中，25%的地方是不相吻合的。

➢ 讨论

1. 为什么会存在这样的不同之处呢？
2. 请大家从自己下属的角度来设想一下他们的感受。
3. 请大家回去与自己的上级/下级沟通，了解未交叠的部分在哪里。

【成果与检测】

老师依据本背景设定对立的论题组织辩论赛，根据分组辩论成绩、班级讨论、书面报告等综合评定。

实训项目二：宽松式管理对大学生的作用

【实训目标】

让学生思考宽松式管理对大学生的作用。

【实训内容与要求】

正方观点：宽松式管理对大学生利大于弊

反方观点：宽松式管理对大学生弊大于利

【成果与检测】

老师依据本背景设定对立的论题组织辩论赛，根据分组辩论成绩、班级讨论、书面报告等综合评定。

实训项目三：强将手下无弱兵

【实训目标】

让学生思考领导与属下能力的关系。

【实训内容与要求】

正方观点:强将手下无弱兵

反方观点:强将手下未必无弱兵

【成果与检测】

老师依据本背景设定对立的论题组织辩论赛,根据分组辩论成绩、班级讨论、书面报告等综合评定。

模块六　角色模拟

★ 实训项目一:搭积木

【实训目标】

比较不同的管理风格。

【实训内容与要求】

➤ 道具

三盒积木。

➤ 时间

30 分钟。

➤ 程序

1. 选出 6 位同学,分成 3 组,每组 2 人。

2. 告诉每个小组,一个人是主管,一个人是下属。每个主管按照发放的材料(见"附:主管的卡片")内容指挥下属,下属听从主管的指示操作。

3. 小组 A 上台,主管 A 指挥下属活动。

4. 询问同学,主管 A 是如何领导下属的。

5. 小组 B 上台,主管 B 指挥下属活动。

6. 询问同学,主管 B 是如何领导下属的。

7. 小组 C 上台,主管 C 指挥下属活动。

8. 询问同学,主管 C 是如何领导下属的。

9. 教师把发给主管们的材料与黑板上学生的回答一一对比,并进行归纳、总结。

10. 由学生举手表决,选出最受欢迎的管理风格。

➤ 规则

1. 主管 A 实行直接管理的方法,每一步都要给予特别的、详尽的指示,不允许下属做任何独立的决定。

2. 主管 B 只是简单陈述要做什么,不提供任何进一步的指导和反馈,下属可以做任何他想做的事。

3. 主管 C 描述一下需要做什么,让下属自己尝试各种技巧,必要的时候给予正确的反馈。

➤ 教师任务

1. 事前准备 3 盒积木。

2. 组织活动。给每个小组编号,按照编号顺序指挥相关人员进行搭积木活动。

3. 控制整个活动,确保每个小组不违反规则。

4. 根据"程序 4",教师把学生的回答写在黑板上。

5. 根据"程序 6",教师把学生的回答写在黑板上。

6. 根据"程序 8",教师把学生的回答写在黑板上。

7. 教师总结:有效的管理能够恰当地分派任务,但并不提供足够的指导与支持,放手让下属自己处理。适度授权,相信下属能够依靠自己的经验来处理工作中的事务。如果授权过度,任由下属自己做,不提供足够的反馈,下属可能会认为自己做对了——即使是错误的,也会这样认为。这就使得最终发现问题时,员工不得不修正许多错误,改进许多不足,既提高了成本,又降低了效率。

附:主管的卡片

主管 A

下属的任务是建造一座公寓,公寓的周边环境具有浓郁的乡村风格。你实行的是直接管理的方法,每一步都要给予特别的、详尽的指示,不允许下属做任何独立的决定。

例如:"首先,拿拱形的积木,并把它放在右边一点。"

主管 B

下属的任务是建造一座公寓,公寓的周边环境具有浓郁的乡村风格。你只是简单陈述要做什么,不提供任何进一步的指导和反馈,下属可以做任何他想做的事。

例如:"首先,拿拱形的积木,然后在两边放上两个长方形积木。"

主管 C

下属的任务是建造一座公寓,公寓的周边环境具有浓郁的乡村风格。你只要描述一下需要做什么,让下属自己尝试各种技巧,必要的时候给予正确的反馈。

例如:"首先,拿拱形的积木。"(如果主管觉得下属放置的位置不合意,可给些建议,如:我认为,这个拱形的积木放在右边比放在中间更好些。)

【成果与检测】

由学生举手表决,选出最受欢迎的管理风格。根据学生的参与程度以及得出的结论或观点评定活动的成效,并评定成绩。

★ 实训项目二:我们的观察力如何

【实训目标】

应用:观察力测试,激发人们的好奇心,保持对生活和工作的热情。

【实训内容与要求】

▶ 程序

向一位与会人员暂借用他的手表(机械表)。

拿到表后,说想测一下他的观察力,同时请有手表的人都盖住自己的手表,心里回答我们的问题。

告诉那人,假设你丢失了表,我捡到了它,在给你这个表之前,你要证实这块表的一些特征:

(1)这块表是什么牌子?

(2)表盘是什么颜色?

(3)一共是12个数字吗？

(4)有没有日期和星期的显示？

(5)有没有秒针？

一共有多少人全部回答对了这几道题。

➢ 讨论

1. 除了他之外，还有没有谁通过这次测试？为什么？

2. 为什么我们观察得不够细致？

3. 你有没有见过由于人们忽视了常见的事物或问题而引发的事故？

4. 你是否经常问候你身边的亲人和朋友，尽管你也许每天都能碰到他们，并且和他们在一起？

【成果与检测】

根据学生的参与程度以及得出的结论或观点评定活动的成效，并评定成绩。

实训项目三：应该谁付打车费？

【实训目标】

掌握领导的艺术。

【实训内容与要求】

时间：3月14日

某顾客：喂，今个儿天气挺好，陪我去买双鞋，好吗？

同伴：好呀，听说友谊鞋城挺便宜，我们到那去看看吧！

(他们来到友谊鞋城。)

营业员：欢迎光临，今天我们商场实行折价销售，请问你要买什么鞋？

顾客：我吗？想买双旅游鞋。

营业员：哦，我们今天这里皮鞋打折特别多，要不你找双皮鞋？

顾客(对同伴)：要不，我买双皮鞋，你看行吗？

同伴：好，让营业员帮忙介绍一双吧！

营业员：那你看看这双怎么样，原价160多元，现价才98元，挺便宜的，而且款式也挺新，还是今年流行的，你穿多大号？

顾客：40号。

营业员：你看一下这双！

顾客：还可以，穿着挺舒服的。这样打折，质量能保证吗？

营业员：它是中外合资上海著名鞋厂TOPONE生产的，质量绝对没问题。

顾客：那好，就这双了吧！

时间：3月15日

(顾客对刚穿了一天的皮鞋感到有些不太满意。正好发现鞋帮有一点要开胶的迹象，于是来到柜台前。)

营业员：您好！那双鞋穿起来还算舒适吧！

顾客：对不起，麻烦你仔细瞧瞧！

营业员：怎么了？

顾客：你仔细看看！

营业员：（营业员看了看）没什么呀？

顾客：你看这，看这。

营业员：（仔细检查）哦，这里似乎有点开胶了。好，我们给你免费修补，保证看不出痕迹来。

顾客：修？不，我要退货！虽然开胶只有一点点，但说明质量有问题。

营业员：就这么点毛病，完全不影响使用，不能退。况且，鞋已被你穿过，有磨损的鞋还卖给谁？

顾客：废话！不穿怎能发现质量问题？你不给退，我去找经理！

（顾客拎鞋直奔经理办公室。）

顾客：你是楼层经理？

经理：请坐，请坐，有话好说。

顾客：不必了，你看看你们商场卖的鞋。

经理：（仔细检查）哦，好像有点开胶了，那我们负责为你免费修补。

顾客：刚才那个营业员就说修，不行！我要把鞋退了！

经理：可是你要退鞋不够条件呀！

顾客：不够条件？什么条件？就凭今天是 3 月 15 日，你就得给我退！

经理：（经过一番沉默）好！那今天就把鞋退了！

顾客：那来时的打车费谁给我报啊？

（面对这个要求，双方进入僵持状态。）

（总经理办公室）

顾客：你看你们商场啊？我说要买旅游鞋，你们营业员非说皮鞋好，还打折。可是价格打折，质量也给我打折。不行，你得给我一个说法！

总经理：嗯，看得出你是一个热爱运动的人，打篮球不错吧！

顾客：（听到经理在夸奖自己，心里很高兴）还可以吧！（态度缓和）

总经理：要不这样，我给你换一双价值 148 元的安踏运动鞋，这就等于按进价给你。你看行吗？

于是，顾客高兴地离去了。

➢ 讨论

为什么总经理能让顾客满意而去？

【成果与检测】

根据学生的参与程度以及得出的结论或观点评定活动的成效，并评定成绩。

模块七　能力评测

★ 实训项目一：自我评估练习

【实训目标】

测试你的领导作风。

【实训内容与要求】

请阅读下列各句，对于(a)句最能形容你时，请打[o]；对于(b)句，若对你来说，不正确，请打[o]。请你务必认真作答，以便求得更正确的积分。

1.(a)你是个大多数人都会向你求助的人。

(b)你很激进，而且最注意自己的利益。

2.(a)你很能干，且比大多数人更能激发他人。

(b)你会努力去争取一项职位，因为你可以对大多数人和所有的财务掌握更大的职权。

3.(a)你会试着努力去影响所有事件的结果。

(b)你会急着扫除所有达成目标的障碍。

4.(a)很少人像你那么自信。

(b)你想取得世上有关你想要的任何东西时，你不会有疑惧。

5.(a)你有能力激发他人去跟随你的领导。

(b)你喜欢有人依你的命令行动；若必要的话，你不反对使用威胁的手段。

6.(a)你会尽力去影响所有事件的结果。

(b)你会做全部重要的决策，并期望别人去实现它。

7.(a)你有吸引人的特殊魅力。

(b)你喜欢处理必须面对的各种情况。

8.(a)你会喜欢面对公司的管理人，咨询复杂的问题。

(b)你会喜欢计划、指挥和控制一个部门的人员，以确保最佳的福利。

9.(a)你会与企业群体和公司咨询，以改进效率。

(b)你对他人的生活和财务会作决策。

10.(a)你会干涉官僚的拖拉作风并施压，以改善其绩效。

(b)你会在金钱和福利重于人情利益的地方工作。

11.(a)你每天在太阳升起前，就开始了一天的工作，一直到夜晚6:00。

(b)为了达成所建立的目标，你会定期而权宜地解雇无生产力的员工。

12.(a)你会对他人的工作绩效负责，也就是说，你会判断他们的绩效，而不是你们的绩效。

(b)为求成功，你有废寝忘食的习性。

13.(a)你是一位真正自我开创的人，对所做的每件事都充满热忱。

(b)无论做什么，你都会做得比别人好。

14.(a)无论做什么，你都会努力求最好、最高和第一。

(b)你具有积极性的人格和奋斗精神，并能坚定地求得有价值的任何事情。

15.(a)你总是参与各项竞争活动，包括运动，并因有突出的表现而获得多项奖牌。

(b)赢取和成功对你来说，比参与的享受更感到重要。

16.(a)假如你能及时有所收获，你会更加坚持。

(b)你对所从事的事业，会很快厌倦。

17.(a)本质上，你都依内在驱动力而行事，并以实现从未做过的事为傲。

(b)作为一个自我要求的完美主义者，你常强迫自己有限地去实现理想。

18.(a)你实际中的目标感和方向感远大于自己的设想。

(b)追求工作上的成功，对你来说是最重要的。

19.(a)你会喜欢需要努力和快速决策的职位。

(b)你是坚守利润、成长和扩展概念的人。

20.(a)在工作上，你比较喜欢独立和自由，远甚于高薪和职位安全。

(b)你是安于控制、权威和有强烈影响的职位上的人。

21.(a)你坚信凡是对自身分内的事，最能冒险的人赢得金钱上的最大报酬。

(b)有少数人判断你应比你本身更有自信。

22.(a)你被公认为是有勇气的、生气蓬勃的乐观主义者。

(b)作为一个有志向的人，你能很快地把握住机会。

23.(a)你善于赞美他人，而且若是合宜的，你会准备加以信赖。

(b)你喜欢他人，但对他们以正确的方法行事的能力，很少有信心。

24.(a)你通常宁可给人不明确的利益，也不愿与他人公开争辩。

(b)当你面对"说出那像什么时"，你的作风是间接的。

25.(a)假如他人偏离正道，由于你是正直的，因而你会无情地纠正。

(b)你是在强调适者生存的环境中长大的，故常自我设限。

【成果与检测】

你的得分：计算一下你圈(a)的数目，然后乘以4，就是你领导特质的百分比。同样地，(b)所得的分数，就是你管理特质的百分比。

领导人(a的总数)×4=　　　%

管理者(b的总数)×4=　　　%

★ 实训项目二：事业驱动力测量

【实训目标】

测量你的事业驱动力。

【实训内容与要求】

测量方法：对每大题中两小题依照个人倾向程度评分，倾向程度高，分数也高，但两项分数之和必须为"3"。以第一题为例：

情形一：A(3)　B(0)　A+B=3

情形二：A(2)　B(1)　A+B=3

情形三：A(1)　B(2)　A+B=3

情形四：A(0)　B(3)　A+B=3

测量结果：

A：　B：　C：　D：　E：

F：　G：　H：　I：

1. A(　　)我只满足预期高的生活水准。

B(　　)我盼望对他人具有相当的影响力。

2. C(　　)只有当我的工作成果本身具备真正价值时，我才感到满足。

D(　　)我希望对我做的事十分专精。

3. E(　　)我希望在工作中运用创造能力。

F(　　)与我喜欢的人共事对我特别重要。

4. G(　　)若能自由选择工作，我会十分满意。

H(　　)我希望能十分确定我的经济安全。

5. I（　　）我乐于感觉人们仰仗我。
A（　　）坦白地说，我希望很富有。
6. B（　　）我盼望拥有一个具备领导权的角色。
C（　　）我做对我有意义的工作，即使这一工作可能没有物质保障。
7. D（　　）我希望自己获得了一种难能可贵的专业技术。
E（　　）我希望制造人们唯独与我来往的情形。
8. F（　　）我在工作中寻求与人深切的社交关系。
G（　　）自己决定如何去用时间，我就会得到满足。
9. A（　　）除非拥有丰足的物质，否则我不会满足。
D（　　）我希望能证明我真的了解自己所学，这样我才满足。
10. C（　　）我的工作是我追求生命意义的一部分。
E（　　）我需要一些以我的名字为名而制造的事物。
11. A（　　）我希望买得起我想要的任何东西。
H（　　）一个长期又安全的工作才真的吸引我。
12. B（　　）我乞求一个能让我充分影响他人的角色。
D（　　）在我的行业内做一个专家会使我很快乐。
13. C（　　）我的工作对社会有正面贡献，此点对我非常重要。
F（　　）在工作中与人关系亲密，对我是很重要的。
14. E（　　）我希望我的创造力能广为应用。
G（　　）我希望做我自己的主人。
15. F（　　）在工作中与人有亲密的关系会让我特别满足。
H（　　）我希望能展望我的生命，并且对前途具有信心。
16. A（　　）我盼望能够随便花钱。
E（　　）我希望在工作中有真正的改革。
17. B（　　）老实说，我希望指点别人做什么。
F（　　）对我而言，与人亲密是真正重要的事。
18. C（　　）我重视我的事业，把它当作追寻伟大生命意义的一部分。
G（　　）我发现我想为我的决定负完全责任。
19. D（　　）我乐于享受身为一个真正的专家之名。
H（　　）我只有在一个安全的事业中才感到放松。
20. A（　　）我渴求财富的装饰。
F（　　）我希望通过工作结识新朋友。
21. B（　　）我希望扮演可以控制别人行止的角色。
G（　　）能够为自己选择所从事的工作对我是重要的。
22. C（　　）如果我相信工作的结果有价值，我会专心去做。
H（　　）我若知道退休时的地位，则会很愉快。
23. F（　　）工作中与人关系亲密会使我难以推动事业。
I（　　）让人认为“有成就”对我是很重要的。
24. B（　　）我喜欢管理他人或任何事务。
E（　　）我希望创造以前没有人做过的事务。

25. C(　　)我做自己认为重要的事，而不是那些会增进我事业的事。
I(　　)我寻求大众的认可。
26. E(　　)我希望做一回异于别人的事。
H(　　)我总是做安全的选择。
27. B(　　)我希望别人仰赖我的领导能力。
I(　　)社会地位对我是重要的动机。
28. A(　　)高水准的生活吸引我。
G(　　)我在工作中希望避免被老板紧紧控制。
29. E(　　)我希望我制造的东西有我的名字在上面。
I(　　)我企求别人正式认同我的成就。
30. B(　　)我喜欢负责。
H(　　)如果我不能朝前看很远，我会觉得忧虑。
31. D(　　)我乐于做一个拥有宝贵特殊知识的人。
G(　　)不须迎合别人我会得到满足感。
32. G(　　)我讨厌当一个大轮子里面的小螺丝钉。
I(　　)拥有高地位的职业会给我满足。
33. A(　　)我随时准备为物质报酬做事。
C(　　)我把工作看成促进个人发展的途径。
34. I(　　)不管我在哪个组织工作，我都希望拥有高威望的地位。
H(　　)安全的未来往往吸引我。
35. F(　　)只要拥有真诚的社交关系，其他都不要紧。
D(　　)能够有一番事业贡献一定可以给我特别的满足。
36. I(　　)我会喜欢伴随高职位而来的地位象征。
D(　　)我渴望获得高水准的专家资格。

做完后请将对应点在下图标出，并进行连接。从图中可以清楚地看到一个人事业的驱动力状况，这对于情境领导是非常有帮助的。

记分图表

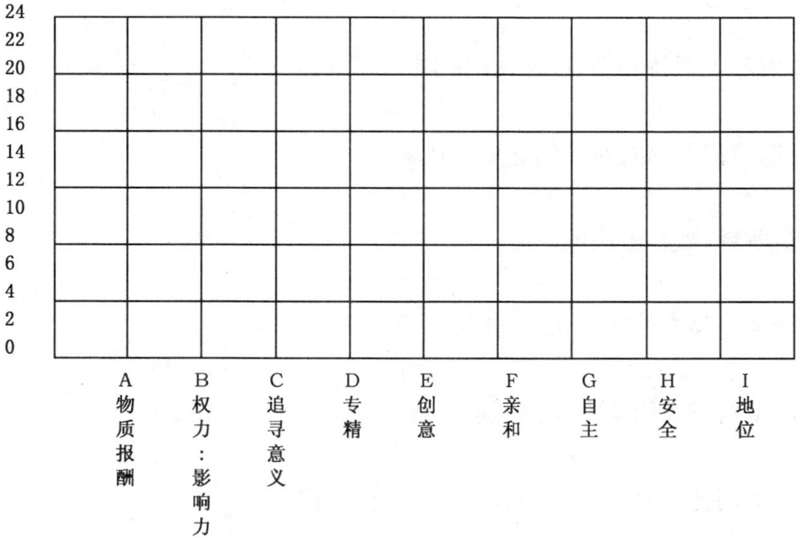

【成果与检测】

根据学生的参与程度以及得出的结论多少评定活动的成效，并评定成绩。

实训项目三：团队领导测评

【实训目标】

测试你的团队领导能力。

【实训内容与要求】

团队的领导工作有很多反方面，就像下列自测题中所展示的那样。如果你正领导这一支团队，它将测试你领导方式的质量和管理队员的能力。如果你是团队的队员，自测一下你自己的领导潜力。要尽可能实事求是：如果你的答案是“从不”，选 1；如果是“总是”，选 4；等等。有关测评结果我们会在培训中与您分析讨论和共享。

选项：1. 从不　　2. 有时　　3. 经常　　4. 总是

1. 与其他队员在一起分享领导角色。

(1)　　(2)　　(3)　　(4)

2. 激励队员诚实地设定他们自己的任务范围。

(1)　　(2)　　(3)　　(4)

3. 与公司内部及外部的客户碰头，以保证满足他们的需要。

(1)　　(2)　　(3)　　(4)

4. 为建立团队精神和队员们社交，并非正式地交换意见。

(1)　　(2)　　(3)　　(4)

5. 当信任是必要时，给予信任；但如果需要，则毫不犹豫地给予批评。

(1)　　(2)　　(3)　　(4)

6. 在团队内有一个代表小组，向他们了解团队情况。

(1)　　(2)　　(3)　　(4)

7. 给团队和队员明确的目标并清楚地与他们沟通。

(1)　　(2)　　(3)　　(4)

8. 与团队发起人保持联系，以保证团队外部联系的畅通。

(1)　　(2)　　(3)　　(4)

9. 努力让队员们明白我对他们绝对信任。

(1)　　(2)　　(3)　　(4)

10. 向队员解释，如在解决问题时，必须否决一位队员的意见。

(1)　　(2)　　(3)　　(4)

11. 将整个任务移交给团队执行，如果队员们认为合适。

(1)　　(2)　　(3)　　(4)

12. 允许队员对有关团队的任何决定发言。

(1)　　(2)　　(3)　　(4)

13. 向队员询问他们对于当前团队工作方式的看法。

(1)　　(2)　　(3)　　(4)

14. 探寻任何可能导致问题产生的潜在因素。

(1) (2) (3) (4)

15. 有意识地变换管理方式，以适应变化的情况。

(1) (2) (3) (4)

16. 鼓励队员有问题就问。

(1) (2) (3) (4)

17. 在开会之前认真筹备并提供议程。

(1) (2) (3) (4)

18. 采用任何可用的方式与队员交流。

(1) (2) (3) (4)

19. 将所有得到的信息传达给队员，只要它不是保密材料。

(1) (2) (3) (4)

20. 努力消除不必要的团队级别。

(1) (2) (3) (4)

21. 向发起人及其他能给予帮助的人咨询，使团队工作能够顺利进行。

(1) (2) (3) (4)

22. 鼓励队员以创新的方法思考。

(1) (2) (3) (4)

23. 召开集体讨论会，在团队中开发新想法。

(1) (2) (3) (4)

24. 经常关心团队的精神状态和队员的士气状态。

(1) (2) (3) (4)

25. 将解决问题看作一个持续发展的机会。

(1) (2) (3) (4)

26. 消除因团队角色重叠而引起的冲突。

(1) (2) (3) (4)

27. 通过坚定地站在最前面领导的方式，来鼓励团队。

(1) (2) (3) (4)

28. 一旦产生个人问题，立刻在团队内解决。

(1) (2) (3) (4)

29. 用一本日志记录各种可用来改进工作的方法。

(1) (2) (3) (4)

30. 在处理事情时，对事不对人。

(1) (2) (3) (4)

31. 跟踪队员个人正在从事的项目。

(1) (2) (3) (4)

32. 寻找一切可长期改进工作方法的机会。

(1) (2) (3) (4)

现在你已完成了自我评估，将所有的分数加起来，并根据下面相应的评语衡量自己的表现。不管你最终获得了哪个层次的成功，或是有潜力获得，总还有提高的余地。确定你的薄弱环节，然后仔细听本次培训，你可以找到有用的建议和提示，帮助你建立和提高团队的领导技巧。

【成果与检测】

32～63分：你跟不上变化的脚步，需要努力更新你的领导技巧。

64～95分：你的某些领导技巧不错，但还需要注意和提高薄弱环节。

96～128分：你是优秀的领导人，但你不能自我陶醉、安于现状，而应努力提高自己。

单元二　激励思维与能力

模块一　管理故事演讲

实训项目一：再撑一百步

【实训目标】

掌握自我激励。

【实训内容与要求】

➢ 游戏规则和程序

1. 让学员们坐好，尽量采用让他们舒服和放松的姿势。

2. 演讲学员给学员讲述如下的故事：

美国华盛顿山区的一块岩石上，立下了一个标牌，告诉后来的登山者，那里曾经是一个女登山者躺下死去的地方。她当时正在寻觅的庇护所——“登山小屋”只距她一百步而已，如果她能多撑一百步，就能活下去。

3. 讲完故事后，让学员们就此故事展开讨论，让他们讲讲听完这个故事后得到了什么启发。

➢ 相关讨论

1. 你觉得这个故事怎么样？

2. 从这个故事中，你得到什么启发？

3. 你对“激励”有什么新认识？

【成果与检测】

根据学生的参与程度以及得出的结论或观点评定活动的成效，并评定成绩。

实训项目二：好脾气是怎样炼成的

【实训目标】

学会有效的管理需要“压力出口”的技巧。

【实训内容与要求】

有一位经理人在公司里人缘很好，性情很好，待人和善，几乎没人看他生过气。有一次，他的一位朋友经过他家，顺道去看看他，却发现他正在顶楼上对着天上飞过来的飞机吼叫，于是好奇地问他原因。

他说：“我住的地方靠近机场，每当飞机起落时都会听到巨大的噪音。后来，当我心情不好或是受了委屈，遇到挫折，想要发脾气时，我就会跑上顶楼，等待飞机飞过，然后对着飞机放声大吼。等飞机飞走了,我的不快、怨气也被飞机一并带走了!"

这时朋友恍然大悟:怪不得他脾气这么好,原来他知道如何适时宣泄自己的情绪。

★ 故事的哲理

有效的管理,必然是有压力的管理。但"压力"绝不等于"有效",特别是"持久有效"。而"持久有效"的管理,来自我们是否能为管理中的压力设置方便而通畅的"出口"。企业时下依然热衷临时发动"大会战",却忽略"压力出口"建设,而这正是导致员工疲惫不堪或心不在焉的根源之一。

【成果与检测】

请学生结合主持人演讲的管理故事进行思考、讨论,并分组推举代表发言。根据学生的参与程度以及得出的结论或观点评定活动的成效,并评定成绩。

★ 实训项目三:身轻者死,重任者活

【实训目标】

学习用"不可或缺"来激励员工的技巧。

【实训内容与要求】

医院病房,住着两位相同的绝症患者,不同的是,一个来自乡下农村,一个就生活在医院所在的城市。

生活在城市的病人,每天都有亲朋好友和同事前来探望。家人、朋友探望时劝慰说:"老宋,现在你什么也别想,一门心思养病就行。"单位来人时开导说:"你放心,单位上的事,我们都替你安排好了……"

来自乡下农村的患者,只有一位十二三岁的小男孩守护着。他的妻子十天半月才能来一次,或送钱,或送些衣物。妻子每次来,不停地说这说那,要丈夫为家里的事情拿主意……

几个月后,生活在城市里的患者在亲人悲天怆地的哭声中永远地去了;而来自乡下农村的患者却奇迹般地活了下来。生活在医院所在城市的那位病人,在亲人、朋友、同事的宽慰声里,意识到他们已不需要自己,渐渐地失去了战胜病魔的信心和勇气,于是在孤独、寂寞与病魔的吞噬中慢慢死去。而来自乡下农村的患者,在妻子大事小事都要自己定夺、拿主意中,意识到家人对自己不可缺少,自己对家人的重要性,意识到自己必须活着,于是一种强烈的求生欲望使他奇迹般地活了下来。

★ 故事的哲理

感到自己被别人需要,对任何一个人来说都是一种莫大的鼓舞。如果身为主管的你想要你身边的员工鼓起斗志,就不要忘了告诉他:你对我、对我们都很重要!

【成果与检测】

请学生结合主持人演讲的管理故事进行思考、讨论,并分组推举代表发言。根据学生的参与程度以及得出的结论或观点评定活动的成效,并评定成绩。

★ 实训项目四:赞美如药

【实训目标】

学会让员工自觉“有用”的技巧。

【实训内容与要求】

在非洲南部的巴贝姆巴族中，至今依然保持着许多优秀的生活礼仪和处世方式。譬如，当族里的某个人因为行为有失检点而犯了错误的时候，族长便会让犯错的人站在村落的中央，公开亮相，以示惩戒。但最值得称道的是：每当这种时候，整个部落的人都会不由自主地放下手中的工作，从四面八方赶来，让这个犯错的人修正错误，引导他以此为戒，总结教训，重新做人。

围上来的人们会自动分出长幼，然后从最年长的人开始发言，依次告诉这个犯错的人，他曾经为整个部落做过哪些善事和哪些好事。每个族人都必须将犯错人的优点和善行，用真诚的语言叙述一遍。叙述时，既不能夸大事实，也不允许出言不逊。对前面已经有人提及的优点和善行，后面的人不能再重复。总之，每个人在叙述时都要有新的发现、新的褒扬。整个“赞美”的仪式，要持续到所有的族人都将正面的评语说完为止。

“赞美”的仪式结束以后，紧接着便要举行一场盛大的庆典。庆典在老族长的主持下进行，部族中的男女老少都要参加。人们要载歌载舞，用一种隆重而热烈的礼仪来庆贺犯错的人脱胎换骨，改过自新，重新开始一种全新的生活。

★ 故事的哲理

很多人之所以误入歧途，究其根源，都是挥之不去的自卑。领导者要想让懈怠的员工奋起直追，就不妨先让他明白自己是多么“有用”！自认为有用的人，才会是自信的人，而只有自信的人，才会积极地发挥、提升自己的才能，创造更多的价值。

相反，那种下属动辄“恨铁不成钢”，动辄使用“激将法”的领导，在“责任心”的背后，恰恰是对员工、对团队最大的不负责任。

【成果与检测】

请学生结合主持人演讲的管理故事进行思考、讨论，并分组推举代表发言。根据学生的参与程度以及得出的结论或观点评定活动的成效，并评定成绩。

★ 实训项目五：渔夫和蛇

【实训目标】

学习让期望与奖励零距离的技巧。

【实训内容与要求】

一渔夫出海捕鱼，看见船的一侧有一条蛇在游动，嘴里咬着一只青蛙。他十分同情这只青蛙，便弯下身子，将青蛙从蛇的口中悄悄拉了出来，并将它放走了。这时他也极为同情那条正在挨饿的蛇，由于他身边也没有什么可吃的东西，因而只好拿出一瓶威士忌酒，并一滴一滴地倒入蛇的口中。蛇喝完之后心满意足地离开了，青蛙也幸运地得救了，渔夫看到这一和平的结局当然也十分高兴。他想，这一切都满意地解决了。可是，几分钟之后，他又听到有什么东西撞击着船沿，便侧身往下一看，令他吃惊而难以相信的是，那条蛇又游了回来，口里居然衔着两只青蛙！

★ 故事的哲理

你所得到的将是你所奖励的东西。

然而，期望的行为往往与奖励的行为之间存在着差异。而关键在于明晰：公司到底期望什么？而公司实际又在奖励什么？

【成果与检测】

请学生结合主持人演讲的管理故事进行思考、讨论，并分组推举代表发言。根据学生的参与程度以及得出的结论或观点评定活动的成效，并评定成绩。

★ 实训项目六：三次超乎想象的奖励

【实训目标】

学习本故事中的激励技巧。

【实训内容与要求】

日本有一名成功的企业家，他有一个习惯，就是在年底的时候，总是把他公司最主要的干部叫到他的私人办公室来谈话。

一个部门经理走进了总裁的办公室。总裁问："今年，你是不是为公司付出很多？"部门经理说："报告老板，我正在继续努力。"

"你今年 365 天为公司付出了多少天的时间？"总裁又问。

"报告总裁，全年度只有 10 天休假。"

总裁忽然问道："你结婚了吗？"

部门经理回答："结婚了。"

总裁说："你花这么多时间在我公司帮我奋斗，让我的事业获得辉煌的成就，我要感谢你。"他把抽屉拉出来，突然给他 100 万日元的现金。

部门经理傻眼了，忙说："总裁……"

总裁打断他，继续说："是的，这是给你的，也是给你太太的，祝你们新年快乐！"

部门经理感动得快要掉泪了，这么高额的奖励！他说："感谢总裁！"

总裁说："不用谢了，出去吧。"

部门经理走到门口的时候，总裁突然开口："回来！"

他吓了一跳："总裁，什么事情？"

"你小孩几岁了？"

他说，我两个小孩，一个 10 岁，一个 5 岁。

"哇，身为父亲的你，天天为公司卖命，陪孩子的时间非常少，你孩子过新年肯定需要一些新的玩具。"抽屉拉开来，又是 10 万日元。

部门经理不知道该怎么办："这个……"

"这个是你的，你应当获得的。"总裁说，"你现在可以出去了。"

正当这个人走出门口就要关门的时候，总裁又开口了："回来！"

部门经理又吓一跳："总裁，还有什么事情？"

"你父母亲还健在吧？"

"是的，我父母亲已经七十多岁了，他们养育我，我非常感谢他们，非常想报答他们。"

总裁说："没有你父母的养育，你不可能今天在我公司上班，不可能帮我创造出这么辉煌的成就，为了感谢你的父母亲……"抽屉第三次拉开了，又是 10 万日元！

部门经理已经泪流满面了。

第二年，假期还没有结束，他就赶来上班了。

★ 故事的哲理

在对待员工的奖励上一定要记住这个商业法则：算大账的人做大生意，做大生意人；算小账的人永远只能做小生意，做小生意人。

【成果与检测】

请学生结合主持人演讲的管理故事进行思考、讨论，并分组推举代表发言。根据学生的参与程度以及得出的结论或观点评定活动的成效，并评定成绩。

模块二　案例分析

实训项目一：怎样对待李东的迟到

【实训目标】

掌握行为的强化激励技巧。

【实训内容与要求】

假设你是一位在企业担任基层领导工作多年的管理人员，你所在的单位对准时上班有严格的规定。但是你的单位有一位叫李东的工人，上班老是迟到半个小时以上，经常受到你的批评。虽然最近他有所改进，但还总是迟到一刻钟时间。今天他又晚到了 10 分钟。

➤ 案例思考题

1. 对员工行为的强化，理论上有几种不同的方式？结合本案例的情况，请将各种不同强化方式下相应要求进行的沟通用简要的话语形象地表述出来。

2. 对李东此次的迟到行为，你认为应该采用何种行为强化方式更好？为什么？

【成果与检测】

根据小组成绩、班级讨论、书面报告等综合评定。

实训项目二：亨利的烦恼

【实训目标】

掌握激励技巧。

【实训内容与要求】

亨利已经在数据系统公司工作了五年。在此期间，他从普通编程员升到了资深的编程分析员。他对自己所服务的这家公司相当满意，被工作中的创造性要求所激励。

一个周末的下午，亨利和他的朋友及同事安迪一起打高尔夫球。安迪告诉他，在他所在的部门新雇了一位刚从大学毕业的编程分析员，起薪仅比亨利现在的工资少 30 美元。尽管亨利是个好脾气的人，但当他听到这一消息也不禁发火了。亨利实在迷惑不解。他感到其中一定有问题。

下周一的早上，亨利找到了人事部主任埃德华，问他自己听说的事是不是真的？埃德华带有歉意地说："确有这么回事。"但他试图向亨利解释公司的处境："亨利，对于编程分析员现在市场上相当紧俏。为使公司能吸引合格的人员，我们不得不提供较高的起薪。我们非常需要增加一名合格的编程分析员。因此，我们只能这么做。"

亨利询问能否相应提高他的工资。埃德华回答说："你的工资需按照正常的绩效评估时间评定后再调。你干得非常不错,我相信老板到时会给你提薪的。"亨利向埃德华道了声:"打扰了!"便离开了他的办公室,边走边不停地摇头,对自己在公司的前途感到很疑虑。

➢ 案例思考题

1. 本案例描述的事件对亨利的工作动力会产生什么样的影响?哪一种激励理论可以更好地解释亨利目前的烦恼?为什么?

2. 你觉得埃德华的解释会让亨利感到满意吗?

3. 你认为公司应当对亨利采取些什么措施?这些措施的利弊是什么?

【成果与检测】

根据小组成绩、班级讨论、书面报告等综合评定。

实训项目三:聘不聘高薪人员

【实训目标】

掌握激励与管理结合应用的方法。

【实训内容与要求】

北京某电子企业拥有职工 212 600 名。20 世纪 80 年代,该厂产品行销全国,是同行业里的知名企业,年销售金属膜电阻近2 000多万元。该厂产品完全按照国标生产,质量可靠,被电子工业部评为部级优质产品,商标被评为著名商标。

20 世纪 90 年代,市场发生变化,其碳膜电阻、金属膜电阻受到南方生产厂商的强烈冲击,销售收入一路下滑。到 1993 年,全年收入只有 150 万元左右,企业生存非常困难。

1994 年,该企业与北京某交通企业谈妥进行资产置换。交通企业向这家电子企业交纳一笔补偿费(现金),置换电子企业的厂房和绝大部分人员(包括离退休人员)。电子企业将补偿费用于清偿银行贷款,之后略有节余。该电子企业用留下的部分人员和设备继续搞电阻生产。这时,企业没有任何债务负担和人员负担。留下的人员中,60%是科室管理人员和中层干部、20%是销售人员、10%是技术人员、10%是后勤人员。

企业为了摆脱困境,决定从国外引进设备生产实心电阻。实心电阻的技术含量高于碳膜和金属膜电阻,工艺要求高。当时,国内具备类似生产条件的企业只有 2 家,产品供不应求。引进设备投产后,由于技术人员对工艺掌握不过关,导致产品不合格,无法投放市场。有人向厂长建议高薪聘请技术人才。厂长认为企业职工每月工资 500 元左右,到外面聘请技术人员每月至少2 000元,收入差距太大,职工难以接受,如果聘请了,多数人的积极性将受到影响。结果,企业没有外聘技术人员,从而实心电阻项目被迫下马。

至今,国内市场上实心电阻仍然紧俏。

➢ 案例思考题

1. 企业领导认为外聘技术人员要付高薪,与现有职工收入的差距太大。对此现象,可以用何种激励理论进行解析?

2. 聘用高级人才,对企业而言是一项成本负担,还是能带来回报的一种投资呢?试结合本案例讨论人力资源的性质。

3. 你认为企业领导在人员聘用中的决策质量应该从哪些角度进行评价?企业在人事政策方面应当如何处理好眼前利益与长远利益的关系?

4. 就长期而言,为确保企业所需人才,应在人力资源管理方面采取什么措施?

【成果与检测】

根据小组成绩、班级讨论、书面报告等综合评定。

模块三 管理实战任务

实训项目一:设计激励方案

【实训目标】

掌握激励的方法。

【实训内容与要求】

3 人组成一个小组,假设你们是一个中等规模的、拥有 20 家干洗连锁店的合伙人。你们正在开会商讨最近出现的客户服务问题。你们中的任何人在一家商店待上一整天或部分时间,员工们看起来提供了很好的客户服务,去污者确确实实将衣服上的斑点去掉了,烫衣工对诸如丝绸的、宽松的上衣这样难烫的东西也做得很好。然而,就在这些访问中,有客户抱怨,在以前干洗过的衣服上,污迹没有被去除,衣物熨烫得不好;事实上,很多顾客将他们的衣物拿来重新加工,客户们有时也抱怨等待时间太长。今天你们开会处理这个问题。

➢ 问题

1. 请讨论分析在你们的商店里是否存在激励问题。

2. 结合在本章所学的知识,设计提高店员激励水平的计划,使员工即使在没有人监督的情况下,也能对客户提供迅速、及时、优质的服务。

【成果与检测】

根据书面作业评定成绩。

实训项目二:为所在班级制订一份激励计划

【实训目标】

1. 培养对实际管理系统进行观察分析的能力;

2. 培养运用激励理论进行有效激励的能力。

【实训内容与要求】

1. 调查与深入研究本班学生学习的积极性以及包括奖学金在内的激励状况。

2. 以模拟公司为单位,就如何在本班进一步调动学习的积极性、实现有效激励组织研讨。

3. 每人为班级起草一份激励计划。

4. 在班级组织研讨,深入分析目前的激励状况,研讨如何有效激励及充实和完善同学们的激励计划。

【成果与检测】

根据小组成绩、班级讨论、书面报告等综合评定。

模块四　管理游戏

实训项目一:坦然面对

【实训目标】

每个人都会遇到尴尬的事情或者小错,遇到这种状况我们不必挂怀,如果我们连这种小小的挫折都不能逾越的话,则会遭到许多无端的阻碍。这个游戏模拟了几个类似的场景,让学员认识和适应这种状况,以帮助他们坦然自信地面对小错。另外,这个游戏本身就很有意思,可以起到活跃气氛的作用。

【实训内容与要求】

➢ 游戏规则和程序

1. 将学员分成几个小组,每组5~10人。

2. 让学员们即席想一想,假如这时在你面前出现一个炸弹,你会怎么反应。让学员尽可能地提出一些他们的反应,并写在题板纸上。

3. 教学员"小丑鞠躬"的反应,当其他方法失败时,"小丑鞠躬"意味着面对观众,正视自己的失误,谦虚地说:"谢谢你们,非常感谢你们!"

4. 鼓励学员试一试"小丑鞠躬"效应的几个变形。比如,他们可以用深情的口气说,可以像主持人一样热情地说,也可以像一个演讲者一样慷慨激昂地说,无论什么形式,只要你喜欢。培训者应该鼓励学员探寻自己的风格。

5. 把奇形怪状的物品拿给学员看,告诉他们,他们不同组的任务就是尽可能地说出这些物品的用途。

6. 让小组做好准备,跑到放东西的地方捡起一件物品,说出它的名字,再尽可能地说出几样用途,然后跑回队伍中,再派下一个人去。依此类推。

➢ 相关讨论

1. 在接下来的日子里,你是否会犯一些小错?如果回答是肯定的,那么请试着运用游戏中的技巧,看看别人会有什么反应?

2. 人生中总是会有许多的风风雨雨,怎样克服全看一个人的意志和态度。

➢ 游戏准备

参与人数:一组5~10人。

时间:15分钟。

道具:几个形状怪异的物品,如镊子、挂钩等,题板纸。

场地:开阔的教室或室外。

【成果与检测】

根据学生的参与程度以及得出的结论或观点评定活动的成效,并评定成绩。

实训项目二:争夺奖金

【实训目标】

1. 提高员工的积极性;

2. 激励员工竞争。

【实训内容与要求】

学习是枯燥乏味的，极少数人能够化被动为主动，学习自己真正感兴趣的东西。因此，好的培训者懂得利用一些小技巧来提高学员的积极性。比如，可以引入小小的竞争机制或者经济奖励。这个游戏就是通过这些活动来提高学员的积极性，巩固学习效果的。

➢ 游戏规则和程序

1. 培训者选出一些曾经向学员讲授过的知识，比如，一个新市场的开拓，或者一种新销售理念的提出等。

2. 对每个问题想出一些正确选项和错误选项，把它们混在一起，写在一个大的题板纸上，不要让学员看到题目。

3. 将学员分成3～5人一组，让他们来分别答题，要求他们在正确的选项前画"√"。

4. 3分钟后停止游戏，各组学员回到座位上。

5. 把题目公布出来，让大家指出答案中的错误。

6. 每挑出一个真正的错误，可加1分，获胜的小组可以得到10元钱的奖励。

➢ 相关讨论

1. 你们组的"战绩"如何？

2. 加入物质奖励是否对提高你们参加游戏的积极性有帮助？为什么？

➢ 游戏准备

参与人数：3～5人一组。

时间：5分钟。

道具：事先列好选项，准备好题板纸，面值为10元的人民币。

【成果与检测】

根据学生的参与程度以及表现评定活动的成效，并评定成绩。

★ 实训项目三：神奇的大脑

【实训目标】

1. 激励员工；

2. 对于记忆力和学习方法的培训。

【实训内容与要求】

人的大脑是非常神奇的，它里面储存着很多东西，比如说，有一天你就会突然想起一件很久很久以前发生的事情。

➢ 游戏规则和程序

1. 人类的大脑是人们至今没有探寻清楚的领域之一，它就像一台计算机一样，储存着很多我们曾经经历过和学习过的东西，有些事你以为自己已经遗忘了，却会突然在某些时候想起它。

2. 培训者告诉大家他将会给大家演示这一理论的正确性。

3. 培训者问大家："谁能告诉我你们一年级班主任的名字？"

4. 另一个方法是问学员他们小时候邻居家小朋友的姓名。

➢ 相关讨论

1. 你是什么时候想到你的一年级班主任的姓名的？为什么这个姓名会那么快地浮现在你的脑海里？

2. 为什么有很多事情会一直在脑海里停留？而有一些东西却很快就会被我们忘记？

3. 鉴于记忆的这些特性，我们如果想要记住某些东西的话，则应该怎么做？

【成果与检测】

根据学生的参与程度以及得出的结论或观点评定活动的成效，并评定成绩。

★ 实训项目四：共度好时光

【实训目标】

学习赞美的技巧。

【实训内容与要求】

每个人都需要别人的认可与正面评价，请他们以 2 人为一组，在整个学习过程中关注他们搭档的任何优点和长处。

请每个人在下面三个选项中至少选择一项，告诉他的搭档。

(1)一个特别漂亮的身体部位；

(2)一两个非常迷人的个性特征；

(3)一两项出众的才能和本领。

要求每个人都记下他的搭档的感情、思想和反应，等到对方“情绪低落的时候”，就可以再来重温这段时光。

➢ 讨论

1. 为什么我们中的许多人在想对别人说些赞美的话时感到难以启齿？

2. 为什么有些人经常轻易地对别人做出负面评价，却几乎从来不说别人的好话？

3. “人们总是按照他们认为的那样来行事。”你是否同意这句话？为什么？

【成果与检测】

根据学生的参与程度以及得出的结论或观点评定活动的成效，并评定成绩。

模块五　辩论赛

★ 实训项目一

正方：顺境更有利于人的成长

反方：逆境更有利于人的成长

★ 实训项目二

正方：效率必然牺牲平等

反方：效率未必牺牲平等

实训项目三

正方:金钱的作用越来越大是一种进步

反方:金钱的作用越来越大不是一种进步

模块六　角色模拟

实训项目:彩圈飞舞

【实训目标】

让学生通过游戏体验在三个不同的团队活动中由于反馈激励方法不同而产生不同的工作效果。

【实训内容与要求】

➢ 游戏程序

1. 把学生分成3个小组,组长角色实现布置,分别扮演“积极鼓励”“疯狂打击”“无声无息”三个角色(角色说明书另附)。

2. 每个组每个学生发30个铁丝环,在规定的距离(2米),扔套玻璃杯。记录套中率,即扔若干圈的命中率。每个学生套中后,可选择是否扔完铁丝圈。

➢ 游戏规则

1. 学生不可越线扔圈。

2. 学生必须一个一个地扔圈。

3. 每次命中后,学生如选择继续扔圈,多次命中,选择命中率最高的一次为该学生的成绩。

4. 最后成绩取小组的平均命中率。

5. 游戏大约为30分钟。

➢ 游戏准备

1. 90个铁丝圈

2. 3个玻璃杯

3. 3名组长的角色说明书

角色1——正面激励的领导

你是一个提倡正面激励的领导。在游戏的过程中,你始终鼓励你的小组成员。

角色2——无反馈的领导

你是一个不给予成员任何反馈的领导。不管你的小组成员取得了什么样的成绩,你都是面无表情,不说话。

角色3——负面激励的领导

你是一个给成员不断打击的领导。在游戏的过程中,你不断地打击成员的积极性。

➢ 游戏成绩统计表

组别	总圈数	个人命中率记录	小组平均命中率

➢ 注意事项

1. 辅导老师必须指导三个组长忠实执行角色要求。

2. 每个组长必须正确记录每个学生的扔圈成绩。

3. 游戏完成后，公布三个组的成绩；其次，请三个小组的成员代表各自谈游戏感受；再次，请三个组长说明自己事先受命扮演的不同角色以及自己的感受；最后，讲师道出游戏的目的：三种不同的反馈激励模式产生不同的团队工作效果。

【成果与检测】

根据学生的参与程度以及表现看游戏的效果，并评定成绩。

模块七　能力评测

★ 实训项目一：你的忠诚度是多少

【实训目标】

测试你的忠诚度。

【实训内容与要求】

有人说只有在最危急的时刻，你的所作所为才最能体现你的本性。你是一个对爱人、上司或其他周围的亲密朋友忠诚的人吗？你在看鬼片，你觉得鬼最有可能在哪里出现？

A. 厕所

B. 电梯

C. 桌子底下

D. 储物室

E. 老板办公室

【成果与检测】

A. 选“厕所”：忠诚度为 55%。你的忠诚度是看对方对你怎么样而言的。如果对方对你好，则万事都好商量；如果对方总是对你有所保留的话，那就要看看情况再说了。

B. 选“电梯”：忠诚度为 80%。基本是认定了就不会改变的那种。当你觉得这个人很值得做你的伴侣或者朋友的话，你会心甘情愿地为他/她付出。

C. 选“桌子底下”：忠诚度为 30%。可以说是个花心大萝卜。在爱情上，你真是谈不上什么忠诚，一有新的你喜欢的异性出现，你的心都跟他/她跑了；在工作上也是如此，如果正好工作上出现了什么困难，而外界又极力给你诱惑的时候，你就难免会犯错。

D. 选“储物室”：忠诚度为 99%。典型的要吊死在一棵树上的人。现在这样的人真是难找啊！你的伴侣和朋友遇到了你真是他们的福气。不过有时候人心难测，你一定要先看清楚对象，不然小心遭人利用哦！

E. 选“老板办公室”：忠诚度为20%。虽然说你对别人不忠诚，但你是一个要求别人100%对你忠诚的人。你有强烈的大男人或大女人的倾向，跟你在一起的人都会觉得很有压力。

实训项目二：激励能力

【实训目标】

测试你的激励能力。

【实训内容与要求】

作为一个领导者和HR工作者，激励能力是其重要能力之一。大家可以自己测试一下，看看自己属于什么水平。

下面的20题都有四个答案：

A. 完全同意

B. 有点同意。

C. 有点不同意。

D. 完全不同意。

选择最能表达你的看法的选项：

1. 员工工作做得非常好，其工资就应该增加。
2. 好的职务说明很有价值，它使员工知道该做什么。
3. 员工记住，他们是否继续工作下去，要看公司能否进行有效的竞争。
4. 管理人员应该关心员工的工作条件。
5. 管理人员应该尽力制造友好的气氛。
6. 工作绩效高于标准的员工，应该进行表扬。
7. 在管理上对人漠不关心，会伤害人的感情。
8. 要让员工感到，他们的技能和力量都在工作中发挥出来。
9. 公司员工福利和员工子女的安排是员工安心工作的重要因素。
10. 几乎每一种工作都可以使它具有激发性和挑战性。
11. 许多员工都想在工作中干得非常出色。
12. 公司在业余时间安排社会活动。这表明对员工的关怀。
13. 一个人在工作中感到自豪，就是一种重要的报酬。
14. 员工希望在工作中成为佼佼者。
15. 非正式群体中的良好气氛是非常重要的。
16. 个人奖励会改变员工的工作绩效。
17. 员工要有机会与高层管理人员接触。
18. 员工一般喜欢自己安排工作和自己做决定，不需要太多的监督。
19. 员工的工作要有保障。
20. 员工要有良好的设备进行工作。

记分标准：

A. 完全同意(3分)，B. 有点同意(2分)，

C. 有点不同意(1 分),D. 完全不同意(0 分)

【成果与检测】

41～60 分:你十分了解激励对于管理的重要性,而且运用得很好。

21～40 分:你知道激励对于管理的重要性,但还是做得不够。

0～20 分:你不知道如何激励员工,这是十分危险的。

单元三 沟通与团队合作思维和能力

模块一 管理故事演讲

实训项目一：列队行进的毛毛虫

【实训目标】

1. 创新思维和工作方法培训、团队沟通氛围启发、领导者领导方法启发。
2. 引导受训者认识到被动地接受他人言行影响的危险性。

【实训内容与要求】

➢ 程序

向大家宣布，你将讲一个非常有趣的故事。

➢ 内容

有一种毛毛虫叫作列队行进的毛毛虫。之所以这么叫它们，是因为一旦有一只毛毛虫选定了方向，其他毛毛虫都会紧随其后，沿着同一条路爬行。

实际上，跟随者的行为已经变成机械的反应了，因此它们的眼睛半闭着，把周围的世界都挡在了视野之外。所有思考都让领头的毛毛虫去做，朝哪个方向走也让它去决定。它们的行为只是机械地例行公事。

法国自然学家曾做了一个实验，诱使领头的毛毛虫围着一个大花盆绕圈。其他毛毛虫紧紧排成一队，跟着它走，形成了一个头尾相连的圆圈，谁是领头者、谁是跟随者都分不出来，道路也无始无终。

毛毛虫并没有对这种徒劳无功的行为感到厌烦，相反，它们没头没脑地走了几天几夜，直到由于没有进食而饥肠辘辘，疲惫不堪地从花盆上掉下来为止。

这群完全依靠直觉、经验、习俗和传统的毛毛虫最终劳而无功，因为它们选错了行为方式。

➢ 讨论

1. 受雇的员工们在哪些方面与列队行进的毛毛虫相似？
2. 这样的受训者是否有可能成为类似列队行进的毛毛虫现象的牺牲品？解释一下原因。
3. 我们怎样防止自己与他人成为这些毛毛虫似的人物？

【成果与检测】

根据学生的参与程度以及得出的结论或观点评定活动的成效，并评定成绩。

实训项目二：丈夫也会唠叨

【实训目标】

体会团队合作中换位思考的技巧。

【实训内容与要求】

妻子正在厨房炒菜。丈夫在她旁边一直唠叨不停:“慢些……小心!……火太大了……赶快把鱼翻过来……快把鱼铲起来……油放太多了……把豆腐整平一下!”妻子脱口而出:“我懂得怎么炒菜!”“你当然懂,太太。”丈夫平静地回答道,“我只想让你知道,我在开车而你在旁边喋喋不休时我的感受。”

★ 故事的哲理

对于合作而言,仅仅有共同的利益是远远不够的,还必须有共同的角度与体验,而这就需要主动进行换位思考。

【成果与检测】

请学生结合主持人演讲的管理故事进行思考、讨论,并分组推举代表发言。根据学生的参与程度以及得出的结论或观点评定活动的成效,并评定成绩。

实训项目三:玫瑰与青蛙

【实训目标】

体会团队合作的重要性。

【实训内容与要求】

漂亮的红玫瑰成了花园里最美丽的花,它为此感到骄傲。它发现人们只是站在远处欣赏它而从不靠近。后来,发现人们不靠近是因为在它旁边一直蹲着一只又大又难看的青蛙。红玫瑰非常生气,命令青蛙立即从它身边走开。青蛙顺从地离开了。

没过多久,青蛙经过红玫瑰身边,惊讶地发现它已经凋谢,叶子和花瓣都掉光了。青蛙说:“你看起来很不好,发生了什么事情?”红玫瑰答道:“自从你走后,虫子每天都在啃食我,我再也无法恢复往日的美丽了。”青蛙说:“当然了,我在这里的时候帮你把它们都吃掉,你才成了花园里最漂亮的花。”

★ 故事的哲理

我们当中许多人都自命清高,总认为别人对自己一点用都没有。其实,我们每个人都有需要他人的地方。特别在市场营销部门,人们往往只注意个人名下的辉煌业绩,而往往忽视在其背后的团队支持。

【成果与检测】

请学生结合主持人演讲的管理故事进行思考、讨论,并分组推举代表发言。根据学生的参与程度以及得出的结论或观点评定活动的成效,并评定成绩。

实训项目四:培洛的走动式进餐

【实训目标】

学习走动式管理。

【实训内容与要求】

有一个叫培洛的美国人,曾是 IBM 公司排名第一的推销员,创造过用 17 天完成全年销售任务的奇迹！

后来培洛决定自己创业，公司叫作 EDS。当公司发展到几万名员工后，他把这个公司以30亿美元的价格卖给了美国通用汽车公司。

卖之前，美国通用汽车公司的总裁到了培洛的 EDS 总部，看了之后觉得很满意。这位总裁对培洛说："你的公司管理得不错，我们应该有很多合作的空间和机会。"

到了午餐时间，他问培洛："贵公司主席用餐的餐厅在哪里?"培洛说："我们公司没有啊！"总裁问："那贵公司有没有高级主管用餐区?"培洛说："对不起，总裁，我们公司也没有。"总裁问："那我们今天中午怎么吃饭啊?"培洛说："就排队跟员工一起吃自助餐好了。"

美国通用汽车公司的总裁到了他即将收购的公司，连一个主管的餐厅都没有，还要排队吃自助餐？这位总裁觉得不可思议。排队取餐之后，他问培洛："我们坐在哪里?"培洛说："就跟员工一起坐呀！"于是，那位总裁一边吃一边与员工聊天。

吃到一半的时候，培洛说："我们换一张桌子吧。"这位通用汽车的总裁觉得更不可思议。

吃完之后，通用汽车的总裁说："培洛呀，虽然你这个公司没有什么高级主管餐厅，但你公司的菜是我吃过的自助餐里最好的。"

原来培洛在企业里天天排队吃自助餐，是在监督厨房；而他每餐中间换一桌跟基层的员工聊天，是为了时刻了解公司的营业状况。

★ 故事的哲理

管理中70%的错误是因为沟通不充分造成的。通用电气公司 CEO 伊梅尔特在谈怎样支配自己的有效工作时间时说："我差不多有30%到40%的时间跟人打交道，进行交流、沟通。"现代的企业决策者，需要实施走动式管理，将员工的沟通渗透到管理的每一个环节和细节。

【成果与检测】

请学生结合主持人演讲的管理故事进行思考、讨论，并分组推举代表发言。根据学生的参与程度以及得出的结论或观点评定活动的成效，并评定成绩。

模块二 案例分析

★ 实训项目一：微软团队训练法

【实训目标】

掌握运动队团队管理方法。

【实训内容与要求】

微软中国出现销售危机时，为了解决这场危机，微软请来了一位美国顾问，用他来训练当时新组建的微软中国上层管理人员。

训练时间：2天。

……首先美国顾问宣布了这两天必须遵守的十几条规矩。(后来，他们把这些继承为团队规矩，一直自觉遵守下来。其中有几条是：不含敌意的冲突是好的；附和意见之前先问自己：出了门是不是还会支持团队的决议？为其辩护；尊重日程表的时间；一次一个人发言，发言要简单明了，不要浪费大家的时间……)

接下来美国顾问要每个人只用10分钟自我介绍一下是做什么工作的和一件大家都不知

道的事情。他表明了这样的观点:任何团队的终极目标都是要“赢”,而运动队最凝聚体现“赢”的精神,所以不管是哪些行业的客户团队,他都用教练运动队的方法来训练。“教练”的方法是鞭策、激励、指导、示范、参与,甚至是不容分说的粗暴指令,与“顾问”的启发、引导的风格完全不同。

美国顾问继续一个接一个地下指令:

“三分钟之内,每个人写出微软中国最重要的市场机会,量化。”

“三分钟,各组讨论,选定全组认定最重要的市场机会,不许超过三条!”

“五分钟,各组代表简要解释你们认定最重要的机会是什么,原因。”

共有四组,每个组的代表都拼命在最短时间内说明自己组提出的是最重要的。这时白板上贴了十几条看法,有几条看法是各组不谋而合的,自然被大家公认是最重要的,剩下的有七八条——“每个人可以有两次——只有两次——举手的机会,表决决定最重要的两条”。如此这般二十分钟之内,墙上就张贴出来“机会的宇宙”这一条。常见的企业思维模式是,拿过去的业绩+实现的资源+已有的策略来制订“增长”的计划,最习惯看销售业绩百分比增长的梯形。这位美国顾问训练他们要脱离开与自己的过去相比较的窠臼,强迫他们习惯去看“机会的宇宙”,它代表与微软中国业务相关的中国 IT 市场的机会,小小的“一角”假设已有的市场份额,衬托出一个巨大的市场空间。

美国顾问指着“宇宙”问我们:想要多少?!

他们太长时间关注于救火,两眼紧盯着火情,限制了向外的视野,只把扭转危机作为团队的最大目标。美国顾问豪情万丈指点“宇宙”,激活了他们向前、向外发展的想象力和胆量。

“机会的宇宙”一直挂在墙上,它的量化虽然粗糙,但时时提醒他们,有的是机会,有的是发展的空间,他们只需要找到并专注于最有效的区间,制定有效策略,调整部署资源,就可以把机会变成现实。在他们讨论制定下半年和明年的销售策略、销售指标时,他们参照的是“机会的宇宙”,而不再是对比过去。人们最习惯地参照过去就是人们给自己最大的限制之一,企业也往往如此。

每当他们陷入具体而微的细节争论时,他立刻叫停,问:“你们在争论如何抓到这些大机会吗?”一次又一次,他们被从习惯的思维中拉出来,直到摆脱束缚,形成新的习惯。

“停!转入下一项!微软中国今天最重要的问题是什么?三分钟……”

“停!下一项!要抓住最重要的机会,最重要的策略是什么?七分半钟……”

在美国顾问的一个接一个口令呼喊声中,每个人的思维都被强迫脱离“我自己、我的部门”。大家开始统一到“微软中国”的思维频率,动作开始协调,越来越像一个团队的动作了。墙上的张贴越来越多:微软中国今天最需要迫切解决的最重要问题(注意,最迫切的不一定就是最重要的,反之亦然);在最重要的机会领域里,较之竞争对手,微软所没有或不能为客户提供的价值是什么;微软中国的三年目标是什么;财年 99 下半年的目标是什么;实现目标的策略是什么 ……

渐渐地,使他们意识到这些顺序也是有道理的,先看清无限的机会与自己当前的限制,就能更现实地把握机会;对着无限的机会定出来的 3 年目标就显得一点也不可怕;而为了要实现 3 年的目标,下半年、明年的阶段性目标就必须定得很高;要实现很高的阶段性目标就必须定出新的策略。

一次,要求“每人写出其他三个部门最重要的策略,假设你是那三个部门的经理”。大家顿时骚动反对,说他们不懂其他部门,不是专家写不出来。美国顾问非常赞同专家意见的重要性，并立即举出一些权威专家的意见经典："重于空气的物体飞行绝无可能"；"所有可能发明的东西都已被发明"；"任何有理性、负责任的妇女绝不会参加选举"。

大笑之后，大家突然觉得不是专家也可以提"专家"意见。竟然特别喜欢这个换位训练，它不仅能使各部门互相关心，而且"外行"的意见特别能帮助"专家"与其他部门配合。他们后来常这样做，大家越来越默契，再不需要启发诱导。

两天下来，满墙的张贴已经形成了一整套文件，包括使命、远期目标、近期目标、部门指标；财年 99 下半年 6 个月内的五个关键领域要产生的营销结果；战略、策略、实施计划、资源配备。

美国顾问要求他们做最后一个作业：集体完成一篇文章，是预备 6 个月后财年结束时要向全体员工发表的，它是对今后 6 个月里他们要完成的事情所进行的总结。文章共分四组，各组写一段，同时在 15 分钟内完成。他们似乎已经习惯了美国的各种规章指令，但这个太离谱！美国顾问坚决不让步，说："真正好的团队什么都可以做到，别说合作一篇文章了！"威逼利诱下他们还是做了。

美国顾问把各组作业收齐，15 分钟竟然有了将近两千字的文章。每组的代表依次高声朗读，读的人激动，听的人激动，每一个人都被他们的作品所震撼，真是一篇绝妙文章！各组分别写的段落，都确切地表达了整个集体的想法，文笔、修辞、全文风格流畅，如出自同一个人的手笔。他们意识到他们可以做多么"不可能"的事。

这些理论都读过很多遍，但美国顾问教给他们的是如何去实践这些理论的方法，他帮助他们发现自己是多么"棒"！

后来的实践证明，"运动队"式的团队精神不仅能在危机中形成凝聚力，在"和平建设时期"也非常有效。去努力实践上面的提议，你会看到它将使你们的团队真正达到"众人拾柴火焰高"效果。

【成果与检测】

1. 以小组为单位提交书面报告；
2. 讨论、交流体会，形成书面报告；
3. 由教师根据书面报告及课堂汇报表现综合评分。

实训项目二：张经理的沟通经验

【实训目标】

掌握沟通方法。

【实训内容与要求】

某公司张经理在实践中深深体会到，只有运用各种现代科学的管理手段，充分与员工沟通，才能调动员工的积极性，才能使企业充满活力，在竞争中处于不败之地。

首先，张经理直接与员工沟通，避免中间环节。他告诉员工自己的电子信箱，要求员工尤其是外地员工大胆反映实际问题，积极参与企业管理，多提建议和意见。经理本人则每天上班先认真阅读来信，并进行处理。

其次，为了建立与员工的沟通体制，公司又建立了经理公开见面会制度，定期召开，也可因重大事情临时召开，参加会议的员工是特邀代表和自愿参加的员工代表。每次会议前，员工代表都广泛征求群众意见，提交经理后在公开见面会上解答。1998 年 12 月，调资晋级和分房两项工作刚开始时，员工中议论较多。公司及时召开了会议，厂长就调资和分房的原则、方法和步骤等做了解答，使部分员工的疑虑得以澄清和消除，保证了这两项工作的顺利进行。

➤ 问题

分析张经理与员工在沟通方式上所做的选择，这些方式有何特点？沟通的主要内容是什么？从这个沟通案例中，分析管理者在沟通中所起的作用。

【成果与检测】

根据小组成绩、班级讨论、书面报告等综合评定。

★ 实训项目三：惠普的敞开式办公室

【实训目标】

掌握周游式管理办法。

【实训内容与要求】

美国惠普公司创造了一种独特的“周游式管理办法”，鼓励部门负责人深入基层，直接接触广大职工。

为此目的，惠普公司的办公室布局采用美国少见的“敞开式大房间”，即全体人员都在一间敞厅中办公，各部门之间只有矮屏分隔，除少量会议室、会客室外，无论哪级领导都不设单独的办公室，同时不称头衔，即使对董事长也直呼其名。这样有利于上下左右通气，创造无拘束和合作的气氛。

单打独斗、个人英雄的闭门造车工作方式在现今社会是越来越不可取了，反而团队的分工合作方式正逐渐被各企业认同。管理中打破各级各部门之间无形的隔阂，促进相互之间融洽、协作的工作氛围是提高工作效率的“良方”。

不要在工作中人为地设置屏障分隔，敞开办公室的门，制造平等的气氛，同时也敞开了彼此合作与心灵沟通的门。对一个企业而言，最重要的一点是营造一个快乐、进步的环境：在管理的架构和同事之间，可以上下公开、自由自在、诚实地沟通。

➤ 问题

分析这种沟通方法的特点。这种方法是否可以在国内企业中使用？如不行，如何改进？

【成果与检测】

根据小组成绩、班级讨论、书面报告等综合评定。

模块三　管理实战任务

★ 实训项目：实地交际与沟通

【实训目标】

1. 培养与陌生人交际的能力；
2. 培养与别人沟通的能力。

【实训内容与要求】

1. 主动同一位相关专业的陌生人士交往，交流某个专业问题。
2. 或者同一位认识的人通过沟通解决一个难题。
3. 运用交际与沟通理论，讲究交际与沟通的艺术。

4. 事先要有精心的策划，必要时进行简要的小结。

【成果与检测】

1. 完成沟通实录卡；
2. 课上班级组织一次交流，每个公司推荐 2 人介绍交际与沟通过程及体会；
3. 由教师与学生进行评估与打分。

沟通实录卡

沟通主体		沟通对象		单位及职务	
沟通目标		时间		地点	
沟通前计划					
沟通过程实录					
沟通后体会					
教师评估					

模块四 管理游戏

实训项目一：培训游戏——撕纸

【实训目标】

为了说明我们平时的沟通过程中经常使用单向的沟通方式，结果听者总是见仁见智，个人按照自己的理解来执行，通常都会出现很大的差异。但使用了双向沟通之后，又会怎样呢？差异依然存在，虽然有所改善，但增加了沟通过程的复杂性。所以什么方法是最好的？这要依据实际情况而定。作为沟通的最佳方式要根据不同的场合及环境而定。

【实训内容与要求】

形式：20 人左右最为合适。

时间：15 分钟。

材料：准备总人数 2 倍的 A4 纸(废纸也可)。

➤ 操作程序

1. 给每位学生发一张纸；
2. 老师发出单项指令；
3. 大家闭上眼睛。

—全过程不许问问题

—把纸对折

—再对折

—再对折

—把右上角撕下来，转 180 度，把左上角也撕下来 ，—睁开眼睛，把纸打开。

老师会发现各种答案。

4. 这时老师可以请一位学员上来，重复上述指令，唯一不同的是这次学员们可以问问题。
5. 有关讨论。

完成第一步之后可以问大家，为什么会有这么多不同的结果（也许大家的反应是单向沟通不许问问题，所以才会有误差）。

完成第二步之后又问大家，为什么还会有误差（希望说明的是，任何沟通的形式及方法都不是绝对的，它依赖于沟通者双方彼此的了解、沟通环境的限制等，沟通是意义转换的过程）。

【成果与检测】

根据学生表现看游戏的效果。

实训项目二：画图

【实训目标】

掌握沟通的方法，提高团队合作的能力。

【实训内容与要求】

道具：黑板、粉笔、两条丝巾。

时间：30 分钟。

➢ 程序

1. 请 3 位男生和 3 位女生上台。
2. 两位男生和两位女生各面对黑板左右两侧；另 1 位女生和另 1 位男生分别站在 2 男生和 2 女生的后面。
3. 请学生用丝巾蒙上看图的男生和女生的眼睛，然后背对着黑板。
4. 蒙上眼睛的同学陈述所看到的图片。
5. 面对黑板的同学根据后面同学所说的画出图形。
6. 陈述同学摘下丝巾，背对画图者，对画图者的提问可以用语言回答。
7. 陈述同学面对黑板，回答画图者的提问。

➢ 规则

1. 在程序的第 4～5 步中，画图的同学可以提问，但陈述的同学只能用“点头”或“摇头”作答。
2. 在程序的第 6 步中，禁止陈述的同学回头看黑板。
3. 在程序的第 7 步中，禁止陈述的同学到黑板前指着图形讲解应如何修改。

➢ 教师任务

1. 准备两条丝巾。
2. 把 3 位男生和 3 位女生编成 2 男 1 女和 2 女 1 男两组。
3. 给 1 女生和 1 男生看一幅图。
4. 在程序的第 4～5 步中，监控陈述的同学是否用“点头”或“摇头”作答。
5. 在程序的第 6 步中，监控陈述的同学是否背对黑板回答问题。
6. 在程序的第 7 步中，监控陈述的同学到黑板前指点画图。
7. 请 6 位同学回到座位上，给同学们展示要画的图片。
8. 组织同学讨论，请部分同学谈谈感想。
9. 总结活动：沟通的障碍是什么？如何进行有效的沟通？

【成果与检测】

与所示图片相同者获胜(没有获胜者的比例很高)。根据学生的参与程度以及表现看游戏的效果,并评定成绩。

实训项目三:真情告白

【实训目标】

了解团队成员中每个人都会有优、缺点,在游戏过程中了解自我、他人并正确认识。

【实训内容与要求】

➢ 游戏程序

1. 培训师要让每个参与者都知道他们将有机会对团队中的每一个人的优点、缺点进行反馈,也就是说,你喜欢或不喜欢某人的哪一方面。

2. 告知每个人这是一项保密的活动,没有人被告知是谁写了他的优点与缺点。

3. 给每个人一张"优点与缺点"表,并告诉他们每人为其他人至少写出一条喜欢或不喜欢的理由。

4. 收集每张答卷,混合在一起并对每个人念出写给他们的意见,培训师首先要从自己的名字念起。

5. 分享讨论:所有的意见是否都正确;有没有互相矛盾的意见;现在是否有人不愿意别人和自己同在一组。

➢ 游戏准备

所需物品:"优点与缺点"表格和每人一支笔。

➢ 注意事项

此游戏要求每个参与者在无任何威胁的情况下,写出其他人的优点及缺点,特别适用于同一组或一同工作的,或者团队中互相了解的成员。

补充环节:让学员做以下题目:

假设我们要从三个候选人中选择一位来造福全世界,你会选择哪一位?

A. 有两个情妇、有多年的吸烟史、嗜好马提尼酒。

B. 曾经两次被赶出办公室、每天中午才肯起床、每晚大约要喝1公升的白兰地。

C. 曾是国家的战斗英雄,保持着素食的习惯,从不吸烟,偶尔喝点啤酒,年轻时没有做过什么违法的事。

【成果与检测】

根据学生的参与程度以及表现看游戏的效果,并评定成绩。

实训项目四:冰洞脱险

【实训目标】

了解团队共同解决问题的意义。

【实训内容与要求】

➢ 游戏程序

1. 放映VCD《垂直极限》中掉进冰洞的一段。

2. 培训师描述事件情景(如下)。

正如录像演示的场景，我们团队人员被困在一个冰洞里。冰洞的地理位置在珠峰的北坳中，时间是5月份某天的下午4点，洞内气温为－35℃，冰洞已被塌雪封住，上方50米处隐隐约约有一些透光，从洞底到洞口的四周是陡壁峭崖。你的团队有2名队员在坠落时严重摔伤，不能动弹。在这种环境下，健康队员一般维持生命的极限时间为36小时，但营救队到达出事点需要35～40小时。随队员坠入洞中有五个登山包，包括以下物品：

一个指南针；五个睡袋；一个打火机；一根200米长的尼龙登山绳；四只蓄电池灯；两把冰镐；半瓶朗姆酒；带镜子的安全剃须刀；一部远程对讲机（已部分损坏，只能发出频率信号）；十支营养注射液（每支营养液可增加2小时维持生命时间）；两只小型氧气瓶；一瓶染色剂；一个液化气炉；一个闹钟；一本名为《北方星际》的指南书籍。

3. 布置学员个人设计逃生方案；从对逃生重要度出发，对以上15项进行排序（见评分卡）。

4. 团队讨论产生一个逃生的最佳方案；列出小组对以上15项救生物资的排序意见。

评分卡

救生物资	1 个人评分	2 小组评分	3 专家评分	4 1和3评分差	5 2和3评分差
一个指南针					
五个睡袋					
一个打火机					
一根200米长的尼龙登山绳					
四只蓄电池灯					
两把冰镐					
半瓶朗姆酒					
带镜子的安全剃须刀					
一部远程对讲机					
十支营养注射液					
两只小型氧气瓶					
一瓶染色剂					
一个液化气炉					
一个闹钟					
一本《北方星际》指南					
总分（越低越好）	—	—	—		

5. 游戏分享讨论：个人决策的缺陷；团队决策的好处；我们在团队决策过程中有哪些要把握的原则。

➤ 游戏准备

培训师要认真观看《垂直极限》，总结专家的方案。

【成果与检测】

根据学生的参与程度以及表现看游戏的效果，并评定成绩。

实训项目五：旋回沟通

【实训目标】

活跃气氛；学习人际沟通交流术；练习倾听。

【实训内容与要求】

➤ 游戏程序

1. 概念说明：这一种面对面的强迫谈话活动，借着特殊的座位安排，以及事先安排的有趣话题，使每位成员都有表达意见的机会。

2. 培训师按照如下指导语进行：本活动的特色是新奇、有趣而富有变化，现在我们要进行一种很有趣的活动。首先，请各位接连报数一 、二，一、二，现在我们要围两个圆圈，报一的在外圈，报二的在内圈；内圈的面朝外，外圈的面朝内，两人面对面地站着，请将这里的几个题目在两人之间进行讨论，内圈的先讲，外圈的听；两分钟后，换外圈的讲，内圈的听；再过两分钟后，我们更换题目，内圈的顺时针转动一个位置，然后按上面同样的方式进行“讲与听”，明白了吗？好，让我们现在开始。

3. 排列座位（约 5 分钟）。报数：全班成员接连报一、二，一、二；报数“一”的在内圈，报数“二”的在外圈（都坐在椅子上）。

4. 对谈（约 50 分钟）。培训师念出第一个题目（题目事先设计好），然后开始对谈（内圈的先讲），两分钟后，外圈的再表示意见，再两分钟后，换题目，内圈的同时顺时针移动一个位置；领导者念出第二个题目，接着按上面的方式进行；活动继续进行，直至全部题目讨论完毕。

5. 游戏分享（约 20 分钟）。全体成员围成一个圈，然后将讨论时成员认为对方最突出的或很受感触的意见提出来，与其他成员共享。

➤ 注意事项

场地：安静、舒适的空间；本活动如人数过多，可分成几组进行，每组人数以 6～10 人为宜；题目设计宜新奇有趣，其性质、内容及题数视需要及时间长短而定。举例如下：a. 假如医生告诉你，只剩下半年的生命，你将如何安排这半年的生活？b. 假如你有 100 万元，将如何使用？c. 假如你是教育部长，第一件事应做什么？d. 假如你有机会环游世界一周，会如何计划你的旅程？每个人都要表示意见；培训师应把握时间。

【成果与检测】

根据学生的参与程度以及得出的结论或观点评定活动的成效，并评定成绩。

实训项目六：BIG 和 FABE

【实训目标】

了解我们在沟通中的一些技巧。

【实训内容与要求】

➤ 游戏程序

1. 将所有人进行分组，每组两人。

2. 两人中一人为主动沟通者，一人为被动沟通者。

3. 主动沟通者通过 BIG(背景、兴趣、目标)技巧达到与被动沟通者建立感情。

4. 主动沟通者通过 FABE(特征、优点、利益、证据)技巧赞美被动沟通者。

5. 互换角色进行。

6. 讨论:BIG 与 FABE 技巧对我们交流的意义何在;哪些沟通可以运用到我们的工作中。

【成果与检测】

根据学生的参与程度以及得出的结论或观点评定活动的成效,并评定成绩。

★ 实训项目七:超市关门时

【实训目标】

充分理解沟通中倾听的艺术;并知会每个人有不同的心理语言。

【实训内容与要求】

➤ 游戏程序

1. 先将答题纸 A 的内容发给学员,培训师说一个情节(见答题纸 B),让学员去回答 A 里的 12 道判断题。

2. 在做完答题纸 A 后,将答题纸 B 发给学员,让学员看培训师说过的情节进行判断,提醒学员不要受习题一答案的影响。

3. 最后公布答案。

4. 游戏分享讨论:你是听得准确还是看得准确;为什么有的人听得准确,而有的人看得准确;我们应该如何倾听。

情节描述:

某超市经理刚关上超市的灯,一男子来到超市并索要钱款。超市经理打开收银机,收银机内的东西被倒了出来而那个男子却逃走了。一位警察很快接到报案。

答题纸 A:超市关门时

仔细阅读下列有关故事的提问,并在“正确”、“错误”或“不知道”中作出选择,画“○”。

请不要耽搁时间	正确	错误	不知道
1. 超市经理将超市内的灯关掉后,一男子到达。	T	F	?
2. 抢劫者是一名男子。	T	F	?
3. 来的那个男子没有索要钱款。	T	F	?
4. 打开收银机的那个男子是店主。	T	F	?
5. 超市经理倒出收银机中的东西后逃离。	T	F	?
6. 故事中提到了收银机,但没说里面具体有多少钱。	T	F	?
7. 抢劫者向店主索要钱款。	T	F	?
8. 索要钱款的男子倒出收银机中的东西后,急忙离开。	T	F	?
9. 抢劫者打开了收银机。	T	F	?
10. 抢劫者没有把钱随身带走。	T	F	?
11. 故事中有三个人物:超市经理、男子、警察。	T	F	?

答题纸 B:超市关门时

仔细阅读下列有关故事的提问,并在“正确”、“错误”或“不知道”中作出选择,“○”。

请不要耽搁时间	正确	错误	不知道
1. 超市经理将超市内的灯关掉后，一男子到达。	T	F	?
2. 抢劫者是一名男子。	T	F	?
3. 来的那个男子没有索要钱款。	T	F	?
4. 打开收银机的那名男子是店主。	T	F	?
5. 超市经理倒出收银机中的东西后逃离。	T	F	?
6. 故事中提到了收银机，但没说里面具体有多少钱。	T	F	?
7. 抢劫者向店主索要钱款。	T	F	?
8. 索要钱款的男子倒出收银机中的东西后，急忙离开。	T	F	?
9. 抢劫者打开了收银机。	T	F	?
10. 抢劫者没有把钱随身带走。	T	F	?
11. 故事中有三个人物：超市经理、男子、警察	T	F	?

【成果与检测】

根据学生的参与程度以及得出的结论或观点评定活动的成效，并评定成绩。

实训项目八：自我称赞

【实训目标】

谦虚是中国人的传统美德，所以中国人绝对不会在别人面前夸奖自己，但有时候太谦虚，到最后也许你就不知道自己到底能干什么了。这个游戏将给你一个机会——一个展示自己优点的机会。

【实训内容与要求】

➤ 游戏规则和程序

1. 将学员分成2人一组。

2. 每个组员需要分别回答对方下面的三个问题：

(1)你喜欢自己身体或相貌的哪个部分？

(2)在个人品质方面，你认为自己什么地方最好？

(3)在个人才能方面，你最喜欢自己的哪个方面？

3. 需要注意的是，只需给自己积极、正面的评价，不要谦虚。

参与人数：2人一组

时间：10分钟

场地：不限

道具：无

➤ 相关讨论

1. 当你向别人介绍你的优点的时候，你是否会觉得不好意思？

2. 这样一个游戏对你认清自己的优点是否有帮助？

➤ 说明

1. 在一开始，你会发现由于多年来形成的习惯，让我们夸奖自己都有些不习惯。但事实上，随着你不断地夸奖自己，你会发现自己变得更为自信，更加肯定自己了，这也就是游戏要达成的一大目的。

2. 自己对于自己的认识无论是否公允，总是最为真实的，所以你对于自己的夸奖是帮助别人了解你的一个非常好的途径。真实地展现自己，你会发现你能得到的远远大于你所想到的。

【成果与检测】

根据学生的参与程度以及得出的结论或观点评定活动的成效，并评定成绩。

实训项目九：初次见面

【实训目标】

(1)团队沟通；

(2)集体活动前的熟悉和沟通；

(3)教师开场白，帮助教师与大家进行沟通和交流。

【实训内容与要求】

见面3分钟时是你留给他人第一印象的最重要的时刻。同样在一个会议或培训的刚开始，如何让大家更加活络起来，是关系培训是否成功的关键。下面的小游戏就可以用于消除大家的陌生感。

➤ 游戏程序和规则

1. 第一步：

(1)给每一个人都做一个姓名牌。

(2)让每位成员在进入培训室之前，先在名册上核对一下他的姓名，然后给他一个别人的姓名牌。

(3)等所有人到齐之后，要求所有人在3分钟内找到姓名牌上的人，同时向其他人作自我介绍。

2. 第二步：

(1)主持人作自我介绍，然后告诉与会人员："很高兴来到这儿！"

(2)快速绕教室走一圈，问："如果你今天不在这儿，你会做什么不情愿做的事情呢？"

(3)注意让问答保持在一个轻松、活泼的氛围内。

➤ 相关讨论

1. 当你在寻找你的姓名牌上的人的时候，你是不是也同时认识了很多其他的人？经过这个游戏，你是不是感觉大家的距离近了好多？

2. 在第二步中，当你们谈到自己可以不用做自己不愿意做的一些事情时，你会不会发现坐在这里听课是一件比较惬意的事情？

➤ 总结

1. 在开始的课程中，主持人一定要注意保持一个积极、幽默的态度，以便让大家迅速地消除腼腆等情绪，然后让大家好好地熟悉起来，同时有助于大家积极地发言。

2. 如果没有调动起情绪，学员没有积极举手回答的话，教师可以有意识地点名，让同学回答，以调动气氛。

➤ 游戏准备

参与人数：集体参与

时间:20 分钟

道具:姓名牌

【成果与检测】

根据学生的参与程度以及表现看游戏的效果,并评定成绩。

实训项目十:不要激怒我

【实训目标】

消除对立情绪,提高工作的积极性。

【实训内容与要求】

语言和态度是人与人之间沟通时的两大主要方面。对抗的时候,有的人说出话来是“火上浇油”,有的人说出来就是“灭火器”,效果完全不同。下面的游戏的目的就是要教会大家避免使用那些隐藏有负面意思的甚至敌意的词语。

➢ 游戏规则和程序

1. 将学员分成 3 人一组,但要保证是偶数组,每两组进行一场游戏;告诉他们:他们正处于一场商务场景中,如商务谈判,老板对员工进行业绩评估。

2. 给每个小组一张白纸,让他们在 3 分钟时间内用头脑风暴法列举出尽可能多的会激怒别人的话语,如“不行”、“这是不可能的”等,每一个小组要注意不使另外一组事先了解到他们会使用的话语。

3. 让每一个小组写出一个 1 分钟的剧本,其中要尽可能出现那些激怒人的词语,时间为 10 分钟。

4. 告诉大家评分标准:①每个激怒性的词语给 1 分;②每个激怒性词语的激怒程度给 1～3 分不等;③如果表演者能使用这些会激怒对方的词语表现出真诚、合作的态度,则另外加 5 分。

5. 让一个小组先开始表演,另一个小组的学员在纸上写下他们所听到的激怒性词汇。

6. 表演结束后,让表演的小组确认他们所说的那些激怒性的词汇,必要时要对其做出解释,然后两个小组调过来,重复上述的过程。

7. 第二个小组的表演结束之后,大家一起分别给每一个小组打分,给分数最高的那一组颁发“火上浇油奖”。

➢ 相关讨论

1. 什么是激怒性的词汇?我们倾向于在什么时候使用这些词汇?

2. 如果你无意间说的话被人认为是激怒行为,你会如何反应?你认为哪个更重要?是你自己的看法重要,还是别人对你的看法重要?

3. 当你无意间说了一些激怒别人的话,你认为该如何挽回?是马上道歉吗?

➢ 游戏准备

参与人数:3 人一组,分成偶数组

时间:30 分钟

场地:不限

道具:卡片或白纸一沓

【成果与检测】

根据学生的参与程度以及得出的结论或观点评定活动的成效，并评定成绩。

实训项目十一：肢体语言

【实训目标】

提高学员的表达能力，锻炼学员使用恰当的肢体语言。

【实训内容与要求】

没有肢体语言的帮助，一个人说话会变得很拘谨，但是过多或不合适的肢体语言也会让人望而生厌，自然、自信的身体语言会帮助我们的沟通更加自如。

➢ 游戏规则和程序

1. 将学员们分为 2 人一组，让他们进行 2～3 分钟的交流，交谈的内容不限。

2. 当大家停下以后，请学员们彼此说一下对方有什么非语言表现，包括肢体语言或者表情，比如有人老爱眨眼，有人会不时地撩一下自己的头发。问：这些做出无意识动作的人是否注意到这些行为？

3. 让大家继续讨论 2～3 分钟，但这次注意不要有任何肢体语言，看看与前次有什么不同。

➢ 相关讨论

1. 在第一次交谈中，有多少人注意到自己的肢体语言？

2. 对方有没有什么动作或表情让你觉得极不舒服？你是否告诉了他你的这种情绪？

3. 当你不能用你的动作或表情辅助你的谈话的时候，有什么样的感觉？是否会觉得很不舒服？

【成果与检测】

根据学生的参与程度以及得出的结论或观点评定活动的成效，并评定成绩。

实训项目十二：跨越雷区

【实训目标】

非语言沟通方面需要用到的引起沟通的方式与技巧。

【实训内容与要求】

➢ 程序

在场地放置一些障碍物。

每组有一位已跨越雷区的“幸运组员”，他在雷区的另一边指导其他组员跨越雷区。

每组除“幸运组员”外都必须蒙上眼睛，每次只能由一位组员通过雷区。

碰到障碍物的为死亡。

通过雷区的组员可以摘下眼罩，参与指导。

➢ 讨论

1. 在游戏的过程中，指导组员是如何与蒙眼的组员进行信息交流的？

2. 蒙眼组员在游戏中的感受如何？

3. 用什么办法来改进沟通？

【成果与检测】

根据学生的参与程度以及得出的结论或观点评定活动的成效，并评定成绩。

★ 实训项目十三：聪明的小明

【实训目标】

使学生明白倾听的重要性。

【实训内容与要求】

➤ 程序

培训师念出下面一段话：

“上中学的小明特别聪明，心算能力很强。有一天，老师又出了一道心算题目，来考考他：

(1)有一辆公共汽车，车上有28个人。到了一站，上了18人，下了3人；

(2)到了另外一站，上了5人，下了20人；

(3)然后又上了16人，下了2人；

(4)到了另一站，又上了4人，下了18人；

(5)之后上了7人，下了4人；

(6)到了下一站，上了2人，下了5人，

(7)最后上了6人，下了10人。”

这时培训师停下来，不说话，看看学员有什么反应。这时，一定有学员大声地说出答案——28人。

培训师大声宣布：不错，现在车上还有28人。但是我的问题是“这辆车停了多少站”，有人答出来了吗？——7站。

➤ 讨论

1. 为什么我们认真听了、努力算了，答案却是错的？我们为什么断定别人一定会问这个问题呢？

2. 我们为什么没有耐心听完讲师的问题再说出答案呢？

【成果与检测】

根据学生的参与程度以及得出的结论或观点评定活动的成效，并评定成绩。

★ 实训项目十四：驿站传书

【实训目标】

使学员强烈意识到充分沟通对团队目标实现的重要意义；制度规则的建立与修正。

【实训内容与要求】

全队成员排成一列，每个人这时候就相当于一个驿站，到时候培训师会把一个带有7位数以内的数字信息卡片交到最后一位伙伴的手中，你们要利用你们的聪明才智把这个数字信息传到最前面这位伙伴的手中，当这位伙伴收到信息以后要迅速地举手，并把信息写在纸片上交给最前面的培训师。比赛总共会进行四轮。

➤ 游戏规则

项目开始(所谓项目开始,是指培训师喊“开始”,信息从后面一位伙伴开始传递那刻起)后,

1. 不能讲话。

2. 不能回头。

3. 后面的伙伴的任何部位不能超过前面的人身体的肩缝横截面以及无限延伸面(前后标准要以最前面的某个物品做参照,比如白板。离白板近则为前,离白板远则为后)。

4. 当信息传到最前面伙伴手中时,这位伙伴要迅速举手示意,并把信息交到白板附近的培训师手中,计时会以举手那一刻为截止时间。

5. 不能传递纸条和扔纸条。

6. 项目的最终解释权和裁判权归培训师(要解释清楚,某些很有争议的方法和我们培训的整个主题相吻合算正确,背离则算错误)。

7. 第一轮时间≤2 分钟(给出 8 分钟的讨论时间,然后回来 PK)。

第二轮:以前规则继续生效,新的规则增加。

8. 第一轮所有方法不能再使用。

9. 不能传递和扔任何物品。

10. 第二轮时间≤1 分钟(给出 7 分钟的讨论时间,然后回来 PK)。

第三轮:以上规则继续生效,新的规则增加。

11. 第一轮和第二轮的所有方法不能使用。

12. 第三轮时间≤40 秒(给出 6 分钟的讨论时间,然后回来 PK)。

第四轮:以上规则继续生效,新的规则增加。

13. 前三轮所有方法不可用。

14. 屁股不可以离开椅子。

15. 第四轮时间≤20 秒(5 分钟的讨论时间,然后回来 PK)。

【成果与检测】

根据学生的参与程度以及表现看游戏的效果,并评定成绩。

模块五 辩论赛

实训项目一

正方:相处容易相爱难

反方:相爱容易相处难

实训项目二

正方:IQ 诚可贵,EQ 价更高

反方:EQ 诚可贵,IQ 价更高

实训项目三

正方:代沟的主要责任在父母

反方:代沟的主要责任在子女

模块六 角色模拟

实训项目一:管理沟通

【实训目标】

如何与他人沟通;如何与他人协作。

【实训内容与要求】

让两个人模拟下面的“父子对话”,然后小组成员共同讨论,分析沟通失败的原因和改进措施。

儿子放学回家,把书包往床上一扔,顺口说了一句:“上学真是无聊透了!”父亲立即追问:“怎么回事?”

父子之间的沟通开始了。

儿子:“学的都是些不实用的东西。”

父亲:“现在的确看不出好处来,我当年也有同样的想法,可是现在觉得那些知识还很有用的,你就忍耐一下吧!”

儿子:“我已经耗了十年了,难道那些 X 加 Y 能让我学会修车吗?”

父亲:“修车? 别开玩笑了。”

儿子:“我不是开玩笑,我的同学王明辍学学修车,现在月收入不少,这才有用啊!”

父亲:“现在或许如此,以后他后悔就来不及了。你不会喜欢修车的。好好念书,将来不怕找不到更好的工作。”

儿子:“我不知道,可是王明现在很成功。”

父亲:“你已尽全力了吗？这所高中是名校,应该差不到哪儿去。”

儿子:“可是同学们都有同感。”

父亲:“你知不知道,把你养到这么大,你妈妈和我牺牲了多少？已经读到高二了,不许你半途而废。”

儿子:“我知道你们牺牲很大,可是不值得。”

父亲:“你应该多读书,少看电视……”

儿子:“爸,唉,……,算了,多说也没有用。”一闪身,儿子进了自己的房间,门关得很响。

【成果与检测】

根据小组讨论情况及书面作业评定成绩。

实训项目二:鄱阳湖波音公司

【实训目标】

通过游戏了解部门协作的重要性,建立服务伙伴的内部顾客观念。

【实训内容与要求】

游戏程序

1. 将所有学员按照部门分成若干小组。
2. 分组后波音公司正式开始运营。
3. 波音公司开会、制订计划等。
4. 波音公司按照角色说明书投入销售、生产、质检等阶段。
5. 计算波音公司的经营状况。
6. 学员进行讨论。

各部门的主管及员工请讨论以下的问题:你的部门在游戏中的表现如何;其他部门在游戏中的表现如何。

总经理及顾客请讨论以下的问题:在游戏中你对公司的总体有效性如何评价。

7. 核算盈利状况。
8. 部门之间相互进行评分(评分表如下表)。

部门相互评分表

(最高分为10分)

<table>
<tr><th>部门评分</th><th>销售部</th><th>生产部</th><th>QA/QC</th><th>储运部</th></tr>
<tr><td>销售部</td><td></td><td></td><td></td><td></td></tr>
<tr><td>生产部</td><td></td><td></td><td></td><td></td></tr>
<tr><td>QA/QC</td><td></td><td></td><td></td><td></td></tr>
<tr><td>储运部</td><td colspan="4"></td></tr>
<tr><td>总经理</td><td colspan="4"></td></tr>
<tr><td>顾客</td><td colspan="4"></td></tr>
</table>

游戏规则

1. 除了运送产品到下一个部门以外,所有的员工必须留在自己的部门。

2. 如要去其他的部门，必须得到总经理的批准。

3. 如有工作上的需要，主管可以去其他部门。

4. 只有销售部及储运部可以接触顾客。

5. 如没有得到公司总经理的邀请，顾客不可以进入公司。

6. 总经理有权去任何部门及接触顾客。

➤ 游戏准备

要制作好各角色说明书、部门相互评分表。

角色说明书参考：

1. 生产部角色

(1)根据销售部所下的订单生产飞机，并将飞机交给 QA/QC 做飞行测试。

(2)如果飞机不能通过 QA/QC 测试，QA/QC 可以通知生产部追补生产。

(3)除了主管以外，其他人员不能去别的部门。

飞机类型(A 型飞机、B 型飞机)

颜色类型(绿色、红色、白色)

怎样生产飞机(一种是尖头，一种是平头)

原料成本(每张 A4 纸 4 元，一张纸可生产两架飞机)

2. 销售部角色

明确客户的订单要求，并完成客户的需求和解决客户的投诉。

任务：

(1)根据客户的订单填写销售订单。

(2)将订单交给生产部及储运部。

(3)销售部的总销售目标是 60 架。

销售价格：A 型飞机，10 元/架；B 型飞机，12 元/架。

3. 总经理角色

(1)确保公司的有效运作。

(2)如有需要，你可以在任何时间和你的主管及公司的所有成员开会，你可以去任何部门及调动人员。

(3)你有权布置工作给所有的人员。

销售价格：A 型飞机，10 元/架；B 型飞机，12 元/架

原料成本(每张纸 4 元，一张纸生产两架飞机)

4. 储运部角色

接受 QA/ QC 审核合格的飞机，然后根据销售部的订单把飞机送给客户。

任务：

(1)根据销售部的订单，把已通过测试的飞机送给客户。

(2)客户收货后要在送货单上签名。

(3)把已签名的送货单交给销售部才完成工作。

(4)如送货途中把飞机掉在地上，这飞机就是不合格的产品，不能交给客户。

(5)如果客户拒绝接受产品，你需要通知销售部。

(6)退货的飞机，如果质量许可，你可以把它拿去满足其他客户的订单。

(7)除了主管以外，其他人员不能去别的部门。

(8)你需要把飞机成功地从“起飞点”飞到“降落点”并由另外一位测试员接住才算合格。

(9)任何飞机落在地上便算不合格,作为废品,不可重新使用。

(10)测试员不能进入或越过“降落点”去抓取飞机。

(11)飞机要经过测试合格才可以交给储运部。

(12)飞机如果不能通过测试,主管要通知生产部追补生产。

(13)除了主管以外,其他人员不能去别的部门。

5. QA/QC 角色

测试飞机的性能并将飞机飞过指定地距离。

任务:

(1)你先从生产部得到飞机。

(2)你需要把飞机成功地从“起飞点”飞到“降落点”,并由另外一位测试员接住才算合格。

(3)任何飞机落在地上便算不合格,作为废品,不可重新使用。

(4)测试员不能进入或越过“降落点”去抓取飞机。

(5)飞机要经过测试合格才可以交给储运部。

(6)飞机若不能通过测试,主管则要通知生产部追补生产。

(7)除了主管以外,其他人员不能去别的部门。

6. 顾客角色

你将扮演一位客户,你的主要任务就是从长城通信设备公司的销售部订两种不同机型的通信飞机。

任务:

(1)你会先向长城通信设备公司的销售部订购 10 架飞机(订单 1 和订单 2,但是你不必在同一时间给予订单。

(2)如果你满意他们的服务和飞机的质量,你可以根据附上的其余订单向销售部继续下订单。不过,你必须在收到订单 1 或订单 2 的货物后,才能继续下订单。你总的需求最多是 30 架飞机。

(3)你是一个很好的客户但你期望得到高质量和周到的服务。

(4)在游戏完成后,你需要对这个公司的运作进行评估:

项　目	打分(0～10 分)
质量	
与订单的一致性	
仔细、快速地完成任务	

0——极不满意　　　10——非常满意

【成果与检测】

根据学生的参与程度以及得出的结论评定活动的成效,并评定成绩。

★ 实训项目三:开飞船

【实训目标】

使成员了解到在团队协作中要牢记自己的角色，提高满足团队需求的反应意识。

【实训内容与要求】

➤ 游戏程序

1. 培训师让学员在游戏开始前，每人说一个星球的名称，代表自己。

2. 每个人将代表自己的名称写在席卡上。

3. 游戏开始，假设你来自金星，而另一个人来自木星，你就要说："开呀开呀开飞船，金星的飞船就要开。"大家一起问："往哪开?"你说："往木星开。"代表木星的那个人就要马上接着说："木星的飞船就要开。"然后大家一起问："往哪开?"再由这个人选择另外的游戏对象，说："往某某星球开。"

4. 输方与大家分享注意力对团队协作的重要性。

➤ 游戏规则

反应时间超过2～3秒判为输方。

【成果与检测】

根据学生的参与程度以及表现看游戏的效果，并评定成绩。

★ 实训项目四：敢于说："我错了"

【实训目标】

使学员认识到勇于认错对团队的协作是非常有意义的。

【实训内容与要求】

➤ 游戏程序

1. 学员在比较空的场地围成一圈。

2. 培训师喊"一"时，举左手；喊"二"时，举右手；喊"三"时，抬左脚；喊"四"时，抬右脚；喊"五"时，不动。

3. 当有人出错时，出错的人要走出来站到大家面前先鞠一躬，举起右手高声说："对不起，我错了!"

4. 游戏重新开始，依此循环，适可而止。

【成果与检测】

根据学生的参与程度以及表现看游戏的效果，并评定成绩。

★ 实训项目五：集体智慧

【实训目标】

1. 活跃气氛；

2. 创造性地解决问题；

3. 团队沟通。

【实训内容与要求】

相信大家都玩过词语接龙或续写故事的游戏，比如，前一个人为一个故事起了个开头，大家就按照这个思路把故事接下去，一直到形成一个完整的故事为止。这个游戏就是将上述形式深化了一下，目的在于让受训者明白如何在受限制的情况下发挥想象力和创造力。

➤ 游戏规则与程序

1. 将受训者两两分组，做一个与某个话题（可以任意选择，只要大家感兴趣，如旅游）有关的演出。

2. 指定每组的两个成员：一人为 A，一人为 B。被称为 A 的人是这场游戏的演员，被称为 B 的人是 A 的台词提示者。

3. B 组挨着 A 组站着，当轮到自己的角色说话时，B 组成员就会把台词告诉同伴 A。而每个 A 组成员的任务就是接受 B 组同伴提供的任何台词，在此基础上再加以发挥，把戏演下去。A 组成员要密切配合 B 组成员的意思。

4. 为了使受训者充分理解培训者的意图，培训者可以先做一下示范。挑选一位学员后，培训者开始说："我非常想和你一起旅游，因为小王你——"

5. 然后培训者拍一下小王（B 组人）的肩膀。小王需立刻接下去说："我总是与你的喜好一致。"培训者结合小王的话继续说："总是与我的喜好一致。事实上，我们有过一次愉快的旅游经历，那一次——"

6. 再次拍小王的肩膀。他也许会说："我俩结伴去了黄山。"培训者接着说："我俩结伴去了黄山，真是一次美妙的经历。"

7. 又一次拍小王的肩膀，小王可能说："什么时候我们还能共同休假呢？"培训者说："什么时候我们还能共同休假呢？那时我们再一起出游吧……"

8. 让所有受训者观看示范，然后让他们各组散开练习一下，5 分钟后大家集合，集体完成一次演出。

➤ 相关讨论

1. 请 A 组人员考虑：为了适应并转换 B 组搭档的台词，你必须做些什么；是否感到吃力或有其他感觉；怎样才能使这个过程不那么煎熬呢。

2. 请 B 组人员考虑：你们的任务是帮助 A 组人员完成任务，所以为他们提供台词并使这一切进行得容易一些，你们需要做些什么；当 A 组成员没能顺利利用你的台词时，你有何感觉。

➤ 游戏准备

形式：2 人一组

时间：40 分钟

道具：1 块黑板

【成果与检测】

根据学生的参与程度以及得出的结论或观点评定活动的成效，并评定成绩。

★ 实训项目六：谁想听你讲

【实训目标】

培训演讲的技巧。

【实训内容与要求】

参加游戏的学员准备并熟记 3 分钟左右的演讲（如介绍某个产品的特点）。

学员分别举一、两或三个手指，然后让他们围着屋子转圈，寻找另一个与自己所举的手指数一样的人。2人组成一组，其中矮的为A。

让A、B互相握手并说："我想你对下面的事不会介意，我真的认为你会感兴趣的。"

A将对B开始3分钟的演讲。但是他们开始谈的时候，B必须转身走开，并说："那又怎样？谁想听你胡说八道？"

在第一轮的过程中，B必须在附近走来走去，重复说："那又怎样？谁想听你胡说八道？"A必须紧跟B，继续演讲。

A此时应注意的是，首先不要改变演讲的内容，其次要运用"那又怎样"的技能，考虑一下为什么这个演讲的内容是十分重要的，而且B也应该认真倾听，然后适当地通过他的语调、面部表情、身体语言等非语言手段把这层意思表达出来。

3分钟后叫停，然后互换角色。

➤ 讨论

1. 一再要求别人听自己发言有什么感受？有些时候发言者一定要这样做吗？什么时候？为什么？

2. 当你被忽视时，你有什么想法或感受？你用什么方法来调整你的发言方式？如果有，是怎么样的？

3. 如果发言人对自己的演讲内容投入了自己的情感是否会带来不同的效果？有什么不同？

【成果与检测】

根据学生的参与程度以及得出的结论或观点评定活动的成效，并评定成绩。

★ 实训项目七：阿希试验

【实训目标】

1. 检测与会者的从众压力。
2. 向与会者说明从众压力是普遍存在的。
3. 使大家认识到从众压力的积极作用和消极作用。

【实训内容与要求】

➤ 程序

9人一组，看两张卡片。一张上有一条直线，另一张上有三条直线，三条直线的长度不同。

让大家比较三条直线的卡片上哪条直线与另一张卡片上的直线长短相等，线段的长短差异是非常明显的。

对实验预先做出布置，在9人的实验组中对8个人都要求他们故意做出一致的错误判断A＝a，第9个人并不知道事先有了布置。在安排座位时，也不宜让不知情的被试者坐在最后，以便让他最后判断。

当他人依次说出A＝a时，让被试者说出他自己的答案。

➤ 游戏准备

材料：事先画好的阿希卡片。

➤ 讨论

1. 被试者面临的选择是什么？

2. 这种现象出现的概率有多大？在你的工作和生活中，你是否亲身经历或看到过这种现象？

3. 为什么会出现这种现象？被试者做出“错误”选择时，他的心态应该是怎样的？

4. 从众心理一定是消极的吗？它的积极面和消极面分别有哪些？

【成果与检测】

根据学生的参与程度以及得出的结论或观点评定活动的成效，并评定成绩。

实训项目八：如此推销

【实训目标】

领悟沟通与倾听的技巧及重要性。

【实训内容与要求】

王夫妇是一对年轻的夫妇，住在锦州市太和区。他们都受过高等教育。他们有两个孩子，一个九岁，一个五岁。王夫妇非常关心孩子的教育，并决心要让他们接受最好的教育。

随着孩子的长大，王夫人意识到该是让他们看一些百科读物的时候了。一天，当她翻阅一本杂志时，一则有关百科读物的广告吸引了她，于是她打电话给当地的代理商，问是否能见面谈一谈。以下为二人有关此事的谈话摘录：

王夫人：请告诉我你们这套百科全书有哪些优点？

推销员：首先请您看看我带的这套样书。正如你所见到的，本书的装帧是一流的，整套五十卷都是真皮套封烫金字的装帧，摆在您的书架上，那感觉一定好极了。

王夫人：我能想象得出。你能给我讲讲其中的内容吗？

推销员：当然可以。本书的内容编排按字母排序，这样便于您很容易地查找资料。每幅图片都很漂亮、逼真。

王夫人：我看得出，不过我更感兴趣的是……

推销员：我知道您想说什么？本书内容包罗万象，有了这套书，您就如同有了一套地图集，而且还附有详尽的地形图，对你们这些年龄的人来说一定很有好处。

王夫人：我要为我的孩子着想。

推销员：当然！我完全理解。由于我公司为此书特别配有带锁的玻璃门书箱，这样您的小天使就无法玩弄它们，在上面涂抹了。而且，您知道，这的确是一笔很有价值的投资。即使以后想出卖也绝不会赔钱的。何况时间越长，收藏价值还会增大。此外，它还是一件很漂亮的室内装饰品，那个精美的小书箱就算我们赠送的。现在我可以填您的订单了吗？

王夫人：哦，我得考虑考虑。你是否留下其中的某部分，比如文学部分，以便让我进一步了解其中的内容呢？

推销员：我真的没有带文学部分来，不过我想告诉您我公司本周内有一次特别的优惠售书活动，我希望您有好运。

王夫人：我恐怕不需要了。

推销员:我们明天再谈好吗？这套书可是送给您丈夫的一件很好的礼物。

王夫人:哦,不必了,我们已经没兴趣了,多谢!

推销员:谢谢,再见！如果您改变主意请给我打电话。

王夫人:再见!

从以上这个社会剧里,不难看出这位推销员是很不成熟的。在没有弄清楚顾客的购买行为以及购买目的的情况下,就很主观、片面地做出判断,导致推销失败。

好的推销员善于抓住顾客心理,运用各种策略来对顾客加以诱导,通过上述案例请你回答以下两个问题:

1. 这位推销员的失误之处在哪里?

2. 王夫人购买此书的动机是什么?

摘自《人员推销教程》。

续 集

旁白:推销员回去遇见经理。

推销员:经理,你现在有没有客户需要我们帮助?

经理:有。对了,你今天去王夫人那一定把订单签了吧?

推销员:别提了,她一点诚意都没有。我刚说了几句,她就说不要了,所以我就回来了。

经理:是这样啊！那把事情的经过说给我听听。

旁白:此时推销员就把事情的经过向经理诉说了一遍。

经理:你说的我大致明白了,但我还是希望你把这笔业务继续下去,我们不要错过每一位顾客,要争取每一位顾客。我希望你回去好好想一想,只要对百科全书感兴趣的人多会买我们的产品。因为我们的产品和推销员都是最优秀的,有空再去一次吧!

推销员:好的,我回去想一想。

旁白:推销员又一次来到王夫人家。

推销员:对不起,打扰一下,我是3+1公司的业务员。我听说您需要一部百科全书,我看我能帮您的忙。

王夫人:现在我不想要了。

推销员:这套百科全书适用于任何一个年龄段,对您家人的知识储备有所帮助。

王夫人:哦,是吗？请等一下。

推销员:王夫人,是我!

王夫人:怎么又是你？我对你的这本书已经没什么兴趣了。

推销员:王夫人可能您对我这套书没兴趣了,或者您的孩子需要也说不定呢?

王夫人:这套书对我的孩子有什么帮助呢?

推销员:现在的孩子不管是智力还是生活环境都越来越好,不像我们那时候,就算脑袋好使,也没有条件买书,是吧?

王夫人:可不是吗！条件好了就想教育投资,一切都是为了孩子。

推销员:你真是一位好妈妈！这是您孩子的照片吧？几岁了?

王夫人:九岁了。

推销员:上小学了吧？几年级了?

王夫人:三年级。

推销员：哎呀，这孩子一看就知道聪明，上学这么早以后一定有发展。王夫人，您看孩子这个年龄正是汲取知识的时候，我们做家长的可不能耽误孩子啊！我们这套书就是为了丰富孩子的知识，开阔孩子的视野，专为他们设计的，我把您昨天想要的文学部分拿来了，您看看。

王夫人：嗯，是不错！

推销员：王夫人，我先给你留一个样本，等孩子回来让她先看看。看孩子们是否会对这套书产生兴趣，喜不喜欢？

王夫人：好，谢谢你。再见！

推销员：这是我们应该做的，能为您的孩子带去知识我很高兴。再见！

随后王夫人给公司打去订书电话。

➤ 问题

这位推销员为什么第二次能成功？

【成果与检测】

根据学生的参与程度以及得出的结论或观点评定活动的成效，并评定成绩。

模块七　能力评测

实训项目一：背后说三道四

【实训目标】

通过别人对你的评价，反求诸己。

【实训内容与要求】

➤ 游戏程序

1. 分组。

2. 小组成员将下列工作风格互测表贴在学员背后。

工作风格互测表

工作风格	评　价	工作风格	评　价
成就型		平衡型	
自主型		合群型	
影响型		其他	

3. 小组学员互相评价，在其认为与对象符合的风格下面打“√”。

➤ 游戏准备

与学员人数相当的互测表及别针等。

【成果与检测】

根据学生的参与程度以及得出的结论多少评定活动的成效，并评定成绩。

实训项目二：你想加入团队吗？

【实训目标】

测试你对团队的情感强烈程度。

【实训内容与要求】

回想近期你所加入的一个团队，根据你在团队生活中的感觉回答以下 20 个小题，1～9 分表示从“同意”到“不同意”。

(1)我想继续成为这个小组的成员。

(2)我喜欢我们这个小组。

(3)我盼望到这个小组中来。

(4)我不在乎这个小组发生什么事情。

(5)我感到自己参与了小组的一切活动。

(6)如果现在可以退出这个小组，我就会退出。

(7)我害怕到这个小组中。

(8)我希望这个小组现在就解散。

(9)我对这个小组不满意。

(10)如果现在可以转入其他小组，我就会这样做。

(11)我觉得自己真正参与到小组活动中了。

(12)尽管存在个体差异，我们这个小组还是很团结的。

(13)与我所了解的其他小组相比，我觉得我们这个小组比大多数小组都好。

(14)我觉得自己不属于小组活动的一分子。

(15)我觉得如果我不在这里，小组就会是另外一个样子。

(16)如果有人告诉我，小组成员今天不碰面，我会很难过。

(17)我觉得自己与小组其他成员有一定的距离。

(18)这个小组的活动对我来说很重要。

(19)我觉得自己的缺席对小组没有多大影响。

(20)如果漏掉一次小组会议，我不会感到难过。

【成果与检测】

累加 4、6、7、8、9、10、14、17、19、20 项的得分。

对其他各项用 10 减去你所得的分数，得到一个校正后的分数。比如说，如果你的第一项得 3 分，那么你的校正分数就是 7(10－3)分。

把上述 10 个直接得分和 10 个校正后的分数累加起来。分值越高，说明你对集体的感情就越强烈。

★ 实训项目三：沟通能力测试

【实训目标】

测试你的沟通能力。

【实训内容与要求】

请回答以下问题：

1. 是否经常(选择你认为经常做的事)(　　)。

A. 召集部门会议及讨论工作问题，并讨论一些大家共同感兴趣的问题

B. 鼓励员工积极关心公司事务，踊跃提问题，出主意，想办法，集思广益

C. 提倡同事之间密切合作与交流

D. 鼓励下属畅谈未来

E. 召集“群英会”，请员工为公司经营出谋划策

2. 是否(选择几项你认为有的情况)(　　)。

A. 将工作计划分发到每位下属手中

B. 定期与每位下属谈话，讨论其工作进展情况

C. 每年至少召开一次总结会，表扬先进，鞭策后进，同时广泛征求群众意见，让大家畅所欲言

D. 为了造成一种轻松、愉快的气氛，使大家畅所欲言，而把会议地点安排在酒店等地方

E. 尽量少下达书面指示，多与下属直接交流

F. 平易近人，与下属打成一片

G. 当公司出现人事、政策和工作流程的重大调整时，及时召集下属开会，解释调整的原因及这些调整对他们今后工作的影响

H. 在你听说某位下属因毫无根据的谣言而苦恼后，你会立即召开会议辟谣

I. 喜欢在总公司办公会上将本部门的工作进展公布于众，以求得其他部门的合作与支持

J. 常在部门内组织协作小组，提倡团结奋斗精神

3. 如果某位与你竞争最激烈的同事向你借一本经营管理畅销书，你会(　　)。

A. 立即借给他

B. 同意借给他，但声明此书无用

C. 告诉他，书遗忘在其他地方

4. 如果某位同事为方便自己出去旅游而要求与你调换休假时间，你还未决定如何度假，你会(　　)。

A. 马上答应

B. 告诉他要回家请示夫人

C. 拒绝调换，说自己已经参加旅行团了

5. 如果某位同事在准备下班时，请求你留下来倾听他“吐苦水”，而家人正在家等你吃晚饭，你是否(　　)。

A. 立即同意　　B. 劝他两天再说　　C. 以夫人生病为理由拒绝他的请求

6. 在一个公司首脑级会议上你正在宣读一项提案，当你讲到关键部分时，一位秘书走进来向一位与会者请示工作，你是否(　　)。

A. 对大家说：“×先生有点急事处理，咱们等他一下再继续讲”

B. 只当作什么都没发生，继续往下讲

C. 停止讲话，面显怒色

7. 在会议中请大家提问时，一位提问者的问题显然表明漏掉了你讲话中最重要的部分，你会(　　)。

A. 为自己未将这个问题讲清楚而表示歉意

B. 等他把话讲完，再把那部分内容重复一遍，解除他的疑虑

C. 打断他的话，指出这个问题你已经解释过了，不过你乐意重复一遍

8. 开会时，听众中某位地位高于你的人士激烈抨击你的提案，你如何应付？(　　)。

A. 针锋相对，反戈一击

B. 打退堂鼓，承认自己的题案中确实有不妥之处

C. 保持冷静，尽可能在某些方面与他取得一致

9. 在参加社交活动时(在每一选项后回答“是”或“否”)：

A. 你喜欢广结各行业的朋友吗

B. 你喜欢做大型公共活动的组织者吗

C. 你愿意做会议主持人吗

D. 你介意在公司组织的集体活动中扮演逗人笑的丑角吗

E. 你与人谈话时喜欢掌握话题的主动权吗

F. 你希望员工对你必恭必敬吗

第 1、2 题，计算共选择了多少项，每选一项得 1 分。

每 3～8 题：

	3	4	5	6	7	8
A	10	10	10	10	0	0
B	5	5	5	5	10	0
C	0	0	0	0	5	10

第 9 题：与下列答案一致的，每项得 1 分：a. 是，b. 是，c. 是，d. 否，e. 是，f. 否

【成果与检测】

60～80 分

无论你是老板、同事还是下级，你都表现得非常好，在各种社交场合都表现得大方得体。你待人真诚友善，不狂妄虚伪。在原则问题上，你既能善于坚持并推销自己的主张，同时还能争取和团结各种力量。你自信心强，下属也信任你，整个部门充满着团结协作的气氛。

30～60 分

你的交流能力较强，在大多数社交活动中表现出色，只是有时尚缺乏自信心，你还需加强学习与锻炼。

20～30 分

由于你对沟通能力的重视不够，而且也没有足够的自信心，导致你距优秀管理者尚有一段不小的差距。要知道，作为一个经营管理者，有责任主动将信息传达给下属，不应让下属千方百计地去寻找信息；而且你应该以轻松、热情的面貌来进行交流，把自己看作一个生活幸福、工作有成就的人，同时对别人也不可存在任何偏见。经常与人交流，取长补短，改变你拘谨、封闭的管理作为，使你和你的下属充满活力和热情，是非常有益处的。

记住：沟通能力是成功的保证和晋升的阶梯。

0～20 分

你是否发过誓以沉默待人？你的成绩让人吃惊。

第六篇
控　制

通过对本篇各模块的实训，使学生深入理解控制的知识及观点，掌握控制的工作流程及技巧，形成对工作的控制能力。

单元一　基础管理控制思维与能力

模块一　管理故事演讲

实训项目一：是谁阻止了他选择虚报冒领？

【实训目标】

了解监督机制重在预防的原则。

【实训内容与要求】

B小时候家里很穷，那年他考上了大学，却没有钱去读书。有人就介绍他去加入村里的砍柴民工队，附近的一座矿山每天都来村里收购大量的柴火。因为他力气小，砍柴慢，民工队张头儿就特别安排他做过磅计数的活儿。

过了几天，邻居大毛悄悄地跟他说："给我多记点儿，我拿了钱分给你一半。"张头儿是按B的计数给民工发钱的。只要笔下轻轻一画，不出力、不流汗，就能来钱。天底下原来有这样便宜的事情！不过，张头儿会不会发现呢？大毛说："不会，柴是一车车拉走的，多记个三五百斤，谁也不会知道。"B几乎动了心，但总觉得不踏实。就算不知道，可这么做对得起张头儿吗？回家他把这事儿跟母亲说了。母亲坚决反对："吃了不该吃的会拉肚子！"B听了母亲的话，没再理会大毛。

那年他挣够了上学的钱，跨进了大学的门槛。毕业后他找到了一份喜欢的工作，觉得自己的人生道路很顺畅，心情也很舒畅。多年后，他回家探亲，见到当年的张头儿，提起了旧事。他问张头儿："假如我当时虚报冒领，会怎样？"张头儿说："那你最后连一分钱也拿不到。柴过磅后拉往矿里的途中，我抽查过几次，从没发现过差错。我不能让矿山砸我民工队的饭碗。"B吃了一惊，幸亏自己当初没有听信大毛的话。但是，他依然困惑……

★ 故事的哲理

诚信，是需要监督的。但问题在于，我们监督的目的是为了发现并惩治欺骗，还是为了震慑和预防欺骗？尽管两者都需要，但后者应该更突出。试想，原子弹的最大功效并不是在战争中使用它，而在于通过它的震慑而避免战争。同样在本故事中，如果没有长辈的权威，如果没有道德的"恐吓"，单靠张头儿那秘而不宣的抽查，真能杜绝所有欺骗吗？换言之，如果将监督机制事前说清，人们还犯得上想入非非吗？

【成果与检测】

请学生结合主持人演讲的管理故事进行思考、讨论，并分组推举代表发言。根据学生的参与程度以及得出的结论或观点评定活动的成效，并评定成绩。

实训项目二：萧伯纳与大美女的结果

【实训目标】

体会万事要有两手准备的道理。

【实训内容与要求】

世界著名大文豪萧伯纳(1856～1950)是个非常幽默的人，也是一个喜欢与公众交朋友的社会活动家。

有一天，有位美丽的女人一定要见他。果然，这个女人让萧伯纳眼睛一亮，不论是面相还是身段，都无可挑剔。在分手后，萧伯纳才知道她是美国著名舞蹈家伊莎多拉·邓肯。但这个女人给萧伯纳留下一个不好的印象，那就是她对自己的美丽过于自信，而且坚信她会见着这个大文豪。于是她见到萧伯纳就直截了当地提出自己的要求："我是世界上第一美人，你是世界上有最聪明头脑的大作家。我想如果咱俩结婚，生的孩子如果长相像我这么漂亮，头脑像你那么聪明，这不是件大好事儿吗?"萧伯纳的确是个非常聪明的幽默大师，他毫不迟疑地对这位美人说："非常愿意和你这个美人结婚，不过我很担心，如果这个孩子生下来长得像我这么丑，可是头脑完全继承了你，那不就是个极糟糕的孩子吗?"结果弄得这个美女尴尬异常，哭笑不得。

★ 故事的哲理

万事皆有两面，如果我们不能预先看到这两面并有所准备，那么结果一定会让我们追悔莫及。

【成果与检测】

请学生结合主持人演讲的管理故事进行思考、讨论，并分组推举代表发言。根据学生的参与程度以及得出的结论或观点评定活动的成效，并评定成绩。

实训项目三：为什么会机毁船沉?

【实训目标】

学会警惕从自信到疏忽的界限。

【实训内容与要求】

刘墉的一本书中有这样一段故事：最近我去看了奥斯卡十一项大奖的影片《泰坦尼克号》。散场的时候，一对老夫妇走在我前面，那位太太一边擦眼泪一边骂："造船的人真是太粗心了。那么大的船，装那么多人怎么只有不够一半人坐的救生艇?""这不是粗心，是太自信。"老先生说，"他认为他造的大船不可能沉下去，所以救生艇只是做样子。"

同样的事情其实还有：前几年的某一天，台湾一架客机，由资深机师驾驶，从东海岸的花莲飞台北。机师轻松地哼着流行歌曲，照例滑行过长长的跑道。升空、左转，往台北飞去。只是，才起飞几分钟，就轰然一声，撞了山，全机五十多人全罹难了。后来从"黑匣子"的录音得知，飞机驾驶员可能在撞山前几秒钟才警觉到当天他们换了一条不同方向的跑道起飞。难道他们不是因为太熟悉那条航线，太有自信而粗心吗?

★ 故事的哲理

越是"一目十行"的人，越容易"没看到"。越表现潇洒的人，越可能丢人现眼。越"自以为是"的人，越可能"什么都不是"。只有那些总觉得自己学问不够、细心不足、容易闪神、容易粗心，而能再三计划、再三检讨、再三验证的人，才能在这个错综复杂的时代，一步一个脚印地走向成功。

【成果与检测】

请学生结合主持人演讲的管理故事进行思考、讨论，并分组推举代表发言。根据学生的参与程度以及得出的结论或观点评定活动的成效，并评定成绩。

模块二 案例分析

★ 实训项目一：客户服务质量控制

【实训目标】

体会有效控制的因素及控制技巧。

【实训内容与要求】

美国某信用卡公司的卡片分部认识到高质量客户服务十分重要。客户服务不仅影响公司信誉，也与公司的利润息息相关。比如，一张信用卡每早到客户手中一天，公司可获得 33 美分的额外销售收入，这样一年下来，公司将有 140 万美元的净利润。及时地将新办理的和更换的信用卡送到客户手中是客户服务质量的一个重要方面，但这远远不够。

决定对客户服务质量进行控制来反映其重要性的想法，最初是由卡片分部的一个地区副总裁凯西・帕克提出来的。她说："一段时间以来，我们对传统的评价客户服务的方法不太满意。向管理部门提交的报告有偏差，因为它们很少包括有问题但没有抱怨的客户，或那些只是勉强满意公司服务的客户。"她相信，真正衡量客户服务的标准必须基于反映持卡人的见解。这就意味着要对公司控制程序进行彻底的检查。第一项工作就是确定用户对公司的期望。对抱怨信件的分析指出了客户服务的三个重要特点：及时性、准确性和反应灵敏性。持卡者希望准时收到账单、快速处理地址变动、采取行动解决抱怨。

了解了客户期望，公司质量保证人员开始建立控制客户服务质量的标准。所建立的 180 多个标准反映了诸如申请处理、信用卡发行、账单查询反应及账户服务费代理等服务项目的可接受的服务质量。这些标准都基于用户所期望的服务的及时性、准确性和反应灵敏性，同时也考虑了其他一些因素。

除了客户见解，服务质量标准还反映了公司的竞争性、能力和一些经济因素。比如，一些标准因竞争引入，一些标准受组织现行处理能力的影响，另一些标准反映了经济上的能力。考虑了每一个因素后，适当的标准就成型了，所以开始实施控制服务质量的计划。

计划实施效果很好，比如处理信用卡申请的时间由 35 天降到 15 天，更换信用卡从 15 天降到 2 天，回答用户查询时间从 16 天降到 10 天。这些改进给公司带来的潜在利润是巨大的。例如，办理新卡和更换旧卡节省的时间会给公司带来1 750万美元的额外收入。另外，如果用户能及时收到信用卡，他们就不会使用竞争者的卡片了。

该质量控制计划潜在的收入和利润对公司还有其他的益处，该计划使整个公司都注重客户期望。各部门都以自己的客户服务记录为骄傲。而且每个雇员都对改进客户服务做出了贡献，使员工士气大增。每个雇员在为客户服务时都认为自己是公司的一部分，是公司的代表。

信用卡部客户服务质量控制计划的成功，使公司其他部门纷纷效仿。无疑，它对该公司的贡献将是非常巨大的。

➤ 案例思考题

1. 该公司控制客户服务质量的计划是前馈控制、反馈控制还是现场控制?
2. 找出该公司对计划进行有效控制的三个因素。
3. 为什么该公司将标准设立在经济可行的水平上,而不是最高可能的水平上?

【成果与检测】

根据小组成绩、班级讨论、书面报告等综合评定。

实训项目二:电子监控

【实训目标】

体会控制的适当性技巧。

【实训内容与要求】

某家公司办公室安装了电子监控系统,目的是管理者可以更好地直接进行管理和监控。安装之后,有一定的成效,但是并没有激发员工更多的热情。有些员工认为,系统固有的电子报告只是不必要的例行公事。因为最好的员工花费了很多时间了解客户,他们对这种被称为“电子警察”的系统感到很不高兴,管理者可以对他们所有的行动进行监视并通过“遥控”来威胁他们。管理得力的管理者通常是那些在员工和他们自己之间创造信任的人,但是电子监控系统破坏了信任关系。

➤ 分析

1. 电子监控系统有什么缺点?
2. 管理者是否有权监管员工的工作细节?

【成果与检测】

根据小组成绩、班级讨论、书面报告等综合评定。

模块三 管理实战任务

实训项目:顶岗实训——质量监督助理

【实训目标】

1. 了解质量监督的基本过程;
2. 初步了解控制方法与技术。

【实训内容与要求】

1. 地点:某实习基地生产车间。
2. 时间:课程进行期间,轮流安排学生利用课余时间到某实习基地担任质量监督助理。
3. 人员安排:学生分组进行,每小组 6~8 人,轮流进行。
4. 要求:

(1)每名同学按流水线和工序分配帮助质量监督助理负责质量监督,检验产品质量。学生助理有权对分拣员的工作提出质疑,并对他做出相应的奖惩措施。

(2)在顶岗实训前,公司负责对学生进行培训,明确他们的责任和义务。

(3)每名同学在实训后总结出一套质量控制行之有效的办法,应具有创新性。

【成果与检测】

1. 每名质量监督助理负责对学生进行评估。

2. 在顶岗实训中体会质量控制的重要意义，并写出2 000字左右的报告。

3. 教师与模拟公司负责人负责对学生的质量控制报告及其表现进行考核。

模块四　管理游戏

实训项目：马到成功

【实训目标】

体验从混乱到澄清我们需要的思路；理解有好“马”才会成功。

【实训内容与要求】

➢ 游戏程序

1. 请学员看看这幅图是什么？

提示学员：如果正面看不出来，换个角度看看。看出来是什么吗？再想想，再看看！真的看不出来？

这样，可以看到我们换个角度带来的困难，或者说，我们从混乱中澄清问题的困难。

2. 培训师再请学员看看下面的图，看看是什么？

【成果与检测】

根据学生的参与程度以及得出的结论或观点评定活动的成效，并评定成绩。

模块五 辩论赛

实训项目：人才与考试

【实训目标】

让学生思考发掘人才与考试的关系。

【实训内容与要求】

正方观点：发掘人才需要考试

反方观点：发掘人才不需要考试

【成果与检测】

老师依据本背景设定对立的论题组织辩论赛，根据分组辩论成绩、班级讨论、书面报告等综合评定。

模块六 角色模拟

实训项目：48台焊机带来的思考

【实训目标】

深入了解控制的要领。

【实训内容与要求】

人物：经营副厂长林彬、销售科长白光川、质量检验科长赵光一、技术科长李光武、企管办主任张世杰、财务科长王复利。

地点：长春红星机械厂。

剧情简介：某年5月15日，长春红星机械厂负责销售的经营副厂长林彬接到销售科长白光川送来的吉林油田48台摩擦焊机的退货信函。面对这一意外事件的发生，林副厂长决定于5月20日召开一次质量分析会，讨论一下解决办法。这部剧就是围绕这次会议展开的。

红星机械厂背景介绍：红星机械厂是一个C620车床的专业厂家之一。全厂分为铸造、锻造、加工、装配、热处理等8个生产车间，主要生产车床、摩擦焊机。产品畅销全国，远销泰国，驰名中外。两年前研制出摩擦焊机，投放市场，深受欢迎，于是大量生产，光销往吉林油田一家就达48台，价值480万元。

某年5月15日，红星机械厂林副厂长办公室里。

（有人敲门）

林：请进。

（销售科长白光川推门进入，手拿一封信函。）

白：厂长，这是吉林油田的退货信函，他们说我们的产品有问题，要求全部退货，怎么办啊？

林：哦，我知道了，你先出去吧，让我想想（林副厂长点燃了一支烟，猛吸了两口，满脸愁容，在屋子里来回踱步。这样过了十几分钟，林副厂长走到电话机旁，抓起电话，拨通了白科长的电话。）

林：喂，白科长吗，我是老林啊，你通知大家一下，20 日我们要开一个质量分析会，让大家准备一下。

（时间转眼到了 20 日上午，会议室里正召开着由林副厂长主持的质量分析会。）

林：大家都知道这次会议的内容了吧。关于这次退货事件，请大家谈谈吧。

（质量检验科长赵光一首先发言。）

赵：这件事事关重大，关系到我们厂的声誉。这次退货，我认为主要是焊机本身的质量不过关。吉林油田反映我们的焊机性能差，主轴摆动过大，同心度不好，长此下去，就很容易造成钻头断裂，影响油田的开采。

李（技术科长李光武）：不能单看退货这一表面现象，它反映出我们厂生产的焊机整体质量差，我们要透过现象看本质，就是我们的生产技术水平还不够、还不过关，突出表现是我们的产品质量意识差，粗制滥造。

白（销售科白科长）：焊机退货一事，说明我们厂还缺乏市场与销售观念，虽然目前还只有一家退货，但我们不能没有危机意识。我们的主导产品——车床销售就不佳，如果焊机再销售不出去，那我们就很难维持下去了。不过，油田方面说，如果我们返修成功不影响质量的话，可以接受返修，但我们必须给予赔偿。

张（企管办主任张世杰）：这件事说明我们厂对新产品开发认识不足，指导思想上只图扩大眼前的销量，而忽视了质量把关，没有处理好质量、产量与效益的关系。我认为还是采取措施进行返修。

王（财务科长王复利）：今年我们厂生产的 120 台焊机，吉林油田购买了 48 台，占 40%，销售收入达 480 万元。如果全部退货，损失太大，这样的话，今年的利润计划就完不成了。如果返修，赔偿的损失也不小，最好我们采取两全其美的办法，将损失减到最小。

（最后，林副厂长总结大家的意见。）

林：这次产品质量会议开得很成功，围绕焊机退货一事，大家都谈了自己的看法，既分析了原因，又提出了对策。但最后将如何处理，我再提两个问题，大家回去思考一下：

1. 这 48 台焊机是接受退货，还是接受返修、赔偿损失？

2. 从这件事上我们厂应该接受什么教训？今后应该怎么办？

【成果与检测】

根据学生的参与程度以及得出的结论或观点评定活动的成效，并评定成绩。

模块七 能力评测

实训项目：会议控制能力测验

【实训目标】

会议控制能力测验。

【实训内容与要求】

假设你召集 6 位下属开会，研究解决老板布置下来的一个紧急任务，你怎样应付下列情形？

1. 你以什么为开场白？（ ）

A. 简述任务内容，请各位与会者发表见解
B. 简述任务内容，解释它们的重要性及召开会议的目的
C. 直截了当地讲解具体任务
2. 如果与会者中有精通这个问题的专家，你是否(　　)?
A. 由他自行找机会发言
B. 首先征求他的意见
C. 等别人发言后再让他讲
3. 如果某位出名啰嗦的人大讲特讲与主题无关的教条理论，耽误很多时间，你是否(　　)?
A. 听任他讲下去，等待其他与会者群起而攻之
B. 有策略地打断他的话，指出时间很宝贵
C. 不客气地请他停止，让别人发言
4. 某位很有头脑但很腼腆、害羞的下属一直沉默不语，你是否(　　)?
A. 轻声地问他“你有什么看法”
B. 认为没有什么话要讲
C. 要求听听他的高见
5. 如果两位与会者因持不同的见解而争得面红耳赤，你是否(　　)?
A. 听任他们争论下去，谁获得多数人的支持就赞成谁的观点
B. 对他们两位的踊跃发言表示感谢，并提出自己的看法，然后开始讨论新问题
C. 斥责他们的行为，继续讨论其他问题
6. 如果大家讨论得越来越热烈，议题多而杂，你怎么控制会场?(　　)
A. 对大家的意见作一个小结，请大家将无关的问题留待以后讨论
B. 建议暂时休会
C. 敲桌子要求肃静
7. 假如会议讨论的问题很复杂，需要作出许多决定，你是否(　　)?
A. 开会后第二天即将这些决定整理出来，发给参加会议者
B. 每讨论一个问题，便作出相应的决定，同时落实完成任务的期限并指定负责人
C. 在会议结束之前作出决定
8. 召开如此冗长而复杂的会议一定要做笔记，你是否(　　)?
A. 亲自记录
B. 请秘书记录
C. 请其中一位与会者记录
9. 如果你在会议上听到了许多与自己观点不同的意见，你是否(　　)?
A. 随时打断别人的发言，发表自己的意见
B. 偶尔谈谈对一些重要问题的看法
C. 不置可否，以免打断别人的思路
10. 你怎么结束会议?(　　)
A. 请大家留下再讨论一个你刚刚想到的问题
B. 感谢大家的合作，预定下次开会检查工作进程的时间
C. 敷衍地感谢与会者，宣布散会

答案:与下列答案相同者得 5 分。

1. B;2. B;3. B;4. A;5. B;6. A;7. B;8. A;9. B;10. B。

【成果与检测】

40～50 分:你完全掌握主持会议的要诀,希望你的下属们向你学习。

20～35 分:你可能在主持日常工作会议时游刃有余,而碰上复杂的会议就不那么随心所欲了。不妨在下次开会时请一位有经验的同事列席,让他帮助你纠正不足。

15 分或以下:你不会主持会议,控制不了会场秩序,为何不向老板或人事部申请进修呢?

单元二　综合管理控制思维与能力

模块一　管理故事演讲

实训项目一：眨眼睛的含义

【实训目标】

学会预先进行危机管理。

【实训内容与要求】

生活越是丰富，活得越要简单。一位胖哥们儿对妻子说："我要真是中了风什么的，不会说话了，你可要满足我最简单的要求。"妻问："什么要求？"胖子说："我眨一下眼是想吃鱼，再眨一下眼是想吃炒饼，要求不多，请一定照办。"妻说："你要是不停地眨眼又说不出话来，我可真猜不出你第三条想吃什么了。""就两样，就两样，我的要求很简单。"胖子说。妻最后说："你现在最简单的是把烟酒都戒了，这样离眨眼就远了。"胖子听罢眨了眨眼。

★ 故事的哲理

有些企业就像这个胖子一样，会对"事后"安排得无微不至，却对"事前"疏于谋划布置。也因此，一旦某些企业"出事"了，"危机管理"便会大行其道。殊不知，真正的危机管理正在于风平浪静时。

【成果与检测】

请学生结合主持人演讲的管理故事进行思考、讨论，并分组推举代表发言。根据学生的参与程度以及得出的结论或观点评定活动的成效，并评定成绩。

实训项目二：发大水的那一天

【实训目标】

掌握事后控制原则。

【实训内容与要求】

"见鬼！"不知是否因为温室效应，这两年一下大雨王老板那个地区就淹水。

王老板最怕淹水，因为他卖纸，而纸很重，不便在楼上堆货，只好把纸都放在一楼。

"天哪！还差半尺！……天哪！只剩两寸了！"每次下大雨，王老板都不眠不休，盯着门外的积水看。所幸每次都有惊无险，每每要淹进门的时候，雨就停了。

一年、两年都这么度过。这一天，飓风来了，除了下雨，还有河水泛滥，门前一下子成了一条小河，转眼水位就漫过了门槛。王老板连沙包都来不及堆，店里几十万的货就已经泡了汤。

王太太、店员甚至王老板的才十几岁的孙子都出动了，试着抢救一点纸。但问题是，纸会吸水，从下往上，一包渗向一包，而且外面的水，还不断地往店里灌。

大家正不知所措，却见王老板一个人冒着雨出去了。“大概是去找救兵了。”王太太说。而几个钟头过去，雨停了、水退了，才见王老板一个人回来。这时候就算他真带几十个救兵回来，又有什么用？店里所有的纸都报销了。又因为沾上泥沙，连免费送去做回收纸浆，纸厂都不要。

王老板收拾完残局，就搬家了，搬到一个老旧公寓的一楼。他依旧做纸张的批发生意，而且一下子进了比以前多两三倍的货。

“他还是没淹怕，等着关门大吉吧！”有职员私下议论。果然，又来了台风，又下大雨，河水又泛滥了，而且比上次更严重。路上好多车子都泡了汤，好多地下室都成了游泳池，好些人不得不爬上屋顶。

王老板一家人站在店门口，左看，街那头淹水了；右看，街角也成了泽国，只有王老板店面的这一段，地势特高，居然一点都没事，连王老板停在门口的新车，都成了全市少数能够劫后余生的。王老板一下子发了。因为几乎所有的纸行都泡了汤，连纸厂都没能幸免，人们急着要用纸，印刷厂急着要补货，出版社急着要出书，大家都抱着现款来求王老板。

“你真会找地方！”有同行问，“平常怎么看，都看不出你这里地势高，你怎会知道？”

“简单嘛！”王老板笑笑，“上次我店里淹水，我眼看没救了，干脆趁雨大在全城绕了几圈，看看什么地方不淹水。于是，就找到了这里。”王老板拍拍身边堆积如山的纸，得意地说：“这叫救不了上次，救下次，真正的‘亡羊补牢’哇！”

★ 故事的哲理

没有人反驳“弥补过失”的必要。但我们却常常忽略弥补过失的最佳时机。而这个最佳时机其实我们从小就知道：看病、治病的最佳时机，就是发病的时候。

【成果与检测】

请学生结合主持人演讲的管理故事进行思考、讨论，并分组推举代表发言。根据学生的参与程度以及得出的结论或观点评定活动的成效，并评定成绩。

实训项目三：“这都是我们的错！”

【实训目标】

学会监控问题和及时纠正问题。

【实训内容与要求】

有一次，S君来到日本度假。他路过一家日本最著名的豆腐店，顺便买了它的招牌产品。但当S君品尝这个豆腐时，发现豆腐酸了，坏掉了。

当他又一次路过这家店时，对服务员说了一下，“我上次买你的豆腐是坏的”。

服务员首先是很惊讶：“坏了？你有没有带过来？”S君说：“没有，一盒豆腐也不值多少钱，只是想告诉你们这件事。”服务员立刻说：“我不是这个意思，这是因为我们的过错让您受到了损失，我们一定要对您有个交代。您稍微等我一下……”说着，服务员一溜小跑上了楼。一会儿和他一起下来一个经理模样的人，他一个劲地向S君鞠躬致歉：“先生，对不起，这都是我们的错。这里有四盒最新鲜的豆腐，您一定要带回去尝一尝，这一定是最好的品质。”说着，他将一袋包装精美的豆腐送到S君手里。经理接着说：“这件事我刚才已经通知工厂了，他们将在这两天内解决。如果您周一还有时间，再路过这里，欢迎您再过来，我们一定给您一个答复，告诉您我们对这件事的处理办法和事故原因。”

S君没有再来这家店问这件事的结果，但他想：只要还有再来日本的机会，我一定会再来这家小店，品尝这里的豆腐。

★ 故事的哲理

“永远不要推卸责任”，可谓“知易行难”。当有错误发生时，即使你是在客观地解释这个事实，但对于受到伤害的顾客来说，也会感觉你是在推卸责任。因此，作为企业要勇于承担做错事的责任。要知道，当你让顾客看到你在努力改正并设法挽救错误时，顾客又怎会不理解和谅解，甚至进而忠诚于你的企业呢？

【成果与检测】

请学生结合主持人演讲的管理故事进行思考、讨论，并分组推举代表发言。根据学生的参与程度以及得出的结论或观点评定活动的成效，并评定成绩。

★ 实训项目四：扁鹊的医术

【实训目标】

体会事前控制、事中控制、事后控制。

【实训内容与要求】

魏文王问名医扁鹊说：“你们家兄弟三人，都精于医术，到底哪一位最好呢？”

扁鹊答说：“长兄最好，中兄次之，我最差。”

魏文王再问：“那么为什么你最出名呢？”

扁鹊答说：“我长兄治病，是治病于病情发作之前。由于一般人不知道他事先能铲除病因，所以他的名气无法传出去，只有我们家的人才知道。我中兄治病，是治病于病情初起之时。一般人以为他只能治轻微的病，所以他的名气只及于本乡里。而我扁鹊治病，是治病于病情严重之时。一般人都看到我在经脉上穿针管来放血、在皮肤上敷药等大手术，以为我的医术高明，名气因此响遍全国。”

魏文王说：“你说得好极了。”

★ 故事的哲理

事后控制不如事中控制，事中控制不如事前控制，可惜大多数的事业经营者均未能体会到这一点，等到错误的决策造成了重大的损失才寻求弥补，有时是亡羊补牢，为时已晚。

【成果与检测】

请学生结合主持人演讲的管理故事进行思考、讨论，并分组推举代表发言。根据学生的参与程度以及得出的结论或观点评定活动的成效，并评定成绩。

模块二　案例分析

★ 实训项目一：甲级烟车间的“点检制”

【实训目标】

体会控制制度建设技巧。

【实训内容与要求】

TCF是一家国营老企业,始建于1919年,在20世纪80年代以前,一直处于行业的领先地位。"六五"计划期间,国家投资6 000多万元对其进行了技术改造,包括新建了一个生产高档产品(卷烟)的甲级烟车间(以下简称甲车间)。

企业的高层领导对甲车间的期望值非常高,认为TCF从此可以大展宏图。然而,甲车间在1986年投产后的情况大出高层领导的预料,并且成了此后5年间困扰TCF的一个痼疾。

(一)造成甲车间开局不利的主要原因

1. 甲车间的人员是从各部门抽调的。按照厂领导的要求,调往甲车间的人员必须是各方面的尖子、骨干。但是,由于本位主义的影响,事实并非如此。除了由厂领导直接点名的有限几名人员以外,其他的多属于部门淘汰的人员和走后门的人员,他们被一股脑地塞进了甲车间。因此,甲车间的人员基础就像一盘散沙。

2. 甲车间的设备分别是从日本和意大利引进的,与原有老设备相比,技术复杂程度的提高跨度较大,人员掌握起来有困难。

3. 设备的零部件供应跟不上,使许多设备带"病"运转。

4. 缺乏管理、控制、驾驭新引进的先进设备的经验,造成管理滞后,乃至失控。

5. 由于甲车间生产的产品是市场上的紧俏商品,价值较高,一些员工将产品偷窃出厂后转手倒卖。因为有暴利可图,致使许多人根本无心干本职工作。

此后的几年里,甲车间的生产效率始终非常低下,平均不足30%。为了解决甲车间的问题,TCF的高层领导采取了许多措施,其中最多的就是撤换车间的领导,从1986年至1991年的5年间,一共调换了8位车间主任。而每任车间主任都把提高产量作为第一位的任务,他们采用得最多的方法就是向厂里争取更多的奖金,用以刺激员工的积极性。最终的结果是,增长的并不是产量,而是员工的"胃口"。在频繁的走马换将中,甲车间的管理却每况愈下。回想当时的情况,真像噩梦一般,我们不妨把一些典型的事例列举如下:

1. 生产过程中的消耗浪费惊人。车间处理废品的设备开足马力,仍然阻止不了堆积如山的废品一天天地增长,最终只能抽调运输车队和上百名科室干部加班搬运废品。

2. 部分员工为逃避工作故意毁坏设备,好端端的进口设备被破坏得面目全非。

3. 由于技术被少数人垄断,致使部分人员成了车间的"贵族",他们凌驾于制度之上,不服从管理,甚至左右企业的政策取向。而历任领导,为了保证当前平安,大多采取忍让的态度,维修工不来上班,他们就派车到家中去接。

4. 车间内盗窃成风,甚者在车间更衣室内就转手倒卖赃物,许多家庭在短时间内暴富起来。市、区两级司法机关先后两次在甲车间开展反盗工作,并将标准由赃款300元逮捕、500元判刑,提高到3 000元逮捕、50 000元判刑。几年间,被处理、判刑的有数十人。

5. 有一个日本代表团在参观甲车间时,看到脏乱的环境、混乱的秩序、残缺不全的设备、低劣的产品质量、完全处于失控状态的管理,痛心疾首,愤然向TCF的行业总公司上书,反映甲车间的情况。

(二)管理制度改革

1. 综合治理

1991年5月6日,第九任主任L先生到甲车间走马上任了。他决定从基础抓起。

从1991年到1992年的一年间,主要抓了被称为"综合治理"的工作:

(1)整顿纪律,建立正常的管理和生产秩序;

(2)堵塞盗窃漏洞、树正气、刹歪风,使员工的精力集中到生产工作上,对不愿悔改者,采取严厉的手段予以打击,直至清退;

(3)恢复设备,建立正常的后勤供应服务保障系统,为生产线提供保障;

(4)通过培训提高员工的水平和技能;

(5)改革考核分配体制。

2."点检制"管理方法

通过一年的工作,甲车间的形势有了初步改变,但还是极不稳定,总是在低水平徘徊。L主任通过分析,认为主要原因是管理上控制不力,管理人员的工作职责没有到位。国有企业强调齐抓共管,但由于责任不明确,人人有责任变成了人人不负责。经过研究,决定推行一种后来被称为"点检制"的管理方法。其核心内容是:

(1)对车间的人、机、料、环等方面进行综合分析,按照以下3个原则选择控制点:

①容易出现问题的部位(如计量、卫生、安全等方面的工作);

②对车间的生产管理影响较大的部位(如设备的维修、保养交接班等);

③对产品质量影响较大的部位(如材料管理使用、工艺操作规程等)。

(2)对每个点都制定具体的控制标准。

(3)将控制点按专业分工兼顾工作量平衡的原则,划分给4个管理人员,由管理人员按标准检查自己分工负责的点。虽然控制点最多时有196个,但分配给每个管理人员的点并不多,他们完全可以在每个班检查两次以上。

(4)将点检制的管理思想转化为计算机管理程序,利用计算机对点的检查、统计、考核、奖惩进行管理,只要输入的数据满足计算机管理程序,点检制的管理思想、制度就基本得到了贯彻。

(5)对控制点的增减和标准的调整,是根据具体情况的变化而变化,实行动态管理。控制点最多时达到196个,最少时有16个。这些"点"覆盖了车间管理的全方位,使车间各方面的工作都处于有效的控制之下。

整套管理制度制定完成以后,在如何进行贯彻的问题上产生了争论。大多数人认为,任何工作都必须循序渐进,点检制的标准要求与现实差距太大,恐怕难以执行。而L主任等人却认为,管理无定式,目前的甲车间需要一次产生震动的变革,以改变车间形象、振奋员工精神、树立自信心。

1992年9月,甲车间用一个月的时间,将点检制的管理制度进行了全方位的宣传和培训,使每一个人都清楚地掌握了与本岗位相关的点检制度。时机成熟了。

1992年10月3日,甲车间全面推行了点检制管理制度,车间整体面貌发生了令所有人都意想不到的变化。消息传出后,许多人自发地到甲车间参观,对车间的变化感到惊讶。甲车间的全体员工也从中受到鼓舞,信心大增。由于整个车间的人、机、料、环都处于有效的受控状态,人流、物流、信息流畅通有序,由此而产生了一系列相关的变化:生产效率大幅度提高(70%以上);物耗水平大幅度降低;产品质量明显改善。自1993年起,甲车间连续三年获得国家质量管理小组奖。

1992年年底,还是两年前的那个日本代表团再次来到甲车间时,看到整洁的生产环境、正常运转的生产线、整旧如新的机器、有序的管理,代表团的每个成员都对两年内发生的变化感到惊讶,连说"优西"。

▶ 案例思考题

1. 目前人们一提到国有企业，往往把所有的问题都归结到体制上的原因。试讨论甲级烟车间开始出现的各种问题与体制有什么样的联系？

2. 借助频繁更换管理人员以求解决问题的办法，在很多企业都有所体现。请分析这种办法的优、缺点。

3. L 主任在选择控制点上的具体做法有什么可借鉴之处？

4. 请分析 L 主任所采取的"综合治理"与所实施的"点检制"之间是否具有内在必然的联系，仅仅采取"点检制"是否也会奏效。

【成果与检测】

根据小组成绩、班级讨论、书面报告等综合评定。

★ 实训项目二：关于"文件核算制"

【实训目标】

体会控制制度化技巧。

【实训内容与要求】

据某报报道：每年 2 月，是机关文印室最繁忙的时期，但 H 市 S 区政府文印室今年并不紧张——区政府新设的"文件核算制"削平了往年的"文山"高峰。该区规定，每打印一份文件，8 开纸收费 8 元，16 开纸收费 4 元，加印一张双面 8 开收费 1 角，单面 8 开收费 7 分，16 开纸对半收价。文印费由批准打印的部门从该部门业务费中开支，节约有奖，超支自负。此令一出，各部门反应强烈，"文山"不推自倒。

▶ 分析

1. S 区政府的做法是否真正有效？

2. 请结合本问题分析制定控制标准应依据的原则。

【成果与检测】

根据小组成绩、班级讨论、书面报告等综合评定。

模块三　管理实战任务

★ 实训项目一：管理控制

【实训目标】

理解控制的重要性。

【实训内容与要求】

会议控制

周五下午是某研究所例行办公会议时间。每次会议从下午 2:00 开始，讨论和处理近期需要做的工作，对一些需要作出决策的问题形成决议。每次会议的议题数量平均在 5～7 个之间。开始，会议要开到很晚，到 7 点多钟才会结束。后来，所长要求会议秘书会前向每一位与会人员征集会议议题，由所长确定议题数量并排序，结果会议还是开到很晚。再后来，所长规定例会必须在 6:00 前结束，结果排在前面的议题讨论占用了很多时间，后面的议题没有时间处理，赶上议题紧迫，无奈又得延长时间。再后来，一些与会者故意把给研究生上的课程挪到周五晚上，到点回家吃饭上课，会议可以按时结束了，但许多事情被迫推迟到下周或增加会议次数。如何很好地解决这一问题？请你们组讨论后提出有效的控制措施。

【成果与检测】

根据书面作业评定成绩。

★ 实训项目二：利润的产生

【实训目标】

熟悉利润的控制。

【实训内容与要求】

选择一家你所熟悉的企业，了解企业的经营过程，特别是其销售渠道，了解企业的产品成本和经营费用；计算单位产品的利润率和企业经营的年盈利率；分析其利润来源。

不同的同学可分组去考察不同类型企业的情况，考察后对结果进行对比，分析不同行业企业的经营方式的差异，分析不同企业利润来源的差异。

【成果与检测】

根据书面作业评定成绩。

模块四　管理游戏

★ 实训项目一：踏数字

【实训目标】

感受前馈控制和现场控制的重要性。

【实训内容与要求】

道具：彩色粉笔若干支、秒表。

时间：30 分钟。

➢ 程序

1. 分组，6～8 人为一组。
2. 小组商讨如何快速且按规则踏数字。
3. 去活动场地，画正方形、起始线及写数字。
4. 比赛：秒表计时，每组所用时间从起始线起跑开始到踏完 33 个数字，又回到起始线为止。

➢ 规则

1. 按 1～33 的顺序踏数字。
2. 在任意时点，正方形内只能出现一只脚。
3. 每位同学至少要踏 4 个数字。

➢ 教师任务

1. 活动之前，选择空地，谁负责画正方形，谁在地面写数字。

2. 在黑板上演示活动：画正方形，在正方形内任意散落数字 1，2，3…，32，33，

3. 派 3 人画正方形和起始线，指定若干人写数字，尽量使每位同学都有任务。

4. 教师计时。

5. 发动其他组同学与教师一起控制整个活动过程。若有违反规则的行为，则被淘汰出局。

【成果与检测】

不违反规则且速度最快的小组获胜。根据学生的参与程度以及表现看游戏的效果，并评定成绩。

★ 实训项目二：99.9%怎么样?

【实训目标】

提高对产品质量重要性的认知度。

【实训内容与要求】

有一种观点认为“99.9%的合格率已经够好了”或者“顾客对 99.9%的合格率已经满足了”。真的是这样吗?

➤ 游戏程序

1. 提问：如果在座的学员奉命去主管一条生产线，他们可以接受怎样的质量标准?（质量标准用合格品占全部产品的百分比来表示。）以举手的方式统计学员可以接受的质量标准百分比。

接受人数：90%　　95%　　96%　　97%　　98%　　99%

2. 告诉学员，现在有些公司正在努力把不合格率降到仅为 1%的 1/10，即 99.9%的质量合格率。提问：是否 99.9%的合格率已经足够?

3. 举出材料上令人震惊的统计数字，说明即使是 99.9%的合格率也会造成严重的不良后果。

4. 最后告诉学员，摩托罗拉的承诺是达到“六星级”的质量标准——在每 100 万件产品中，不合格品应少于 3 件。

➤ 讨论

1. 你是否仍然对 99.9%的合格率感到满意?

2. 我们的顾客是否会对此标准感到满意?

➤ 补充材料

如果 99.9%已经够好的话，那么……

每天会有 12 个新生儿被错交到其他婴儿的父母手中；

每年会有 114 500 双不成对的鞋被船装运走；

每小时会有 18 322 份邮件发生投递错误；

2 500 000 本书将被装错封面；

每天会有 2 架飞机在降落到芝加哥奥哈拉机场时安全得不到保障；

今年会有 20 000 个误开的处方；

将有 880 000 张流通中的信用卡在磁条上保存的持卡人信息不正确；

一年中将有 103 260 份所得税报表处理有误；

291 例安装心脏起搏器的手术将出现失误；

明天将有 3 056 份《华尔街日报》内容残缺不全。

【成果与检测】

根据学生的参与程度以及得出的结论或观点评定活动的成效，并评定成绩。

模块五　辩论赛

实训项目一：乱世与重典

【实训目标】

让学生思考乱世与重典的关系。

【实训内容与要求】

正方观点：乱世应用重典

反方观点：乱世不应用重典

【成果与检测】

老师依据本背景设定对立的论题组织辩论赛，根据分组辩论成绩、班级讨论、书面报告等综合评定。

实训项目二：社会秩序、法律与道德

【实训目标】

让学生思考法律与道德的关系。

【实训内容与要求】

正方观点：社会秩序的维系主要靠法律

反方观点：社会秩序的维系主要靠道德

【成果与检测】

老师依据本背景设定对立的论题组织辩论赛，根据分组辩论成绩、班级讨论、书面报告等综合评定。

模块六　角色模拟

实训项目：模拟公司的综合评价

【实训目标】

主要培养学生控制与处理信息的能力，具体包括有效控制的能力、搜集与处理信息的能力、总结与评价的能力。

【实训内容与要求】

模拟公司的综合评价分两个阶段进行：

1. 第一阶段为自评阶段：经过一段时间的实践，由模拟公司的各个部门按工作性质的不同，责成各部门每名成员写出自检评估报告，总经理写出公司全面工作总结。模拟公司每名成

员给自己打出自评分数。重点是搜集和整理有关本公司与本人绩效的信息。主要利用课余时间。

2. 第二阶段为互评和总评阶段：各模拟公司互评与教师总评，本着“公平、公正、公开”的原则，各模拟公司之间根据绩效与日常表现，互相评估打分；课上教师依据绩效及表现对各公司进行综合评估打分；最后将各部分分数进行加权汇总。

【成果与检测】

1. 各公司制定评估方案；
2. 总经理写出本公司全面工作总结；
3. 每个公司成员提交自我评估报告或总结；
4. 教师进行成绩汇总与评定。

模块七　能力评测

★ 实训项目：管理杰出人才能力测验

【实训目标】

管理杰出人才能力测验。

【实训内容与要求】

请对下面的问题用“√”表示你对杰出人才的态度。

1. A. 派他们去参加有助于其发展的进修课程（　　）
   B. 不给他们深造的机会，以免他们水平太高超过自己（　　）
2. A. 督促他们定期递交工作报告（　　）
   B. 只要求他们递交必需的报告（　　）
3. A. 定期评估他们的工作成绩（　　）
   B. 在他们提出要求时再评估（　　）
4. A. 与他们共同探讨发展前途，制订发展规划（　　）
   B. 即使他们要求指点迷津，也持袖手旁观的态度（　　）
5. A. 极少向老板汇报他的进步和成绩（　　）
   B. 经常骄傲地向老板汇报他的成绩和进步（　　）
6. A. 大力推荐他们去其他部门担当重任（　　）
   B. 因不愿失去他们而阻碍他们提升（　　）
7. A. 如果他们触犯其他同事，一定严厉指责（　　）
   B. 向他们传授与同事搞好关系的窍门（　　）
8. A. 把管理他们当作对自己管理技能的挑战（　　）
   B. 把他们当作与自己争权夺利的威胁（　　）
9. A. 任由他们随便制定工作目标（　　）
   B. 为他们规定明确的工作方向及完成任务的期限（　　）
10. A. 从不检查他们的工作，因为你“无暇顾及”（　　）
    B. 抽出时间与他们讨论问题，听取意见（　　）
11. A. 用积极的态度分析他们的合理化建议（　　）

B. 对他们的建议与想法不屑一顾（　　）

12. A. 经常提醒他们你是上级，他们是下级（　　）

B. 不摆任何架子，把他们当作朋友（　　）

13. A. 及时表彰他们的突出贡献（　　）

B. 隐瞒他们的贡献或据为己有（　　）

14. A. 根据他们的工作实绩而调整工资（　　）

B. 给他们与别人同样的报酬（　　）

15. A. 你遇到问题时主动向他们请教（　　）

B. 你欢迎他们参与自己的事情（　　）

评分标准：与下列答案相同者得 1 分。

1. A；2. B；3. A；4. A；5. B；6. A；7. B；8. A；9. B；10. B；11. A；12. B；13. A；14. A；15. A。

【成果与检测】

13～15 分：能够培养与自己同样优秀甚至超过自己的人才的管理者非常了不起。你就是一位了不起的管理者。

8～12 分：虽然有些人认为你有点保守，但大多数人愿为你效劳。

3～7 分：你讨厌有真才实学的人，其实这大可不必。应该认识到，他们取得的成就越大，就越证明你领导有方。

0～2 分：你对公司的损害大于贡献，有本事的人都会被你吓跑。

第七篇
创 新

通过对本篇各模块的实训，使学生深入理解创新及综合管理的知识和观点，掌握创新及综合管理的原则和技巧，形成创新及综合管理的思维和能力。

单元一 创新思维与能力

模块一 管理故事演讲

实训项目一：故伎重演，为何胜败迥异？

【实训目标】

善用“奇正之道”。

【实训内容与要求】

鸿门宴上，刘邦险些丧命。为了麻痹项羽，刘邦退走时将栈道全部烧毁，以示不再返回。其实，刘邦一天也没有忘记要称王天下。公元前206年，刘邦决定派大将军韩信东征。出征之前，韩信派众多士兵去修复已被烧毁的栈道，摆出要原路杀回的架势。项羽闻讯，立即派主力加紧防范；而韩信此时已派大军绕道陈仓发动突然袭击，一举平定三秦。

这就是著名的“明修栈道，暗度陈仓”的典故。

到了三国时代，一次，魏国大将邓艾与蜀国大将姜维对峙。邓艾屯兵白水之北，姜维派廖化在白水之南扎寨，自己却将部队开回去了。邓艾对他的将领们说：“我们兵力少，按照兵法，姜维理应现在攻击我军。我断定姜维一定是‘暗度陈仓’，率军去袭击洮城以切断我军退路了！”于是，邓艾连夜赶赴洮城，姜维果然在那里渡河。结果邓艾先到一步，姜维大败。

同用一计作战，却一胜一负，这不由得令人想起《孙子兵法》上的一句话：“凡战者，以正全，以奇胜……奇正相生，如循环之无端，孰能穷之？”

刘邦胜项羽，在于以“奇”胜。姜维也用了此“奇”，但为何没胜邓艾，原因就在于姜维忽视了后面那句话：“奇正相生！”奇与正是相对的，是可以相互转化的。“明修栈道，暗度陈仓”是奇，但一经写入兵书，此计就由奇变正，不足为奇了。

★ 故事的哲理

对于企业，正，就是常规经营；奇，就是创新之处，就是差异化战略。正如孟子所说：“虽有智慧，不如乘势。”“兵无常势，水无常形”，所以企业必须先于竞争对手洞察市场可能变化的方向，并因此采取不同的行动，企业才能立于不败之地。谋势而后谋利，所以要持续造势。

【成果与检测】

请学生结合主持人演讲的管理故事进行思考、讨论，并分组推举代表发言。根据学生的参与程度以及得出的结论或观点评定活动的成效，并评定成绩。

实训项目二：装瓶子的新方法

【实训目标】

体会“变”的魔力与勇气。

【实训内容与要求】

培训班上，企业界的精英们正襟危坐，等着听管理教授作关于企业运营的报告。门开了，教授走进来，左手提着个大包，右手擎着个涨得圆鼓鼓的气球。精英们很奇怪，但还是有人拿出笔和本子，准备记下教授精辟的分析和坦诚的忠告。

“噢，不，不!”教授说道，“你们不用记，只要用眼睛看就足够了，我的报告将非常简单。”教授从包里拿出一只开口很小的瓶子放在桌上，然后指着气球对大家讲：“谁能告诉我怎样把这只气球装到这只瓶子里去？当然，你不能这样，嘭!”教授滑稽地做了个气球爆炸的手势。

众人面面相觑，都不知道教授葫芦里卖的什么药。终于，一位精明干练的女士说：“我想，也许可以改变它的形状……”

“改变它的形状？嗯，很好，你可以给我们演示一下吗?”

“当然。”女士走到台前，拿起气球小心翼翼地捏弄。她想利用橡胶柔软可塑的特点，把气球一点点塞到瓶子里。但这远远不像她想得那么简单，很快她发现自己的努力是徒劳的，于是她放下手里的气球，说道：“很遗憾，我承认我的想法行不通。”

“还有人要试试吗?”没人回答。

“那么好吧，让我来试一下。”教授说道。他拿起气球，三下二下解开气球嘴上的带子，“嗤”的一声，气球变成一个小袋子。教授把这个小袋子塞到瓶子里，只留下吹气的口儿在外面，然后用嘴衔住，用力吹气。很快，气球鼓起来了，涨满在瓶子里。教授再用带子把气球嘴儿扎紧。“瞧，我改变了一下方法，问题解决了!”在学员们瞠目结舌时，教授露出了满意的微笑。

教授转过身，拿起笔在写字板上写了个大大的“变”字，说：“这就是我今天要说明的。”

精英们开始交头接耳。教授按按双手，示意大家安静，然后说：“现在，我们做第二个游戏。”他的目光将众人扫视一遍，指着一个戴眼镜的男子说：“这位先生，你愿意配合我完成这个游戏吗?”

“愿意。”“眼镜”走到台前。

教授说：“现在请你用这只瓶子做出五个动作，什么动作都可以，但不能重复。好，请开始。”

“眼镜”拿起瓶子、放下瓶子、扳倒瓶子、竖起瓶子、移动瓶子，五个动作瞬间完成。教授点点头，道：“请你再做五个，但不要与刚才做过的重复。”

“眼镜”又很轻易地完成了。“请再做五个。”等教授第五次发出同样的指令时，“眼镜”已满头大汗，狼狈不堪。教授第六次说出“请再做五个的指令时”，“眼镜”突然大吼一声：“不！我宁愿摔了这瓶子，也不想再让它折磨我的神经了!”“眼镜”把瓶子重重地放在台上，愤愤地走回自己的座位。

精英们笑了，教授也笑了。他面向大家：“你们看到了，‘变’有多难！连续不断地‘变’几乎使这位先生发疯。可你们比我还清楚，商战中‘变’有多么重要。我知道那时你们就是发疯也要选择‘变’，因为不变比发疯还要糟，那意味着死亡。”

现在，精英们对这场别开生面的报告品出点味儿来了，他们微笑着互相交换目光。

停了片刻，教授又开口了。“现在，还有最后一个问题，这是个简单的问题。”他从包里拿出一只开口很大的瓶子放到台上，指着那只曾用来装气球的瓶子说：“谁能把它放到这只新瓶子里去?”

精英们都看到这只新瓶子并没有原来那个瓶子大，直接装进去是根本不可能的。但这样简单的问题难不住头脑机敏的精英们。一个高个子中年男人走过去，拿起瓶子用力向地上掷去，瓶子碎了，中年人拾起一块块碎片装入新瓶子。

教授点头表示称许，精英们没人对中年人的办法感到意外。这时教授说："先生们，这个问题很简单，只改变瓶子的状态就能完成。我想你们都想到了这个答案。但实际上我要告诉你们的是：一项改变最大的极限是什么。瞧！"教授举起手中的瓶子残片，"就是这样，最大的极限是完全改变旧有状态，彻底打碎它！"

教授看着他的听众们，补充道："彻底的改变需要很大的决心，如果有一点点留恋，就不能真的打碎。因为一旦打碎了，就再没有什么力量能把它恢复得和从前一模一样。所以当你下决心要打碎某个事物时，你应当再一次问自己：我是不是真的不会后悔？"

讲台下面鸦雀无声，精英们琢磨着教授话中的深意。教授收拾好自己的包，说："感谢在座的诸位，我的报告完了。"然后转身离去。

★ 故事的哲理

为什么大瓶子能被装进小瓶子？因为我们可以打碎大瓶子再装。为什么我们敢于打碎大瓶子？因为我们改变了对瓶子的定义：碎了的瓶子，依然是瓶子。为什么我们要改变既有的瓶子定义？因为我们必须把它装进比它小的瓶子里——当我们能够认清我们必须达到的新目标时，我们才会真正有彻底变革的决心和勇气。而有了决心和勇气，我们就不必担心智慧的缺乏。但是，只有在认清旧方法无法实现我们必须实现的新目标时，我们才能这样做。否则，就是"败家子儿"……

【成果与检测】

请学生结合主持人演讲的管理故事进行思考、讨论，并分组推举代表发言。根据学生的参与程度以及得出的结论或观点评定活动的成效，并评定成绩。

★ 实训项目三：一场出乎意料的比赛

【实训目标】

学习创新的方法：换个角度。

【实训内容与要求】

在一次欧洲篮球锦标赛上，保加利亚队与前捷克斯洛伐克队相遇。当比赛剩下 8 秒钟时，保加利亚队以 2 分优势领先，胜利在望。但是，那次锦标赛采用的是循环制，保加利亚队必须赢球超过 5 分才能取胜。可要用仅剩下的 8 秒钟再赢 3 分，谈何容易。

这时，保加利亚队的教练突然请求暂停。暂停后，比赛继续进行。球场上出现了众人意想不到的事情：只见保加利亚队员突然运球向自己家篮下跑去，并迅速起跳投篮，球应声入网。全场观众目瞪口呆，全场比赛时间到。但是，当裁判员宣布双方打成平局需要加时赛时，大家才恍然大悟。保加利亚队这出人意料之举，为自己创造了一次起死回生的机会。加时赛的结果，保加利亚队赢了 6 分，如愿以偿地出线了。

★ 故事的哲理

心理学家的研究结果表明，我们所使用的能力，只有我们所具能力的 2%～5%。在一般情况下，按常规办事并不错。但是，当常规已经不适应变化了的新情况时，就应解放思想，打破常规，善于创新，取得出人意料的胜利。

在许多人的头脑中，总误认为顽固坚持下去，一定会有自己想要的结果。但有时这样做只能让自己陷入绝境，而失去再次选择的机会。那么，请别把自己的想法固定化、模式化，有时你需要灵活应变。

【成果与检测】

请学生结合主持人演讲的管理故事进行思考、讨论，并分组推举代表发言。根据学生的参与程度以及得出的结论或观点评定活动的成效，并评定成绩。

★ 实训项目四：如何杜绝切掉手指的悲剧

【实训目标】

体会简单式创新方法。

【实训内容与要求】

有一家工厂用的冲床，常因工人操作不慎而发生事故，已多次造成操作工手指伤残的悲剧。为了解决这个问题，技术人员设计了许多方案，力图让冲床在操作工的手接触冲头时自动停下来。他们采用过红外线、超声波、电磁波等许多种复杂的监测控制系统，但由于种种原因都没有成功。

一天，有个人出了个绝妙的主意，他说："让工人坐在椅子上操作，在椅子两边扶手上各装一个开关，只有它们同时接通时，冲床才能启动。只有当操作工两个胳膊都放在椅子扶手上时，也就是手指不可能接触冲头时，冲床才会启动，这样怎么还会再发生事故呢？"

★ 故事的哲理

人们常常将创造发明想得很复杂，也做得很复杂。但实际上创新的目的是使它有效实用，而这样却往往非常简单。

【成果与检测】

请学生结合主持人演讲的管理故事进行思考、讨论，并分组推举代表发言。根据学生的参与程度以及得出的结论或观点评定活动的成效，并评定成绩。

★ 实训项目五：奶油包装与墙外电梯

【实训目标】

体会简单式创新方法。

【实训内容与要求】

一次，一位经理在飞机上用餐时，意外地发现其中的奶油包装很是别致。从表面上看，那包装盒与国内同类产品无二，但不同的是，那盒的其中一角是断开的。食用时，用手捏住断开的一角轻轻一撕，粘在上面的盖膜便轻松揭了下来，很是方便。这与国内那些奶油、果冻等产品，食用时常常让人用牙咬、手撕、刀剪却仍难以开启相比，实在是令人稀奇的伟大发明。

于是，该经理想起了曾经听过这样一个故事：许多年前一家酒店打算增加一部电梯，专家们经过复杂的论证，认为最好的办法是在每层楼上打一个大洞。但一位清洁工却对专家们说："我要是你们，会把电梯装在楼外。"工程师听后一下惊呆了，于是便有了近代建筑史上的伟大变革，把电梯装在楼外。

★ 故事的哲理

为什么我们一提到创新就变得夸张与做作？不是制定高深的“战略”，就是实施复杂的“工程”？殊不知，由“矫情”的逻辑构造的“复杂”常常使我们失去了通观全局、辨别真相的可能，而实际的效果往往也与良好的愿望南辕北辙。

【成果与检测】

请学生结合主持人演讲的管理故事进行思考、讨论，并分组推举代表发言。根据学生的参与程度以及得出的结论或观点评定活动的成效，并评定成绩。

★ 实训项目六：只贷1美元的犹太富豪（善于寻找廉价的资源）

【实训目标】

体会创新方法：善于寻找廉价的资源。

【实训内容与要求】

美国，华尔街，某大银行。

一位提着豪华公文包的犹太老人，来到贷款部前大模大样地坐了下来。

“请问先生，你有什么事情需要我们效劳吗？”

贷款部经理一边小心地询问，一边打量着来人的穿着：名贵的西服、高档的皮鞋、昂贵的手表，还有镶着宝石的领带夹子……

“我想借点钱。”

“完全可以，您想借多少呢？”

“1美元。”

“只借1美元？”贷款部的经理惊愕了。

“我只需要1美元。可以吗？”

“当然，只要有担保，借多少我们都可以照办。”

“好吧。”犹太人从豪华公文包里取出一大堆股票、国债、债券等放在桌子上，“这些做担保可以吗？”

贷款部经理清点后讲：“先生，总共50万美元，做担保足够了。不过，先生……您真的只借1美元吗？”

“是的。”犹太老人面无表情地说。

“好吧，到那边办手续吧，年息为6%，只要您付6%的利息，一年后归还，我们就把这些作保的股票和证券还给您……”

“谢谢……”犹太富豪办完手续，准备离去。

一直在一边冷眼旁观的银行行长怎么也弄不明白：一个拥有50万美元的富豪，怎么会跑到银行来借1美元呢？

他从后面追了上去，有些窘迫地说：“对不起，先生，可以问您一个问题吗？”

“你想问什么？”

“我是这家银行的行长，我实在弄不懂，您拥有50万美元的家当，为什么只借1美元呢？要是您想借40万美元的话，我们也会很乐意为您服务的……”

“好吧，既然你如此热情，我不妨把实情告诉你。我到这儿来，是想办一件事情，可是随身携带的这些票券很碍事。我问过几家金库，要租他们的保险箱，租金都很昂贵。我知道银行的安保很好，所以嘛，就将这些东西以担保的形式寄存在贵行了，由你们替我保管，我还有什么不放心呢！况且利息很便宜，存一年才不过6美分……”

★ 故事的哲理

许多企业都在为降低自己的管理成本而费尽心机。有时候，自己的烦恼对别人来说却是有用的资源。关键在于，我们是否知道去交换。

【成果与检测】

请学生结合主持人演讲的管理故事进行思考、讨论，并分组推举代表发言。根据学生的参与程度以及得出的结论或观点评定活动的成效，并评定成绩。

模块二　案例分析

实训项目一：企业家：技术创新的主角

【实训目标】

体会技术创新方法。

【实训内容与要求】

浙江海正药业股份公司的前身浙江海门制药厂，是一家始建于1957年的国有企业。由于长期依靠政府计划安排生产，只能生产天然樟脑粉等低档产品，企业缺乏发展朝气。1981年，白桦走马上任，坚信企业要发展必须走技术创新之路。在他的领导下，浙江海正药业股份公司踏上了技术创新之路。

1987年开始试制抗生素抗肿瘤药——阿霉素，在试制过程中，面对各种困难，他与技术人员一起，跑遍国内重点大学、研究所，请教专家教授，常年蹲在车间与实验室，与技术员们一起解决一道一道难题。经过4～5年的努力，终于批量生产出阿霉素，填补了国内空白，产品70%～80%出口国际市场。

海正公司非常重视科技开发工作和科技人员。企业不仅每年投入上千万元用于科研经费，对科技人员进行培训和深造，而且每年拨出一笔资金对有突出贡献的科技人员进行奖励。1997年，公司新建200多套宿舍，优先安排技术人员的住宿，极大地调动了科技人员的积极性，使科技人员全身心投入新产品开发研究中。

海正公司在技术创新上永不满足，不断地追求新产品、新技术，先后与中科院上海药物研究所、上海有机研究所、北京微生物研究所等20多家科研单位建立紧密的联系，走产、学、研合作的技术创新之路，即企业出资，科研单位研究，再由企业转化成生产力。10年来，海正公司相继开发成功阿霉素、丝裂霉素、依维霉素、阿佛菌霉素等40多个高科技、高难度的新产品。技术创新给海正公司创造了发展的契机。1992年以来，公司连续7年平均产值递增53.7%，利税递增92.60%。1996年跻身全国医药行业50强，1998年海正H股在香港成功上市，企业经济效益名列浙江省医药行业第二。

白桦上任后抓的第一件事是技术创新。从企业的具体情况出发，他把海正集团的技术创新工作总结为：抓两头、促中间。抓两头就是：一头抓信息，一头抓市场。促中间就是：以企业为主体，以激励机制为动力，内外结合，上下协作，迅速将科研成果转化为生产力，创出了技术创新成功之路。

抓信息也好，抓市场也好，企业家是核心。优秀的企业经营者对市场信息有特殊的敏感性。白桦上任以后，跑市场，去研究所，收集市场技术信息。1986 年，白桦获知上海药物研究所正在招聘“七五”科技攻关项目阿霉素产品的试制企业，当一些企业还在犹豫、怀疑技术的可行性时，他立即意识到这是一个千载难逢的机遇，先人一步想到，先人一步行动，立即作出决策参加投标竞选，并首选中标，从而赢得时间，获得竞争优势。

1987 年，阿霉素工程开工。但是，事情并非一帆风顺，连续试制多年，投入资金2 000多万元，产品仍然生产不出来，“阿霉素创新项目”一度被人说成是不会下蛋的“铁公鸡”。企业承担了高额的贷款利息，资金周转困难，处于非常困难的时期。这时各处压力纷至沓来，企业内部意见也开始出现分歧，有人主张尽早下马。是停止试制，还是坚持不懈，这是摆在白桦面前的一个严峻选择。在关键时刻，优秀企业家总是表现出坚强的毅力和高人一筹的见解，白桦选择了后者。

但是，企业缺乏科研人员，技术力量不足，怎么办？白桦选择了“蜜蜂采花”的策略，取百家之长，集多家优势。为此，他四处奔走，聘请国内有关专家教授来厂指导，利用多个科研单位的某一专长为己所用，形成集智力、凝聚力、“组装”的优势，指导技术创新工作。该厂没有研究所，他们就把生产车间与实验、试制结合起来，生产车间负责人同时又是科研开发的负责人。从原料采购、设备安装到工艺配方全部由车间负责到底，克服了试制过程中的一道道难关，终于取得成功。1992 年，“铁公鸡”开始下蛋了，不久便结束了我国阿霉素只能依赖进口的局面，而且成为我国抗生素抗肿瘤药生产基地和国内最大的西药出口基地之一。企业家的思维总是领先别人。白桦有个说法：每个产品在市场上都要走“抛物线”的轨迹，每一个成功的产品都有顶峰期和低谷期。企业如果只顾眼前利益，死抱一种产品不放，迟早会跌入低谷，被市场淘汰。因此，1992 年以来，他先后与 20 多家科研单位建立密切联系，企业出资、出项目请科研单位开发，10 年来有 7 个产品填补了国内空白，2 个被评为国家级新产品，阿霉素和阿佛菌霉素被列入国家级火炬计划。

➢ 问题

请总结案例中的创新技巧及观点。

【成果与检测】

根据小组成绩、班级讨论、书面报告等综合评定。

★ 实训项目二：不断翻新，领先潮流——美国吉列公司的技术创新

【实训目标】

体会技术创新方法。

【实训内容与要求】

吉列公司是以生产刀片为主导产品的公司，它的产品能打入国际市场并持续较长时间，与它的技术创新的关系十分密切。吉列公司的创始人是吉列。1891 年，当他遇到锯齿瓶塞的发明人彭特尔时，彭特尔向他建议，集中精力去开发顾客必须反复购买的产品，是一条成功的捷径。

这一观点虽然激起了吉列的兴趣和好奇心，却一直缺少具体的设想。直到 1895 年的一个夏日之晨，他要刮胡子时却发现其刮胡刀很钝不能使用，只有等磨刀师磨利后才能再用，为此他很生气。突然，他想到有一个很薄的、非常锋利的刀片……他觉得非常兴奋，因为这种产品

可以实现顾客的反复购买，这正是他几年来梦寐以求的新产品。

1901 年，他的好友将吉列刮胡刀的设想告诉了麻省理工学院毕业的机械工程师尼克逊，尼克逊同意研究吉列的设想。数周后，尼克逊成为吉列的合伙人。为了筹措所必需的5 000美元生产设备费用，公司的名称改为美国安全刮胡刀公司。

公司在芝加哥物色了一家代销机构，并规定其安全刮胡刀套件(一支刀体和 20 片刀片)的售价为每套 5 美元。刀片每 20 片为一包，每包 1 美元。当年 10 月，首次广告提供 30 天退款保证，在"系统"杂志上刊登，至 1903 年底，共售出 51 万套安全刀体和 168 万片刀片。

公司在 1906 年首次发放股票。在以后的十年中继续以每年 30 万至 40 万套的销量出售安全刮胡刀，刀片的销售从 45 万包增加到 7 亿包。至 1911 年，公司的南波士顿厂雇用了1 500个员工。3 年后，由于尼克逊发明了全自动刀磨机，使其生产能力迅速地增加。这些新设备比尼克逊以前发明的机器，大大地降低了生产成本，又提高了刀片的质量。

原来的安全刮胡刀的专利权于 1921 年 10 月满期，吉列公司早就为此做好了准备。在当年 5 月，使其竞争对手吃惊的是，吉列同时推出了两种新产品：一种按原价出售的新型改进吉列安全刮胡刀和另一种售价为 1 美元的银朗安全刮胡刀。1923 年，公司再推出镀金刮胡刀，售价仍为 1 美元。当妇女盛行短发的时候，吉列又推出称为得伯特的女用安全刀，而售价仅为 79 美分。

1934 年，公司又推出第一种单面安全刮胡刀和 Probak Junior 刀片，售价为 4 片 10 美分；至 1936 年，公司推出安全刀片系列以外的产品即吉列无刷刮胡膏，售价为 98 美分；1938 年秋，公司又推出吉列薄刀片，吉列电动刮胡刀也于当年圣诞节问世。电动刮胡刀是在数年前发明的，但直至 30 年代后期才被接受，对公司来说，这一年最重要的发展是史攀出任公司的总经理。在他的领导下，开始了许多新的管理政策。公司仍然保持低价销售策略，但十分强调产品质量，以保持产品的信誉。公司采用了本企业研究的新工艺，以便在制造过程中严格保证刀片的质量。在 1920 年至 1945 年间，公司没有推出新产品，这是由于战争的影响。尽管如此，公司的研究开发人员研制成了第一台双刃片分配机，改进了过去的包装工艺。1964 年，公司的经营状况很好，其年销售额约为 5.2 亿美元，这时，吉列的名字已誉满全球。

第二次世界大战后，吉列公司开始实行对外兼并和内部创新，以便成为世界性的多样化经营企业。经过认真分析之后，公司于 1948 年决定扩大市场。同年购进托尼家用烫发器制造公司，1955 年兼并在加利福尼亚生产圆珠笔和刮胡膏的梅特公司。

1960 年，公司又推出超级兰吉列刀片，即全世界第一种涂层刀片。1946 年，公司重新调整了产品组合，形成两大类产品并由两个事业部分管：吉列产品组合，负责刮胡刀产品和男用品；多样化产品组合，负责其他所有产品。自吉列产品组负责人吉格勒升任公司总经理后的十年里，是公司销售和产品发展最迅速的年代。在他领导下的前几年，公司连续推出盒式刮胡刀组、多笔尖圆珠笔、Hok-One 刮胡膏、可调盒式刮胡刀、超级不锈钢刀片、增塑刀片、微孔笔和几种止汗剂，这些产品的市场投放都取得了成功。

1971 年，公司重新调整了产品组合和管理机构。这样，公司在 20 世纪 70 年代初期开发和营销了许多新产品，1974 年以前公司一半以上的销售额来自近 5 年内的新产品。安全刮胡刀部在推出 Tracn 型刮胡刀系列之后 Trach 型刮胡刀迅速成为市场上的畅销品，继而又推出女用 Daisy 削发刀及男用 Good News 刮胡刀。保健用品部也营销多种新产品，如柠檬洗发精、无碱洗发精，1972 年进入个人用具市场，如开发和营销 Max 手提式烘发机。

➤ 案例思考题

1. 吉列公司技术创新的源泉是什么？

2. 你从吉列公司的技术创新中受到何种启发？

【成果与检测】

根据小组成绩、班级讨论、书面报告等综合评定。

★ 实训项目三：跳舞也能跳出大富豪：跳舞毯热销中国

【实训目标】

体会创新方法。

【实训内容与要求】

世纪末的中国，流行的时尚千变万化，让人目不暇接。其中，跳舞毯、跳舞机挟雷霆万钧之势，由南到北，转眼之间席卷了全国。不断有来自广州、上海、无锡、南京以至北京等各地的消息说："跳舞毯卖疯了！"据了解，北京中关村电子市场的柜台上，一个商家热销时一天能卖出200多条跳舞毯。紧跟着，跳舞机也火了起来，许多商场、游戏厅都安装上跳舞机大把敛钱。一时间全国上下，均被"跳舞"两个字弄疯了。

乍一听，一块毯子也能卖火，让人难以思量，其实这中间自有玄妙。

● 日本人凭着聪明先得利

发明跳舞机的始作俑者是日本的KONAMI公司，这是一家成立于20世纪60年代的日本游戏机厂商，过去一直排在日本游戏机行业的第四位，无法与任天堂、世嘉、南梦宫等公司相比，但该公司在发明了跳舞机之后，已成为该行业利润第一的游戏机厂商。

日本游戏机公司的通病是贷款比例高，它们为扩大生产规模而大举贷款，为了占领市场即使利润非常低也在所不惜。东南亚经济危机之后，几家大的游戏机公司逐渐支撑不住，纷纷裁员，一片退守态势。这给了KONAMI公司一个天赐良机，因为公司规模较小，受到的冲击不大，它利用自己的闲余财力大肆吸纳其他公司裁员下来的软件开发人员，并在市场的一片萧条之中，开发出自己的新游戏产品——跳舞机，一投向市场即受到热烈欢迎。之后，跳舞机连同其孪生姐妹跳舞毯迅速在韩国及我国上海、北京等地传播开来。

目前最流行的跳舞机是KONAMI公司推出的DDR机型。跳舞毯则是从跳舞机分化出来并经过改良之后的产品，由游戏软件及可以插在电脑上的跳舞毯组成，相对于跳舞机，由于价格低廉而颇受欢迎。

KONAMI为推出跳舞机，可谓大耗心血。为了组编机上的舞曲，KONAMI公司特意推出一款音乐点歌机，免费提供给许多娱乐场所，并要求这些娱乐场所也不能收费，让消费者随意点播。当时，很多商家并不明白该公司葫芦里卖的是什么药。可是当1998年KONAMI公司正式推出跳舞机时，大家才了解到：当人们点歌时，记录就已经传送回公司总部，经过统计分析，公司知道人们最喜欢什么舞曲，因此跳舞机的成功凝聚了不少智慧与汗水。

在北京西单商场的地下游艺厅里，两台新安装的跳舞机已经排起了长队，不少衣着新潮、前卫的少男少女焦急地等待着在跳舞机上一显身手。正在疯狂跳舞的女孩按照屏幕上箭头所指方向不停地在踏板上移动双脚，屏幕上的电脑模拟小人也随着音乐翩翩起舞，箭头踩得越准，舞技便越高。相比之下，游艺厅里的其他游戏机大多受人冷落。北京的长安商场、双安商场、崇文百货都已安装上了跳舞机，双安商场还在厂商的鼓动下颇有兴致地举行了跳舞机表演大赛。

● 销售中的"战国时代"

跳舞毯热卖、跳舞机受宠。而眼明手快的大小厂商更是摩拳擦掌占领市场。根据目前的情况，市场竞争日益激烈，各大商家已割据一方，销售局面一片混战。

北京市场上共有十几个牌子的跳舞毯，但其包装上很少有明确的品牌名称、厂家地址、电话等。很多跳舞毯厂家实际上只是批发商，对别的公司的产品稍加改造，换个牌子而已。这么庞大的市场，鱼龙混杂，热火朝天的后面也潜藏着隐患。

美国莱利公司早在DDR于日本出现时就开始关注这一产品，由于对中国市场缺乏信心，没有贸然采取行动。而1999年，莱利公司当机立断，开始利用自己的力量组装跳舞机。该公司董事长对该行业前景十分乐观，计划在北京的繁华地带开设一家拥有50台跳舞机的游艺厅，针对不同年龄层次的人群设置不同的舞曲，使之成为像保龄球馆一样的健身场所。

国内著名家电企业裕兴公司也推出了自己的跳舞毯，其产品除能和电脑连接外，还可以和该公司推出的A+VCD相连。看来，这一行业的市场大战已如箭在弦。

游戏机行业是一个朝阳行业，近50年来，日本没有一家游戏机厂商倒闭，任天堂公司连续十几年人均创造利润居第一位，连微软都难望其项背。

小小一张跳舞毯，撬动了一个这么大的市场。值得深思！

➢ 案例思考题

1. 请总结文中的创新技巧。
2. 你从本文中受到何种启发？

【成果与检测】

根据小组成绩、班级讨论、书面报告等综合评定。

模块三　管理实战任务

实训项目：创新风暴

【实训目标】

拓展创新思维。

【实训内容与要求】

你如何测量电灯泡（白炽灯）的体积？请提出你的方案。

【成果与检测】

根据书面作业评定成绩。

模块四　管理游戏

实训项目一：美丽风景线

【实训目标】

了解每个人的创新能力，认识敢于向“答案”挑战。

【实训内容与要求】

➢ 游戏程序

1. 发给学员如下图的纸。

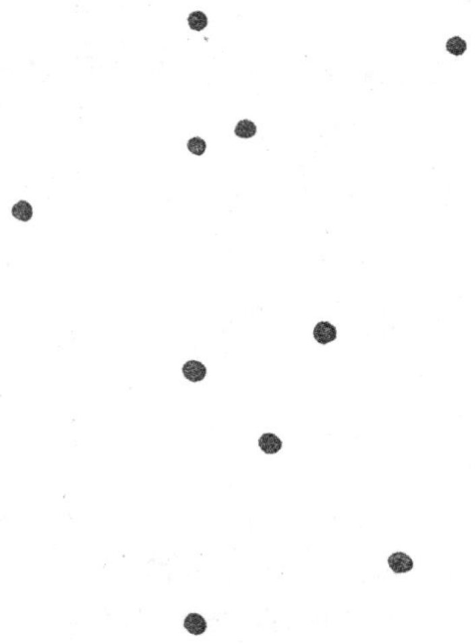

2. 请学员一笔连接图上所有的点，看谁连接出来的图最富有意义。

➤ 游戏准备

准备好如上图的影印件。

➤ 注意事项

有答案是可以画出一个五角星，但是富有创意的结果远远超出我们的想象。

【成果与检测】

根据学生的参与程度以及表现看游戏的效果，并评定成绩。

实训项目二：梦山奇案

【实训目标】

发掘学员的创造力。

【实训内容与要求】

➤ 游戏程序

1. 由培训师交代案情——一个男人，在雪山上一丝不挂地躺着，死了，周围没有任何的痕迹。

2. 培训师通过向学员问封闭性问题的方式去判断案情的起因。培训师只负责学员的问题，也就是只能说“是”或“不是”的问题。

3. 培训师改用开放式的问题问问题。

4. 请学员充分发挥想象力，描述男人的死因。

➤ 注意事项

让学员充分发挥自己的创造力。

附：创造性的答案

一对夫妇乘坐热气球在一望无际的雪山上空探险，不幸途中热气球燃料不足，需要减轻热气球的重量。这对夫妇想尽办法，将一切可以扔的东西全部都扔掉，甚至包括衣服，但是这仍不能根本解决问题。最后，丈夫为了他心爱的妻子能够逃出升天，就舍弃了自己的生命，跳入雪山中身亡。

【成果与检测】

根据学生的参与程度以及表现看游戏的效果，并评定成绩。

实训项目三：巧移圣水

【实训目标】

通过游戏加强合作精神和创新精神。

【实训内容与要求】

➢ 游戏规则

1. 本游戏每次参与者6名，分成3组，每组2人，其中1人用布将眼睛蒙上。
2. 参与者必须站在尼龙绳圈以外，不可越过界线。
3. 没有蒙上眼睛的参与者不可以动手参与游戏，只可为蒙上眼睛的同伴作提示。
4. 蒙眼者才可拿工具取水杯。
5. 将水杯完整地移出尼龙绳圈以外才可计分，如水溢出水杯，则不计分。

➢ 活动准备

一次性杯子、绳子、橡皮筋等。

➢ 注意事项

小组成员可在游戏规则范围内用各种方法，但要看哪一个小组最有创新。

【成果与检测】

根据学生的参与程度以及表现看游戏的效果，并评定成绩。

实训项目四：看谁反应最快

【实训目标】

测试学员的反应能力，借此激发学员创新。

【实训内容与要求】

➢ 游戏程序

（一）请学员尽快回答下列问题：

(1)什么人未做父亲先做公公？

(2)全世界最小的岛是哪个？

(3)在哪里可以找到“幸福”二字？

(4)一对健康夫妇为什么会生一个只有一只右眼的孩子？

(5)一个人走进自己的房子里，总是先把一样东西放进去，那是什么？

(6)一个字从小到大都读错，那是什么字？

(7)病猫是什么颜色？

(8)鸟类的世纪绝症是什么？

游戏参考答案：(1)太监。(2)安全岛。(3)字典。(4)每个孩子都只有一只右眼。(5)脚。(6)错。(7)五颜六色。(8)畏高。

（二）请学员尽快回答下列问题：

(1)什么东西会越洗越脏？

(2)什么东西倒立后会增值一半?

(3)最不担心的癌症生在什么地方?

(4)陈每天都很早回家,为什么他的妻子总说他晚?

(5)一张桌子四个角,砍去一个角后剩几个角?

(6)什么河可以吃?

(7)一个常有胃病又没有眼疾的人为何常到眼科诊所?

(8)什么灯在光天化日之下也开着?

(9)什么鱼是不能吃的?

游戏答案:(1)水。(2)6。(3)别人身上。(4)他凌晨才回家。(5)5 个。(6)炒“河”粉。(7)他是眼科医生。(8)交通灯。(9)敲的木鱼。

➢ 注意事项

教师提问要快。

【成果与检测】

根据学生的参与程度以及表现看游戏的效果,并评定成绩。

★ 实训项目五:脸谱描绘

【实训目标】

训练学员的创造力。

【实训内容与要求】

➢ 游戏程序

第一部分:

A. 培训师向队员宣读(括号里的内容不读)

1. 这是由两部分组成的题目。第一部分为思考、创作、解题,并可在任何时候自由交谈。

2. 一旦第一部分计时开始,中途不能停止。提问计入比赛时间。

3. 你们的问题是完成 6 个图谱,每人至少创作一个。

4. 这里有许多关于眼睛、鼻子、嘴的图,你可以临摹,也可以自己创作。

5. 在第一部分,每个创作的作品计 1 至 5 分,整个队总计 5 至 25 分。

6.(重复第 3、4、5 条)你们可以开始第一部分。

B. 仅供培训师阅读

1. 把第一部分的复印件给队员参考,此时不要把第二部分的复印件给队员。

2. 给队员宣读题目,确信他们已了解题目。确保 5 分钟创作时间,在第一个队比赛之前,把题目读熟。

3. 复印下面的 A 图,剪成 6 块;复印下面的 B 图,把每个图剪开。

4. 给每个队一个盒子,内有 5 支铅笔、6 个没有画好的头,以及关于眼睛、鼻子的图。铅笔必须削好,并提供橡皮。

第二部分:

A. 培训师向队员宣读(括号里的内容不读)

1. 在第二部分,学员将有 1 分钟的时间思考,3 分钟的时间回答。学员之间不准交流。

2. 每个学员对每个解答陈述一句话。普通回答得 1 分,创造性或幽默的回答得 3 分。高度创造性或非常幽默的回答得 5 分。这由培训师主观评判,培训师的决定是最终决定。

3.(读得慢一些)每个队员有 6 张卡片,分别写有 1、2、3、4 或 5 等数字,其中一张写“自由选择”。你们必须轮流回答。回答 1 号脸谱时,必须向培训师出示 1 号卡片,并扔进箱子内,依次类推。队员之间不得交换卡片。出示“自由选择”卡片时可对任何脸谱进行回答。

4. 当所有队员都回答完或时间已到,比赛结束。

B. 仅供培训师阅读

1. 在第二部分开始前,向学员宣读第二部分的 A 项内容。

2. 给每个队员 6 张卡片(可用扑克牌代替,在 J、Q、K 牌上贴上“自由选择”字样)。

3. 确保 1 分钟思考的时间,3 分钟回答的时间。

4. 培训师及助教各自给每个脸谱打 1 至 5 分,然后取每个脸谱的平均分作为该脸谱的得分。把 5 个脸谱的得分加起来,作为第一部分的总分。

5. 第二部分计分:

每个队员回答前,必须出示一张卡片,既可防止队员对一个脸谱作两次回答(除非他出示“自由选择”牌),又可让培训师知道他将对哪个脸谱进行回答。普通回答得 1 分,创造性或幽默的回答得 2 分,高度创造性或幽默的回答得 5 分。与其他题目不同,学员重复回答或回答不确切时,不必停止,但只计 1 分;比赛结束后,计算裁判的平均分;把两部分得分加起来,作为参赛队的原始分。

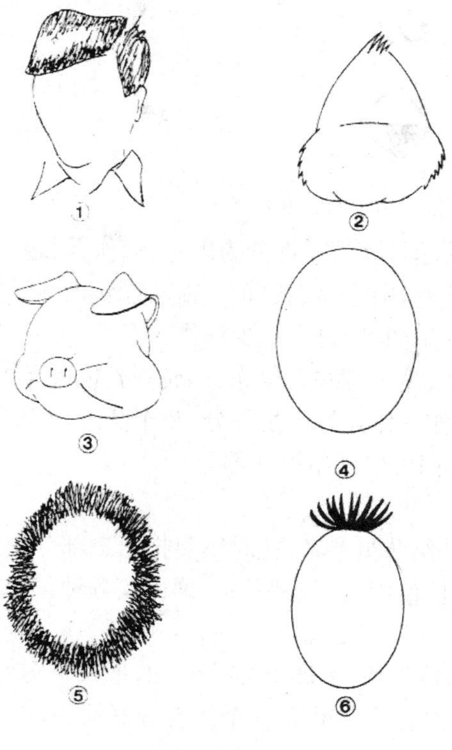

A 图

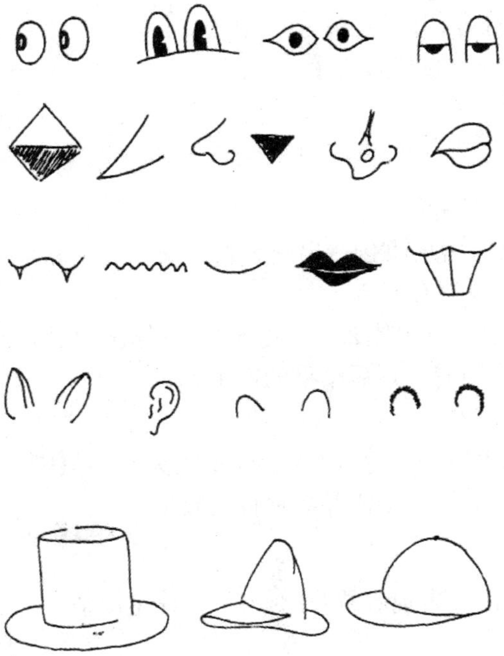

B图

【成果与检测】

根据学生的参与程度以及表现看游戏的效果，并评定成绩。

实训项目六：摆数字

【实训目标】

让学员明白创新性答案不一定很复杂，鼓励他们大胆地进行创新性构想。

【实训内容与要求】

➤ 游戏方法

请学员将4、6、8三个数字按规律放在以下数字的适当位置（左或右）。

1 7　　　　　　　　2 3 5

➤ 游戏准备

图画纸一张、铅笔、橡皮。

➤ 注意事项

鼓励学员随意畅想，但又有必要提示学员寻找事物的规律性。

【成果与检测】

根据学生的参与程度以及表现看游戏的效果，并评定成绩。

实训项目七：外星人

【实训目标】

1. 活跃课堂气氛，发掘学员的创造力。
2. 让学员一起工作，建立团队精神。
3. 让学员加入一个有趣的问题解决的活动中。

【实训内容与要求】

➤ 游戏程序

1. 学员分组(8人一小组)。
2. 各个小组要按照任务说明书创造出外星人。
3. 看哪一组学员速度快而有创新。
4. 游戏分享讨论：小组成员用什么方法达成共识；你认为最有创新的地方在哪里；什么有助于最后结果的产生；什么阻碍了最后结果的产生。

➤ 游戏规则

整个小组要共同创造出一个外星人，这个外星人只有7只脚，3只手在地上，而且全体小组人员必须组合在一起，成为一个整体并能够行走数步。

【成果与检测】

根据学生的参与程度以及表现看游戏的效果，并评定成绩。

★ 实训项目八：思无定势

【实训目标】

鼓励学员多动脑筋去培养想象力，并用在设计小组的方案上。

【实训内容与要求】

➤ 游戏方法

用一些智力考试题目去鼓励学员多动脑筋，可参考下列两个题目：

1. 甲对乙说："我可以把一根长的尺子变为短尺，却不用折断它。"究竟甲用了什么方法？
2. 爸爸买了两个西瓜回家，平均分给三个孩子，它要用什么方法分？

➤ 游戏准备

智力考试题目。

【成果与检测】

根据学生的参与程度以及表现看游戏的效果，并评定成绩。

★ 实训项目九：一双筷子五张口

【实训目标】

让学员打破思维惯式，用新的思路解决问题

【实训内容与要求】

➤ 游戏方法

用四根方形筷子砌出五个"□"。

➤ 游戏准备

四根方形的筷子(不要圆的)。

【成果与检测】

根据学生的参与程度以及表现看游戏的效果，并评定成绩。

实训项目十：礼步湖之谜

【实训目标】

发掘学员的创造力。

【实训内容与要求】

➢ 游戏程序

1. 由培训师交代案情——有个男人，走到礼步湖中心的一个亭子，同一个陌生人交谈以后，就跳到湖里死了。

2. 培训师通过向学员问封闭性问题的方式去判断案情的起因。培训师只负责学员的问题，也就是只能说“是”或“不是”的问题。

3. 培训师改用开放式的问题问问题。

4. 请学员充分发挥想象力，描述男人的死因。

➢ 注意事项

让学员充分发挥自己的想象力、创造力。

附：创造性的答案

在一个美丽的夏夜，礼步湖边，一对热恋男女谈情说爱，由于夏夜炎热，男人去买饮料解渴，留下小姐在湖边等。结果15分钟之后，等男人回来，发现小姐已经不在原来的地方。于是这个男人在湖的周围大声呼唤她女朋友的名字，没有人回应。倒是听到水面上好像有鱼时不时地蹦出来似的声音。

时间一分一秒地过去，男人越想越担心，一种不祥的预感已经笼罩在他的心头。夜深了，人静了，男人拖着疲惫的身体继续沿着湖边寻找。这时他看到湖中心有一个美丽的小亭子里有一长头发的身影，于是他走过九曲桥到达小亭子，结果看到的是一位陌生的、胡子很长的老大爷。

“老大爷，你有没有看到一位长头发、穿红色裙子的女孩？”

“我一直在这里练功，没有看到。”

男人仍不放过一线希望，把女朋友失踪的遭遇包括在湖边寻找的经过及发生的一切动静一五一十地告诉了老大爷。

“我是礼步湖人，由于污染严重，这个湖里近年来一直都没有鱼。”

原来，男人在寻找时听到的不是鱼跃的声音。他认为女朋友已经掉到水中“走了”。于是一听完老大爷的话，他就跳到湖中殉情了。

【成果与检测】

根据学生的参与程度以及表现看游戏的效果，并评定成绩。

实训项目十一：晋级

【实训目标】

制造出快乐、轻松的办公室氛围。

【实训内容与要求】

在工作之余同事之间做一些小的游戏，既有助于同事之间的情感沟通，又有助于活跃办公室的气氛，增强大家的工作积极性。本游戏可以帮助主管者将办公室变成一个更为活跃、自由的地方，有助于成员的创造性和积极性的发挥，因为良好的环境才能给人以良好的情绪，而良好的情绪又是努力工作的源泉。

➤ 游戏规则和程序

1. 让所有人都蹲下，扮演(鸡)蛋。

2. 相互找同伴猜拳，或者其他一切可以决出胜负的游戏，由成员自己决定，获胜者进化为小(鸡)，可以站起来。

3. 然后(小鸡)和(小鸡)猜拳，获胜者进化为凤凰，输者退化为(鸡)蛋；(鸡)蛋和(鸡)蛋猜拳，获胜者才能再进化为(小鸡)。

4. 继续游戏，看看谁最后一个变成凤凰。

➤ 相关讨论

本游戏的主旨是什么？

【成果与检测】

根据学生的参与程度以及得出的结论或观点评定活动的成效，并评定成绩。

实训项目十二：如何记忆关键字

【实训目标】

提供一种已被证实的、确实有效的方法来记住一长串有名字的事物。

【实训内容与要求】

➤ 游戏程序

我们通过关联法来学习、认识大多数事物。这项练习会提供一个简单、快速记忆10个关键字的方法。

我们用教室作为联系物。

先给教室的每堵墙和每个角落指定一个数字，如下图所示。地板是9，天花板是10。

一遍遍地复习这些数字的指向，然后我们给每个数字确定一个具体事物。

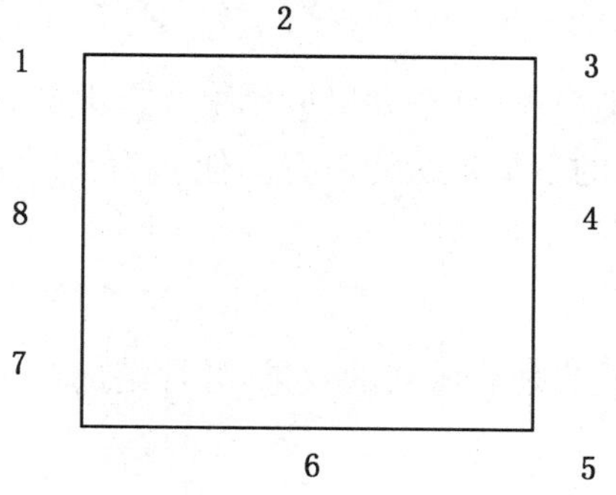

1	（角落）	洗衣机	6	（墙）	青蛙
2	（墙）	炸弹	7	（角落）	小汽车
3	（角落）	公司职员	8	（墙）	运货车
4	（墙）	药	9	（地板）	头发
5	（角落）	钱	10	（天花板）	瓦片

为了快速、有效地记住每个指定的具体事物，我们有必要赋予每一个事物一个不寻常的甚至是过分夸张的视觉效果。

比如：

(1)1是一台很大的、足足有10米高的洗衣机，它正在洗衣服，弄得到处是水。

(2)2，假想一堵墙坍塌下来，因为有一枚炸弹炸了。

(3)3，看，一个2米高的公司职员戴着一顶可笑的白帽子，从那个角落朝我们笔直地走过来。

就这样，赋予每个数字和事物以视觉效果。

当学员通过这个方法有效记住10个相互之间毫无关联的事物后，讲师告诉学员："把10个关键字的记忆方法收入你的记忆库中。"

下次当你要回想那10个关键字时，就想想你在这个房间每堵墙、每个角落、天花板和地板上所看到的那些夸张景象。

记住：你所设想的东西越夸张，你以后越能轻易地回想起来。

➢ 讨论

1. 你印象最深刻的数字是几？为什么？
2. 你印象最深刻的日期是多少？为什么？
3. 事物的关联性有助于加强记忆，你能举出例子吗？

【成果与检测】

根据学生的参与程度以及得出的结论或观点评定活动的成效，并评定成绩。

★ 实训项目十三：自我创新的"头脑风暴"

【实训目标】

使得参与者有机会参加到创造性地解决问题的练习中来。

【实训内容与要求】

➢ 程序

"头脑风暴"这一讨论方法就是一个可以让参加者习惯于开启创造性思维之门的例子，集思广益，讨论的基本原则是：

1. 不允许有批评性的意见。
2. 欢迎随心所欲地思考（即越疯狂的想法越好）。
3. 要求的是数量而不是质量。
4. 寻求各种观点的结合和提高。
5. 了解了这4个基本原则后，将参加者分成4～6人一组。60秒钟内他们的任务是想到尽可能地使用回形针的方法。每组派一个人专门记录想法的数量，但不一定要记录这些想法的内容。1分钟后，让每组首先汇报他们提出的想法的数量，然后举个例子说明一些看似“疯狂”或“极端”的主意。提醒他们有时一些“愚蠢”的想法很有可能会变成行之有效的想法。

6. 其他可供选择的方法。

➢ 讨论

1. 你对这个方法有什么保留意见？
2. 头脑风暴法适用于哪些问题？
3. 你认为集思广益在工作中有哪些可能的用途？

【成果与检测】

根据学生的参与程度以及得出的结论或观点评定活动的成效，并评定成绩。

实训项目十四：创意之“星”的性格特征

【实训目标】

使学生了解那些创意之“星”的性格特点。

【实训内容与要求】

1. 告诉大家每个人都具有创意的潜质。但是，去了解那些我们认为是处在创意之巅的人们的性格特征，对于我们来讲难道不是一件有趣的事吗？

2. 让每个学生各自列出一些他们所知的创意之“星”的性格特点。

3. 4～5人组成一个小组，并让他们相互比照一下各自列出的内容。

4. 10分钟以后，让他们恢复到大班的形式。问：

- 你们刚才发现了什么？有哪些相同点？有哪些不同点？
- 你了解到创意之“星”有哪些特点？

大家可能提及的部分性格特点包括如下：

- 有上进心。
- 与众不同。
- 爱开玩笑。
- 不墨守成规。
- 反应快。
- 独立性强。
- 热情洋溢。
- 感官灵敏（视、嗅、听、触及味觉）。
- 独具慧眼。
- 善于行动。
- 不怕险阻。
- 勇于探求奥秘。

此外，他们列举的某些词眼可能恰好相反：

- 具有耐心和缺乏耐心。
- 大胆和胆怯。

- 风趣和严肃。
- 精准和大约。
- 准时和迟到。
- 恰到好处和非正规。
- 小处着手和放眼大处。

以上这些结果很好地表明了你们所有的人——不管其个性如何——都具有创意潜质这一事实。

5. 你可能会希望提供以下的信息：那些以他们独特的创新能力著称世界的名人[比如：爱迪生(Edison)、爱因斯坦(Einstein)、福特(Ford)、富兰克林(Franklin)]。他们有其共通之处，但以下事实可能会令你惊讶不已：

- 他们中的许多人在传统的教育体制下并没有表现出非常人的一面；相反，许多人甚至没有读过大学或获得学士学位。
- 他们热衷于和社会这个大家庭接触，喜欢结交不同的人并与他们进行交流。
- 他们从不轻易放弃，而且具有很强的上进心。
- 在没有成名以前，他们长期孜孜以求、不辞辛劳地在他们所感兴趣的领域里工作着。
- 他们的早期经历是丰富多彩的，充满了自由大胆探索一切的精神。
- 他们具有极佳的幽默感。

【成果与检测】

根据学生的参与程度以及表现看游戏的效果，并评定成绩。

★ 实训项目十五：创造胜利大逃亡

【实训目标】

1. 测试团队的创造力。
2. 检查团队使用和综合各种方法的有效性。

【实训内容与要求】

1. 4～7人分成一个小组。
2. 分发“胜利大逃亡练习”的指导说明，并作简短论述。
3. 20分钟完成胜利大逃亡行动方案设计。
4. 要求每队描述他们设计的逃亡行动方案，寻找机会祝贺富有创意和幽默感的团队。
5. 利用20～25分钟进行评估。
6. 要求每队至少分享一份行动方案。

补充资料：

胜利大逃亡指导

参加者的笔记——小组

你正在竞争一份合约为数百万美元的动作电影，这部电影由动作明星Spuce Gillis领衔主演。给定20分钟完成下列场景的记录：

故事发生在一栋地中海别墅中的图书室里。房间在一楼，只有一个入口，一扇重的橡树门。两扇窗户没有玻璃，但用布满装饰的铸铁条封死。

英雄杀坏人。但是在他死之前，坏人设法锁住他的房门，透过铁条窗户把钥匙扔出去。英雄很快意识到为什么。他看见一个定时炸弹。

定时器上显示4分钟后炸弹将会引爆。

他透过窗户看见离地1.5 米的钥匙。

场景中有下列道具。你可以使用这些道具设计英雄的逃亡方案。

家具：

书桌、旋转高背椅、沙发、桌子和台灯。

其他：

笔记本、钢笔和铅笔、书、墨水、薄的纱织品、吸墨纸、修纸剪、剪刀、橡皮、乐器、苏格兰人的磁带、膝盖高的计算机、苏格兰酒、两个水晶瓶子、小的针织毯子［2ft. ×4ft. （0.6m×1.2m）］，报纸、杂志、分离电话、拆信刀、信封、掉落的橡胶瓶、几束花、伞架子上有一把伞和一根手杖。

【成果与检测】

根据小组成绩、班级讨论、书面报告等综合评定。

模块五　辩论赛

实训项目一：电子商务与现有营销模式

【实训目标】

让学生体会电子商务对现有营销模式的冲击。

【实训内容与要求】

正方观点：电子商务将会改变现有营销模式

反方观点：电子商务不会改变现有营销模式

【成果与检测】

老师依据本背景设定对立的论题组织辩论赛，根据分组辩论成绩、班级讨论、书面报告等综合评定。

实训项目二：破与立

【实训目标】

让学生体会破与立的关系。

【实训内容与要求】

正方观点：不破不立

反方观点：不立不破

【成果与检测】

老师依据本背景设定对立的论题组织辩论赛，根据分组辩论成绩、班级讨论、书面报告等综合评定。

实训项目三：创业的利与弊

【实训目标】

让学生体会创业的利与弊的关系。

【实训内容与要求】

正方观点：在校大学生创业利大于弊

反方观点：在校大学生创业弊大于利

【成果与检测】

老师依据本背景设定对立的论题组织辩论赛，根据分组辩论成绩、班级讨论、书面报告等综合评定。

模块六 角色模拟

实训项目一：组建模拟公司

【实训目标】

1. 培养初步运用管理系统的思想建立现代组织的能力；
2. 培养分析、归纳与演讲的能力。

【实训内容与要求】

根据所学知识与对实际企业调查访问所获得的信息资料，组建模拟公司。

1. 创设公司组织结构

基本内容：将用一个课时讲解公司的基本组织结构，并提出创建模拟公司的基本要求，布置学生组队并完成实训任务。

时间：20 分钟讲解，2 个星期完成组队及公司宗旨、目标及结构的创建

完成形式：A4 纸打印稿

训练目标：学生团队组织能力；语言编辑能力；基本的公司管理知识

2. 竞聘公司岗位

基本内容：以自愿为原则，6～8 人为一组，组建“××大学生模拟公司”，自定公司名称；进行总经理竞聘，每个人以“我要做一个什么样的管理者”为题，发表竞聘演讲(要有发言提纲)。

时间：20 分钟

完成形式：PPT 演示公司概况；竞选演说

训练目标：基本文本操作；公司职位设置及岗位理解能力；团队合作；博弈

3. 模拟公司成立仪式

基本内容:由选出的公司经理在规定的时间内确定公司内部人员岗位安排,并策划一个简单的公司成立仪式。

时间:20 分钟

完成形式:以模拟挂牌等具体形式展示公司文化

训练目标:岗位设置;人员聘用;营销策划能力;团队合作

4. 情景模拟公司年初研讨会

基本内容:公司干部在年初确定本年的工作计划及具体的工作分配

时间:20 分钟

完成形式:模拟公司干部开会场景,并做好当年的计划安排与落实工作

训练目标:计划、战略管理能力;组织能力

5. 团队合作训练

基本内容:设定一个目标,让团队的所有成员在规定的时间内完成

时间:2 课时

完成形式:整个团队按照公司职能划分完成预先设定的目标

训练目标:领导、控制能力;危机管理;团队合作能力

【成果与检测】

1. 投票选出公司总经理,完成模拟公司的初步组建;
2. 班级组织一次交流,每个公司推荐两名成员发表竞聘演讲;
3. 由教师与学生对各公司组建情况(含竞聘提纲)进行评估打分。

★ 实训项目二:销售中的异议

【实训目标】

1. 沟通能力的训练
2. 沟通词语的选择
3. 销售技巧的培训

【实训内容与要求】

对于商品的推销和售后服务公司人员经常会面临很多异议和争端,怎样才能跟顾客进行很好的沟通,让他们对公司的产品感到满意,是每一个营销管理人员应该考虑的问题。

➤ 游戏规则和程序

1. 将学员分成 2 人一组,其中一个是 A,扮演销售人员;另一个是 B,扮演顾客。

2. 场景一:A 现在要将公司的某件商品卖给 B,而 B 则想方设法地挑出本商品的各种毛病。A 的任务是一一回答 B 的这些问题,即便是一些吹毛求疵的问题也要让 B 满意,不能伤害 B 的感情。

3. 场景二:假设 B 已经将本商品买了回去,但是商品现在有了一些小问题,需要进行售后服务,B 要讲一大堆对于商品的不满,A 的任务仍然是帮他解决这些问题,提高他的满意度。

4. 交换一下角色,然后再做一遍。

5. 将每个组的问题和解决方案公布于众,选出最好的组给予奖励。

➤ 相关讨论

1. 对于 A 来说,B 的无礼态度让你有什么感觉? 在现实的工作中你会怎样对待这些顾客?

2. 对于 B 来说,A 怎样才能让你觉得很受重视、很满意,如果在交谈的过程中,A 使用了像“不”“你错了”这样的负面词汇,你会有什么感觉? 谈话还会成功吗?

【成果与检测】

根据学生的参与程度以及得出的结论或观点评定活动的成效,并评定成绩。

模块七 能力评测

实训项目一:跨越障碍

【实训目标】

找到影响创造力发挥的障碍。在日常工作中,从组织到个人都存在着一些影响创造力发挥的障碍。本游戏内容设置的目的,就是要帮助你找出这些障碍是什么、在哪里,为开发创造力和促进创新意识扫清障碍。

【实训内容与要求】

➤ 游戏程序

第一阶段:影响创造力发挥的组织因素。

1. 将学员分成 10 人一组,不足 10 人也可以,但不要过少。

2. 发给学员每人一张诊断问卷,共有 57 道题(见组织因素问卷题),要求每个学员认真填写。

3. 准备一张大纸,把 57 个题号抄在上面,挂在前面作统计用。

4. 做完题后,由小组先进行统计,然后填在前面的大表中。

5. 鼓励大家参与,可由每个人大声地读出,指导老师将其填入表中。

6. 根据表上的统计结果,指导老师组织大家讨论如何加以改进,也可以先由小组讨论,然后派代表发表本组的讨论结果,最后指导老师进行总结。

7. 整个时间至少为 60 分钟,根据情况可以适当延长,争取每个人都有发言的机会。

8. 参加人员可以来自一个部门,也可由每个部门派代表参加。

第二阶段:判断影响创造力发挥的个人因素。

1. 发给每个参加者一份影响个人创造力发挥的自我评价表。该表共有 38 个问题(见个人因素问卷题),由参加者按要求填写。

2. 答卷可以分别做,也可一起做,但务必认真。

3. 答完问卷后,每个人把眼睛闭上,回忆自己在以往工作中常发生的、压抑自己创造力的情况,以 5 分钟为宜。

4. 写下自己的感受,作为今后改善时的参考。

5. 如有志愿者,可将自己的感受和改善方法告诉大家。

6. 时间限制为 30~60 分钟。

第三阶段:影响他人创造力的因素。

1. 发给每个参加者一张卡片和一支笔。

2. 指导老师告诉每个参加者在卡片上写三句自己最常用的话。这些话应该是在别人提建议或发表看法时你常说的。例如:老板不会喜欢的;我想这行不通;这事看看再说。

3. 指导老师把卡片收回并打乱,然后每人分一张,由每个学员轮流念出卡片上的三句话。

4. 指导老师在黑板或大纸上写下这些话,内容大致相同的归为一类,并统计使用次数。

5. 写出使用次数最多的三句话,交小组讨论,每组不要超过10人。

6. 每组选派一名代表,发表小组讨论的结果。

➢ 游戏准备

数量相当的卡片以及组织因素、个人因素问卷挂件。

(一)组织因素问卷题

下面的词语会影响创造力,在你看每一个题目的时候,仔细想一想在以往开会或工作时是否运用过这些语言?如果有,就在后面的括号内做个记号;如果没有,就让括号空着。

1. 以前我们从来没这样做过。(　　)
2. 这样绝对行不通。(　　)
3. 我们的人力不够。(　　)
4. 我们没有这样的预算。(　　)
5. 我们的时间不够。(　　)
6. 这个以前我们试过。(　　)
7. 这样做我们还早呢。(　　)
8. 理论上行得通,但实际上……(　　)
9. 这太学术了……(　　)
10. 顾客会怎么想呢?(　　)
11. 如果真有效,别人早就……(　　)
12. 太新奇、太时髦了!(　　)
13. 太老气了!(　　)
14. 这个问题,我们以后再讨论。(　　)
15. 你不知道我们的问题在哪里。(　　)
16. 我们的规模太小了,做不了这样的事。(　　)
17. 我们的规模太大了,不能做那样的事。(　　)
18. 我们现有的计划太多了……(　　)
19. 我们先调查一下再说。(　　)
20. 我们一直都这样做,不应该有错。(　　)
21. 这是谁出的馊主意?(　　)
22. 我就知道行不通。(　　)
23. 让我们成立一个委员会吧!(　　)
24. 考虑一下,看看发展再说吧。(　　)
25. 这不是我们的问题。(　　)
26. ××部是不会接受的。(　　)
27. 别人会以为我们在胡闹。(　　)
28. 我们做不出这样的东西。(　　)
29. 这在我们这儿行不通。(　　)

30. 头儿绝对不会接受这种观念。(　　)
31. 不要发展得太快！(　　)
32. 我们现在干得不坏，为什么要改变？(　　)
33. 这样员工一定会反对。(　　)
34. 让我们先看看其他人，然后……(　　)
35. 这不又跟以前一样了吗？(　　)
36. 这也不过是谈谈而已，还是……(　　)
37. 我倒看不出有什么关系。(　　)
38. 在我们这个行业里，这样行不通。(　　)
39. 根据规章，我们不能这样做。(　　)
40. 神经病！(　　)
41. 政治味儿太浓了！(　　)
42. 听起来不错，但我想不会成功。(　　)
43. 这不在计划内。(　　)
44. 这样做没有根据。(　　)
45. 我们从来没这样试过。(　　)
46. 没有这样的规定。(　　)
47. 这样做意味着增加了工作量。(　　)
48. 这不是我们的责任。(　　)
49. 话是这么说，但是实际上……(　　)
50. 这样会超过预算的……(　　)
51. 这样做还太早。(　　)
52. 这样做太晚了。(　　)
53. 这不会有什么结果的。(　　)
54. 我们自己都接受不了，别人……(　　)
55. 你不了解问题的所在。(　　)
56. 你们还嫩着呢！(　　)
57. 这样做会触犯……(　　)

(二)个人因素问卷题

当你提出创意或进行思考时，是否受下列因素约束，使你缺乏自信心？仔细阅读下面的每一个问题，看看你自己是否存在这样的情况。如果有，请在后面的括号内做记号；如果没有，就让括号空着。

1. 这也许不适用。(　　)
2. 这样做还缺乏足够的依据。(　　)
3. 这也许行不通。(　　)
4. 这样做别人会觉得……(　　)
5. 我自己也不清楚是否需要这样做。()
6. 不知道是否会拨经费。(　　)
7. 这大概是一条死胡同。(　　)
8. 如果这样做了，是不是有什么不好的结果？(　　)

9. 照别人的看法,是否有这种可能性?( )
10. 听起来可能没什么,但是……( )
11. 这样可能浪费时间或金钱……( )
12. 我不知道别人的想法是什么,因此……( )
13. 大概有人不会喜欢,因此……( )
14. 这恐怕难以被别人接受,因此……( )
15. 这会与规定相抵触,因此……( )
16. 这可能还不是时候,因此……( )
17. 这个观念似乎没有用,因此……( )
18. 我能做得比这个好,不过……( )
19. 如果我再年轻些,身体更好些……( )
20. 别人已经这样做了,因此我……( )
21. 这些我还不太熟悉,因此……( )
22. 这样做我的投入太大,因此……( )
23. 专家(领导)不知对这会有什么看法?( )
24. 这好像不完全合乎主题,因此……( )
25. 我一时还想不清楚,因此……( )
26. 别人听了可能会笑我,因此……( )
27. 我的意见可能价值不大,因此……( )
28. 我又不是天才,因此……( )
29. 这似乎不能跟领导说,因此……( )
30. 我觉得这个建议可能没有什么分量。( )
31. 这也许不太重要,因此……( )
32. 研究研究再说吧!( )
33. 先听听别人的意见再说吧。( )
34. 这事可能很复杂,我看还是……( )
35. 某人并不同意我的意见,因此……( )
36. 这样也许于事无补,因此……( )
37. 如果我离谱,请大家指正。( )
38. 这是我不成熟的想法,大家……( )

【成果与检测】

根据学生的参与程度以及表现看游戏的效果,并评定成绩。

★ 实训项目二:创造能力测试

【实训目标】

创造能力测试。

【实训内容与要求】

美国普林斯顿创造才能研究公司总经理、心理学家尤金·劳德塞,根据几年来对善于思考、富有创造力的男女科学家、工程师和企业经理的个性和品质的研究,设计了下面这套简单的试验，试验者只要10分钟左右的时间，就可知道自己是否具有创造才能。当然，如果你需要慎重考虑一下，适当延长试验时间也不会影响测试的效果。

试验时，只要在每一句话后面用一个字母表示你同意或不同意：同意的，选A；不同意的，选C；吃不准或不知道的，选B。回答必须准确、忠实，不要猜测。

1. 我不做盲目的事，也就是我总是有的放矢，用正确的步骤来解决每一个具体问题。

A　　B　　C

2. 我认为，只提出问题而不想获得答案，无疑是浪费时间。

A　　B　　C

3. 无论什么事情，要让我感兴趣，总比别人困难。

A　　B　　C

4. 我认为，合乎逻辑的、循序渐进的方法是解决问题的最好方法。

A　　B　　C

5. 有时，我在小组里发表的意见，似乎使一些人感到厌烦。

A　　B　　C

6. 我花费大量的时间来考虑别人是怎样看待我的。

A　　B　　C

7. 做自认为是正确的事情，比力求博得别人的赞同要重要得多。

A　　B　　C

8. 我不尊重那些做事似乎没有把握的人。

A　　B　　C

9. 我需要的刺激和兴趣比别人多。

A　　B　　C

10. 我知道如何在考验面前让自己的内心保持镇静。

A　　B　　C

11. 我能坚持很长一段时间解决难题。

A　　B　　C

12. 有时我对事情过于热心。

A　　B　　C

13. 在无事可做时，我倒常常想出好主意。

A　　B　　C

14. 在解决问题时，我常常单凭直觉来判断"正确"或"错误"。

A　　B　　C

15. 在解决问题时，我分析问题较快，而综合所收集的资料较慢。

A　　B　　C

16. 有时我打破常规去做我原来并未想到要做的事。

A　　B　　C

17. 我有收藏癖。

A　　B　　C

18. 幻想促进了我的许多重要计划的提出。

A　　B　　C

19. 我喜欢客观而又理性的人。

A　　B　　C

20. 如果要我在本职工作之外的两种职业中选择一种，我宁愿当一个实际工作者，而不当探索者。

A　　B　　C

21. 我能与自己的同事或同行们很好地相处。

A　　B　　C

22. 我有较高的审美感。

A　　B　　C

23. 在我的一生中，我一直追求着名利和地位。

A　　B　　C

24. 我喜欢坚信自己的结论的人。

A　　B　　C

25. 灵感与获得成功无关。

A　　B　　C

26. 争论时，使我感到最高兴的是，原来与我观点不一的人变成了我的朋友。

A　　B　　C

27. 我更大的兴趣在于提出新的建议，而不在于设法说服别人接受这些建议。

A　　B　　C

28. 我乐意独自一人整天"深思熟虑"。

A　　B　　C

29. 我往往避免做那种使我感到低下的工作。

A　　B　　C

30. 在评价资料时，我觉得资料的来源比其内容更为重要。

A　　B　　C

31. 我不满意那些不确定和不可预测的事。

A　　B　　C

32. 我喜欢一门心思苦干的人。

A　　B　　C

33. 一个人的自尊比得到他人敬慕更为重要。

A　　B　　C

34. 我觉得那些力求完美的人是不明智的。

A　　B　　C

35. 我宁愿和大家一起努力工作，而不愿意单独工作。

A　　B　　C

36. 我喜欢那种对别人产生影响的工作。

A　　B　　C

37. 在生活中，我经常碰到不能用"正确"或"错误"来加以判断的问题。

A　　B　　C

38. 对我来说，"各得其所""各在其位"是很重要的。

A　　B　　C

39. 那些使用古怪和不常用的词语的作家，纯粹是为了炫耀自己。

A　　B　　C

40. 许多人之所以感到苦恼，是因为他们把事情看得太认真了。

A　　B　　C

41. 即使遭到不幸、挫折和反对，我仍然能够对我的工作保持原来的精神状态和热情。

A　　B　　C

42. 想入非非的人是不切实际的。

A　　B　　C

43. 我对“我不知道的事”比“我知道的事”印象更深刻。

A　　B　　C

44. 我对“这可能是什么”比“这是什么”更感兴趣。

A　　B　　C

45. 我经常为自己在无意之中说话伤人而闷闷不乐。

A　　B　　C

46. 纵使没有回报，我也乐意为新颖的想法而花费大量的时间。

A　　B　　C

47. 我认为，“出主意无甚了不起”，这种说法是中肯的。

A　　B　　C

48. 我不喜欢提出那种显得无知的问题。

A　　B　　C

49. 一旦任务在肩，即使受到挫折，我也要坚决完成。

A　　B　　C

50. 从下面描述人物性格的形容词中，挑选出10个你认为最能说明你性格的词：

精神饱满的　有说服力的　实事求是的　虚心的　观察力敏锐的　谨慎的
束手束脚的　足智多谋的　自高自大的　有主见的　有献身精神的
有独创性的　性急的　高效的　乐于助人的　坚强的　老练的
有克制力的　热情的　时髦的　自信的　不屈不挠的　有远见的
机灵的　好奇的　有组织能力的　铁石心肠的　思路清晰的　脾气温顺的
可预言的　拘泥于形式的　不拘礼节的　有理解力的　有朝气的
严于律己的　精干的　讲实惠的　感觉灵敏的　无畏的　严格的
一丝不苟的　谦逊的　复杂的　漫不经心的　柔顺的　创新的　实干的
泰然自若的　渴求知识的　好交际的　善良的　孤独的　不满足的
易动感情的

计分方法

	A	B	C		A	B	C
1.	0	1	2	26.	−1	0	2
2.	0	1	2	27.	2	1	0
3.	4	1	0	28.	2	0	−1
4.	−2	0	3	29.	0	1	2
5.	2	1	0	30.	−2	0	3
6.	−1	0	3	31.	0	1	2
7.	3	0	−1	32.	0	1	2
8.	0	1	2	33.	3	0	−1
9.	3	0	−1	34.	−1	0	2
10.	1	0	3	35.	0	1	2
11.	4	1	0	36.	1	2	3
12.	3	0	−1	37.	2	1	0
13.	2	1	0	38.	0	1	2
14.	4	0	−2	39.	−1	0	2
15.	−1	0	2	40.	2	1	0
16.	2	1	2	41.	3	1	0
17.	0	1	2	42.	−1	0	2
18.	3	0	−1	43.	2	1	0
19.	0	1	2	44.	2	1	0
20.	0	1	2	45.	−1	0	2
21.	0	1	2	46.	3	2	0
22.	3	0	−1	47.	0	1	2
23.	0	1	2	48.	0	1	3
24.	−1	0	2	49.	3	1	0
25.	0	1	3				

50. 下列每个形容词得 2 分：

精神饱满的　观察力敏锐的　不屈不挠的　柔顺的　足智多谋的　有主见的　有献身精神的　有独创性的　感觉灵敏的　无畏的　创新的　好奇的　有朝气的　热情的　严于律己的

下列形容词每个得 1 分：

自信的　有远见的　不拘礼节的　不满足的　一丝不苟的　虚心的　机灵的　坚强的

其余的得 0 分。

将分数累计起来，分数在：

110～140 分，创造力非凡。

85～109 分，创造力很强。

56～84 分，创造力强。

30～55 分，创造力一般。

15～29 分，创造力弱。

－21～14 分，无创造力。

说明：

读者可以根据这些答案，测试一下自己有没有创造能力？是创造能力很强，还是创造能力较弱？善于思考的读者也许能从这些答案中联想到一个新问题：为什么美国的心理学家尤金·劳德塞对这 50 道题要这样打分？这里，我们试举数例，略加说明。

有些题目初看起来，答案似乎是显而易见的。

如第 1 题“我不做盲目的事，也就是我总是有的放矢，用正确的步骤来解决每一个具体的问题”，对于一般人来说，这好像是天经地义、无可非议的。但是，倘若你这样回答，那么就只能得 0 分。这是因为这里测试的是一个人是否有创造能力。创造能力是一种高级的能力，它不是采用现成的方法和步骤去解决问题的能力。

从答案中人们可以看到，有些答案对了只得 2 分，而有些答案对了却能得 4 分。这是什么道理呢？因为这些对于每个具有创造能力的人来说，都是必不可少的。

例如，第 3 题“无论什么事情，要让我感兴趣，总比别人困难”。成功圣殿的大门是向所有人敞开的，然而，培养兴趣是登堂入室的第一步。当一个人被某一个研究或某一种新的思想完全吸引住的时候，他的注意力便高度集中在这一目标上，对其余的东西都不感兴趣了。这时，需要探索的问题深深地映入他的脑海，挥之不去，驱之不散，才下眉头，却上心头。正因为如此，他才能发挥他的创造能力。

创造性劳动需要有持之以恒、滴水穿石的精神。巴斯德曾说过：“告诉你使我达到目标的奥秘吧。我唯一的力量就是我的坚持精神。”因此，第 11 题答对了也可得到 4 分。

在这 50 题中，又有三题一旦答错了就要倒扣 2 分。其中的原因何在呢？因为这三个问题对创造力的影响颇大。例如，第 4 题“我认为，合乎逻辑的、循序渐进的方法是解决问题的最好方法”和第 14 题“在解决问题时，我常常单凭直觉来判断‘正确’或‘错误’”。重大的科学发现往往都不是按旧的思维方式获得的，需要另创新格，出奇制胜。物理学家福克说：“伟大的以及不仅是伟大的发现，都不是按逻辑的法则发现的，而大多是凭创造性的直觉得来的。”

对于这些试题竟有 3/5 的人回答“吃不准”或“不知道”也能得分。这又是为什么呢？科学是在继承和发展中前进的，一个严谨的科学家总是既不相信原有的科学结论，也不过于迷信自己创立的新假说。因此，有人说，正确的思维应当处于绝对信任与绝对不信任之间，这样可以使思维保持明智、灵活和清醒。这是很有道理的。

从这 50 题的答案中，可以引出很多值得思索和研究的问题。一旦找到这些答案，那么我们就能在了解自己是否具有创造能力的同时，找到提高创造力的方法和途径。

【成果与检测】

根据学生的参与程度以及表现看游戏的效果，并评定成绩。

单元二　综合企业管理思维与能力

模块一　管理故事演讲

★ 实训项目一:做事情与做事业

【实训目标】

领悟万事贵在专一的道理。

【实训内容与要求】

大学毕业初期,小A对干哪行并没有什么特别的想法。由于求学时期生活窘迫,她的工作方向是向"钱"看。小A毕业后的五六年,几乎是每年换一个工作。先是在办公室当文秘,一年后保健品市场很红火,就应聘到一家生物制药公司去当推销员。没干多久,保健品市场冷淡了。这时,有位朋友拉她去一家营销策划公司,月薪还不错,于是第二天她就去报到上班了。这回干了一年,收入虽然比以前多了些,但离脱贫致富还有很大的距离。

一次偶然的机会小A碰上一位老同学,这位老同学开了一家小贸易公司,从广东往北京倒腾一些热门商品,"钱"景诱人,正需要帮手。小A毫不犹豫地加盟他的贸易公司。半年后,公司生意转淡,她去了一家广告公司。没过多久,满街都是拉广告的业务人员,她又去报社当记者……

每次只要能赚到比原先那家公司更多的钱,她都会欣然前往,这样折腾来折腾去,虽然也赚到了一些小钱,生活得到了些许改善,可是每每静下心来,却会发现:自己其实一事无成……

★ 故事的哲理

做事情与做事业的区别在于坚持和专一,进而结果的区别是"空对浮华"与"充实一生"。如果看到哪个领域赚钱就跳到哪个领域,最终注定会一无所获。记得做教育软件起家的科利华公司曾靠"跳来跳去"而名噪一时,但很快就一头跳进了陷阱里,再也爬不起来了……

【成果与检测】

请学生结合主持人演讲的管理故事进行思考、讨论,并分组推举代表发言。根据学生的参与程度以及得出的结论或观点评定活动的成效,并评定成绩。

★ 实训项目二:和田一夫72岁重挫之后

【实训目标】

学会调整经营心态。

【实训内容与要求】

日本最大的零售集团八佰伴的总裁和田一夫,72岁时遭到严重挫折,他苦心经营的企业不幸倒闭,这下使他从一个国际知名的企业家变成了一文不名的穷光蛋。有人曾预言:和田一夫肯定会自杀,要么从此一生穷困潦倒。然而,出乎人们的意料,和田一夫没有沉沦,没有堕落,更没有自杀。他同几个年轻人一起办起了一家网络咨询公司,挑战从未接触过的IT领域,终于搞得红红火火。于是,大家问他是如何成功地从失败之处站起来的。他说从年轻的时候起,就要求自己每天写一篇日记,只记录快乐的事情。他把这种日记叫作"光明日记"。而在他担任公司总裁期间,坚持每月召开一次公司例会,在谈工作之前,要求每个与会者用3分钟时间谈一件自己本月最快乐的事情,以此调整大家的心情,调动大家的积极性。他把这种例会称为"快乐例会"。所以,在挫折和失败面前他泰然处之,他说唯一的路是再创事业,就会有辉煌。

★ 故事的哲理

生活是一面镜子,你对它笑,它就对你笑;你对它哭,它就对你哭。用美国卡耐基的话就是:"如果我们有着快乐的思想,我们就会快乐;如果我们有着凄惨的思想,我们就会凄惨。"每一位企业家都承受着常人难以想象的压力,可天下释解压力的"灵丹妙药"并不特别为那些不寻常的人生产,恰恰就在常人那里:乐一把,及时调整心态。

【成果与检测】

请学生结合主持人演讲的管理故事进行思考、讨论,并分组推举代表发言。根据学生的参与程度以及得出的结论或观点评定活动的成效,并评定成绩。

★ 实训项目三:鱼儿眼中的大海

【实训目标】

凡事要学会感激。

【实训内容与要求】

有一条鱼,在很小的时候就被捕上了岸。渔夫看它太小了,而且又很漂亮,便把它作为礼物送给了女儿。小女孩把它养在一个鱼缸里。但每天它游来游去时总会碰到鱼缸的内壁,心里便有一种不愉快的感觉。

后来鱼越长越大,在鱼缸里连转身都困难了,小女孩就给它换了一个更大的鱼缸,它又可以游来游去了。可是每次碰到鱼缸的内壁,它畅快的心情又会黯淡下来。它开始讨厌这种原地转圈的生活了,索性静静地悬浮在水中,不游也不动,甚至连食物也不怎么吃。小女孩见它这么可怜,便把它放回了大海。

它在海中不停地游着,心中却一直快乐不起来。一天,它遇见了另外一条鱼,那条鱼问它:"你看起来好像闷闷不乐呀!"它叹了口气说:"哎,这个鱼缸太大了,我怎么也游不到它的边!"

★ 故事的哲理

在事业的旅途中,白领们常常感到心力交瘁,而根源其实往往不是源于事与愿违,而在于你只看到了诸事中的不如意。正所谓"心有多大,世界就有多大"。时刻对生活报以感激,生活也将回报给你更多的具有幸福感的事业,才是真正成功的事业。

【成果与检测】

请学生结合主持人演讲的管理故事进行思考、讨论,并分组推举代表发言。根据学生的参与程度以及得出的结论或观点评定活动的成效,并评定成绩。

实训项目四：买单“尊老”的回报

【实训目标】

体会细微小事改变命运的道理。

【实训内容与要求】

由中国留美的两个学生田溯宁、丁健创立的亚信科技，其创业资金来自被誉为“天使投资人”的爱国华商刘耀伦的50万美元投资。两个没有背景的学生，是怎么得到刘耀伦信任的呢？

刘耀伦是美国德克萨斯州有名的“民间外交家”，热心于为中美经贸合作牵线搭桥。在一个国内访美代表团的接待活动中，刘耀伦结识了田溯宁和丁健。就是在这次活动中，一天在饭店用完餐后，这两位刚刚毕业的穷留学生争着“为长者买单”。刘耀伦被两个年轻人的“尊老意识”所感动，开始对他们产生了好感。很快，这种好感就变成了信任。他没犹豫就把自己投资生涯中唯一的“非房地产项目资金”投给了他们，并担任亚信科技公司董事长长达10年之久。

一个小小的举动，造就了今天的亚信。

★ 故事的哲理

人的命运可能因一些细微的小事而改变，企业的命运也不例外。在任何时候尽量做好任何一件事，努力总会有回报。

【成果与检测】

请学生结合主持人演讲的管理故事进行思考、讨论，并分组推举代表发言。根据学生的参与程度以及得出的结论或观点评定活动的成效，并评定成绩。

实训项目五：1850次拒绝

【实训目标】

体会到成大事者，必然执著的道理。

【实训内容与要求】

在美国，曾有一位穷困潦倒的年轻人，即使把身上全部的钱加起来都不够买一件像样的西服时，仍全心全意地坚持着自己心中的梦想：做演员、拍电影、当明星。

当时，好莱坞共有500家电影公司，他逐一数过，并且不止一遍。后来，他又根据自己认真划定的路线与排列好的名单顺序，带着为自己量身定做的剧本前去拜访。但第一轮下来，所有的500家电影公司没有一家愿意聘用他。

面对百分之百的拒绝，这位年轻人没有灰心。从最后一家被拒绝的电影公司出来之后，他又从第一家开始，继续他的第二轮拜访与自我推荐。

在第二轮的拜访中，500家电影公司依然拒绝了他。

第三轮的拜访结果仍与第二轮相同。这位年轻人咬牙开始他的第四轮拜访，当拜访完第350家电影公司，老板破天荒地答应愿意让他留下剧本先看一看。

几天后，年轻人获得通知，请他前去详细商谈。

就在这次商谈中，这家公司决定投资开拍这部电影，并请这位年轻人担任自己所写剧本中的男主角。

这部电影叫《洛奇》。这位年轻人的名字叫席维斯·史泰龙。现在翻开电影史，这部叫《洛奇》的电影与这位日后红遍全世界的巨星皆榜上有名。

★ 故事的哲理

中国人讲求“奇正之道”，但我们常常不知不觉地将它演变成“如何出奇”，而忽略了对“正”的领悟与追求。机变是奇，而执著就是正。古今中外，虽然出奇制胜者不乏其例，但成大事者，则无一例外地执著。

【成果与检测】

请学生结合主持人演讲的管理故事进行思考、讨论，并分组推举代表发言。根据学生的参与程度以及得出的结论或观点评定活动的成效，并评定成绩。

实训项目六：拿破仑打架

【实训目标】

体会坚持往往比力量更强大的道理。

【实训内容与要求】

《拿破仑传》里记载过这样一个故事：

拿破仑出生在科西嘉岛。他上四年级的时候与一个六年级的男生打架，拿破仑生来就矮小，结果一只眼睛被打得青紫。上课铃响了，他去上课。但下课后他又冲出去找那个六年级的男生，结果彻底变成了“熊猫”。然而，到了中午下课后，拿破仑又冲出去了。

那个六年级的男生，一开门就看到拿破仑，说：“小子，你想怎样？”

拿破仑讲了一句话：“你除非今天向我道歉，否则我会一直打到死。”

那个男生终于畏惧……说道：“I'm sorry!”

拿破仑反而责怪道：“早讲不就没事了嘛！”

★ 故事的哲理

伟人之所以成为伟人，往往并非因为他先天的强大，而是因为他“先天”的坚韧。在别人不能承受的时候，他能承受；在别人坚持的时候，他还能坚持。而坚持的力量，往往比力量本身更令对手畏惧。

【成果与检测】

请学生结合主持人演讲的管理故事进行思考、讨论，并分组推举代表发言。根据学生的参与程度以及得出的结论或观点评定活动的成效，并评定成绩。

模块二 案例分析

实训项目一：荣董事长的困惑

【实训目标】

体会综合管理的方法。

【实训内容与要求】

一、公司发展概况

古兴集团前身是一家乡镇企业，创业15年来，已发展成为一家以铜冶炼加工为主体，多行业并存，集科、工、贸、服务于一体的大型跨国集团。公司在岗职工为3 500余人，资产总值为16

亿元，其中，固定资产 11.5 亿元。公司形成了 10 万吨冶炼、10 万吨电解铜、10 万吨铜加工材的生产能力。产品有电解铜、各类铜及铜合金板、带、管、棒、线材系列。2004 年实现工业总产值 19.5 亿元、利润 1.6 亿元。公司铜冶炼加工综合能力位居全国第 4 位，是铜加工行业中最具竞争实力的企业之一。产品已通过 ISO9000 认证，铜锭取得了进入伦敦金属交易所(LME)的免检资格，公司成为上海金交所的会员单位并取得两个席位。公司复合铜带材生产和毛细管材生产的装备和技术水平已达到 20 世纪 90 年代的国际先进水平，在国内居绝对领先地位。集团公司下属的独资或控股子公司 13 家，其中，9 家为境内企业，4 家为境外企业。

最近古兴集团刚投资 2 亿元将一家全面亏损的国有铜加工企业的一条板带连铸连轧生产线购入，在生产线购入 3 个月内就产出第一批优质铍青铜带，并直接出口美国，效益十分可观。企业经营状况良好，前景一片光明。公司正在实施低成本扩张战略，已成功地兼并了几家关联企业，按计划将在 5 年内成为中国同业的霸主。对此，年届不惑的荣董事长充满信心。

然而，深谋远虑的荣董事长并非盲目乐观之人。他隐约感到公司似乎已处在某种生死攸关的嬗变阶段，许多问题操作起来都已不如以前那么得心应手，第六感告诉他，潜在的危机越来越大。经过几天的冥思苦想之后，他请来了新近才担任公司高级人事顾问的李教授。

两个星期后，通过与公司所有上层管理成员的深入接触，以及一系列规范化的调查分析，李教授所带的研究小组基本理清了公司的管理状况以及荣董事长所讲的潜在的危机。

二、荣董事长其人

李教授按着 360°大回转的思路从不同的视角调查后综合列出了荣董事长的基本秉性特征：敏捷的思维、快速的反应、犀利的眼光、坚毅的个性、充沛的精力，以及敢于冒险的果断精神。他每天的休息时间极少，除了工作外，几乎没有其他任何个人嗜好，精力十分充沛，是一个典型的工作狂。他几乎每天都要到几个主要生产车间去看看，喜欢现场办公，也常常现场处分员工。公司上下都熟悉他那身灰色工作服，也有点惧怕他。荣董事长十分健谈，如果不是什么事情迫使他停下来的话，他则可以连续不断地对你说上几个小时。任何一次会议，只要有荣董事长在，他总是自始至终的发言人，人家的讲话总被他打断。专家们反映：以前荣董事长不能静下来听他们陈述意见，但荣董事长又不太喜欢看书面报告，对此十分苦恼。好在荣董事长思维敏捷，反应快，总能及时发现问题并立即调整方案，化险为夷。管理层普遍感到难以跟上荣董事长的跳跃式思维，难以沟通，但也基本上形成了一个共识：按荣董事长的意见办，准成。

三、公司结构和管理层的运作

古兴集团是先有一个核心企业，再由“核”扩散发展起来的，产权纽带紧密，实质上属于一种较典型的母子控股公司模式。集团公司对下属子公司的经营战略、重大投资决策和人事任免均有绝对控制权。荣成既是集团公司董事长兼总经理，又是所有二级控股(独资)公司的董事长、法人代表。集团公司总部管理班子十分精干，总共不到 80 人。新老“三会”在职能上实际是交叉互兼的：党委会、工会与职代会的主要领导是监事会的主要成员。集团董事会是最高权力和决策机构，由集团正、副总和各二级公司总经理组成的理事会实质上是协商和执行机构，无决策权。这是一种较典型的中小企业集团的管理模式。

在职能部门设置方面，董事会下实际上只有董事会办公室是实体，其职能并未与董事会的需求相吻合；董事会的一办四部是最近才设立的，职能也未明确界定。从人员配置上看，各部部长都是由对应的主管副总兼任，即职能部门除能实际协助所在层级的领导人之外，还有权在自己的职能范围内向下层人员下达指令。同时，公司组织机构变动频繁，高层管理人员的职位更迭更是像走马灯似的，许多高层经理都弄不清楚公司现在的组织结构。

四、公司的成功经验

荣董事长最得意的事情是他成功的用人之道。只有小学文化程度的荣成先生最喜爱《三国演义》和《毛泽东选集》这两套书，他能随意指出某一段故事在书的第几章、第几页。刘备的“尊老敬贤”与毛主席的群众路线思想是他用人的主要原则，公司内部处处体现了他的“仁德、民本、重义、尊贤”的思想。集团公司专门成立的总工程师办公室完全不同于其他企业作为职能部门的总工办，它由几位专职工作人员管理着从全国各地聘请来的56位铜冶炼、加工专家，其中有11位是国家级有突出贡献的专家，18位曾担任过国有大中型冶铜加工企业的厂长、副厂长或总工，公司为他们专门修建了高级专家公寓楼，并为每一位专家配备了一名专职服务员。专家们的月薪从3 000元到数万元不等，在进入企业时由双方商定，没有统一的标准。此外，荣董事长还根据各人的贡献大小以红包形式发放奖金。他们都有各自的具体岗位，总工办只负责其生活后勤管理及参谋咨询的组织工作。荣董事长把他们统称为军师，对他们十分尊敬。

跟随荣董事长一起打天下的一班老臣最叫人头痛。他们历经艰辛，劳苦功高，但大多文化水平不高，又居功自傲，排斥外来人才和年轻人。为此，几经周折，荣董事长终于下决心于1996年进行了一次全面清理，对在公司工作5年以上的员工一一论功行赏，根据工龄、职位和贡献大小，一次性买断功绩：最早跟随荣董事长创业的元老们每人得到一栋小别墅，8年以上者可得到一笔可观的奖金；工作5年以上者各得到一份依据工龄而不同的退休保险单，可以每月从银行支取一笔固定的收入。荣董事长组织专门力量根据能力面前人人平等的原则，按工作需要重新聘用员工。此举使公司的许多外来优秀人才和年轻人脱颖而出，从而开创了公司1996年后快速发展的新局面。荣董事长对这一决策颇为自得，认为历史上李自成没有解决的难题，在他手上却成功地解决了，从而保持了公司的活力。

五、荣董事长的困惑

从荣董事长自身的角度，他请来李教授，主要是为了解决以下三大难题：

一是集权分权问题。荣董事长觉得自己太累了，每天签审公司上下报账的财务票据就要花2个小时，公司其他大小事情几乎都要他拍板，总有做不完的事。他平均每天只睡3个小时，最近就有两次晕倒在办公室，再这样干下去肯定不行。

二是决策风险问题。公司越做越大，大小决策都集中在荣董事长身上。“我总是胆战心惊的，”荣董事长诚恳地说，“过去我拍板下去，涉及的资金少的只有几十元，多的也就几万、几十万元；现在任何决策动辄就是几千万上亿元，弄不好就是全军覆没。我心里没底，但也得硬着头皮拍板，怎么会不紧张、惧怕呢？我表面故作轻松，其实心理压力太大了。这不，才四十岁，头发几乎全白了。”

三是控制问题。在深入的交谈中，荣董事长向李教授剖白了心迹：外面的人总以为我在公司里是绝对权威，甚至耀武扬威、随心所欲。其实我觉得要控制这家公司是越来越困难了。过去，我给员工发一个小红包，拜个年什么的，就会得到员工真诚努力的回报。近年来，尤其是2001年有关部门界定我个人在公司中的产权占90%、镇政府只占10%后，员工们的心理似乎在悄悄地变化，过去最亲密的战友都和我疏远了，工作表面上很努力，实际上大多是在应付我。我给他们的工资一加再加，现在高层经理年薪已达10万～15万元，还给每人配备了专车、司机和秘书，但他们就是怪怪的，提不起劲。现在公款消费和大手大脚浪费的现象也开始在公司蔓延，原有民营企业的优势正在逐步消失。我感觉到我的公司在全面地腐化堕落。更糟的是，我控制不了局面，在这个庞大的公司面前竟显得那么虚弱和无能为力。我对前景感到害怕……

▶ 问题

1. 你认为荣董事长在公司壮大前期的管理成功之处是什么?
2. 随着公司的快速成长,你认为荣董事长的担心与他个人的什么能力有关?
3. 公司目前的机构设置有问题吗? 你认为怎样设置才更合理?
4. 如果你是咨询专家,将如何帮助企业有效地解决三大难题?

【成果与检测】

根据小组成绩、班级讨论、书面报告等综合评定。

实训项目二:保利公司的总经理

【实训目标】

领悟管理本土化的思想。

【实训内容与要求】

保利公司是一家中美合资的专业汽车生产制造企业,总投资600万美元,其中固定资产350万美元,中方占有53%的股份,美方占有47%的股份,主要生产针对工薪家庭的轻便、实用的汽车,在中国有广阔的潜在市场。

谁出任公司的总经理呢? 外方认为,保利公司的先进技术、设备均来自美国,要使公司发展壮大,必须由美国人来管理。中方也认为,由美国人来管理,可以学习借鉴国外企业的管理方法和经验,有利于消化、吸收、引进技术和提高工作效率。因此,董事会形成决议:聘请美国山姆先生任总经理。山姆先生有20年管理汽车生产企业的经验,对振兴公司胸有成竹。谁知事与愿违,公司开业一年不但没有赚到一分钱,反而亏损80多万元。山姆先生被公司辞退了。

这位曾经在日本、德国、美国等地成功地管理过汽车生产企业的经理何以在中国失败呢? 多数人认为,山姆先生是个好人,在技术管理方面是个内行,为公司吸收和消化先进技术做了很多工作。他对搞好保利公司怀有良好的愿望,"要让保利公司变成一个纯美国式的企业"。他工作认真负责,反对别人干预他的管理工作,完全按照美国的模式设置了公司的组织机构并建立了一整套规章制度。在管理体制上,山姆先生实行分层管理制度:总经理只管两个副总经理,下面再一层管一层。但这套制度的执行结果造成了管理混乱、人心涣散,员工普遍缺乏主动性,工作效率大大降低。山姆先生强调"我是总经理,你们要听我的"。他甚至要求,工作进入正轨后,除副总经理外的其他员工不得进入总经理的办公室。他不知道,中国企业负责人在职工面前总是强调和大家一样,以求得职工的认同。最终,山姆先生在公司陷入非常被动、孤立的局面。

山姆先生走后,保利公司选派了一位懂经营管理,富有开拓精神的中方年轻副厂长担任总经理,并随之组建了平均年龄只有33岁的领导班子。新班子根据实际情况和组织文化,迅速制定了新的规章制度,调整了机构,调动了全体员工的积极性。在销售方面,采取了多种促销手段。半年后,保利公司宣告扭亏为盈。

▶ 问题

试运用管理的有关原理分析保利公司总经理成败的原因。

【成果与检测】

根据小组成绩、班级讨论、书面报告等综合评定。

实训项目三:油漆厂工人为什么闹事

【实训目标】

领悟不同的人性假设对管理的影响。

【实训内容与要求】

钱兵是某名牌大学企业管理专业毕业的大学生,分配到宜昌某集团公司人力资源部。前不久,因总公司下属的某油漆厂出现工人集体闹事问题,钱兵被总公司委派下去调查了解情况,并协助油漆厂高厂长理顺管理工作。

到油漆厂上班的第一周,钱兵就深入"民间",体察"民情",了解"民怨"。一周后,他不仅清楚地了解到油漆厂的生产流程,同时也发现工厂的生产效率极其低下。工人们怨声载道,认为工作场所又脏又吵,条件极其恶劣,冬天的车间内气温只有−8℃,比外面还冷,而夏天最高气温可达40多度。而且他们的报酬也少得可怜。工人们曾不止一次地向厂领导提过,要改善工作条件,提高工资待遇,但厂里一直未引起重视。

钱兵还了解了工人的年龄、学历等情况,工厂以男性职工为主,约占92%。年龄在25～35岁之间的占50%,25岁以下的占36%,35岁以上的占14%。工人们的文化程度普遍较低,初、高中毕业的占32%,中专及以上的仅占2%,其余的是小学毕业。钱兵在调查中还发现,工人的流动率非常高,50%的工人仅在厂里工作1年或更短的时间,能工作5年以上的不到20%,这对生产效率和产品质量的提高非常不利。

于是,钱兵决定将连日来的调查结果与高厂长做沟通,并提出了自己的一些看法:"高厂长,经过调查,我发现工人的某些起码的需要没有得到满足,我们厂要想把生产效率搞上去,要想提高产品的质量,首先得想办法解决工人们提出的一些最基本的要求。"可是高厂长却不这么认为,他恨铁不成钢地说:"他们有什么需要?他们关心的就是能拿多少工资,得多少奖金,除此之外,他们什么也不关心,更别说想办法去提高自我。你也看到了,他们很懒,逃避责任,不好好合作,一点也不在乎工作是好是坏。"

但钱兵不认同高厂长对工人的这种评价,他认为工人们不像高厂长所说的这样。为了进一步弄清情况,钱兵采取发放问卷调查问卷的方式,确定工人们到底有什么样的需要,并找到哪些需要还未得到满足。他也希望通过调查结果来说服厂长,重新找到提高士气的因素。于是他设计了包括15个因素在内的问卷,当然每个因素都与工人的工作有关,包括报酬、员工之间的关系、上下级之间的关系、工作环境条件、工作的安全性、工厂制度、监督体系、工作的挑战性、工作的成就感、个人发展的空间、工作得到认可情况、升职机会等。

调查结果表明,工人并不认为他们懒惰,也不在乎多做额外的工作,他们希望工作能丰富多样化一点,让他们多动动脑筋,能有较合理的报酬。他们还希望工作多一点挑战性,能有机会发挥自身的潜能。此外,他们还表达了希望多一点与其他人交流感情的机会,希望能在友好的氛围中工作,也希望领导经常告诉他们怎样才能把工作做得更好。

基于此,钱兵认为,导致油漆厂生产效率低下和工人有不满情绪的主要原因是报酬太低,工作环境不好,人与人之间关系冷淡。

➢ 问题

1. 高厂长对工人的看法属X理论吗?钱兵的问卷调查结果又说明了对人的何种假设?
2. 根据钱兵的问卷调查结果,请你为该油漆厂出点主意,来满足工人们的一些需求。

【成果与检测】

根据小组成绩、班级讨论、书面报告等综合评定。

模块三　管理实战任务

实训项目:管理方案设计

【实训目标】

理解管理创新的重要性。

【实训内容与要求】

精美食品有限公司是一家有着二十年发展历史的食品生产经营企业。进入 20 世纪 90 年代中期,面对需求不断扩大、多样化程度不断提高、市场竞争加剧的行业形势,1996 年公司决策层出于提升产品品质、开发新产品的考虑,决定通过银行贷款2 000万元,投巨资引进国外先进的生产线,对生产设备和工艺进行技术改造。这对当时净资产只有1 300万元的精美食品公司来说,技术改造资金投入巨大,公司资产负债率偏高,投资风险陡增。伴随着技术改造项目的完成,精美公司产品的质量提高了,新产品的开发速度加快了。但由于市场竞争的进一步加剧,公司市场营销力量没有增强,公司产品的销售额并没有多大提高。到 1999 年,面对资金周转不良带来的沉重还贷压力,公司的经营发展陷入了困境。

分析:从管理创新的角度,剖析精美公司经营中存在什么问题,请你为该公司提供一套你认为比较合理的管理方案,以帮助该企业摆脱困境。

【成果与检测】

根据书面作业评定成绩。

模块四　管理游戏

实训项目一:看谁认得快

【实训目标】

体验对问题的思考程序。

【实训内容与要求】

➤ 游戏程序

1. 拿出如下图的挂件让学员看 2～3 秒。
2. 请学员说出这是什么。
3. 分享讨论:

(1)为什么我们会有这么多的认识差异?

(2)时间对我们的思维有什么作用?

(3)给我们的创新思维带来什么启示?

▶ 游戏准备

准备一幅上图的挂件或是将此图放进讲课用的PPT。

【成果与检测】

根据学生的参与程度以及表现看游戏的效果，并评定成绩。

实训项目二：合作音乐椅

【实训目标】

体验团队协作将为团队挖掘更大的潜力。

【实训内容与要求】

▶ 游戏程序

1. 四队成员分别站在用16K纸围成一圈的周围。
2. 音乐响起来，成员围着圈逆时针走动，并跟着一起唱《真心英雄》。
3. 音乐一停，讲师将随意抽掉一张或更多纸，学员尽快站在附近的纸上。
4. 每次音乐一停，学员需合作到所有人都站在纸上。
5. 学员全部站好，音乐响起来，学员又继续绕圈走动，一首歌曲结束，游戏结束。
6. 游戏分享：游戏过程中如何才能容纳更多的人；良好的协作将会给团队带来的好处；如何才会有良好的团队协作关系。

▶ 游戏规则

1. 每次音乐停下来学员必须以最快的速度站在纸上，站好才能放音乐。
2. 学员的脚不能超出纸的范围，学员站在纸上身体不能与地面有接触。
3. 音乐最先放完的那队为优胜队。

【成果与检测】

根据学生的参与程度以及表现看游戏的效果，并评定成绩。

实训项目三：3F

【实训目标】

让学员在培训师的语言的感染力及影响力下通过暗示的力量自我感觉，感觉到成功者应有的心态、发现自己的变化。

【实训内容与要求】

➤ 游戏程序

1. 首先让学员放松并且闭上眼睛，将注意力集中于听培训师热情、洋溢的演讲。

2. 培训师充满热情、全身心地对具有暗示力量的诗句、短文等进行演讲。

3. 请学员睁开眼睛，谈自己的体会。

➤ 游戏准备

要准备与课程主题相关的并有强大的激励作用的诗句或短文。

[参考短文]

关于热情激发

这个美丽的世界也是我的世界，它变得更加富有生气。因为我把自己满腔的热情倾注到我做的每一件事和我所遇到的每一个人身上，而我之所以如此热情、洋溢，是因为我对我的世界、我的工作、我的目标以及每个人身上的优点都有了更深的认识，对人生充满了信心。

这种信心使我精神倍增，兴奋之情难以自禁，自信心更强了。信心加热情，于是我毫不犹豫地投身到行动之中。我能够坚持下去并尽自己最大的努力，不会退缩。热情将使我成为一个成功者。

关于立刻行动

每一天对我来说都是个成功日，因为对应该做的事情我将毫不拖延，立刻行动。

如果我把每一天该做的事情拖延下去，那我就会越来越感到焦虑；我会对应该做的事情产生畏难情绪，从而不想去做；我会感到心情沉重，不胜负担。最经常的情况是，拖延工作会导致放弃行动。

只有去做，才可能赢得成功。而我“立刻行动”，所以每一天对我来说都是成功日。

每一天，我将做我为了成为有用之才而一直想做的事情。

如果我培养了“立刻行动”的习惯，那不仅是每一天，而且明天、后天……对我来说都将是成功之日。

我的箴言

每一天的快乐都将伴随着我。因为各种箴言在生活中只积极地指引着我。我将以自己希望别人对待我的那种方式去对待每一个人。我希望别人每一天都愉快，这比我自己是否感到快乐更重要。

我将只注意我所遇到的人的积极方面。我将看到他们的优点而不是缺点，因为我知道任何人都不可能十全十美。自然，我也不例外。

我将真诚地把赞美之词献给每一个人，因为人人都希望自己受到别人的赞赏，希望体现出自己在这个世界里的存在价值。

我将不随意地批评别人，以避免别人觉得我是高人一等或者比他们优越。

我将友善地对待每一天遇到的每一个人，称赞他们，尊敬他们。我将不以这样做作为索取别人的条件。因为如果我反过来要求别人的奖励、报偿和赞赏，那我这样做的本身就失去了意义。

每一天，箴言将在生活中指引着我……我将像希望别人对待我那样去对待别人。

关于毅力

由于我没有毅力，由于我没有坚持下去，由于我在疲倦或受挫时逃避现实等原因，所以我没有完成我想完成的事情。

毅力告诉我，无论我在尝试完成自己的目标时失败或受挫了多少次，我都必须坚持做下去。使自己的目标变成现实是极为重要的。即使它要花很长时间，即使成功前要经历无数次的失败和挫折，这些都不能阻止我的进取心。

毅力允许我一次只做一件事，不强求自己一蹴而就。因为急功近利会使人神经质、焦虑、紧张和待人粗暴。毅力要求我完成一项工作后再进行另一项。

我将不再泄气，不做逃兵，不再态度粗暴。如果此路不通，我会试着走另一条路，做新的尝试。

我将有毅力……我将坚持……我将成功。

积极的心态

我的思想是我生活的一部分，完全受我的控制。这就是说，对于哪些思想可以进入我的头脑，我有自由筛选的权利。但是我也知道，不管我的头脑里存在什么样的思想，别人是捉摸不透的，只有通过我的行动，我的态度和我对别人、对自己的看法才能表现出来。

每一天，我的行为、我的态度和我的看法都将是积极的。因为我只允许积极的思想进入我的头脑。这种积极的心态将帮助我针对自己面临的各种困难去发现积极的解决方法。

每一天，我将不会为自己找任何借口来逃避困难，我将不再消极。

每一天，我将极力不去想那些消极的词，譬如，“不可能”、“不想工作”、“我不具备条件”、“没有希望”以及”如果失败了会怎么样”等。因为这些词语只会使我见难而退，丧失信心。

每一天，对我来说将是美好的日子……我将努力使每一天变得美好……我将保持积极的心态。

关于目标

每一天我将赋予我的生活以目标、目的和意义。我将通过为自己的行为、态度和工作建立目标来完成这一使命，这些目标为我指明了每一天我将要完成的任务。

我将针对每个目标制订一个行动计划。这一计划将告诉我该做什么、什么时候去做和怎样做，以便最终完成我自己确立的目标。

我将向那些最困难和最迫切的目标前进，或者从那些我原来最害怕做的事情做起。

每一天我将不逃避，直到完成了自己确定的所有目标为止。我可能会感到疲倦，会泄气。我可能会在第一次、第二次或第三次的尝试中连遭失败，但我不会逃避。我要完成每一天的目标。

当每一天夜幕降临时，我将体会着快乐和成功。因为我赋予了自己的生活以方向、目的和意义——我建立了我的目标，我完成了我的目标。

潜能激发

每一天我不感到恐慌，我对自己充满了信心，相信自己能做好一些事情。我是自己思想的主宰、行为的主宰、态度的主宰和自己工作质量的主宰，因此我是自己生活的主宰！

作为主宰，我有权利选择自己乐意采用的行为方式：好的、一般的或者是差的。但我很清楚，我的行为的结果不是由运气或天命决定的，而是由我自己的行为决定的。只要我对世界施加了作用力，世界也会回赠给我同等的反作用力。

过去，我像常人一样只利用了自身能力的10%，还有90%的潜力尚待发掘。

每一天，我将能妥善处理自己碰到的所有事情，因为我将利用更多自身尚未发挥的潜力。

我是有用之才——我是自己生活的主宰。我将保持积极进取的生活态度。我有潜力！我有能力！

【成果与检测】

根据学生的参与程度以及得出的结论或观点评定活动的成效，并评定成绩。

实训项目四：得利渔翁

【实训目标】

了解跨国公司的特性。

【实训内容与要求】

➢ 游戏程序

1. 挑选一位学员做渔夫，其他人扮演小鱼。每当渔夫捉住了小鱼，小鱼便成为渔夫身体的一部分。渔夫将一人变二人，二人变三人，三人变四人，以此类推，相反，小鱼越来越少。

2. 直至所有的小鱼被捕捉后，活动才停止。

3. 每位渔夫写下三家跨国公司的名称及国家。

4. 游戏协助者再补充其他的例子（麦当劳、肯德基、Nike、Ibm、Adidas、雀巢、可口可乐、迪士尼）。

5. 讨论：游戏中的渔夫便是跨国公司，小鱼是当地的小型商业组织。当跨国公司吞并其他小型组织后愈发强大，你能指出跨国公司的特性吗？

【成果与检测】

根据学生的参与程度以及得出的结论或观点评定活动的成效，并评定成绩。

实训项目五：不是不可能，只是你不愿意

【实训目标】

体验改变习惯的困难度及改变后的普遍反应；改变自己的管理习惯是可能的。

【实训内容与要求】

➢ 游戏程序

1. 所有学员面向中心围成一圈。

2. 培训师邀请学员自然地十指交叉相扣约 5 秒。

3. 培训师再邀请各学员以相反的位置十指交叉相扣约 5 秒，感受与之前的动作不同的地方。

4. 恢复垂手状态，培训师再邀请各学员随自己的习惯自然地绕手。

5. 培训师再邀请各学员以相反方向绕手，感受与之前的动作不同的地方。

6. 恢复垂手状态，培训师向学员提问："第二次的十指相扣和绕手有什么感觉？为什么有这种感觉？改变习惯可能吗？什么因素可协助改变？"

7. 鼓励学员发言，指出不同群体的习惯。

8. 引发学员讨论如何改变不良的管理习惯。

【成果与检测】

根据学生的参与程度以及得出的结论或观点评定活动的成效，并评定成绩。

实训项目六:象征性回馈

【实训目标】

分享象征性回馈;分享投入、给予、接受和拒绝的各种感觉。

【实训内容与要求】

➤ 游戏程序

1. 培训师说明活动目标。

2. 催化一种合宜的气氛,以便培训师可先做想象活动。成员被要求闭上眼睛,并且想象自己像某样东西,想他们可能变成某样东西。约两分钟后,培训师说出他自己的想象和他选择那样东西的原因,要求团体成员围成圈,顺时针轮流说出。

3. 成员从四种硬币中选一个它所能认同的(选择标准是大小、实用性、花样、面额、成分、年代、人物)。其他硬币拿开,每位成员将它所选的那个硬币放在他面前的地板上。

4. 成员轮流分享他们做硬币选择的理由。从培训师右手边那位成员开始,逆时针方向进行。

5. 然后,成员默默地作情感上的许诺,把自己的这一份给团体的另一位成员。特别强调这种许诺不得为了回报或同情而改变,而且每个人不能拿出他所有的硬币给整个团体的人。

6. 个人都将硬币放在地板上后,培训师解释下一步骤。顺时针方向移动,成员拿自己的那一份硬币给其他成员,在给时须站在对方面前用眼睛交流。

7. 开头的那一位成员得到最多硬币,直到接受硬币的所有人做完,每位接受者分享接受经验。他的评语须针对给予者。

8. 培训师介绍拒绝的经历过程,何况无论多么轻微的拒绝都是我们最难处理的情绪反应之一,并请到现在还未得到硬币的成员做反应。

9. 一段静默后,培训师带头做整个过程的讨论。

➤ 游戏准备

请学员每人带五分、一角、五角、一元四种硬币。

➤ 注意事项

不一定是顺时针或逆时针,只要任何有次序的方式均可;成员也可带其他可作为象征性回馈的东西;如果被拒绝的经验不适合出现在此阶段的团体中,就无须限制每个人只使用一个硬币,可以多使用几个硬币,让每个人均有收到硬币的机会。

【成果与检测】

根据学生的参与程度以及表现看游戏的效果,并评定成绩。

实训项目七:偏向虎山行

【实训目标】

这个游戏能训练人们在最困难的情况下,如何发散思维,开动脑筋将问题解决,完成那些“不可能完成的任务”。研究发现,能解决这类问题的人不仅有较高的智商,更重要的是他们的情商更高,他们接受信息和传递信息的能力高于他人,在这个游戏中你将体会到这点。

【实训内容与要求】

➤ 游戏规则与程序

形式:4 人一组

时间:30 分钟

材料:卡片

1. 把受训者分组,每组 4 人,然后发给每组一个任务卡。每张卡上写着一件商品的名称以及它应卖给特定的人群。要注意,这些人群看起来不需要这些商品,实际上应该完全拒绝这些商品。比如,向非洲人销售羽绒服等。总之,每个小组面临的挑战是,销售不可能卖出的商品。

2. 每个小组应根据任务卡的要求准备一条 30 秒的广告语,用来向特定的人群推销商品。该广告应注意以下三点:

(1)该商品如何改善特定人群的生活?

(2)这些特定人群应怎样有创造性地使用这些商品?

(3)该商品与特定人群现有的特定目的与价值标准之间是如何匹配的?

3. 给每组 20 分钟的时间,按照上述三点要求写出一个 30 秒钟长的广告语,要注意趣味性和创造性。

4. 其他受训者暂时扮演那个特定人群,认真倾听该小组的广告词,应该根据广告能否打动他们,是否激起了他们的购买欲望,是否能满足某个特定需求来作出判断。最后通过举手的方式,统计出有多少人会被说服而购买这个产品;有多少人觉得这些推销员很可笑,简直是白费力气。

5. 选出优胜的一组,给予奖励。

➢ 相关讨论

1. 善解人意在我们的生活和工作中扮演何种角色? 做到这点是否给你带来了好处?

2. 为了与你的客户甚至是反对你的人心灵相通,你需要作出哪些让步和牺牲?

3. 在推销你组的商品时,你们是怎么分析特定人群与此商品的关系的? 你们是否考虑过他们的习惯、需要、想法和价值标准呢?

4. 你一定遇到过这种情况:有时候你的目标和他人的需要并不一致,你纵有雄心壮志却无人欣赏。在做这个游戏之前你是怎么处理的? 做了这个游戏后你将如何改进你的方法?

【成果与检测】

根据学生的参与程度以及得出的结论或观点评定活动的成效,并评定成绩。

实训项目八:寻宝之路

【实训目标】

(1)增强团队成员之间的相互信任度;

(2)加强成员间感情的沟通。

【实训内容与要求】

本游戏可以用于加强彼此之间的了解和信任,增强大家之间的团队友谊精神。

➢ 游戏规则和程序

1. 培训者首先给大家讲述下面这个故事:

你们组属于古城探险队的一部分,据说古城位于一个与世隔绝的森林里。调查研究后找到一个向导,由于存在语言障碍,通过翻译费心的解释,他才同意带路。由于古城到处散落着金币、宝石，并且宣称如果宝物被盗，全城人民将面临灾难。因此，条件是大家必须答应都戴上眼罩，保证以后不会再找这条路，一路上不能作语言交流，但是可以通过其他，即肢体语言来传递信息给后面的队友，以确保团队能安全到达目的地。

2. 队员手拉手围成圈，戴上眼罩。

3. 悄悄地让一个队员摘下眼罩，告诉他将充当向导，负责带领整个团队(告知终点)。

4. 让两位成员充当沿途的保护者，可备一些食品在游戏结束后让队员(包括保护者)边吃边谈各自的体验与感受。

5. 注：可以选在景色美丽的树林或公园里进行，可以使人接近自然。

➢ 相关讨论

1. 当你被蒙上眼睛的时候有一种什么样的感觉？你是否能完全信任你的向导？

2. 如果现实生活中，你遇到需要将自己的安全寄托在别人身上的事情，你会选择怎样做？在何种前提下你才会这样做？

【成果与检测】

根据学生的参与程度以及得出的结论或观点评定活动的成效，并评定成绩。

★ 实训项目九：笑容可掬

【实训目标】

(1)促进团队成员间的沟通与交流；

(2)使大家尽快活络起来。

【实训内容与要求】

本游戏以一个很热闹的形式，加强了团队之间的沟通与交流，同时能够增进彼此之间的感情。

➢ 游戏规则和程序

1. 让学员站成两排，两两相对。

2. 各排派出一名代表，立于队伍的两端。

3. 相互鞠躬，身体要弯腰成 90°，高喊“×××，你好”。

4. 向前走，交汇于队伍中央，再相互鞠躬高喊一次。

5. 鞠躬者与其余成员均不许笑，笑出声者即被对方俘虏，需排至对方队伍最后入列。

6. 依次交换代表人选。

➢ 相关讨论

1. 这个游戏给你最大的感觉是什么？做完这个游戏之后，你有没有觉得心情格外舒畅？

2. 本游戏给你的日常生活与工作以什么启示？

【成果与检测】

根据学生的参与程度以及得出的结论或观点评定活动的成效，并评定成绩。

★ 实训项目十：积极的反馈

【实训目标】

(1)员工激励；

(2)有效沟通;

(3)鼓励人们相互给予正面的、积极的信息。

【实训内容与要求】

交流信息需要反馈,这样交流者才可以确认他们发出的信息是否被对方接受,并做出适当的反应。那么,作为人际交往的一个技巧,积极的反馈对帮助建立人际交往是很有效的。这个游戏就是让学员体会什么是积极的反馈,并鼓励他们用于课堂外的交流中。

➢ 游戏规则和程序

1. 向大家暗示,我们每个人都希望赢得别人的尊重。将团队分成若干个小组,每两个人一组。

2. 让每个组写出 4～5 个他们所注意到的自己搭档身上的特点,诸如:

* 一个身体上的良好特征,如甜美的笑容、悦耳的嗓音等。

* 一种极其讨人喜欢的个性,如体贴他人、有耐心、整洁细心。

* 一种引人注目的才能或技巧,如良好的演讲技巧、打字异常准确。

3. 所列出的各项都必须是积极的、正面的。

4. 当他们写完后,每两个人之间展开自由的讨论,其中每个人都要告诉对方自己所观察到的东西。

5. 建议每个人把他的搭档所作出的这些积极的反馈信息记录下来,在自己很沮丧的时候读。

➢ 相关讨论

1. 你觉得进行这个游戏愉快吗? 如果不是,为什么?(对于这些积极的反馈信息的接收者或施予者来说,这个游戏可能是一个全新的体验。)

2. 为什么对我们中的大多数人来说,赞扬别人是一件困难的事情?

3. 为什么能让我们更加轻松地给予别人积极的反馈信息?(首先发展相互之间密切的关系;提供确切的证据;选择适当的时间。)

4. 什么能让我们更加轻松地接受别人反馈的、积极肯定的信息?(尝试去优雅地接受它;在对它进行质疑前,先好好思考一下它的正确之处,允许自己对它感觉良好。)

5. 为什么有些人很快就给别人负面的评价,而几乎从来不提别人的好处?

【成果与检测】

根据学生的参与程度以及得出的结论或观点评定活动的成效,并评定成绩。

★ 实训项目十一:福尔摩斯

【实训目标】

向大家展示,怎样才能称得上是具有观察力的人。

【实训内容与要求】

➢ 步骤

1. 让队员们结对儿。

2. 每人仔细观看自己的搭档 1 分钟。

3. 1 分钟后,彼此转过脸去,再不能看自己的搭档。

4. 每人做7处以上的外观改变，改变可以是细微的，也可以一目了然。

5. 让搭档们再次相互观察，依次说出对方都做了哪些改变。

➤ 讨论问题示例

1. 多少人能准确地说出搭档所做的一切改变？

2. 为什么大多数队员不能马上说出所有的改变？

3. 如何将这个游戏与我们随后举行的培训联系起来？

4. 如何将这个游戏与我们的实际工作联系起来？

【成果与检测】

根据学生的参与程度以及得出的结论或观点评定活动的成效，并评定成绩。

实训项目十二：勇于承担责任

【实训目标】

培养勇于承认错误的态度。

【实训内容与要求】

规则：学员相隔一臂站成几排（视人数而定），我喊“一”时，向右转；喊“二”时，向左转；喊“三”时，向后转；喊“四”时，向前跨一步；喊“五”时，不动。当有人做错时，做错的人要走出队列，站到大家面前先鞠一躬，举起右手高声说：“对不起，我错了！”做了几个回合后，提问：这个游戏说明什么问题？

➤ 补充资料

面对错误时，大多数情况是没人承认自己犯了错误；少数情况是有人认为自己错了，但没有勇气承认，因为很难克服心理障碍；极少数情况是有人站出来承认自己错了。

在日常工作中也有很多这样的现象。在深圳有一家香港公司的办事处，有一位主管和一位职员。办事处刚成立时需要申报税项，由于当时很多这样性质的办事处都没申报，再加上这家办事处没有营业收入，所以这家办事处也没申报。两年后，在税务检查中，税务局发现这家办事处没有纳过税，于是做出了罚款决定，数额有几万元。这家办事处的香港老板知道这件事后，就单独问这位主管：“你当时怎么想的，现在发生这样的事情？”这位主管说：“当时我想到了税务申报，但职员说很多公司都不申报，我们也不用申报了，这样可以给公司省些钱，后来我也就没再考虑，并且这些事情都是由职员一手操办的。”老板又找到这位职员，问了同样的问题。这位职员说：“从为公司省钱的角度，再加上我们没有营业收入和其他公司也没申报，我把这种情况同主管说了，最终申不申报还应由主管做决定，他没跟我说，我也就没报。”

【成果与检测】

根据学生的参与程度以及得出的结论或观点评定活动的成效，并评定成绩。

模块五 辩论赛

实训项目一：个人的命运

【实训目标】

让学生体会个人发展的内涵及规律。

【实训内容与要求】

正方观点:个人的命运是由个人掌握

反方观点:个人的命运是由社会掌握

【成果与检测】

老师依据本背景设定对立的论题组织辩论赛,根据分组辩论成绩、班级讨论、书面报告等综合评定。

实训项目二:脑力劳动与体力劳动

【实训目标】

让学生体会脑力劳动与体力劳动的作用。

【实训内容与要求】

正方观点:劳心者比劳力者对社会更有贡献

反方观点:劳力者比劳心者对社会更有贡献

【成果与检测】

老师依据本背景设定对立的论题组织辩论赛,根据分组辩论成绩、班级讨论、书面报告等综合评定。

实训项目三:知识与人格

【实训目标】

让学生体会知识与人格的重要性。

【实训内容与要求】

正方观点:在校大学生积累知识更重要

反方观点:在校大学生塑造人格更重要

【成果与检测】

老师依据本背景设定对立的论题组织辩论赛,根据分组辩论成绩、班级讨论、书面报告等综合评定。

模块六　角色模拟

实训项目一:风云和雄霸

【实训目标】

了解制订营销计划的重要性、了解实行区域管理的重要性、了解设计渠道的重要性、了解统一价格的重要性。

【实训内容与要求】

➢ 游戏程序

1. 介绍公司背景、客户背景、产品背景。

2.7 人 1 组分成两组，分别属于风云和雄霸两家公司。

3. 小组制订计划，进行分工。

4. 按照角色说明书进行营销活动。

▶ 游戏规则

工资总计 1 万美元；产品——宝塔(工艺品)：成本价 500 美元，批发价 600 美元；售出一个代表 10 个；5 分钟代表一个星期，共计 4 个星期；只能物流中心送货；到款发货；模拟公司从客户处获得订单，进行生产和经营。

▶ 注意事项

设计角色说明书的过程中，一家公司没有良好的营销管理，另一家公司有良好的营销管理。

1. 角色说明书示例：

浦东客户 1——位于 1 号台

对雄霸公司强调压价；对风云公司强调质量与服务，并以能赢利的前提卖给其他批发商。

普陀客户 2——位于 2 号台

对雄霸公司强调压价；对风云公司强调质量与服务，并以能赢利的前提卖给其他批发商。

杨浦客户 3——位于 3 号台

打听市场行情，如果发现市场有更低的进货，则直接到批发商处购买。

徐汇客户 4——位于 4 号台

打听市场行情，如果发现市场有更低的进货，则直接到批发商处购买。

长宁客户 5——位于 5 号台

开始时购买雄霸产品，如果有与雄霸不同的销售人员来推销，则将选择风云公司。

黄浦客户 6——位于 6 号台

开始时购买雄霸产品，如果有与雄霸不同的销售人员来推销，则将选择风云公司。

游戏观察人员 2 名

负责两家公司的运作，观察并督导他们按照游戏规则运作。

2. 风云公司

注册资金 1 000 万美元；注册地点：小会议室。

营销总监——负责营销部及销售部的总体协调等；有销售区域划分，有明确的价格体系管理规划、渠道策略，有促销：580 元 100 个以上。

营销部经理——负责对产品上市策划、市场调研、企划等；主动出击，获得客户信息。

销售部经理——领导销售部进行产品的推广等：590 元 50 个以上。

高级销售人员——产品推广等：50 个以下只能 600 元；严格按照价格体系执行，并在本区域销售。

物流中心——负责仓储、发货、运输等；负责送货；有固定的顾客档案，只要销售人员告诉产品个数与客户，就立即送货。

浦东客户 1——位于 1 号台

普陀客户 2——位于 2 号台

杨浦客户 3——位于 3 号台

徐汇客户 4——位于 4 号台

长宁客户 5——位于 5 号台

黄浦客户 6——位于 6 号台

3. 雄霸公司

注册资金 1 000 万美元；注册地点：大会议室。

营销总监——负责营销部及销售部的总体协调等；以销售量为导向，无区域管理；最低价格不低于 520 美元，得到总监的批准后就可以销售。

营销部经理——负责对产品上市策划、市场调研、企划等；形同虚设。

销售部经理——领导销售部进行产品的推广等。

高级销售人员——产品推广等；价格好商量，只要有利润就行。

物流中心——负责仓储、发货、运输等；负责送货；无固定的顾客档案，每一次必须让销售人员清楚地写好客户的姓名或地址。

附：与游戏相关的总结资料

营销渠道也称为营销通路，是指与公司外部关联的、达到公司分销目的的经营组织。市场营销是指商务单位为了在目标市场中达到其市场营销目标而采取的主要原则。

营销渠道战略可以被看作营销战略中的一个特定组成部分。因此，营销渠道战略定义为：企业为达到其在目标市场上的分销目标而采取的主要原则。

以下六项基本分销决策是企业分销成功与否的关键：

(1)分销应在企业的整体目标和决策中占有什么样的地位？(2)分销应在市场营销中起到什么作用？(3)企业如何设置营销渠道，以达到其分销目标？(4)应选择怎样的渠道成员，以达到企业的分销目标？(5)如何管理与外部渠道相关的部门和机构，以便于持续、迅速、有效地实施企业的渠道规划？(6)如何评估渠道成员的表现？

渠道的新变化：

(1)体制：由金字塔式向扁平化方向转变；运作：以总经销为中心转为以终端市场建设为中心；建设：由交易型关系向伙伴型关系转变；中心：由大城市向地、县市场下沉；激励：由让经销商赚钱变为让经销商掌握赚钱的方法。

(2)渠道设计的程序：确认对渠道设计决策的需求；设立并调整分销目标；制定分销任务；设立各类可行的渠道结构；评估影响渠道结构的因素；选出最佳的渠道结构；挑选渠道成员。

(3)选择合适的渠道成员的必备条件：分销商的市场范围；分销商的产品政策；分销商的地理区位优势；分销商对于产品的认识和产品知识的掌握程度；预期的合作程度；分销商的财务状况及管理水平；分销商制定的促销政策和掌握的技术；分销商的综合服务能力。

【成果与检测】

根据学生的参与程度以及得出的结论多少评定活动的成效，并评定成绩。

★ 实训项目二：模拟家庭

【实训目标】

让成员幻想家庭的组合状况；使成员意识到家庭给个人的感受；模拟家庭对我们在一起工作的隐喻。

【实训内容与要求】

➤ 游戏程序

1. 培训师发给每位成员一张纸条，请成员以一句话、一段描述、一种比喻或一种象征物来描述“家庭”。

2. 培训师回收每位成员的纸条，暂时放进袋中。

3. 培训师指示每位成员不能说话，且围坐在桌子周围。

4. 然后根据自己事先准备的一份可布置家庭的物品，摆设于一张海报上。如果没有事先做好代替物品，则当场剪剪贴贴做出作品(例如：纸床等)。

5. 摆设物品时，成员间不能用语言交谈，而要用非语言沟通。

6. 布置家庭物品摆设时，以每个人丰富的生活体验或想象力，尽量做出或画出具体形象的物品。例如，梳妆台上的唇膏，可以女性成员的真实唇膏代替。最主要的用意在于运用创作或身边现成的物品，共同于一张大海报上布置一个家庭室内的立体式摆设模型。

7. 这种布置工作可持续 40～50 分钟。每位成员可自由联想，还可摆设或做出任何物品，不再只限于事先所准备的那些。随时再现场想象依需求而设计摆设各类物品。

8. 待每位成员已没构思，且所布置的家庭摆设也完成得差不多时，培训师可宣布停止活动。

9. 此时，培训师请每位成员运用观察、透视、分析、想象，对大家所共同布置的家庭模型说出自己的看法和感受(例如：有的成员看到这个家庭设有花盆，而指出此家庭成员特别喜欢花卉，其性情温和或貌美如花等)。总之，让每位成员根据所摆设的物品，自由联想这个家庭成员的模样、爱好、个性等，甚至整个家庭的经济状况、气氛、互动情况。

10. 培训师须尽量引导每位成员想象，并让其将看法和感受说出来，而且鼓励他们对同一物品发表不同的看法，希望每个人都有属于自己的独特的看法。

11. 此时，培训师取出所有纸条，大声念出。每位成员根据活动中的创作体验、想象的心得，再结合这些纸条的说辞或比喻，整理“家庭”的主要概念，可以互相反馈或分享多种看法，经过一段讨论后再进行总结。

➢ 游戏准备

事先让每位成员准备一份可布置家庭的物品(以想象或仿造的东西代替。例如，纸制的桌椅等，或是以一张卡片描述即可；各类彩纸、剪刀、胶带、小刀片、尺等；一大张海报)。

➢ 注意事项

最好在团体中已有初步的团体意识，运用才比较合适；培训师可视适宜的活动气氛，让成员尝试分享家庭生活经验。

【成果与检测】

根据学生的参与程度以及得出的结论或观点评定活动的成效，并评定成绩。

模块七　能力评测

★ 实训项目一：心理抗压能力测试

【实训目标】

心理抗压能力测试。

【实训内容与要求】

1. 是否有一个温暖、和谐的家庭？

A. 是　　　　　　　B. 否

2. 你的兴趣是否广泛？

A. 是　　　　　　　B. 否

3. 是否有几个家庭以外的亲朋好友经常在一起会面叙谈？

A. 是　　　　　　　B. 否

4. 体重是否在“理想体重”上下 2.5 公斤内？

A. 是　　　　　　　B. 否

5. 每周能否参加 3 次以上某种形式的彻底放松活动？

A. 是　　　　　　　B. 否

6. 每周是否从事 30 分钟以上的体育活动？

A. 否　　　　　　　B. 活动 1 次　　　　C. 活动 2 次　　　D. 活动 3 次

7. 每周至少是否有一次从有益健康、营养平衡出发而设计的膳食？

A. 是　　　　　　　B. 否

8. 一周内是否有过使你确实感到高兴的事？

A. 否　　　　　　　B. 1 次　　　　　　C. 2 次　　　　　D. 3 次

9. 在家里，是否有一个使你感到舒适、放松或可以静处的环境？

A. 是　　　　　　　B. 否

10. 在日常生活中，是否能掌握合理安排时间的技巧？

A. 是　　　　　　　B. 否

11. 是否每天抽烟？

A. 否　　　　　　　B. 抽 1 包　　　　　C. 抽 2 包　　　　D. 抽 3 包

12. 是否用药物或酒类帮助你睡眠？

A. 否　　　　　　　B. 每周使用 1 次　　C. 每周使用 2 次　D. 每周使用 3 次

13. 白天，是否使用药或酒类减轻你的焦虑或使你健康？

A. 否　　　　　　　B. 每周使用 1 次　　C. 每周使用 2 次　D. 每周使用 3 次

14. 你是否将办公室内的工作带回家晚上做吗？

A. 否　　　　　　　B. 每周 1 次　　　　C. 每周 2 次　　　D. 每周 3 次

计分方法：

第 6、8、11、12、13、14 题，选 A 得 4 分，选 B 得 3 分，选 C 得 2 分，选 D 得 1 分；其他题目，选 A 得 2 分，选 B 得 1 分。请按照上述规则将每题的分数累加。

【成果与检测】

15 分以下：对付心理压力的能力很差。建议去看看心理医生。

15～25 分：对付心理压力的能力一般，也就是说，通常情况下可以啦。

26～35 分：对付心理压力的能力比较强，稍加注意还会更好些。加油哦！

35 分以上：对付心理压力的能力相当强，心理素质也很好。

★ 实训项目二：测试最适合你的工作领域

【实训目标】

测试最适合你的工作领域。

【实训内容与要求】

打靶首先需要瞄准目标。选择自己的职场生涯也是一样,你得首先为自己选择一个对的发展领域,然后再一鼓作气地往目标行进。

你参加了世界景观惊奇之旅,其中一项活动是让你站在一扇特殊的窗户前,按下某个按钮之后就可观赏到你从未见过的景观,你希望看到的是下面哪一样?

1. 充满挑战的崎岖山路

2. 任何与食物有关的景色

3. 一片绿油油的草原风光

4. 海天一线的远眺美景

5. 任何与树木有关的景色

6. 有繁星点点的黑夜

【成果与检测】

1. 选"充满挑战的崎岖山路"

千里马:目标坚定,勇往直前!

带着一点冷峻的孤傲,双眼闪烁着智慧的光芒,以曼妙飞跃之姿向目标勇往直前地奔去,你是集智慧和执行力于一身的千里马。你有明显的成功特质,因为你早已为自己的人生定好完美的目标,并且会全力以赴去实现,所以无论身处什么样的环境,都能有一番令人羡慕的成就。

速配志愿:既然上天给了你得天独厚的成功条件——智慧和执行力,那就好好地善加利用吧!适合你发展的领域是计算机、贸易、金融、出版、新科技等。

2. 选"任何与食物有关的景色"

快乐猪:人生以 HAPPY 为目的!

吃饱了睡、睡够了吃,你的眼睛永远呈现迷蒙的状态,这辈子只有吃东西的时候最勤奋,其他时候不是偶尔找机会玩乐一下,就是躺着睡觉,十分惬意。你不懂什么是竞争、压力、力争上游……你觉得自己只是在做一些自己想做的事而已,即使和周遭的人格格不入,你也无所谓,你的人生哲学就是"精神重于物质,快乐就好"。

速配志愿:你无法在讲求规则、追求业绩的体制下发展,不但你会不适应,身边的人也会因为你而崩溃,所以适合你发展的领域是创意、艺术家、室内设计、美容、烹饪等。

3. 选"一片绿油油的草原风光"

勤劳牛:脚踏实地,勤劳第一!

日出而作、日落而息,从与世无争的平静表情里,透露出一股安定灵魂的力量;在缓慢而固定节奏的步伐里,落实终其一生努力工作的目标。你的性格特质就是勤奋和有规律的计划,你从来不妄想、不贪图,只要把分内的工作完成,就觉得愉悦满足。你的执行能力很强,而且还有难能可贵的责任感。

速配志愿:若要你无中生有或想一些稀奇古怪的点子,可能会让你觉得生不如死,可是如果是要你完成别人交付的工作,感觉就好多了。你适合发展的领域是秘书、行政、教育、专业技术人员、运动员等。

4. 选"海天一线的远眺美景"

悠游鸟:自由自在,追求新鲜!

娇小灵巧,悠游于天地之间,拥有自由行动的本能和不受拘束的心,必定要探索所有未知的自然奥妙，历经所有的苦难、喜悦、悲伤、感动之后，才知倦鸟归巢，满足于完整的一生。你的反应力佳，社交能力更是一级棒，不喜欢规律或拘束的生活方式，如果能每天接触不同的新鲜事或认识不同的朋友，会让你的人生更有意义。

速配志愿：活用你与生俱来的好口才和公关能力，为自己和世界创造更多的可能性。适合你发展的领域是传播、演艺、推销员、公关、旅游等。

5. 选“任何与树木有关的景色”

聪明猴：聪明但没耐心！

身手矫健，头脑灵活，表面上看来好像成天只会与其他猴子一起玩耍和采果子吃，但其实内心的思绪极为复杂，分分秒秒都在为下一步打算。说你是智能型的人物一点也不为过，你总是能擅用自己的优势，让别人不自觉地喜欢你、欣赏你、肯定你，虽然有时候会在不经意之间显露出不耐烦的一面，但是无损于你在大家心目中的好印象。

速配志愿：以你的智慧和能力，想成为金字塔顶端的人并不难，适合你发展的领域是新闻、医生、律师、政治等。

6. 选“有繁星点点的黑夜”

神秘猫：忽冷忽热超级情绪化！

你那慵懒的姿态、犀利而神秘的眼神，仿佛能看透人类拙劣的虚假面具，时而贪恋温柔的呵护，时而厌倦一成不变的安抚，轻盈地纵身一跃，远走他方，独唱流浪之歌。你对人总是忽冷忽热，一会儿热情黏腻，一会儿爱理不理，凡事都依你的心情而定，虽然有时也会被对方的情绪影响，但机会毕竟不多。你活得自我，所以做事情不喜欢被干扰，掌控权必须在自己的手上。

速配志愿：千万不要让别人指挥你，最好由你来告诉别人“这个会如何……”、“那个会怎么样……”，所以适合你发展的领域是心理分析师、写作、自由职业等。

★ 实训项目三：通过旅游测评你的职业性格

【实训目标】

通过旅游测评你的职业性格。

【实训内容与要求】

题目：如果有机会让你到以下六个岛屿旅游，不用考虑费用等问题，你最想去的是哪个？

1. 美丽、浪漫的岛屿。

岛上有美术馆、音乐厅，弥漫着浓厚的艺术文化气息。

2. 深思冥想的岛屿。

岛上人迹较少，建筑物多僻处一隅，平畴绿野，适合夜观星象。岛上有多处天文馆、科博馆以及科学图书馆等。

3. 现代的岛屿。

岛上建筑十分现代化，是进步的都市形态，以完善的户政管理、地政管理、金融管理见长。

4. 自然、原始的岛屿。

岛上保留热带的原始植物，自然生态保持得很好，也有相当规模的动物园、植物园、水族馆。

5. 温暖、友善的岛屿。

岛上居民个性温和、十分友善、乐于助人，社区均自成一个密切互动的服务网络，人们多互助合作,重视教育,弦歌不辍,充满人文气息。

6. 显赫、富庶的岛屿。

岛上的居民热情豪爽,善于经营企业和贸易。岛上的经济高度发达,处处是高级饭店、俱乐部、高尔夫球场。

【成果与检测】

1. 选“美丽、浪漫的岛屿”。

你喜欢的活动:创造、自我表达、写作、音乐、艺术和戏剧。

比较适合你的职业:作家、艺术家、音乐家、诗人、漫画家、演员、戏剧导演、作曲家、乐队指挥和室内装潢人员。

2. 选“深思冥想的岛屿”。

你喜欢的活动:处理信息(观点、理论),探索和理解、研究那些需要分析、思考的抽象问题。喜欢独立工作。

比较适合你的职业:实验室工作人员、生物学家、社会学家、工程师和程序设计员。

3. 选“现代的岛屿”。

你喜欢的活动:组织和处理数据,固定的、有秩序的工作或活动,希望确切地知道工作的要求和标准。愿意在一个大的机构中处于从属地位。

比较适合你的职业:会计师、银行出纳、簿记员、行政助理、秘书、档案员、税务专家和计算机操作员。

4. 选“自然、原始的岛屿”。

你喜欢的活动:愿意从事事务性的工作,喜欢户外活动或操作机器,而不喜欢在办公室工作。

比较适合你的职业:制造、贸易、机械、农业、林业等技术人员,特种工程师。

5. 选“温暖、友善的岛屿”。

你喜欢的活动:帮助别人,喜欢与人合作,热情,关心他人的幸福,愿意帮助别人解决困难。

比较适合你的职业:教师、社会工作者、心理咨询员、服务行业人员。

6. 选“显赫、富庶的岛屿”。

你喜欢的活动:领导和影响别人,为了达到个人或组织的目的而善于说服别人。

比较适合你的职业:商业管理、律师、营销人员、市场或销售经理、公关人员、采购员、投资商、电视制片人和保险代理。

参考文献

1. 周健临. 管理学教程[M]. 上海：上海财经大学出版社，2011.

2. 周三多等. 管理学——原理与方法(第四版)[M]. 上海：复旦大学出版社，2003.

3. 王春利，李大伟. 管理学基础[M]. 北京：首都经济贸易大学出版社，2009.

4. 周秀淦，宋亚非. 现代企业管理原理(第三版)[M]. 北京：中国财政经济出版社，2003.

5. 单凤儒. 管理学基础[M]. 北京：高等教育出版社，2014.

6. 王利平. 管理学原理[M]. 北京：中国人民大学出版社，2003.

7. 李鹏，袁霞辉. 一次读完25本管理学经典[M]. 长春：吉林人民出版社，2001.

8. 陈忠卫，王晶晶. 企业战略管理[M]. 北京：中国统计出版社，2001.

9. 王世良. 生产与运作管理教程——理论、方法、案例[M]. 杭州：浙江大学出版社，2002.

10. 罗锐韧. 哈佛管理全集[M]. 北京：企业管理出版社，1999.

11. 刘金胜. 薪酬管理实务手册[M]. 北京：机械工业出版社，2002.

12. 刘文军，宋宏涛. 500强成功在中国[M]. 北京：兵器工业出版社，1999.

13. 周祖城. 管理与伦理[M]. 北京：清华大学出版社，2000.

14. 张一弛. 人力资源管理教程[M]. 北京：北京大学出版社，1999.

15. 郑晓明. 现代人力资源管理导论[M]. 北京：机械工业出版社，2002.

16. 郭克沙. MBA课程全新读本《人力资源》[M]. 北京：商务印书馆，2003.

17. 陈荣秋. 生产与运作管理[M]. 北京：高等教育出版社，1999.

18. 杨锡怀. 企业战略管理(理论与案例)[M]. 北京：高等教育出版社，2014.

19. 宋维明. 管理学概论[M]. 北京：中国林业出版社，1999.

20. 董速建，董群惠. 现代企业管理[M]. 北京：经济管理出版社，2002.

21. [美]迈克尔·波特. 竞争战略[M]. 北京：华夏出版社，1997.

22. [美]彼得·S. 潘德、罗伯特·P. 纽曼、罗兰·R. 卡瓦纳. 6δ管理法——追求卓越的阶梯[M]. 北京：机械工业出版社，2001.

23. [美]P. F. 德鲁克. 有效管理者[M]. 北京：中国财政经济出版社，1988.

24. [美]斯蒂芬·P.罗宾斯. 管理学(第四版)[M]. 北京：中国人民大学出版社，1997.

25. [美]哈罗德·孔茨，海因茨·韦里克. 管理学(第九版)[M]. 北京：经济科学出版社，1993.

26. [美]安妮·玛丽·弗朗西斯科，巴里·艾伦·戈尔德. 国际组织行为学[M]. 北京：中国人民大学出版社，2003.

27. [美]斯蒂芬·P.罗宾斯. 组织行为学(第七版)[M]. 北京：中国人民大学出版社，2002.

28. [美]弗雷德·R.戴维. 战略管理(第八版)[M]. 北京：经济科学出版社，2001.

29. [美]彼得·圣吉. 第五项修炼——学习型组织的艺术与实务[M]. 上海：上海三联出版社，2000.

30. [美]D.A.雷恩. 管理思想的演变[M]. 北京:中国社会科学出版社,1995.
31. [美]斯坦雷・M.戴维斯. 企业文化的评估与管理[M]. 广州:广东教育出版社,1991.
32. [美]F.X.贝尔等. 企业管理学[M]. 上海:复旦大学出版社,1998.
33. [美]艾・里斯,杰克・特劳特. 定位[M]. 北京:中国财政经济出版社,2002.
34. [日]松下幸之助. 经营管理全集[M]. 沈阳:春风文艺出版社,1992.